再東方化

文化政策與
文化治理的東亞取徑

ReOrient:
An East Asian Approach on
Cultural Policy and
Cultural Governance

劉俊裕 著

藝術管理與文化政策 03

再東方化：
文化政策與文化治理的東亞取徑

國家圖書館出版品預行編目（CIP）資料

再東方化：文化政策與文化治理的東亞取徑 /
劉俊裕 著 . -- 初版 . -- 高雄市：巨流, 2018.01
　　面；　公分 . -- （藝術管理與文化政策；3）
ISBN 978-957-732-560-0（平裝）

1. 文化政策　2. 文化行政　3. 文化研究　4. 東亞

541.293　　　　　　　　　　　　　　106020734

作　　　者	劉俊裕
責 任 編 輯	林瑜璇
封 面 設 計	Lucas
發 　行　 人	楊曉華
總 　編　 輯	蔡國彬

出　　　版　巨流圖書股份有限公司
　　　　　　80252 高雄市苓雅區五福一路 57 號 2 樓之 2
　　　　　　電話：07-2265267
　　　　　　傳真：07-2264697
　　　　　　e-mail: chuliu@liwen.com.tw
　　　　　　網址：http://www.liwen.com.tw

編 　輯　 部　23445 新北市永和區秀朗路一段 41 號
　　　　　　電話：02-29229075
　　　　　　傳真：02-29220464

郵 撥 帳 號　01002323 巨流圖書股份有限公司
購 書 專 線　07-2265267 轉 236

法 律 顧 問　林廷隆律師
　　　　　　電話：02-29658212

出版登記證　局版台業字第 1045 號

ISBN 978-957-732-560-0（平裝）
初版一刷 · 2018 年 1 月
初版二刷 · 2019 年 5 月　　　　　　　　　　　定價：600 元

藝術管理與文化政策叢書

當代藝術文化環境急遽的改變，使國家、都市及公、私文化部門的藝術管理與文化政策面臨前所未有的挑戰。而當代國家與都市治理的文化轉向，則使得藝術文化這個在政策領域，長期被忽視或視為邊陲的資源、變項，在當代國家、區域、都市和地方的政治、經濟、社會面向治理過程中，開始被賦予前所未有的核心角色及定位，而在地的歷史、人文與社區特色亦重新被發掘。在這個急遽變動的時代，臺灣必須積極思考如何因應變遷，發展出具有在地特質的藝術文化治理新機制。藝術、文化理論是藝術與文化政策治理的深層思維基礎，然而如何將藝術與文化政策置於當代藝術、文化研究的思考脈絡中進行批判性對話，發展出在地的文化論述，在實務面著實是一道難題。臺灣的學術界、藝術文化創作與工作者、藝文產業、藝文機構與政府部門之間，對於彼此所扮演的角色與介入藝文政策的模式等認知，似乎仍存在著一道深深的鴻溝。

為因應臺灣當前與未來、區域與全球架構下國家藝文發展之趨勢與需求，國立臺灣藝術大學於 2006 年 8 月成立理論與實務兼具的「藝術管理與文化政策研究所」，也是國內唯一以文化政策為名的碩、博士班研究所。藝術管理與文化政策研究所在宏觀層次以國家及都市文化政策的規劃、實踐為藍圖，理論批判為核心，在微觀層面以視覺藝術機構的經營管理為主軸，並強調藝術文化政策規劃面與藝文機構實務操作面的互為表裡，希冀在國內公部門文化政策、行政與博物館管理領域，以及國際藝術管理與文化政策領域，厚植在地文化論述，樹立臺灣的特色與品牌。

在 2011-2012 年，國立臺灣藝術大學藝術管理與文化政策研究所透過與國內在社會科學和文化研究出版領域深耕多年的巨流圖書合作（非常謝謝巨流圖書對於本所在臺灣藝術管理與文化政策研究領域的肯定，在過程中給予編者與作者相當寬闊的自由論述空間），共同規劃「藝術管理與文化政策叢書」，動機便在於透過專業叢書的出版，匯聚臺灣藝術管理與文化政策的整體文化論述：尋求一種具有文化研究批判特性的開放性論述，一種具有臺灣

特色的在地文化治理模式，以及一種多層次、多中心、多面向的文化治理
體制。「藝術管理與文化政策叢書」亟欲紮根臺灣，建構有別於歐美的文化
理論，逐步地爭取臺灣藝術文化主體思維在國際學術舞台的話語權。希冀透
過本所及國內學者積極參與各級政府、藝文組織的實務規劃，文化立法的草
擬與諮詢經驗，落實學術論述在政策層次的實踐。最後，更希望透過叢書對
公、私藝術文化機構的合作與策略聯盟，深耕地方（社區）的藝術文化再造
的努力，以及對學術社群參與地方政府文化政策的規劃、諮詢與實踐經驗的
彙整，發展出一套足以融攝臺灣與國際思維的全球在地文化論述。

國立臺灣藝術大學藝術管理與文化政策研究所

劉俊裕 副教授兼所長

賴瑛瑛 教授

2017.10.30

整合兩種文化　一新經濟耳目

馮建三

世道低迷，世人傾向內縮。《再東方化》並不隨俗，作者的記錄與論述皆有所本，筆力所至，上溯古代下至當前，無論是歐美、日韓，而特別是中國（大陸）與臺灣，劉俊裕教授無不意在從矛盾衝突中，找尋、確認與定位希望之源，進而以「文化」為論說的輻湊，吐納「經世」（治理）與「經濟」的思辯。

但是，老問題，什麼是「文化」？化繁為簡，引入「機械」後，也許可以豁然開朗，將文化分做兩種。

一種無須機械中介，不妨逕自稱為「不待機械中介的文化」，或說「現場文化」。文字與印刷術、照相機、留聲機、攝影機發明以前，所有歌舞、戲曲、祭祀、儀式、畫作、雕作、遺址……及口語傳說等等影音圖文（及其作者），必須個人親身前往現場參與、觀賞或聆聽。這個時候，文化生產者或其作品與接收者（或稱使用者、消費者、觀眾、聽眾、讀者、受眾，或者，粉絲，以下統稱「閱聽人」）必然同時在相同的現場。

再來就是「機械中介的文化」。工業革命後，先前生產與使用空間及時間已經分離的（閱讀）文化，規模更見擴大。然後就是靜態攝影、動態攝影（無聲電影）、聲音廣播、有聲電影、電視相繼出現，接著，（平版）電腦、互聯網及其服務（谷歌、臉書……）與手機，無一不在擴張機械中介的文化之範疇，無遠弗屆，日常生活浸淫其間；在（後）工業化社會，手機佔用人們的時間，不知凡幾。

當然，雖說二分，箇中難免存在灰色地帶。如數萬人在現場觀賞體育賽事、演唱會，或參與群眾事件，常有各種音響器材或個人器具（比如望遠鏡）的配合使用。更有趣的例子是「聯合國教科文組織」今年正在評估，是否要將古巴的工廠說書人及其現象，列為「非物質文化遺產」。原來，早在1865 年，古巴在政治改革過程，引入了說書人，讓捲煙人在工作時得到調劑，同時也能吸收知識。目前，儘管古巴煙草葉已經大幅萎縮，仍有約 200人從事這個工作。每日早晨八點半，說書人開始朗誦或解說，一次 30 分鐘

（然後休息、再開始，反覆整日），現場有 150 位捲煙人一邊工作，一邊似有若無地聽取；在工廠其他地方，另有 250 位煙品包裝及分級人，則得通過工廠內的播音系統，才能收聽。

斯諾（C. P. Snow）在著名的《兩種文化》講演，曾說「文學知識分子」與「科學家」分處兩種文化。他對「一分為二」並不滿意而「想（改）善，但……決定不這樣做……（因為）過分精細的分類，將無助於體現其真實價值。」因此，這裡依樣畫葫蘆，至少是藉此自圓其說，主張以機械中介與否，將文化分做兩種。這個區分法，至少會有五個「真實價值」。

首先，依此劃分，易於瞭解，彼此可以窮盡與互斥，又符合最佳分類的原則；並且，它不涉及研究者或政策制訂者的偏好，不會因人而異。

其次，是否通過機械中介，就會讓兩類文化涉及的閱聽人數量，產生變化。機械中介的文化，閱聽人眾；不經機械中介，閱聽人寡。量變通質變，兩種文化的性質，於是必見差異。若以商品經濟角度視之，就是兩類文化能夠商品化、市場化、產業化、標準化的程度，會有差別；至於商品化又有哪些類型，以及商品化是否為兩種文化的最佳出路，是另一個議題。有了閱聽人質量的差別，相應的經濟邏輯，以及政治對策就會、或就得不同。事實上，依據這個機械中介與否的判准，最知名也較早從事的人，正是 1946 年出版《啟蒙的辯證》一書之霍克海默（Max Horkheimer）與阿多諾（Theodor Adorno）；該書列有專章論述的〈文化工業：作為大眾欺騙的啟蒙〉，主要就在指涉書報雜誌、電影、收音機，以及業已起步但還不發達的電視。其後，法國人米耶（Bernard Miege）固然對於法蘭克福學派的「文化工業」觀有所景從，卻很正確地予以補充，佐以進一步的區分，由單一的 culture industry，耙梳了運作邏輯不同的 culture industries，也是根據機械中介與否對文化作了區分。其後，將米耶的論說引進英語世界的岡恩（Nicholas Garnham）則另以公共政策的角度，以英國為對象，主張左派人士對於文化政策的建構，仍可善用而不是完全排斥市場機制，雖然不能全然聽命市場，因為這會致使人們疲於奔命。後起之秀，何孟哈夫（David Hesmondhalph）同樣沿用了這個分野。

再者,「文化（創意）產業」與《保護和促進文化表達多樣性公約》這兩個術語／名詞,歷經一、二十年的演化,業已在許多國家產生普遍的訴求。《公約》已由 150 餘個國家贊同、加入、驗收或批准,理當具有法律案會有的規約或示範作用。「產業」固然是許多國家的重要政策或修辭,但青睞之政府,遠遠不及 150 之數。其中,臺灣是特殊例子,值得一提。臺灣不是《公約》簽署國,因受國際政治所限,卻在 2010 年,制訂並推行了《文化創意產業發展法》。臺灣就此立法,且以文創之名行世,不知是否全球第一?確定的是,《公約》之受孕與成長,「受惠」於「產業」當中有關影視傳媒（「機械」中介的）文化的爭議在先,藝文……等等非機械中介的文化形式,後續才成為《公約》的入幕之賓。

第四,在經貿擴增、交通與傳播技術日新月異、世界走向息息相關的國際體制,依舊存在政經與文化支配的現象;同時,若要區辨文化產品或勞務跨國交換、流通或貿易的難易程度,「機械中介」照樣可以作為依據。一是高度可以跨國流通的文化內容,無不是需要機械的中介。依照現有科技水準,在沒有人為政經或文化因素而予以限制時,這類文化很輕易可以跨國交換、流通或貿易。具體言之,影音圖文等內容一旦（數位）電子化,從天南傳至地北,由東土奔赴西域,轉瞬間即已完成。二是不能經由機械中介的文化,必然屬於低度跨國的文化:涉及人員（如觀光客、留學生、教師、工商或政治考察……）的流通與接觸後所產生的文化經驗,無論是前往傳統的博物館、美術館、藝廊、文化遺產或古蹟,或是親至近數十年興起的商業主題公園。親身的接觸經驗無可替代,實質的走訪與觀摩體驗,不能數位傳輸。

第五,若從法律角度考察,引發爭議或說新聞報導較多的是機械中介的文化形式。比如,好萊塢指控某國、某廠商或某人「盜用」其成品,致有重大損失云云。這類指控可能也會涉及表演藝術……等等現場表演形式,但少了很多。這就是說,機械中介的文化,由於容易複製與流通,特別是在數位化而通過互聯網傳輸之後,複製、傳輸與使用頃刻同時完成,等於是提供龐大的經濟誘因,鼓動他人從仿製或拷貝中謀利。文化經濟學宿耆陶斯（Ruth Towse）等人在 2000 年 9 月,亦即數位影音分享先驅 Napster 啟動（1999

年 6 月）後一年多，即已組織研討會，並出版專書《著作權在文化工業》，原因在此；陶斯說，「數位化的技術變化長足地影響了文化部門的市場……對於文化工業與消費者的意義重大。」

雖有以上的說明，但兩種文化經常聯合。一是機械中介的文化，倒過來促進「現場文化」。比如，特定影音內容若能備受歡迎，人們經常前往現場，親身體驗該場域的文化。如《悲情城市》之於九份、《海角七號》之於恆春，「影音作品所帶動的觀光旅遊」（film-induced tourism）這個（不一定不可疑的）說法，緣此而來。好萊塢大廠在東京、香港、上海、洛杉磯、佛羅里達、巴黎……等地，授權設置了相應的主題公園，規模很大。二是現場文化通過傳媒，成為機械中介文化的一部分；以前的說書講故事，或是街談巷議，今日就是新聞或時事評論，搬上螢幕，不成問題。《看的方法》已是經典小書，也讓讀者恍然大悟，原來當代廣告這個流行文化的重要創作泉源之一，正是西洋古典畫作！既有這個性質，傳媒機構提供資源，自己內製原先屬於現場文化的活動，然後通過機械仲介而對外傳輸，在所多有，直至1990 年代初期，臺灣最早的三家無線電視台都有專屬樂團，BBC 的表演藝術團隊之年度預算，至今仍在 2 千多萬英鎊之譜。BBC 去（2016）年的電視收入 25 億英鎊，英國其他電視公司從廣告或商業訂戶的收入，總計將近95 億，幾乎是 BBC 的四倍；但是，BBC 提供英國人收看電視新聞的 76%時間、網路新聞的 56%，英國人看電視約有 70% 是在客廳而其中 35-40%是在看 BBC（內製為主）的電視劇、新聞與綜藝節目……等等。看來，BBC 整合現場與機械中介文化的績效與貢獻，頗有可觀；有人推估，僅以電視（BBC 另有龐大收音機）部門為例，英國政府若改變 BBC 的財政，由英國人志願捐贈或容許 BBC 收取廣告，因此也就不再強制家家戶戶提交執照費支持 BBC，那麼，英國電視的「內容投資」將減少 5-25%（「首播內容」降 25-50%，嚴重影響創作部門）。

BBC 這類公共服務媒體在歐洲、日本、南韓、澳洲與加拿大……等國，仍然是整合現場文化，以及機械中介文化的重要機構。劉博士的探索宗旨，是要另闢「文化經濟」的蹊徑，他似乎贊同，或說希望澳洲學者的看法

成真:「創意產業……帶動……整體經濟的成長……是……『創新體系』的必要元素……透過新文化觀念、技術與經濟的協調整合……創造整體經濟進化、變革的創新體系」;這是已經「**浮現的『文化經濟模式』**」。未來,「**殘餘的**」補助模式還會存在,但是,若要與當前依然佔有「**主導**」地位的「文化經濟」模式,也就是僅將文化當作一般商品的模式一決雌雄,那麼候選人必然是「創意產業」。停筆移墨,本書戛然而止,尚未進一步表述,也就無法申論 BBC 這個性質、集合影音圖文於一身且有相當規模,並能善用技術的公共服務媒體,會與創意產業產生哪些連結與關係。

　　創意產業的提倡,出自「文化研究者」,不是經濟學者,這有意義嗎?可以探討。將霍爾(Stuart Hall)式文化研究引入美國的格拉思堡(Lawrence Grossberg)說:「一旦你瞭解『經濟』無法脫離脈絡而抽象存在;如果你體認言說對於經濟關係的構成有其重要性;假使你體認各經濟體的複雜性質與多重性質,又如果你體認到,經濟可以當作是一種脈絡化的言說現象而存在,那麼,你會怎麼閱讀與搞、研究(do)經濟?」解構「經濟」與「文化經濟」及其關係,這是重要的事情;與此同時,另求「一新經濟耳目」的建構,這是一體兩面之事,值得文化研究者繼續投入心力。本書邀請讀者進入,共同努力。

馮建三

政大新聞系教授、《傳播、文化與政治》編委

2017.10.29 上下猴山 939 回

作者序

　　這本書近期的緣起，是 2011 年 4 月 1 日我與臺大城鄉所王志弘教授在臺藝大「藝術管理與文化政策論壇」的對話開始，王老師以「文化如何治理？一個分析架構的概念性探討」為題探討文化治理概念的理論嫁接，我則以「文化經世與文化治理：一種在地文化論述的可能性」提出臺灣文化治理「再東方化」的想法，一方面提醒亞洲知識分子應該承擔起文化政策在地論述的學術責任，一方面也表達內心對此深層的焦慮。

　　從 1990 年代開始投入東、西方文化以及歐、亞文化政策的研究，經常覺得世界歷史與當代文化治理之間是兩條沒有交集的平行線；而文化的內在價值思想與文化政策實務、文創經濟發展，乃至社會文化行動之間，則經常是幾個互不對話的小圈圈。對於公共議題，藝文界更常限制在自己的同溫層。2009 年重讀傅柯的「統理性」概念，發現歐洲文化的「統理性」概念系譜與中國明、清以來「經世治理」的學術傳統之間，其實存在著深厚的可類比性，以及內在可能超克現代文化官僚體系的潛在特質；而文化治理與政治經濟學、社會實踐和公共領域之間，更存在著文化邏輯上主、客體的強烈辯證及連結關係。

　　在一個全球化的世界，東方與西方似乎是個早該被拋棄的籠統概念。因為地理上任何一個地緣上的東方，一旦由它所處不斷向東推進，都意味著西方的實質消解。既然如此，在 21 世紀臺灣文化政策與文化治理領域，又何須重新點燃「再東方」論述與實踐的火苗呢？

　　原因其實不難，因為即使在全球化的今天，東、西方之間人們那條已經內化了的現代性心理基線並沒有消除。歐美與亞、拉、非對於文化政策論述、資源競逐以及權力資本的爭奪從來沒有停止過。而再東方化所要表達的，則是一種內在的動力，一種在文化實踐過程中除了凸顯差異外，同時孕育而生的「一股對於差異感同身受，試圖相互理解的驅力」。

　　這本書是近年來在臺藝大藝術管理與文化政策研究所碩士班、博士班課程中，我與研究生們針對政策理論與實務之間反覆辯證的思想累積。專書中匯聚了三個科技部專題研究計畫的成果，以及這些年來個人參與國內外學術研討會、文化論壇、文化立法和全國文化會議的啟發。

　　教授的代表著作應該是一本具有思想體系與實踐支撐的專書，這是我的執著。這幾年間挨著一個個的專題研究計畫，一篇篇學術論文與專書篇章，熬著教授升等的壓力，我努力嘗試貫穿一環一環的學術概念，縫合片段論述之間相互構聯的關卡，再加上臺灣文化政策研究學會的籌備、發起與運作，臺灣、東亞及國際文化政策網絡的串聯，走來並不輕鬆。這本書的完成也算是對近年來自己的學術生活日常有個階段性的交代。

　　專書收尾的時間點，正值文化部召開全國文化會議、分區論壇，北、中、南、東各縣市藝文團體與民眾針對文化議題百花齊放，嘗試聚合公、私、第三部門就文化政策白皮書共同撰擬的時刻。筆者將參與文化部門的文化立法研議經驗，學術機構與文化部、地方文化局協力規劃公共論壇的執行和磨合過程，進行學術與實踐的交互檢證，並轉化為文字析論彙整於專書之中。身為學者，不得不表達個人長久以來對國家與城市領導人欠缺文化深層思考的憂慮，文化高懸的價值理念總在政治權力的交迭中百般地妥協，臺灣民間要走的文化路還很長。

　　這本書的完成需要感謝的人很多：首先謝謝在學術道路上總是身體力行，時時不忘鞭策、提攜後進的國立臺灣藝術大學人文學院廖新田院長；上任以來對於推動臺灣文化政策智庫研究及跨域、跨藝治理不遺餘力的陳志誠校長；在國內社區總體營造、文化公民權的論述及推動上都樹立典範的前文建會主委陳其南教授；以及在文化研究的思想上、問題意識與路線上給予多方啟發的陳光興教授；他們都個別為專書撰寫了推薦語。特別感謝致力臺灣媒體改革以及倡議「文化例外」的前輩 —— 政大新聞系馮建三教授，在百忙之中還不吝為專書撰寫推薦序文。

謝謝二位匿名的審查委員對文本內容的修改意見，以及在研究方法上、論述路線上的諸多建議。感謝巨流圖書的編輯沈志翰、林瑜璇在內文編輯與出版行政上的多方協助。同時也謝謝聯合新聞網「鳴人堂」主編許伯崧的邀請，以及《典藏‧今藝術》雜誌的幾次專題報導合作，讓我有機會在電子與平面媒體上對文化議題進行公共書寫和大眾對話。

還要謝謝幾個月來協助我進行專書章節文字編排、校閱的繆子琳、李珮綺；協助內文中許多圖表製作的柯惠晴、翁詩惠、康家禎；多年協助我進行專題研究計畫並進行學術對話的劉育良，以及張依文、張宇欣、廖凰玎律師。同時謝謝碩、博班指導過的研究生黃思敏、黃微容、柯柯、育良、林嫻如、施岑宜、盧梅芬、嚴佳音、吳品寬、林宛婷、李佳臻、甘非比、蔡淳任、洪婉喻，在過去七、八年來一篇篇碩、博士論文生產過程中深入的思想對話。

另外要感謝我藝政所任內的幾位秘書張文采、徐惠萍、康家禎對所務行政的「善治」；協助全國文化會議籌辦執行與規劃的古淑薰博士、梁涵詠秘書，以及臺灣文化政策研究學會中和我共同奮鬥多年的張玉漢、李明俐、李倢宇、吳盈諄、吳欣瑀、楊安妮、李亦晟、錢又琳（前文謝過的就不重複感謝了）。還有協助我在韓國首爾隱遁寫作的崔碩浩教授、全能的秘書 JJ 和韓國 KCTI 的研究夥伴們。多謝了，艾莉卡。

當然還有在高雄時時關心我、支持我專心留在北部工作的母親；以及不斷搗亂我寫作文稿、打破我思考框架的喵寶。謝謝～金金。

如同序文一開始所提，在全球化的時代，東亞文化政策與文化治理的實踐和論述，是在地知識分子必須共同承擔的學術責任。臺灣文化政策與文化治理的再東方化過程，我真的很期待更多對文化有理想、有熱血的夥伴一起投入。

于淡水、竹圍、板橋、高雄、臺中、首爾

2017.11.30

CONTENTS
目錄

叢書序／藝術管理與文化政策叢書 iii

推薦序／整合兩種文化 一新經濟耳目 v

作者序..x

INTRODUCTION
緒論　**再東方化：「文化經世」作為文化政策與治理的取徑及方法**....001

||| 世界近代史視角下的文化「東方主義」到「再東方化」.....005

||| 從「西方」、「中國」到「亞洲」作為方法 010

|||「再東方化」作為一種反思路線與論述取徑....................016

|||「文化經世」作為方法：
　　尋求在地文化政策批判論述的可能性................................021

||| 文化經世與文化治理：重回世界近代史的文化辯論.........041

||| 文化經世對當代臺灣文化治理的實質意涵 045

CHAPTER
01　**當代文化治理的形構、邏輯與分析架構**........................051

||| 文化的意涵與分析取徑 052

||| 文化與政治、經濟、社會的互動關係...............................058

||| 當代國家的政治、經濟與社會治理結構 063

||| 文化與治理：文化研究、文化政策與文化治理 075

||| 當代文化政策研究的再東方化...105

CHAPTER 02

臺灣文化治理與文化政治體制......................................111

||| 《文化基本法》草案的研擬背景與緣起..........................115

||| 《文化基本法》的立法目的與架構..............................118

||| 《文化基本法》與核心文化價值凝聚............................120

||| 《文化基本法》與文化權利的保障..............................126

||| 《文化基本法》與文化政策的基本方針..........................129

||| 《文化基本法》與跨部會文化治理體制..........................130

||| 《文化基本法》與 2017 年全國文化會議：翻轉文化治理？155

CHAPTER 03

文化治理與文化經濟論述..165

||| 當代文化經濟論述的問題化....................................166

||| 文化與經濟的一體與斷裂：
東、西方道德經濟與政治經濟學傳統............................168

||| 經濟作為一種文化：文化經濟知識體系的重新縫合..........173

||| 文化與經濟價值邏輯的揉合：對立？滲透？互為主體？ ...177

||| 文化價值與經濟價值的再辯證：
資本主義與文創產業作為一種跨國文化形式....................182

||| 文化經濟模式的階段性轉變：
當代文化經濟的價值典範轉移？ 190

||| 文化經濟生態體系的永續性：
邁向一個更寬闊的文化經濟價值衡量框架 196

CHAPTER 04

臺灣文化經濟體：藝文補助、文創產業與國際文化貿易 199

||| 國家的整體「文化經濟論述」是什麼？
　—臺灣文化經濟體 200

||| 臺灣的藝術文化補助機制：福利模式 204

||| 臺灣文化創意產業政策中的文化經濟論述：
　競爭與成長模式 210

||| 對外文化貿易與文化例外的爭議：兩岸文化貿易與 TPP....220

||| 國家文化經濟政策論述：邁向創新模式的臺灣文化經濟體 231

CHAPTER 05

文化治理的社會論述 245

||| 文化的社會治理與「文化自理」 246

||| 公共領域與文化公共領域的結構 249

||| 文化公共領域的結構 256

||| 文化公共領域的參與「理性」與「心態」：
　文化邏輯與人文價值的逆反 261

||| 知識分子與文化公共領域：參與技術與機制 265

||| 底層公共領域與文化反抗 272

||| 文化治理與文化反抗的行動策略 276

CHAPTER 06

臺灣的文化公共領域與文化反抗 281

||| 當代臺灣文化公共領域論述與文化治理 282

||| 臺灣視覺藝術公共領域：
　以視盟和文化元年基金會籌備處為例 289

||| 風雲再起：2017 年全國文化會議與文化公共領域 309
||| 臺灣的文化自理與文化公共領域 314

CONCLUSION
結論 文化治理「再東方化」的可能性與侷限性 321

||| 當代東亞文化治理的再東方化現象 322
||| 本書核心提問與回應 323
||| 文化治理網絡與生態體系作為整合性分析架構 326
||| 文化治理「再東方化」的可能性與侷限性 329
||| 崛起中的臺灣及東亞文化政策論述與實踐 333

REFERENCE
參考文獻 337

||| 外文部分 338
||| 中文部分 352

APPENDIX
附件 363

||| 附件一：文化部「文化基本法草案」
　　（1060426 公聽會後修正版）.................................... 365
||| 附件二：文化部「文化基本法草案」
　　（1060831 修正版）.. 386
||| 附件三：2015-2017 年臺灣文化治理相關新聞表列 399

圖目錄

圖 0-1：清代經世文編文獻四個時期分類統計表 1776-1905 033

圖 0-2：清代經世文編德治類文章比重趨勢圖 033

圖 0-3：清代經世文編 G、H、I 類文章比重趨勢圖 034

圖 1-1：文化作為日常生活的四個向度 057

圖 1-2：文化與政治、經濟、社會的互動關係模式 059

圖 1-3：文化與政治、經濟、社會互為主體性 061

圖 1-4：文化治理的場域與思維邏輯 091

圖 1-5：文化治理場域與文化邏輯的形構 102

圖 1-6：當代文化治理的分析架構 103

圖 1-7：當代文化政策研究與實踐的範疇 106

圖 2-1：比較臺灣獨有、中華共享與世界共享之文化價值評估指標比例 .. 125

圖 2-2：文化向度與文化權利的分析架構 128

圖 2-3：《文化基本法》與文化治理體制 138

圖 2-4：翻轉文化治理：《文化基本法》與文化治理體制 156

圖 2-5：2017 年全國文化會議暨文化政策白皮書執行機制 158

圖 2-6：2017 年全國文化會議暨文化政策白皮書計畫流程 161

圖 2-7：2017 年全國文化會議數字彙整 163

圖 3-1：文化經濟與創意產業的價值辯證 194

圖 4-1：我國現行藝文補助機制的歸類與定位 208

圖 4-2：文化貿易與文創產業治理的思維邏輯 230

圖 5-1：文化治理與文化公共領域 259

圖 5-2：文化公共領域與文化反抗的能動者互動取徑 277

圖 6-1：臺灣文化治理與文化反抗 284

圖 6-2：文化元年基金會籌備處組成 291

圖 7-1：臺灣文化治理的網絡與生態體系 328

表目錄

表 0-1：明代中國官員奏議書信類別分析表（c. 1367-1572）.....................026

表 0-2：清代皇朝經世文編及其續編 1776-1905..028

表 0-3：清代經世文編文獻分類統計表 1776-1905 030

表 0-4：清代經世文編文獻四個時期分類統計表 1776-1905 032

表 0-5：癸卯、甲辰科會試第一、三場考題及出典 039

表 0-6：癸卯、甲辰科會試第二場策題 040

表 1-1：公共行政、新公共管理、新公共治理核心要素.........................068

表 2-1：各國文化指標及文化價值調查 122

表 2-2：臺灣、加拿大及歐洲主要國家文化行政與治理體制比較............132

表 2-3：跨部會文化治理機制訪談對象 140

表 3-1：文化經濟模式的階段性轉變 191

表 4-1：臺灣文化創意產業分類及目的事業主管機關 216

表 4-2：臺灣文化與產業相關統計..219

表 6-1：臺灣視覺藝術公共領域與文化反抗訪談對象 293

緒論

再東方化：「文化經世」作為文化政策與治理的取徑及方法

||| 世界近代史視角下的文化「東方主義」到「再東方化」

||| 從「西方」、「中國」到「亞洲」作為方法

||| 「再東方化」作為一種反思路線與論述取徑

||| 「文化經世」作為方法：尋求在地文化政策批判論述的可能性

||| 文化經世與文化治理：重回世界近代史的文化辯論

||| 文化經世對當代臺灣文化治理的實質意涵

　　這是一本關於當代文化政策研究論述與實踐的書，一本嘗試將當代文化治理的理念價值與實務體制接合的專書，特別是針對臺灣和它所地處的東亞現況。全書側重於文化治理能動者的價值與行動，以及理想與現實之間的交叉辯證，希望透過東亞和儒家經世致用的文化傳統與西方文化治理的現代性之間的對話，以臺灣文化治理的實踐經驗為測試的場域，重新尋求一種當代文化政策與治理在地化論述的可能性。

　　專書主題「再東方化」（ReOrient）雖然借用了薩依德（E. Said）的「東方主義」（Orientalism）概念（Said 1978），但「再東方化」的目的並不在尋找、形塑或者再現一個本質性的「東方」內涵與樣貌。而是試圖從東亞儒家以「文化」「經世致用」的思維傳統出發，嘗試與薩依德所延續的傅柯權力、機構與再現等思想脈絡的對話，並接合如陳光興（2006）、竹內好（2007 [1960]）、溝口雄三（2011）等主張的亞洲和中國作為方法的批判取徑，作為一個當代東亞文化政策與文化治理的論述分析的路徑和方法。

　　不過，我希望介入的場域不在殖民與後殖民研究的思想論證，而在於尋求現代（後現代）和當代東亞文化政策與治理主體論述的可能性。對我而言，與其拋棄或者逃避一個被歐美及西方所殖民化、相對化和意識形態化的東方，不如重新去面對，重新再詮釋這個傳統、當代現實存在的東方，以及一個崛起中、未來可能的東方。在亞洲，「再東方化」的取徑必須面對東方文化中已經內化的西方；而在臺灣，再東方化則不得不面對已經內化的中國與中華。因此在本書我試圖：

一、從當前世界史、全球史和文化全球化論述的重構與論辯中，重新尋找當代臺灣處在地理位置上的東方（特別是東亞區域：臺灣、中國、日本、韓國、新加坡、香港），究竟能凸顯出什麼獨特的主體文化視野。

二、從文化研究中對傳統、現代與後現代的詮釋，以及不同理性思維模式的交互辯證中，可以如何勾勒出臺灣文化政策後設論述中，已經內化的中國「經世之學」的傳統與西方批判現代性的視角。

三、從文化政策與文化治理作為一個實踐的場域、網絡，或者理想式的公共領域與文化生態體系，尋求如何理解、介入當前臺灣文化政策與文化治理的現實處境，以及文化理念接合政策工具措施實務操作。

四、全書論述的框架環繞在文化與政治（科層體制）、文化與經濟（產業市場）、文化與社會（第三部門與媒介）的互為主體性與繁複連結體制。以當代臺灣和其位處的東亞區域文化政策與治理體制作為參照，包括政策論述的價值、理念，思維脈絡與制度行動實踐的再東方化過程，究竟具有什麼實質意涵。我們希望由此探究「再東方化」論述對當代文化政策與文化治理實務發展的可能性與侷限性。

除了緒論外，全書的主軸從三個層次切入，重新思索當代文化網絡治理宏觀架構，並勾勒當代文化與政治、經濟、社會的繁複連結體制與互為主體過程：第一部分（第一、二章）處理文化政治的論述與臺灣文化政策治理；第二部分（第三、四章）探討文化經濟論述與臺灣文化政策治理；第三部分（第五、六章）處理文化社會論述與臺灣文化政策治理；核心的提問在於如何在文化治理的理性、心態、技術層次上，重新納入東方傳統中以人文為核心的治理思維，而跨越西方現代工具理性與實用主義的強勢文化邏輯，進而重返東方（再東方）人文社會軸線，以文化生態平衡體系取徑重新架構當前失衡的文化與政治、經濟、社會治理價值的比重。

在章節的分布上，**緒論**以〈**再東方化：「文化經世」作為文化政策與治理的取徑及方法**〉出發，從世界近代史的視角重返被揚棄已久的儒家文化價值，經世致用傳統思想作為反思當代文化政策與治理的起點，試圖從方法論的層次進場，以一種新的視野和反省路線，揭開東方與西方文化治理內在文化價值邏輯的對話辯證。

第一章〈**當代文化治理的形構、邏輯與分析架構**〉，則延伸緒論的經世之學的東方化論述，接合西方傅柯式（M. Foucault）的文化統理性路徑，麥奎根（J. McGuigan）的國家、市場與公民溝通論述，推展到當代公共行政、新公共管理，以及文化治理與網絡治理。以此構建、析論當代文化治理與文化邏輯的衡量框架。

第二章〈臺灣文化治理與文化政治體制〉，則探討人民的基本文化權利與法制化的現況與問題。作者檢視近來政府透過全國文化會議、文化白皮書、《文化基本法》與文化組織再造的推動，結合臺灣文化總體營造的主軸和其他開放式議題的匯蒐，試圖翻轉文化治理的模式，能否真正促進政府、學界、業界、第三部門、藝文團體和公民在文化政策面的溝通、協力與共同治理，並探討此過程中的侷限性。

第三章〈文化治理與文化經濟論述〉，從東方文化經世之學的道德「經濟」、傳統政治經濟學的道德情感論、韋伯《新教倫理與資本主義精神》（Weber 1992 [1930]）等來思考社會的財富分配公平正義，以及自由市場／社群主義文化政策背後的價值邏輯辯證。當代文化政策與治理中的文化經濟、美學經濟、文創產業、文化市場論述，是否可能重返文化為主體的經濟論述，使人文成為創新知識體系的關鍵核心。

第四章〈臺灣文化經濟體：藝文補助、文創產業與國際文化貿易〉，則從臺灣當代的文化貿易與文創產業政策探討文化經濟治理的現況，析論臺灣當代文創經濟發展的可能性與侷限性。作者主張將臺灣的文化創意產業、藝術市場與文化消費、對外文化貿易，以及藝術文化的獎補助機制等，視為一個文化價值與經濟價值相互調節、互賴共生的「臺灣文化經濟體」。

第五章〈文化治理的社會論述〉，從儒式傳統公共領域，文化情感、社會共鳴的感性文化公共領域，接合哈伯瑪斯（J. Habermas）、麥奎根與文化公共領域的結構，思索臺灣民間社會與市民社會的接軌，以及文史團體、社造 20 年、社區和第三部門的文化參與和文化反抗。

第六章〈臺灣的文化公共領域與文化反抗〉，則以視覺藝術領域為例，探討 2010 年以來臺灣文化治理網絡、文化公共領域與文化反抗的現實狀況。以文化治理連結文化公共領域的架構，分析藝文界個人工作者、團體代表、藝術文化第三部門等能動者，如何對上層結構所建構的治理體制，展現常民如何反身自主，由下而上持續給予政權壓力，進而開展出參與式的文化公共領域的文化行動。

　　最後，結論〈文化治理「再東方化」的可能性與侷限性〉，則重新回到治理理性（價值）上的當代詮釋，治理心態上的入世參與和開放、自主，治理專業技術上的體制化、效率、落實等層次，檢視臺灣文化治理與再東方化的侷限性，以及對華人政權的反省（包括文化行政官僚體制因循舊制，自律、自我規範的不足，創新力道與思維的薄弱，對權力、利益的趨近和鞏固，對人民自主的缺乏尊重，科學、技術、組織管理效率和問題實務解決能力的不足等）。

　　當代臺灣社會及政府文化行政部門對於文化治理不乏高遠的理想與價值理性，也有深刻的入世參與、反思、自省和自制的心態，但仍欠缺具備法律、機制等效能、效率的治理技術，以及整合、貫穿（東、西方）治理理性、治理心態與治理實務技術的「組織機構治理文化」。當代臺灣與東亞，需要在文化政策價值與西方現代性治理技術（實務法規機制）之間，持續接合，讓東、西方的人文與工具理性運作中，找到更適切的平衡點。

▊ 世界近代史視角下的文化「東方主義」到「再東方化」[1]

　　歐洲中心主義的世界史觀自 19 世紀中葉開始就佔據主導的地位。從馬克思將西方代表進步且經濟發展的「現代布爾喬亞生產模式」與所謂「亞細亞生產模式」（Asiatic mode of production）、古代及封建生產模式相對化以來（Marx 1977 [1859]: Preface），到韋伯的《新教倫理與資本主義精神》（Weber 1992 [1930]）與史賓格勒的《西方的沒落》等，都在在強調西方文化的優越性與獨特性。他們認為歐美文化無論在經濟生產上、科學發展上與內在價值的高度上，都是世界上唯一的優秀文明，直到 20 世紀初西方方才顯露出疲態（Spengler 1971 [1932]）。當代歐洲中心的世界史觀依然盛行：

---

1 本章關於近代世界史與清代「經世之學」的相關內容，係增補並改寫自：劉俊裕。2008。〈從近代世界史看清代中國「經世之學」文化邏輯的變與常〉。國科會專題研究計畫：2007 年 8 月 1 日 － 2008 年 7 月 31 日。計畫編號：NSC 96-2411-H-160-001 研究成果之一部（未出版）。

麥克尼爾（McNeill 1963: 593）在《西方的崛起》一書中指出，「比起世界其他文明，西方文明在其結構中融入了更多的異質文化……由於西歐在它的知識、組織與科技架構中體現了不同的特質，因此造就了西方文明的獨特性。」蘭蒂斯（Landes 1998: 200-205）在《國家的財富與貧窮》一書中則強調，歐洲自文藝復興以來透過知識與技術的持續累積，形成獨特而自主的科技組織與學術文化，進而突破傳統科技的門檻，在世界的各個民族中崛起，成為近代世界國家中的最大贏家。而中國則落入對自身儒家倫理價值與文化精神優越感的陷阱，成為對西方科技毫無知識好奇心的僵化學徒。

法國年鑑學派的史學家布勞岱爾（Braudel 1975, 1984）從環地中海的文明延伸，認為自 15 世紀後世界經濟體系便逐漸被歐洲以貿易、市場、物資和利潤為基礎的獨特資本主義經濟體系所宰制。延續布勞岱爾的主張，華勒斯坦的世界體系論（Wallerstein 1993: 292-296）更進一步主張，歐洲資本主義經濟體系的擴張，終於將全球多個既存但卻分隔的世界體系（world-systems）整合成為一個單一的現代世界體系（a world system）。而羅伯的《西方的勝利》（Robert 1985: 41）則指稱當前世界政經體制的重要原則，如現代民族國家、資本主義與市場經濟等，無一不是以西方為核心向世界各地擴散延展的。福山在倍受爭議的《歷史終結》一書中（Fukuyama 1992: xi, xiii）甚至主張，西方的自由價值、民主政治與資本市場經濟已經獲得最終勝利，成為普世價值，而世界歷史的演變將就此終結。

進入 21 世紀的上葉，世界近代史「西方崛起」的論述並沒有消逝。強調「西方」文明的特殊性和優越性，而將西方以外都視為「其他」或者「剩餘」（rest）的文明論述依舊充斥。佛格森認為，「西方文明的崛起是耶穌誕生之後第二個千禧年後半最重要的歷史事實，這並不是『歐洲中心主義』也不是（反）『東方主義』，而是一個再明顯不過的陳述。」過去五百多年來，西方文明在世界上取得了難以匹敵的主導位置，西方的制度結構如企業、市場、資本主義、民族國家等，成為全球經濟和政治競爭的標準，以及「其他」文明模仿的範本。西方的科學典範、法律、政治模型，乃至醫學、工業生產與大眾消費模式，取代了非西方文明的其他選擇，提供了人類社會最好

的政治、經濟與社會制度，以及最能開發人類創造力，解決 21 世紀世界所面臨問題的最佳選項。如今，Levi's 牛仔褲、可口可樂、麥當勞到處可見，西方價值與日常生活方式充斥全球各地，世界上越來越多人逛街購物像西方人，研究像西方，祈禱像西方，吃漢堡、戴棒球帽、讀《聖經》都像西方（Ferguson 2011: 8, 256-7, 324）。

　　在文化層次上，西方的信仰、理念、價值體系和生活方式就此順勢成為全球文化的主流。霍爾在〈西方及其他〉一文中，清楚說明「西方」儼然已經成為全球社會性質分類的基礎，以及文明內在價值發展的衡量標準，甚至成為一種知識與思想的結構。西方的理性、文明、發展、進步及都市化，相對於世界其他地區野蠻、不文明、原始、落後與農村的二分形象，也隨著現代化潮流從歐美向世界擴張，框架著現代社會（Hall 1992: 277-278）。至於其他非西方的在地文化價值體系，如同湯恩比（Toynbee 1972）所言，則僅能被動地「回應」歐美主流文化的「挑戰」。由此延伸的全球史觀則強調當代歷史與種種全球化的過程中，因著現代科技的快速發展與全球時空快速壓縮，造成了世界政經體系前所未有的高度互賴。麥克魯漢所謂「地球村」的概念（McLuhan 1994 [1964]: 930）使各個原本分隔的文明與世界匯聚成為一個單一的「全球場域」，進而強化了這個世界是一個整體的「新全球意識」（Robertson 1992: 27）。紀登斯則指出，全球化乃是一種「現代性」的產物，而所謂現代性不單單是指歷史上西方的社會組織機構擴散至全世界而摧毀其他文化，更說明全球化基本上就是一個不平等的發展過程，是一種以西方為主體的新世界互賴模式（Giddens 1990: 1,175）。在這樣論述架構下的全球史，似乎順理成章地成為描述西方如何主導全球現代化過程的歷史。換言之，客體與主體、中心與邊陲，以及宰制與被宰制的概念，在潛移默化中注入了世界史和文化全球化的思想之中（劉俊裕 2007）。

　　當然，歐洲中心史觀與東方主義的論述在西方本身並非沒有自我的反思與相應的批判，而所謂西方以外的文化面對歐洲中心主義也並非毫無抗拒能力。薩依德在其著名的《東方主義》一書中，就對歐洲中心主義提出了深刻的批判。他指出，過去東方曾經是個浪漫、充滿異國風味、令人憧憬的記

憶與地景，以及處處充滿驚奇的經驗。如今，這樣浪漫的想像已經慢慢消失了。「東方」幾乎是歐洲人所發明的。東方成為歐洲文化上的競爭者，也是相對於歐洲形象差異最深刻、最常出現的他者。而東方主義則是一種建構在區隔東方與西方本體論與認識論差異的思想型態。在 18 世紀，東方主義可以看作是一種透過貿易公司體制處理東方的討論和分析，透過對東方反覆陳述、發表官方看法、描述、教學、殖民、統治產生的結果。簡言之，東方主義是一種西方宰制、重構和對東方建立威權的形態。沒有將東方主義視為一種論述來檢證，人們無法理解歐洲文化是如何在後啟蒙時期，透過龐大而系統化的學門，從政治上、社會邏輯上、軍事上、意識型態上、科學上，以及想像層次上處理甚至生產東方。薩依德將歐洲所發明的「東方」解構為權力和再現的論述，他強調東方和西方的概念是一種權力關係、宰制的關係，以及不同程度的繁複主導關係。東方主義所表達與再現的，是透過機構、語彙、學術研究、想像的教條，乃至殖民的官僚與殖民型態所共同支撐的文化，或者意識型態式的論述（Said 1978: 2-3）。

　　近來許多世界史學家更針對以西方為主體而建構的世界體系途徑，和由此延伸而出的全球化論述提出強烈的質疑。渥夫的《歐洲和沒有歷史的民族》強調世界文明之間存在著不可抽離的網狀連結，聲稱具有歷史的民族和被迫剝奪自我歷史詮釋權利的民族，其實都參與在一個共同歷史軸線中發展（Wolf 1997 [1982]: 23, 384）。喬德利在《歐洲之前的亞洲》一書中研究 1750 年以前環印度洋文明的世界經濟體系，明確論證在歐洲人來到亞洲之前，不同亞洲文明（包括印度、伊斯蘭、中國等）之間早已存在著長期的跨界互動，並且造就了文明之間社會習性與認同的相似性（Chaudhuri 1990）。余英時（1987）的《中國近世宗教倫理》主張在中國近世的儒教和佛教中，一直存在著入世、理性且勤奮工作的倫理，韋伯所主張在西方資本主義中「獨有的」新教倫理並不是事實。

　　法蘭克的《再東方化》（*ReOrient*）一書，從白銀的流動論證單一的世界體系在歐洲興起之前早已存在，而多數人都忽略了，其實中國才是 15 至 19 世紀世界經貿的中心。所謂西方的世界體系之所以能在近代「暫時」超

越中國，是透過其在美洲、非洲與亞洲的殖民掠奪，「踩著亞洲人的肩膀」和亞洲人建立的世界經貿體系才有機會崛起，更遑論獨自創立全球體系或將世界社會納入其懷抱（Frank 1998: 14, 356）。法蘭克認為，當代歐洲在理論上、分析上、實證上，或者觀點上的侷限性，乃是來自於歐洲人立基於古典社會理論的襲產，以及歐洲中心主義的史學史的思考。歐洲經濟體系在 19 世紀前處在世界邊陲位置，歐洲是在工業革命和在亞洲的殖民主義之後，才重發明了一個歐洲中心主義的世界史。是歐洲對於亞洲的殖民重新形塑了歐洲人的心境，即使歐洲人沒有「發明」整個歷史，他們至少發明了一種歐洲所發起、指引的虛假普世主義。世界史不僅在歐洲學門中，甚至被歐洲優越主義的發明中全盤重新撰寫，因此，法蘭克主張歐洲行動上的「再東方化」（Frank 1998: 27, 277-278）。

彭慕蘭（Pomeranz 2000: 186-8, 264-285）從跨洲資源的比較取徑來析論世界《歷史的大分歧》，說明歐洲人自美洲掠奪而來白銀、黃金和勞力密集的原料資源如棉花、糖、羊毛等，提供了歐洲工業化所迫切需要，而卻無法在本土取得的天然資源。這些額外資源才是歐洲得以在 17、18 世紀崛起的原因。音雅恩（Inkster 1998）亦主張歐洲的崛起其實只是一個歷史的偶然，歐洲現代化過程中所謂的三大變革 —— 文藝復興、宗教改革和科學革命都並非靠著歐洲獨自的成就而達成的。因此，與其說是西方征服了世界，不若說歐洲是在歷史偶然的機會下抬頭。孟西斯近年的二本論著，更引發了世界史學界對東亞和中國歷史定位的重大論爭。在《1421》一書中（Menzies 2002），他大膽論證鄭和的艦隊早在哥倫布前七十多年便已發現了美洲大陸，更在麥哲倫前兩百年環繞了地球一周。在《1434》（Menzies 2008）一書孟西斯進一步指稱，鄭和的艦隊甚至在 1434 年就航行至當時的義大利，進而引發了歐洲的文藝復興。而莫理斯在《西方憑什麼主宰世界？》中則強調，人文如何結合地理條件突破環境和資源限制的門檻，乃是決定文明主導地位的關鍵。莫理斯指出，19 世紀西方在工廠、鐵路、砲艦的驅使下崛起，20 世紀電腦與核子武器鞏固了西方全球霸主地位。至於未來是否將會

終結西方近兩百年的全球主導地位？他認為 21 世紀崛起中的中國和印度等東方文化，將改變西方統治的現況（Morris 2010）。

對此，在東、西方學界燃起了世界體系成形的激烈辯論，同時也造就了與西方中心思維分庭抗禮的全球史觀與全球化論述。P. Manning（2003）在其論述中強調從不同領域、學門整合研究世界史的重要性。而彭慕蘭與托皮克（Pomeranz and Topic 2006: 266）的《貿易所創造的世界》更指出，世界史的詮釋應將「道德經濟」納入考量，為了理解近代世界的發展，價值、文化取徑與市場經濟等因素同等重要。現代化的過程或許確實是西方所引發，但全球化的歷史卻無疑是多極化、多元化的當代歷史，是由全球眾多的參與者共同形塑一個新世界文明的過程。也因此全球歷史意味著世界邁入了一個新紀元，從過去的世界通史或普世歷史的架構延伸出新的「全球視野」。在當代不單只是西方，日本、印尼、馬來西亞、澳洲、中國和印度等等都扮演起重要的角色（Mazlish 1998, 2004 [1993]: 1-2）。歐洲和美國中心的世界史觀已然被重新「相對化」，全球歷史正在後殖民與後現代思潮的帶動下相互角力與重構。

▍▍▍ 從「西方」、「中國」到「亞洲」作為方法

上述有關世界史與全球史的各家辯論，固然對世界政治、經濟與科技組織的歷史演變與分析有獨到的見解，然而若仔細審思其論述過程，不難發覺大多數學者評斷世界歷史主體與客體、中心與邊陲、宰制與被宰制的標準，仍取決於一個社會文明物質財富的多寡、科技與軍事力量的強弱，以及政治、經濟組織的效率高低，再以此為基點斷定或影射該文明的進步與落伍，或者文明之間的優劣勝敗。而由此延伸而出的全球歷史，勢必將使全球價值體系與思維的論述，持續依附於世界政治、經濟與科技的現代性論述中（Liu 2008）。在歐洲中心的世界史中，「數字」一直佔有相當重要的地位（Braudel 1979: 31），而在西方的政治史、經濟史、科技史乃至文明史論著中，「優劣勝敗、國富兵強」則是物質中心史觀的核心文化邏輯。在這個西

方現代性論述的世界史觀中，文化的價值體系和意義結構在物質財富與組織權力之外，似乎喪失了其主體性和內在的意涵與邏輯。這樣的框架使得文明內在細緻的文化邏輯和日常生活中個人的價值抉擇和慾望、情感等，都顯得邊緣、瑣碎甚至毫不起眼。而市井生活的平凡閑淡，都市空間的熙熙攘攘，以及人性豐富的愛恨情仇也因此遭到抹滅。相對的，西方文化理念和生活方式的自由與開放，因著其獨特、前衛與現代的特質而成為其他文明憧憬的對象，似乎也變得理所當然，此為跨文化研究的學者所難苟同。

　　從比較文化史的層面思考，單純從史料中的數字高低的比較，卻可能忽視了文明或文化內在的「無可比擬性（incommensurability）」（Bhabha 1993: 191）。跳脫西方中心主義史觀，R. Wong 提出比較歷史的研究不應一昧的將歐洲現代化的模式、條件與標準強加於非西方國家的歷史發展，若嘗試反過來以中國的標準評估、分析和詮釋歐洲歷史發展，或許可以提供比較歷史研究一些新的發現（Wong 1997: 7, 277-294）。東亞文化以人文為中心的史觀詮釋中，文化內在價值與思維邏輯的優先順序，則不等同於一個文明物質財富的多寡、科技與軍事權力的進展與否，以及政治、經濟組織的效率高低之單向投射（Liu 2008）。

　　在 1990 年代後，亞洲的民族國家基於不同的內在狀況，開始創造與「亞洲」連結的方式。舉例來說，日本的亞洲論述最為長遠，從 1850 年代起逐漸形成的大東亞共同圈想像，而當下主要在尋求與亞洲國家戰前侵略所造成之傷害的和解。南韓 1990 年代中期之後出現的東亞論述，訴諸東亞區塊來共同解決朝鮮半島內部問題；中國大陸作為亞洲板塊中的大國為消解中國威脅論的疑慮，也必須展開敦親睦鄰的亞洲政策（陳光興 2006）。藉由日本學者如福澤諭吉、岡倉天心、竹內好、溝口雄三，中國的孫文、孫歌、汪暉，香港的金觀濤、劉青峰以及臺灣的陳光興等，對於「中國」、「亞洲」作為方法和「東方」、「西方」問題之間的思想對話，有助於釐清我所謂「再東方化」作為方法的內在思維理路。

　　明治維新之後，日本的知識分子經常從兩個方向思考亞洲問題，一是以福澤諭吉為代表的所謂「脫亞入歐」論，另一個則是以岡倉天心為代表的

「亞洲一體論」。福澤諭吉於 1885 年發表的《脫亞論》以及隨後《文明論之概略》中提出了弱肉強食和西方文明進化論的史觀，主張日本應該盡快擺脫亞洲的「惡友」，加入歐美列強的行列。而岡倉天心則在 1903 年提出了《東洋的理想》，對西方物質文明提出批判。他認為在東方傳統中尋找超越優勝劣汰邏輯的原理，並認為亞洲文明的「愛」和「美」等價值，是歐洲文明所無法企及，亞細亞應該是一體的。1924 年孫文的「大亞細亞主義」則強調應該以亞洲的王道文化打敗西方的霸道文化（孫歌 1999）。

1961 年竹內好提出了「作為方法的亞洲」。在一般人的理解中，日本代表著亞洲的模範生全面向西方學習，而中國則在另一端，企圖現代化但同時也在抗拒西方。雖然竹內好說他還不清楚「作為方法的亞洲」確切的意義為何，但如果能讓中國與印度進入日本的視野，會有助於日本認識自身所處的位置。他認為，日本只將新的東西不斷地層層疊加而不做任何構造上的變革，不經抵抗就接受了歐洲，只一昧地要成為歐洲；與此相反，中國卻以構造為抵抗而不斷受挫，因為持續的挫折感而不斷抵抗，換言之也就是固執於自我，並因為固執於自我而不得不進行自我變革（竹內好 1960 [2007]；陳光興 2006：392；溝口雄三 2011：7）。

溝口雄三在《作為方法的中國》一書中進一步闡述了近代日本、歐洲與中國之間歷史發展的相對脈絡及反思。他認為在近代化一片空白，本應是落後的中國反而將其空白化為動力，自我更生地實現了世界史上史無前例的全新第三種王道式的近代。溝口雄三指出，把中國的近代看作是自我更生式的近代這一觀點，也就是將「落後」正當化，以及透過推翻「先進」的根據，來否定「先進－落後」這一歐洲一元化的思維模式。如果把缺乏追隨歐洲的條件的「無」看作是一種「欠缺」或「虛無空白」，並把「無」看作為「轉化」的動力，便使我們從一開始就遠離了另一種認識的可能性。對溝口雄三而言，「事實上，中國的近代既沒有超越歐洲，也沒有落後於歐洲，中國的近代從一開始走的就是一條和歐洲、日本不同的獨自的歷史道路，一直到今天。」（溝口雄三 2011：11-12）

　　換句話說，中國的近代原先就是以自身的前近代為母胎的，因此在其內部繼承了中國近代的歷史特性。反專制和共和革命這一在日本未曾發生過的「舊社會、舊政治體制的根本改變」。中國從來就沒有朝著歐洲式近代的方向走，與其說是一種「欠缺」或「虛無空白」，不如說是中國是近代的不得以的「充實」，而正因為繼承了這一「充實」，又使得其不得不受到前近代留下的胎痕的制約。「日本的近代因缺乏道統而具有迅速轉化的結構，從而近代化的腳步也比較快，但並不能因其迅速就認為是優秀。同樣，中國的近代由於擁有道統所決定的對共和的嚮往，從而推翻了專制體制，但也並不能因此就認為其優秀。」（溝口雄三 2011：15-16、130）簡單地說，從文化母體或基體的角度析論中國、日本現代化的過程，日、中由歐洲引進的思想所造成的自我更新，必須聯繫到各自母體的性質，才能解釋實踐過程及其結果的差異，而不是以優劣來評價或是「總結」這個吸收及實踐的過程；抽空歷史的基體，以思想、價值、意識形態的形式與內容來對照，「是狹隘的、片面的，也因此就不能不說是錯誤的。」（陳光興 2006：391-392）

　　溝口雄三所謂「作為方法的中國」認為真正自由的中國學，應該是超越中國，以中國為方法的中國學。他解釋，以中國為「方法」，就是以世界為目的；而以中國為「目的」的中國學，則是以世界為方法來看中國。以世界作為標準來衡量中國，歸根究底，就是將歐洲作為標準觀念的「世界」，作為既成方法的「世界」，以及「世界」史上的普遍法則等等。至於中國為方法的世界，必須與此不同，它是把中國作為世界構成的要素之一，把歐洲也作為構成要素之一的多元世界。以中國為方法，就是要用這種連同日本一起相對化的眼光來看待中國，並透過中國來進一步充實我們對其他世界多元性的認識。而以世界為目的就是要在被相對化了的多元性的原理上，創造出更高層次的世界圖景（溝口雄三 2011 [1989]：130-132；陳光興 2006）。

　　藉由與溝口雄三等日本學者的對話，陳光興以後殖民論述、全球化論述和亞洲研究為對話的場域，提出了《亞洲作為方法》，主張在「去殖民、去帝國、去冷戰三位一體」的歷史結構性問題意識中，尋求自我轉化，同時轉變既有的知識結構。這個意義在於透過亞洲視野的想像與中介，讓處於亞洲

的各個社會能夠重新開始互相看見，彼此成為參照點，轉化自身的認識；並且在亞洲的多元歷史經驗的基礎上，提出一種重新理解世界史的視野[2]（陳光興 2006：7、12、29-30）。

　　去冷戰在東亞地區無可避免的方向是從戰後各個層次的「脫亞入美」走向「脫美返亞」。在此歷史時刻當中，去冷戰就是去美國化，就是在反思美國內在於東亞主體性所造成的問題（陳光興 2006：186）。帝國主義的去帝國化問題，必須與殖民地的去殖民問題擺在同一個問題架構中來理解。新帝國主義研究方向一方面得避免重蹈過去反殖民式的國族主義／本土主義立場，得脫離分析上文明－種族－國族－族群的主導性階序軸線，得將其他的多元社會矛盾擺到分析中；另一方面，新的研究方向也不能再繼續高舉所謂的全球主義（globalism）立場，以跨國主義（transnationalism）或世界主義（cosmopolitanism）的姿態出現（陳光興 2005：258）。在臺灣去帝國化的反思不可避免地將包括臺灣本身擴張的帝國慾望，以及二次戰後的美國帝國主義、戰前的日本帝國主義與歷史上的中華帝國，對於臺灣主體性所造成的多重形塑。如果沒有經過全球性的去帝國省思運動，未來世界的民主走向還是會以帝國主義為前提來進行（陳光興 2006：332-333）。

2　陳光興認為，二次大戰後的去殖民與去帝國運動快速地被去冷戰體制所攔截（1945 年日本戰敗，正當去帝國化要開始發生時，日本立刻被美國的軍事帝國主義所「殖民」了。冷戰結構將東亞區域分隔了二十年。在冷戰的高峰期，日本、沖繩、南韓、臺灣成了美國的保護國，反共親美的長期結構至今難以解除），只有等到 1980 年代冷戰開始鬆動，成為全球化得以存在的條件時，去殖民才找到出發的生機，開始凝聚與散發之前被壓抑，現在得以重返的力量。但是不同於戰後初期，這一波的去殖民不再只能處理殖民的問題，必須同時去面對去冷戰與去帝國化的問題。陳光興認為臺灣對帝國的認同乃是長期帝國化的結果，而此奠基於對中華帝國、日本軍國主義、戰後美國帝國的認同。同時也展現在 1990 年代臺灣南進政策中，對於東南亞政治經濟體質更弱勢的國家，透過全球資本主義所形成的層級化構造的新殖民帝國主義，或次帝國意識形態的想像。陳光興所謂的臺灣次帝想像指的是，由國家機器主導、反對黨背書的「南進」政策，在 1994 年初受到「公共領域」的熱烈迴響，御用學者、政客、資本家紛紛出籠，從全方位的角度來向南進宣導。其實南進、西進與東進所投射的共通慾望，與 17、18 世紀以降帝國的擴張主義邏輯是一致的。簡單地說，臺灣（本土左派從邊陲到中心）的帝國慾望（或次帝國意識形態）正在形成。這具體表現在：中、小資本的西進、南向，國家

關於對帝國的反思，汪暉（2011：1）在《亞洲視野》中也點出：「新自由主義的全球化概念與『反恐怖』戰爭中重新出現的『新帝國』概念接踵而至：前者以新自由主義的市場主義原則 —— 與私有產權相關的法律體系、國家退出經濟領域、跨國化的生產、貿易和金融體制等等 —— 對各種不同的社會傳統加以徹底改造，後者以這一新自由主義全球化過程所引發的暴力、危機和社會解體為由重構軍事和政治的『新帝國』。」至於解除帝國主義的方式，陳光興則認為，知識生產是帝國主義重要的操作場域之一，因此批判知識分子首先必須在知識生產的場域中，改變當前去帝國不得有效啟動的知識生產狀況。要超克當前知識的狀況，「亞洲作為方法」的命題是在面對東亞區域，特別是臺灣，在二次戰後總體上「脫亞入美」效應缺乏主體性意識的批判。在此意義上，「亞洲作為方法」對東亞具有批判意識主體性的重構。這不意味著簡單地去美國化的返亞，美國化可以轉化為資產，但前提是要具有批判性的主體意識來均衡過度單一的參考座標。因此，與其像臺灣中心論一般將臺灣放在世界的中心來討論，較貼近歷史、地理、全球結構真實狀態是，臺灣的主體位置可以視為多重節點的構成，處於幾個相互重疊、交互作用的生活網絡中，包括：一、臺灣在地；二、兩岸關係；三、華文國際；四、亞洲區域；五、全球場域。各網絡層次是交互糾結，無所謂主次、優劣次序（陳光興 2006：337、406-407）。

機器的南進；經濟部部長提出菲律賓蘇比克灣是「臺灣第六個加工出口區」、在越南河內企圖建立的「台商工業區」等資本國家機器向外擴張，甚至古典帝國主義建立基地、對海外領土控制的態勢；對於中國大陸勞動力的剝削；經濟上臺灣資本的對外擴張早在 1980 年代末期已經在東南亞諸國大量形成，在泰國及馬來西亞都僅次於日本佔外資第二位；在政治層次上，企圖透過進口外籍勞工政策的伸縮，直接影響他國經貿外交政策，表現出依賴性新殖民邏輯；文化上，音樂、影藝、出版工業全面搶灘，不僅在新馬一帶進入當地市場，也在 1990 年代登陸，把臺灣資本主義的生活方式滲入社會主義的日常生活，潛在的效果是在改變意識形態的集體構造（陳光興 2006：30-31、66）。

III 「再東方化」作為一種反思路線與論述取徑

從近代世界史和當代思想學界的論辯中都指出，亞洲的問題不只是亞洲的問題，而且是「世界歷史」的問題。亞洲概念的提出始終與「現代」問題或資本主義問題密切相關，而這一現代問題的核心是民族、國家與市場關係的發展。如果說對於亞洲的文化潛力的挖掘，是對西方中心主義的批判，那麼，亞洲概念的重構也是對於分割亞洲的殖民力量、干涉力量和支配力量的抗拒。亞洲想像所蘊含的共同感部分來自殖民主義、冷戰時代和全球秩序中的共同的從屬地位。對亞洲歷史的再思考，既是對 19 世紀歐洲「世界歷史」的重構，也是突破 21 世紀「新帝國」秩序及邏輯的嘗試（汪暉 2011：56、59-60）。文化政策與治理的「再東方」論述與實踐亦是如此。

關於西方的問題，陳光興指出第三世界地區知識分子不同的論述力道與立場，從「入侵－抵抗」論述轉化成「體用－挪用」論述，乃至「本土化」論述等。亞洲相關的後殖民論述有幾種策略：第一種是運用解構主義的方法來瓦解這個他者 ──「西方」，說它沒有本質、沒有統合性，因為純屬想像，所以不能成為我們的他者。第二種策略是將西方去普遍化、地方化、區域化，如此一來，它只是全球、世界體系中的一個區塊，縱使我們承認它在具體歷史過程中所帶來的不可磨滅的影響力，甚至成為我們文化資源的一部分，西方跟其他的區塊一樣，是歷史的產物，不能聲稱具有普遍性。另外是本土主義與文明主義與國族主義的相互結盟，透過後殖民論述重振國族主義的正當性，國族主義用建構論的措辭，下接本土，上連文明，豐富與鞏固其自身的優勢，或許可以稱之為第三世界本土主義，它所引發的問題是如何在其國族空間內部正當化西方理論概念的使用（陳光興 2006：347、350-356）。總的來說，陳光興認為與其焦慮於西方問題，倒不如承認它早已是我們主體性構造的部分構成，但是在歷史基體上，它只是以碎片的方式存在，沒有吞噬掉基體的總體。「亞洲作為方法」的核心意義就是：一旦對話對象轉移，多元化的參考架構逐漸進入我們視野，滲入我們的主體性，或許西方問題的焦慮可以被稀釋，批判的生產性或許能夠多元展開（陳光興 2006：360）。

　　對於東方與西方的取徑差異，石之瑜、謝明珊指出薩伊德在《東方主義》一書中批評普遍主義對差異的不尊重，這個批評也可以用來批評主流社會科學界，亦即藉由把東方描述為一個特殊且落後的對象，來凸顯自身的普遍性與先進，並延伸出改造東方的責任。然而，這樣的批判仍陷入「自我－對象」的認識框架下。石之瑜、謝明珊聲稱，在中國的天下觀與日本的神道觀中，進步不是要改造對象或與對象相互區隔，而是自我修煉、向文化理想模式學習實踐，從邊陲向中心靠近。相對於文化多元主義中仍是自我與對象之間差異的問題，在天下觀與神道觀中，卻反而是強調自我修養，消弭差異之道在於共同向中心靠攏。透過自我提升、群的提升，來淡化與其他人之間的階層差異。故不論稱為西方或稱東方，稱華或稱夷，它們都只有兩種位置，不是在中心，就是在邊陲；絕對不在西邊，更不在東邊。中國天下觀中的自我如果愈靠近中心，就愈能夠作為其他人的模範，其他人也可以修齊治平靠近中心。日本神道觀下的自我愈能自我修養，就愈有助日本逐鹿中原，甚至將亞洲鄰國納入到自我的範圍之內，則對亞洲進行改造，屬於自我砥礪（石之瑜、謝明珊 2008：28-29）。當然這樣的取徑依然必須解決的是，在當代東亞文化政策與治理模式，究竟要以東方或者西方的文化內涵作為價值中心或者邊陲。

　　在進行「再東方化」的論述之前，必須說明我無意將「東方」的概念本質化，或者主張東方具有任何優越獨特、不可或缺的內在本質，而將再東方化建構為一種封閉性的論述。強調再東方化不是試圖讓東方超越西方，或者比西方更加優越。臺灣、中國、東亞國家的諸多現代轉變，確實肇始於對西方挑戰的回應和對西方文化的學習。西學、現代化和西方文化的在地化是一個持續的互動過程。刻意忽略這樣的歷史與當代互動過程是沒有說服力的。「再東方化」並非強調東方將依舊是一種歷史的「依賴取徑」（path dependent）模式，雖然 R. Wong（1997: 288）也提醒我們，「制度型態與心理的習慣確實可能改變，但無論人們如何宣稱他們意圖激進地與過去切割，鮮少有人能夠達成全然的斷裂，制度實踐與個人行為規範的連結，是經由文化建構的。」但如同金觀濤和劉青峰所析論，中國當代思想是非常特別的，

雖然在結構上看來和傳統非常相似，但它既不是傳統，也不是西方。雖然中國現代思想論述主軸，經常用西方的政治思想語彙來表達，但由於所有從西方輸入的現代價值都經過在地的重構，也因此它的意義就連西方人都難以理解（金觀濤、劉青峰 2010：73、99）。

在文化政策與文化治理的論述和實踐的體制也一樣，從政治上的文化主導權、文化統理性、文化行政與管理、新公共管理，乃至當代的網絡治理；經濟上將文化視為福利經濟、文化產業、文化消費、文創經濟到創新文化知識體系的模式；以及從社會面的藝術介入社區、多元文化主義、文化多樣性、文化公共領域、文化日常生活和反抗等等；東方，位處東亞的各個國家，同樣受到西方價值和制度論述的影響和牽引。當代西方文化價值在東方的文化政策與治理體制中不斷滲透、內化，甚至成為東方自我認同難以切割的一部分。在主張「再東方化」的同時，我同意陳光興（2006）的看法，將亞洲作為一種方法並不意味著反西方，或者甚至要不同於西方。因為在很大程度上，西方已經在我們之中內化了。

主張國際文化治理的「再東方化」並不是要反抗整套西方的文化價值和文化政策體制。西方的人權、民主、自由、個人選擇，和社會福利等良善的價值本身並沒有什麼不對。只是，當我們將西方價值、理念普世化，並且從這些價值出發，發展出特定的文化治理與文化政策體制，進而成為所有城市、國家，乃至於國際文化組織普遍運作的原則與模式，就難免壓縮、排擠了東方自我實踐的潛力、空間和可能性。現實是，新的西方文化價值論述結合了輔助的國際文化機構、組織（如 UNESCO、IFACCA、ICOM、ICOMOS）和準文化機構（如 WTO 的文化貿易規範），以及文化政策語彙、學術知識生產，以及東亞內部後殖民知識體系和文化官僚機構的支撐，已經在世界的文化政策與治理研究論述和實踐的場域中，逐漸形成了新的西方主導權。這些由外力所強加，或者自我調節、迎合的文化政策與治理論述及機制，如果沒有經過反思、批判和在地化的過程，是難以解放東方或東亞的，反而可能成為持續框限或束縛東方的制度與原則。這些文化內涵既不是東方歷史發展出來的傳統價值語彙，也不是東亞文化體制實踐操作的方式。

　　在後殖民的時期，如果在東亞的文化政策與治理的領域，持續呈現著新的西方文化主導權，那麼當代東方的知識分子要負起對等的責任。我同意竹內好的主張，現代亞洲人應該考慮的，應該是「更大規模地實現西方優秀的文化價值，要讓西洋再次讓東洋重新包裹，反過來從我們這一側使西洋自身發生變革，透過這種文化的捲土反擊，或價值上的捲土反擊可以創造出普遍性。」（竹內好 2007 [1960]：205）因此我們也要問，相對於西方的價值，仁愛、和諧、忠孝、誠信、德治、禮節、統合的價值究竟有什麼不對？當多樣、權利、自由市場和文創產業等概念充斥著當代臺灣和東亞國家的文化政策與治理的體制之中，傳統的東方／儒家倫理究竟要擺在體制與論述中的哪個環節？「再東方化」的意義，是試圖透過反思，讓東方從將現代西方路徑與模式視為理所當然的狀態中解放出來，使東亞文化獲得培力與充權，有能力、有自信重新透過對自己社會、歷史情境脈絡，傳統和當代文化條件與境寓的反思，重新尋求自己的文化政策與治理型態。

　　何謂「再東方化」作為一種反思路線與方法？將東方，或者東亞（臺灣、中國、南韓、日本、新加坡等儒家文化圈）作為一種思考文化政策與治理的論述取徑，我希望提出的是和竹內好、溝口雄三、陳光興等相似的提問：臺灣／中華或者東亞文化究竟是否可能發展出一種屬於在地的文化治理與論述？如果可能，那麼它的內涵是什麼？又如何與西方的論述區隔（不論是權力、利益、資本、資源、多樣、自由、公民社會或民主）？東方要如何以西方之外的經驗作為新的參照點，發展出與西方不同的取徑？它與傳統中華帝國、儒家意識型態文化主導論述在本質上與形式上又應當有何等區別與變革？又如何破除「本土」、「國族」、「文明」、「帝國」的迷思？我所謂的「再東方化」論述所指涉的，包括四個文化思維向度的理性模式轉化過程。

　　首先，這意味著我們認知到臺灣地理位置上和知識體系上確實處在「東方」，也就是位處於世界地理上的東亞。這個人文地理和族裔、膚色、血統上的東方，雖然涵蓋了若干「本質主義」的成分，但在整體的思維理性上，卻不侷限於「本質理性」的東方。從「在」到「再」的轉換，意味著「再東方化」第二個層次的意義，亦即臺灣同時要面對傅柯、薩伊德式東方主義

中，西方權力、機構、論述崛起後所形塑、再現的東方。這是一個受到西方現代化工具理性強烈影響的東方，甚至內在自我規訓、管控、自我迎合、依附西方現代性的東方。第三個層次，再東方論述認知到從文化、思維概念上和時間的維度上，這是一個仍然持續變動的東方，不斷融攝而開放的東方。面對著人文地理、族群、血緣和歷史記憶，臺灣和東亞當代處在一個多重的、多樣的歷史意義，歷經殖民與後殖民、現代與後現代，以及全球在地引述歷程中不斷變動、對話、詮釋、批判、溝通、反思，所謂「溝通理性」的東方。第四個層次，「再東方化」作為一種方法，意味著臺灣在一定程度上必須再一次反思人文地理上在地的東方，同時可能重新肯認「人文理性」作為一種核心特質的東方，甚至重返價值思維傳統上，情感道德上和日常生活方式上追求四個思維向度和諧而平衡發展的東方。[3]

　　我主張的「再東方化」是一個多重而動態的概念，一個持續更新的主體概念，這包括對「東方」概念的「反思」、「重返」、「重構」、「重生」、「重新詮釋」與「重新組合」，透過對東、西方傳統價值與反價值，以及對現代性、文化全球化與在地化的交互理解與參照、辯證與對話，進而尋求當代東方概念的重新連結與變革，以及東方文化政策與治理的再導流化（ReOrientation）。「再東方化」的意思就是在東亞的文化治理體制中，採取一種反身的思維方式，用一套逐漸有別於西方的文化語彙和價值詮釋，試圖讓後設的文化價值論述產生在地的意義，找到實質的差異，並且在實務上操作變為可行。在實踐上，再東方化文化論述究竟具有什麼政策與治理的實務意涵？歸納而言，我們可以從三個層次闡述臺灣和東亞文化政策與文化治理「再東方化」論述的內涵，以及轉型的必要性：

一、**在治理理性或者理論方法的層次**：有必要將東亞文化價值、理念、語彙、傳統、思維方式與當代文化治理的論述做系統性的重組與連結，並對東亞文化實踐邏輯產生學術意義價值，使得東方在培力與充權的過程

3　關於再東方化的四個思維向度與理性模式論述，本書將在第一章〈當代文化治理的形構、邏輯與分析架構〉中進一步展開（圖1-4：文化治理的場域與思維邏輯）。

中，不僅可以與西方持續對話，也與東亞以外的亞洲、非洲、南美洲地區和東亞自身的內在及歷史傳統重新對話。

二、**在治理心態與集體情感的層次**：有必要將當前東亞社會的情感與文化心態導入文化治理與文化公共領域運作之中。東亞民眾在心理層次需要一個非西方、在地化的文化論述，不僅使過去被殖民的傷慟及歷史創傷能夠得到撫平，也在治理體制中融入更深的人文情感，在當代尋求東方自我認同與尊嚴的重新建構，也使人文情感元素成為臺灣和東亞文化治理與公共領域的重要特色。

三、**在治理技術與政策實務的層次**：有必要對東亞的文化政策、文化行政、文化管理與實踐的技術，以及文化治理制度機構的風格與法規形式進行實務層次的重構，使其與根植於東亞內在的文化價值邏輯相互銜接，但同時在東亞文化治理實務與全球的現代性（效率、計算、創新、網絡、協力等）之間，找到人文與工具理性更相容的平衡詮釋與接合點。

III「文化經世」作為方法：尋求在地文化政策批判論述的可能性

在專書的前段談帶有些許理想性與理想化的中國「經世致用」傳統，並不意味著當代臺灣必然延續著大中華文化的價值與制度史觀前進。相對的，我希望的是透過竹內好、溝口雄三等「作為方法的中國」，以及陳光興「亞洲作為方法」的取徑，為當代臺灣在西方現代性價值為核心的文化政策與文化治理制度以外，尋求更多的參照點。臺灣文化的內涵豐富而多樣，從南島語族先住民的海洋文化、荷蘭殖民統治下的國際競爭時期、明末鄭氏家族統治到清領時期的傳統中國文化、日本殖民時期下的皇民化與現代化文化工程、國民政府來臺後的中華文化復興運動，以及美國文化與娛樂產業的文化帝國主義和文化全球化的影響，造就了臺灣多元而差異的內在文化涵養。

然而明鄭以後的儒家經世思想、知識與學術傳統，透過科舉考試和文官體制由帝國向臺灣輸出，並藉由臺灣地方方誌的書寫與帝國知識體系的生

產，鑲嵌出近代臺灣以道德倫常為核心的中華文明圖像，以及傳統知識分子的政治參與形式。中國儒家文化經世與經濟思想於是與臺灣近代文化治理產生了深刻的在地連結與歷史脈絡。明清時期以來中國以「文化」作為「經世致用」之學根本的傳統體制，作為東方內在文化價值與制度形構的一環，是理解臺灣近代歷史及文化內涵上不可抹滅也無法否認的重要成份。這個傳統看似與現代性文化治理體制斷裂，但事實上在當代卻巧妙地轉換為各種不同的形式，滲透、內化為臺灣文化政策與行政體系內在價值的一部分，特別是文官考試制度與文化公務體系的知識體制的實質內涵。臺灣不該忽視這個和西方同樣幾乎已經內化的價值體系，而應該重新面對、詮釋、轉化它。這同時也拉出了本書對近代華人知識分子從「中體西用」、「全盤西化」，到臺灣當代文化治理「再東方化」的論述軸線。

中國沒有比臺灣優越，但也不比臺灣落後，而是在它自己為基體的現代化軸線上走自己的路。同樣地，臺灣沒有比中國優越，但也沒有比中國、日本或歐美來得落後。當臺灣能夠重新在批判現代性和反身主體性的發展上，以傳統中國文化社會作為再東方化路徑參照的起點，也就意味著臺灣能夠開始客觀地反思其現代性與文化基體（或者文化主體）。這同時也讓中國文化經世致用傳統，以及當代文化產業政策與文化體制的改革，得以在理性、心態和技術層次上，都重新進入當前臺灣文化治理與變革者的視野之中，成為體制與論述轉型的參考選項之一。

一、文化治理：以明清的「經世之學」作為觀念重整的起點

明末清初的中國面對西方文明強勢來襲，使中國歷史與世界的歷史都發生了重大的轉變。17、18 世紀以降，在工業革命、都市化、理性化、官僚化、世俗化、專業化以及民主化的潮流下，歐洲的現代性隨著鴉片、軍艦與槍砲直接衝破了中國緊閉的大門。縱然曾經百般的猶豫、排斥與抗拒，中國亦不得不在西方槍砲的威脅下，開始學習西方的現代化。這不單純是文化層次上倫理道德與國富兵強價值選擇的戰爭，更是民族文化恥辱與爭取自我生存空間的戰爭（金耀基 1991：33）。

　　然而，不容忽略的是，在明清西學傳入之前的中國，對於國家治理已經建立起一個成熟的「倫理中心知識體制」：一個以德治、仁德、教化為核心的國家治理知識體制，也就是儒家所謂通經致用、內聖外王的「經世」思想或「經世」之學。中國「經世」思想的範圍十分廣泛，表達的方式亦多采多姿，很難給予清楚的界定。過去學者們曾熱烈地討論經世思想的「定義」問題。有人認為只要關懷外在世界秩序的思想就是經世思想，所以經世思想不限於儒家，墨家、道家、法家、佛家都有經世思想，甚至是無政府主義、錢穆的《國史大綱》、R. H. Tawney 對中國農業的看法皆屬經世，這種看法被批為「泛經世」。也有人認為只有自稱經世，或被同時代學者視為經世的思想家才有經世思想，這種看法又被認為範圍太狹窄。在各類有關經世思想的著作中，「經世文編」是一個值得研究的對象，它是明朝末年至民國初年間知識分子表達經世思想的一個重要方式。由於明顯地標出「經世」之名，故屬於經世思想絕無疑問，詳細研究經世文編將有助於瞭解中國近代經世思想（黃克武 1986：83）。

　　面對西學的傳入以及歐美強權的入侵，中國明末和清代中葉興起的經世文編熱潮，其實就是一種中國知識分子開始普遍重視實用知識的具體展現。從明代末年多部疏鈔（如 1551 年的《皇明疏議輯略》、1584 年的《皇明疏鈔》、1586 年的《皇明兩朝疏鈔》）和一系列以「經世」或「經濟」為名的文編（如 1638 年定稿的《皇明經世文編》、《皇明名臣經濟錄》、《皇明經濟文輯》）（Liu 2008），到清代 1776 年的《切問齋文鈔》及 1826 年魏源代賀長齡編纂的《皇朝經世文編》問世以後，近代中國社會出現的一股賡續「經世文編」的潮流。自魏源的《皇朝經世文編》刊行後，從清道光年間到民國初年近一個世紀的時間裡，出現了二十多種仿《皇朝經世文編》體例的續編之作。

　　近代中國這種續經世文編文化熱潮的出現並不是偶然的，而是近代中國社會轉型過程中傳統經世致用思想實現現代轉換的一種文化實踐。對於近代中國續經世文編文化熱潮成因的探究，除了從近代社會的政治、經濟、文化等方面的轉型這一大背景考察外，更具體的是要探究中國傳統思想資源

在近代社會文化變遷中，實現現代轉換的各種直接推動因素（沈豔 2005：389）。經世文編的共同特色是藉著文章的纂集而表達編者的經世意念，在近三百年中（明末至民初）經世文編的編纂前後相承，形成一個延縣不斷的經世傳統，總字數超過三千萬字。一系列的經世文編皆廣受當時學者的歡迎，中國近代史上的重要人物如曾國藩（1811-1872）、左宗棠（1812-1885）、張之洞（1837-1909）、康有為（1858-1927）等人早年都曾批讀此書（黃克武 1987）。這說明了經世之學對於晚近中國傳統文官的知識體制及內涵，具有相當深切的影響力。

經世文編的內容體現了晚清中國政府官員與精英知識分子，以人文理性及倫理道德為本位的傳統文化思維邏輯和外交政策上固有的天朝心態。而清代各個經世文編和其續編的內容取材與編排結構的變化，也忠實呈現了晚清官員和知識分子在面對西方列強船堅砲利的威脅，以及工具理性思維以提升國家物質財富與外交實力為核心的知識邏輯挑戰下，如何從排拒西學到逐步調整或者急遽改變其對於西學、外交涉外事務、基礎科學和制度性變革知識的態度，當然也涵蓋了實質國家治理技術的各種體制改革。

清代經世文編中的「實用知識」、「涉外事務」與「新政、制度變革」類別文章，雖多為節錄清代學者對相關論著的重要部分或片段，未必能精準呈現中國精英知識分子在此領域著作的最專精或者最高的專業水平，然而既然文編的刊行廣受官員們及士子接受，針對經世文編文章內容的分析，更能顯示傳統中國學術訓練背景下清代官員與學者所理解之實用知識的普遍認知水平。而明末清初經世致用之學以治道、治體、治法為核心的取材，到清末民初經世文編內容與內在價值邏輯的量變到質變，則清楚呈現了傳統中國國家治理知識體系的延展性與侷限性。

二、「經世之學」的內在思維理路

倫理道德與傳統中國政權統治的合理性與正當性是緊密連結的，《論語》〈為政第二〉記載，子曰：「為政以德，譬如北辰，居其所，而眾星共之。」德治與仁治的思想一直是儒家所認定統治者及政權的價值基礎與基本原則。

子曰：「道之以政，齊之以刑，民免而無恥；道之以德，齊之以禮，有恥且格。」儒家政治思想加諸於統治者的高懸道德標準，是在近代早期歐洲政權以及政治現實運作中難以尋獲的。漢代的儒者董仲舒在《春秋繁露》中進一步將天地陰陽的運轉、災異的發生和消除與君王的行為連結，並且闡述天人相應的道理與天人合一的理念。董仲舒不但從正名、人性、仁義、禮樂、制度等方面論述君主治理國家的原則和方法，更罷黜百家，獨尊儒術，確立了儒家思想的正統與主導地位，後世儒者透過文官考試制度，將道德治理原則內化為國家統治者的核心思想（Deng 1999: 109）。宋明理學乃至清代的經世之學，則是儒家內聖外王政治統治思維的具體呈現。

　　張灝（2006）指出中國自宋明以來的經世之學傳統具有三個層次的重要內涵與特質：第一，宋明儒所謂的「治體」、「治道」的核心，是強調文人透過內在身心的自我修養與陶養，從誠、正、格、致、修、齊、治、平，建立儒家政治哲學與社會思想的各種基本價值。第二，是主張文以載道、通經致用，透過詩、書、禮、樂、易、春秋，倫、孟、學、庸等經典，儒家、儒生展現了積極參與公共事務，以及介入國家、天下治理的入世態度與價值取向。第三則是宋明儒學所謂的「治法」和晚清所謂「經世之學」，也就是西方學者所瞭解的「官僚體制的治理技術」。這個層次的精神內涵是強調儒家文化價值理念，必須透過制度、官僚組織行政（文官體制、科舉考試），尋求國家「治法」與「治術」使文化理念得到具體落實與踐履。本書第一章將進一步闡述，張灝這個文化「經世」的三個層次論述開啟了東方文化治理與傅柯的文化「統理性」（governmentality）分析 [4] 和布赫迪厄的「文化資本」（cultural capital） [5] 等論述概念的對話基礎，以及主客體文化邏輯辯證的契機。

4　接合明清「經世致用」之學與西方的「統理性」論述，張灝和傅柯（Foucault 1978）、
　迪恩（Dean 2010 [1999]）對「統理性」概念的析論，宋明儒所謂的「治體」、「治道」
　相似於迪恩所謂「治理理性」（governing rationality）；而儒家、儒生積極參與國家治理
　的入世態度與價值取向正呈現經世之學的在統理性概念中的「治理態度」（governing
　mentality）；至於經世之學官僚體制的治術和宋明儒學所謂的「治法」、「治術」則相似
　於統理性概念的「治理技術」（governing technology）。

作者（Liu 2008）曾針對明代與前清時期的奏議書信、經世文編與科技相關著作文獻，進行質化與計量的分析研究，探討明代政府外交安全、海防、財政、稅制、朝貢貿易等政策中，奏議書信與經世文編立論的文化邏輯與反邏輯，以及相關決策的動機在當時時空背景下的合理性問題。個人曾將中國明代（1367-1572 年間）幾個文編中官員奏議書信共 899 篇奏摺、奏章進行分類與統計（見表 0-1），其中數量最多的佔 29.5% 的奏議書信得歸納為「德治」類，也就是強調君主遵守的聖學、禮儀，行為應當合乎君道、脩省，以禮儀對待臣子，以及阻卻君王巡幸、玩賞、貢獻的相關建言。第二大類則是「刑獄、表忠、糾劾」類奏議，佔總數 21.4% 的，內容主要是臣子之間對於政治行為倫理道德的相互表旌，與文官之間對於不當道德行為，貪贓枉法等風紀行為的彼此約制、彈劾與糾舉。其次則是「軍事安全」相

表 0-1：明代中國官員奏議書信類別分析表（c. 1367-1572）[6]

奏議分類		數量		比例	
1. 德治	1.1 聖學、禮儀	265	224	29.5 %	24.9 %
	1.2 阻卻巡幸、玩賞、貢獻		41		4.6 %
2. 刑獄、表忠、糾劾		192			21.4 %
3. 人事、時政		104			11.5 %
4. 財用、賦役		76			8.5 %
5. 內政水利		64			7.1 %
6. 軍事安全		133			14.8 %
7. 宗藩與宮廷		65			7.2 %
總計		899			100 %

資料來源：作者彙整自孫旬編。1584。《皇明疏鈔》。收錄於《續修四庫全書》（1995版）。上海：上海古籍出版社；張瀚編。1551。《皇明疏議輯略》。收錄於《續修四庫全書》（1995 版）。上海：上海古籍出版社；賈三近等編。1586。《皇明兩朝疏鈔》。收錄於《續修四庫全書》（1995 版）。上海：上海古籍出版社（Liu 2008）。

關奏議涉及帝國的武備、邊防、征討、江防、撫治等議題，佔書信總數的14.8%；「人事、時政」類為官僚體系對人事命令、用人、國是、時政等的疏議，比例為 11.5%；「財用、賦役」類相關奏章則佔 8.5%；至於「內政水利」類處理河渠、漕運與學校、社會風俗等的奏議書信則為 7.1%。

　　從上述的分類統計不難發現，明代官員們所編撰的疏議、疏鈔中，與君臣聖學、仁德治理相關的奏議書信總數超過所有文章的半數，而即使在與國家財稅、軍事邊防、人事任用、漕運水利、學校風俗等實務導向的策議奏章中，以道德訴求為基底的儒家經學語彙和主張仍充斥於官員的奏議論述之中。對於所謂德治與仁政的文化邏輯如何具體呈現於政策面，筆者研究中曾歸納論證明代官員的奏議書信與政策動機主張，明確呈現下列文化價值邏輯（Liu 2008）：

（一）　皇帝和中央官員的自我約束的理念，在個人行為和集體決策過程中相互制約，要求本身符合聖學禮儀，遵循勤勞、簡約、非奢華的道德原則；

5　布迪厄主張不同能動者具有三個層次的「文化資本」（Bourdieu 1984 [1979]: 1-7, 466-484），第一，內化於身體的文化資本或慣習 —— 個人內在長期體系化的性情秉性，形成個人的個性、傾向，進而引導著個人的行為和品味（這相應於儒家經世之學的內在陶養）。第二，客體化的文化資本藉由各種文化表達的工具形式如圖畫、書籍、字典、機器等，將價值理念象徵性地傳遞給他者（相應於儒家經世之學的文以載道）。第三則是制度化的文化資本，透過文化資本形式化、體制化的肯認來積累文化資本的價值，例如透過學術文憑體制建立學歷擁有者的價值（相應於儒家經世之學官僚體制的治法、治術）。

6　表 0-1 中所統計的數量已扣除各疏鈔中重複輯錄的奏議書信，而第一欄中七類奏議的細部分類，分別包括原疏議輯略中的：1.1 聖學、禮儀：君道、聖學、法祖、脩省、禮儀、禮臣；1.2 阻卻巡幸、玩賞、貢獻：好尚、巡幸、玩賞、貢獻、差遣；2. 刑獄、表忠、糾劾：弭邊、援直、刑獄、風紀、表忠（旌功）、權姦、糾劾；3. 人事、時政：命令、國是、時政、召對、用人、納諫、銓選、考課、制科；4. 財用、賦役：財用、征權、賦役、馬政、屯田；5. 內政水利：河渠、漕運、輿圖、荒政、曆律、學校、風俗、彌盜、營繕；6. 軍事安全：武備、邊防、征討、江防、撫治；7. 宗藩與宮廷：儲貳、宮闈、宗藩、賞爵、外戚、近幸等奏議細目。

:

（二） 在政策實務中恪守國家降低干預人民生活的策略，以及追求減低農地賦稅與人民勞役的制度；[7]

（三） 在商業和對內、對外貿易上降低課稅稅率；

（四） 在外交和對外政策上堅持非侵略性的手段，以及在朝貢貿易與對外商業、經濟活動上謹守非謀利的原則；

（五） 在西學和科技發展策略中，尋求倫理道德的本體性論述及器物發展的工具性論述之結合。

明代的疏議、疏鈔和「經世」或「經濟」文編的內在思維理路，清楚地延續到了清代的系列經世文編之中。清代自陸燿 1776 年編輯之《切問齋文鈔》開始至 1905 年廢除科舉制度之間，包括江蘇布政使賀長齡（1785-1848）聘請魏源（1794-1857）代其編輯的《皇朝經世文編》（出版於道光六年）（1826 年），以及賀編之後一系列的皇朝經世文續編、新編等共二十多種。主要文獻表列（見表 0-2）如下：

表 0-2：清代皇朝經世文編及其續編 1776-1905

刊行年代		文編名稱	編者	出版處
1776	＊	切問齋文鈔	陸燿	切問齋
1826	＊	皇朝經世文編	賀長齡／魏源	上海：廣百宋齋校印
？		皇清奏議	琴川居士	
1849		皇朝經世文編補	張鵬飛	
1881	＊	皇朝經世文續編	饒玉成	雙峰書屋
1888		皇朝經世文續編	管窺居士	
1888	＊	皇朝經世文續編	葛士濬	廣百宋齋校印（鉛印本）

---

7 清代稅收約佔全國 2% 至 4% GDP，或低於農業生產的 5.6%。相對於 18 世紀歐洲各國中央政府年度支出的比例，英國於 1760 年左右的 22%，普魯士帝國的 35%，中國的中央稅賦確實相當低（Mann 1993: 366-367）。

續上表

刊行年代		文編名稱	編者	出版處
1897	＊	皇朝經世文續編	盛康	思刊樓刊版（刊本）
1897		皇朝經世文新增時事洋務續編	甘韓	埽葉山房
1897	＊	皇朝經世文三編	陳忠倚	上海：上海書局石印
1898	＊	皇朝經世文新編	麥仲華	大同譯書局
1901	＊	皇朝經世文統編	邵之棠	上海寶善齋石印
1901		皇朝經濟文編	求自強齋	（石印本）
1901		皇朝經濟文新編	宜今室	宜今室
1901		皇朝經世文統編	闕名	
1902	＊	皇朝經世文四編	何良棟	鴻寶書局
1902	＊	皇朝經世文新編續集	甘韓	商絳雪參書局
1902	＊	皇朝經世文五集	求是齋主	宜今室石印
1902		皇朝經世文五集	闕鑄	
1902		皇朝新政文編	金匱闕鑄補齋	中西譯書會
1902		皇朝道咸同光奏議	王延熙	
1902		皇朝經世文續新編	儲桂山	
1903		皇朝蓄艾文編	于寶軒	上海官書局

註記＊為本章納入計量分析之清代經世文編及續編，除了 1776 年的《切問齋文鈔》之外，其餘係以中央研究院漢籍電子文獻中的清代經世文編電子資料庫已經數位化的十個文編為基礎。中央研究院漢籍電子文獻網址：http://hanji.sinica.edu.tw/。

　　筆者將清代十一個經世文編中共 12,157 篇文章之作者、類別、篇名、年代等資訊之 Access 資料庫的輸入建構，進行交叉分析比較。由量化的統計分析中，呈現 1776 年至 1905 年間清代中國政府在治國的文化理念與價值（尤其仁治或德治的概念）相關的奏議與文章類別，以及其他實務政策相關的奏議書信類別比例上，確實呈現顯著的比重，而此書信奏議的比例與其

強調之治國原則與政策發展方向吻合。而在面對西方的壓迫與現代化的壓力下，清代前期與後期的經世文編與奏議書信的類別比例上，的確呈現出相應的數量改變，凸顯出中國政府官員思維邏輯的變動。延續明代疏議分析，將文編的文章性質區分成九個研究分類：A. 德治、B. 吏政、C. 戶政、D. 兵政、E. 刑政、F. 工政、G. 洋務與外交、H. 西學與格致、I. 新政變革等，[8]並進行量化統計分析。統計結果如表 0-3：

表 0-3：清代經世文編文獻分類統計表 1776-1905

類別		文章數量		比例	
A. 德治	A1. 經學	2,469	630	20.30%	5.18%
	A2. 治體		606		4.98%
	A3. 禮政		1,233		10.14%
B. 吏政			1,007		8.28%
C. 戶政			2,608		21.45%
D. 兵政			1,924		15.82%
E. 刑政			425		3.49%
F. 工政			1,575		12.95%
G. 洋務與外交			538		4.42%
H. 西學與格致			743		6.11%
I. 新政變革			868		7.13%
總計			12,157		99.95%

資料來源：作者彙整。

---

8 此九項研究分類於各個文編中之原始類別與次類別詳列如下：
　A. 德治
　　A1. 經學：學術、原學、儒行、法語、廣論、文學、師友、敘、教宗、文教部、經義、史學、諸子；
　　A2. 治體：原治、政本、治法、用人、臣職、變法、培才、廣論、教養、君德、民

在表 0-3 統計中，1776-1905 年各個文編中與「A. 德治」相關之文編數量比例約佔所有文編文章總數的 20.3%，遠高於「G. 洋務與外交」、「H. 西學與格致」、「I. 新政變革」的 4.42%、6.11% 與 7.13%，大致相當於此三類別比例的總和。然而，若將進一步將文編區分為四個時期進行比較：

政；

A3. 禮政：禮類、大典、學校、宗法、家教、昏禮、喪禮、服制、祭禮、正俗、禮論、貢舉、訓俗、禮論、文教部、禮樂、書院、義學、女學、師友、教法；

B. 吏政：吏論、銓選、官制、考察、大吏、守令、吏胥、幕友、吏治、言官、保舉、內政部、治術、科舉、用人、育才、捐納、詮選、舉劾、臣職；

C. 戶政：理財、養民、賦役、屯墾、八旗生計、農政、倉儲、荒政、漕運、鹽課、榷酤、錢幣、疆域、建置、釐捐、開礦、商務、國債、稅則、釐捐、賦稅、鈔法、銀行、農功、蠶桑、賽會、鴉片、公司、絲茶、內政部、正俗、救荒、理財部、富國、茶務、畜牧、釐卡、鹽務、國用、商政、幣制、郵運、民政、洋稅、釐金、錢糧、圜法、船政、輪船；

D. 兵政：兵制、屯餉、馬政、保甲、兵法、地利、塞防、山防、海防、蠻防、苗防、勦匪、水師、餉需、團練、臺防、邊防、兵機、郵政、糧餉、操練、外洋軍政、海軍、將士、火器、戰和、戰具、救火或作火政、經武部、武備、武試、各國兵制、中國兵制、練兵、選將、防務、船政、軍餉、裁兵、弭兵、洋務、軍政、外部、各國邊防、邊試；

E. 刑政：刑論、律例、治獄、教匪、禁、內政部、弭盜、刑律、訟獄、火政、法律；

F. 工政：土木、河防、運河、水運通論、直隸水利、直隸河工、江蘇水利、各省水利、海塘、製造、工程、治河、船政、礦務、工政、紡織、機器、鐵路、埠政、水利、地輿部、地利、水道、河工、田制、農務、屯墾、種植、考工部、工藝、紡織、電報、郵政、礦政、海防、鐵政、官書局、報館、驛傳、郵運；

G. 洋務與外交：洋務通論、邦交、商務、固圉、培才、聘使、約章、交涉、外洋沿革、外洋鄰交、禮政、游歷、公法、議院、外交部、通商、遣使、中外聯盟、各國聯盟、中外和戰、各國和戰、教案、民政、外部、盟約；

H. 西學與格致：學術、文學附算學、原學、廣論、廣論附醫理、測算、格致、化學、書籍、譯著、通論、算學、測繪、天學、地學、聲學、光學、電學、重學、汽學、身學、醫學；洋務、外洋通論、文教部、字學、譯著、地輿部、地球事勢通論、各國志、風俗、外史、外部、治道、史傳、地志、天文、雜纂、解釋、地輿；

I. 新政變革：日本新政論、英俄政策、各國新政論、養民、機器、事、策議、法律、外史、民政、教宗、雜纂、洋務、教務、外洋國事、外洋商務、治體、富強、變法、廣論、禮政、學校、考試、會章、善舉、報館、通論、會黨、文教部、書院、藏書、義學、女學、報、內政部、議院、雜著部、外部、商務、稅則、錢幣、刑律、製造、鐵路、礦務。

◇　第一時期：1842 年鴉片戰爭以前。

◇　第二時期：1843-1894 年鴉片戰爭後到甲午戰爭前。

◇　第三時期：1895-1899 年甲午戰爭後到八國聯軍前。

◇　第四時期：1900-1905 年八國聯軍以後到科舉制度廢除。

　　明顯發現隨著文編年代的發展，「A. 德治」類相關之文章數量在各個文編中所佔的比例一路下滑，從第一時期之 38.19% 下降至第四時期之 6.62%。相對的，「G. 洋務與外交」、「H. 西學與格致」、「I. 新政變革」等類別文章在各個文編中所佔比重則持續上升，三個類別文章在文編中比例的總和從第一時期沒有任何篇數，上升到第二時期的 7.63%，第三時期的 23.52%，以及第四時期的 40.03%。1901 年以後的經世文編及續編中，洋務、西學與新政革新相關文章數量，則已遠遠超過傳統中國道學德治類相關文章的比例（參見表 0-4 及圖 0-1）。

表 0-4：清代經世文編文獻四個時期分類統計表 1776-1905

類別	時期	第一時期 1776-1842		第二時期 1843-1894		第三時期 1895-1899		第四時期 1900-1905	
A. 德治	A1. 經學	38.19%	9.12%	27.05%	7.12%	19.72%	5.45%	6.62%	2.85%
	A2. 治體		3.52%		7.90%		8.18%		1.57%
	A3. 禮政		25.54%		12.02%		6.08%		2.19%
B. 吏政		13.73%		7.08%		5.14%		6.92%	
C. 戶政		21.14%		21.15%		25.06%		18.97%	
D. 兵政		12.66%		21.40%		15.01%		12.49%	
E. 刑政		4.17%		4.84%		4.13%		1.48%	
F. 工政		10.06%		10.82%		8.34%		13.45%	
G. 洋務與外交		0.00%		5.55%		5.40%		5.09%	
H. 西學與格致		0.00%		1.68%		10.75%		11.21%	
I. 新政改革		0.00%		0.40%		7.37%		23.73%	
G＋H＋I		0.00%		7.63%		23.52%		40.03%	
總計		100.00%		100.00%		100.00%		100.00%	

資料來源：作者彙整

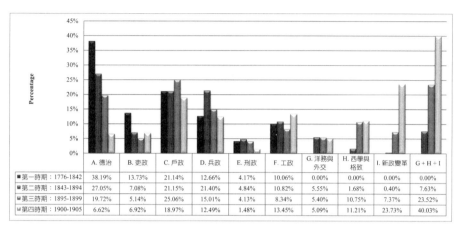

	A. 德治	B. 吏政	C. 戶政	D. 兵政	E. 刑政	F. 工政	G. 洋務與外交	H. 西學與格致	I. 新政變革	G＋H＋I
■第一時期：1776-1842	38.19%	13.73%	21.14%	12.66%	4.17%	10.06%	0.00%	0.00%	0.00%	0.00%
■第二時期：1843-1894	27.05%	7.08%	21.15%	21.40%	4.84%	10.82%	5.55%	1.68%	0.40%	7.63%
■第三時期：1895-1899	19.72%	5.14%	25.06%	15.01%	4.13%	8.34%	5.40%	10.75%	7.37%	23.52%
▨第四時期：1900-1905	6.62%	6.92%	18.97%	12.49%	1.48%	13.45%	5.09%	11.21%	23.73%	40.03%

圖 0-1：清代經世文編文獻四個時期分類統計表 1776-1905
（繪圖：劉俊裕、翁詩惠）

　　由圖 0-2、圖 0-3 清代經世文編文章比重趨勢圖的統計分析清楚呈現，清代經世文編中「A. 德治」類文章與「G. 洋務與外交」、「H. 西學與格致」、「I. 新政變革」等類別文章，在各個文編中所佔比重之一消一長，晚清經世文編對於西學、外交、基礎科學等實用知識的重視不言可喻。

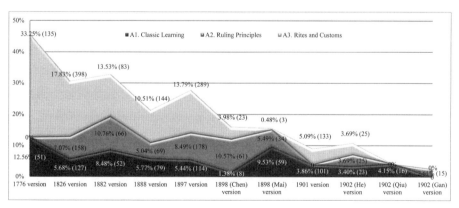

圖 0-2：清代經世文編德治類文章比重趨勢圖
（繪圖：劉俊裕、翁詩惠）

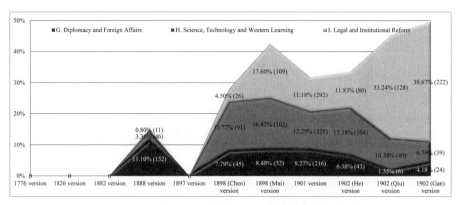

圖 0-3：清代經世文編 G、H、I 類文章比重趨勢圖

（繪圖：劉俊裕、翁詩惠）

三、清代經世文編文化邏輯的「量變」到「質變」？

　　如前所述，清代經世文編和其續編的文章取材、類別數量比例變化與編排，呈現了中國政府官員與精英知識分子，傳統以人文理性及倫理道德為本位的文化思維邏輯、外交政策上固有的天朝心態，在面對西方列強船堅砲利的威脅，以及以提升國家物質財富與外交實力為核心的工具理性思維邏輯挑戰下，從排拒到逐步調整或急遽改變其對於西學、外交涉外事務、基礎科學和制度性變革知識的基本態度。

　　黃克武（1986：87-88）在〈經世文編與中國近代經世思想研究〉一文中指出，當代學術界中首先注意到這批史料的是日本學者百瀨弘，他認為陸燿的《切問齋文鈔》是以朱子思想為基礎，故注意各種典禮，強調政治與道德的結合；至魏源所纂《皇朝經世文編》加強了實際傾向，故刪除了天文、樂律部分，而增加了水利、河防方面的文章。鴉片戰後中國局勢發生變化，光緒年間葛士濬、盛康的續編為適應新情況，增加「洋務」部分，介紹新知；至陳忠倚的三編，更明言《皇朝經世文編》中儒行、宗法、禮論、婚禮、喪禮、服制、祭禮等項對富強之術毫無裨益，故多予刪除，而另增測算、格致、化學、礦物等。麥仲華的新編在經世文編發展之上是一大突破，

作者認為該書不但在體例上打破了以「六部」為中心的編輯格式，內涵上亦有所創新，書中宣傳康、梁的維新變法，收錄外人著作，介紹泰西史地。總結清代的經世文編，百瀨弘認為這些書籍先則主張繼承傳統逐步修改，後則力倡維新變法追求富強，反映出清末中國讀書人政治思想的變遷。[9]

同樣分析經世文編的取材和原則，沈豔（2000）則指出經世文編取材自各個官書和文集，且不囿於作者的名氣和文章格式，故賀編成書時有人「譏其雜錄官書，有乖文體。」盛康批駁此論調認為，「經世之作，在行事不在文章，備掌故不備體格」，所以文編選文已掌故為主重事不重人，既有達官顯貴之奏章，又有低官士子之論議。經世文編所持的經世致用宗旨就是反對空虛無用的八股文主張，當朝廷提倡實學將科舉改試策論以及舉行經濟特科之後，弘揚經世實學的經世文續編更是仕途的良師益友，令士子愛不忍釋。文編關心的首先是學術對國家治理的有用性，即是否「足供朝廷敷布之資，而不是學術的深入研究、學理的深入探討，極高之過深微者皆所勿取」。17 世紀以來的經世思想，可以說是在「變」的意識中成長，而變革的思想則是推動期發展的一個主要動力。雖然這些變革的思想並未脫出「基於傳統的解答」方式，但已為劇變來到之前提供了本土學術思想的一個重要基線。葛編之前多為官員的文章奏疏，之後則包括洋務思想家，唯新派的議論時事之作，以變法圖強為號召，特別是陳編之後多切重變法自強。

趙中亞（2005）則強調文編反映了晚清社會大眾考察近代科學知識從西方輸入時，如何進行文化和知識架構的調整，以試圖認識近代科學的本質，形成自己對近代科學的認知體系的過程。沈豔（2004、2005）也指出，這些經世文續編傳播的經世之學雖然映射出強烈的現實性和工具性，但均未脫離傳統經世實學的軌範，西學則被經世文續編借用來強化其「致用」性。經世文續編所代表的傳統經世觀含有「道德理性」成分，講究價值和目的，同

9　百瀨弘在 1941 年撰成〈清末の經世文編に就いて〉，對於《切問齋文鈔》以後的十部經世文編的編者、成書背景、收錄文章簡明的介紹。他強調時代的變遷會促使文編內容與編纂形式的變化，故文中詳細地討論各書綱目的增減及其代表的意義（轉引自黃克武1986）。

西方近代「工具理性」純粹講究手段的有效性頗有間隔。筆者的研究中發現（劉俊裕 2009；Liu 2010），清代晚期「洋務與外交」、「西學與格致」、「新政變革」等類別文章在經世文編中的出現，除了數量上的持續增加，同時也呈現出當時官員與知識分子內在思維理路的改變。

（一）洋務與外交領域

在清代經世文編中與涉外事務相關而最早受到知識分子重視的文章，是「外交與洋務」類別的文獻。自 1888 年葛士濬的文編後開始，此領域的文章便如雨後春筍般的湧現。在選定的十一個文編中有 538 篇文章。清代的中央官員及知識分子對於外交與涉外事務認知與轉變，從英國特使馬嘎爾尼前來謁見乾隆時的天朝心態（Peyrefitte 1993），普遍對國際法、國際體系知識的欠缺，以及交涉上著重道德約束、人際關係和對禮儀的堅持，到鴉片戰爭初期的排拒和洋務運動開始被迫學習西方的國際體系（王增才 2008：169-186）。清代經世文編中到後期強調融入並採用國際外交體制、派遣使節、交涉與遵守國際法的規範，並謹慎處理禮儀與教案問題。而其在外交和對外政策上則從傳統堅持非侵略性的手段，以及在朝貢貿易與對外商業、經濟活動上謹守非謀利的原則，轉而採納西方國家強調外交政治實力、結盟、締約、商務、關稅等實務利益的思維理念（Liu 2010）。

（二）西學與格致領域

隨著外交與洋務類別的文獻的出現，中國官員與知識分子開始認清國家需要的不只是外交與國際體系遣使與交涉的知識，更應當重視西學與格致的「實用知識」，包含西方學術通論、傳統的格致之學、西方的基礎科學、醫學、文學翻譯，以及外國地理、歷史等西方人文知識的發展。在十一個文編中有 743 篇文章。對清代實用知識研究的文化氛圍分析。具體言之，此等在中國主流學術傳統中被譽為稀有知識的器物之學與格物究理之學（尚智巫 2003），如何從過往知識體制中倫理道德教條充斥，科學實用知識欠缺官方與私人資源贊助，科技知識學術網絡欠缺縝密互動，以及與科舉制度脫節、

對功名毫無助益的學術邊陲地位，演變至清代中期以後逐漸受到知識分子的重視，強調實學、治用、事功之學的累積、創新與散播。如同前文所分析，清末經世文編中實用知識的相關文章在數量上已超過傳統道體之學文章的八倍之多（Liu 2009）。西學與格致等實用知識在中國學術領域的量變，引發其在學術階層地位的質變，以及社會對知識地位認知的提升。這個量變不僅代表中國知識分子對於現實生存條件的必要性妥協，對西方實學排拒的真實過程，逐漸轉化成在西學和科技發展策略中，尋求倫理道德的本體性論述及器物發展的工具性論述之結合。

（三）新政變革領域

　　較為出人意料的是，清代經世文編中在新政變革領域的相關文章，一直到 1898 年陳忠倚的《皇朝經世文三編》與麥仲華《皇朝經世文新編》才嶄露頭角，然而在短短四、五年間卻佔據了隨後各個文編最大的比重。也就是在時序上，從中國知識分子開始在實學出版領域注意到外交、涉外事務、西方基礎科學、人文史地等領域知識後約八到十年，才開始普遍有體系的對知識分子傳播中國新政與體制變革相關文章論述。在十一個文編中有 868 篇文獻，從傳統政策實務中恪守國家降低干預人民生活的策略，以及追求減低農地賦稅與人民勞役的制度，到洋務運動初期將所有涉外事務集中於總理各國事務衙門管理，進而到後期全盤西化。從自強運動逐步學習西方追求國富兵強的治國理念，擴大財政稅收，強化機器製造與礦業開發，並且展開一系列關於政體、法律、教育與科舉考試，以及報館等制度的新政與變革（孫廣德 1982；薛化元 1991；金觀濤、劉青峰 1994、2000；高曉芳 2007；Elman 2000；Janku 2004）。

　　以科舉考試的改革為例，光緒 27 年 7 月 16 日（1901 年 8 月 29 日），清廷發布上諭正式落實科舉改革，新制科舉三場內容改為：第一場考中國政治史事論五篇，第二場考各國政治藝學策五道，第三場為四書義兩篇、五經義一篇。傳統科考中佔絕對主導地位的經學退居次要地位，代之以涉及西學、時政的策題。朝廷此番改制，意在使士子走出經傳注疏的窠臼而研習

切近實用的西學政藝，並希望士子脫離八股程式的束縛，以策論文體自由應答，各盡其長（李林 2012：176）。在清代癸卯（1903 年）、甲辰（1904 年）兩年會試考題中得知，英、美、日等國的經濟、學制、警察、商業鐵路等制度改革與變法等策論議題，都成為科舉考試的內容。

中國傳統選士的根本問題，在其考試內容，即傳統士子所接受的解經誦史教育和吟詩作對訓練，對處理具體政務實際裨益甚少。尤其在晚清新政中，新興事務層出不窮，更加挑戰傳統仕紳的學識和能力。在此種情況下，將考試形式由八股改為策論，使考生自由發揮；同時在內容上淡化經史，突出切近實用的西學，在大致維持舊有體制的前提下改革選官制度，在當時而言不失為穩健之策（李林 2012：199）。

值得注意的是，晚清經世文編除了「洋務與外交」、「西學與格致」、「新政變革」等類別文章數量比例的增加，在甲午戰爭後，西方國家的君主傳記、政治哲學與制度變革等相關文本，也開始被納入傳統經世文編的德治、治體、治道、學術、君德等類別的文章中。例如 1898 年麥仲華的《皇朝經世文新編》中的君德類文編，就收錄了十七篇國外帝王的傳記，包括馬其頓帝國的亞歷山大帝、羅馬帝國的凱薩大帝、法國的拿破崙一世、俄羅斯的彼得大帝等傳記。1902 年甘韓的《皇朝經世文新編續集》中的君德類文章，總計十五篇中的十篇皆為國外君王的德性與治理作為，其中包括普魯士帝王、英國維多利亞女王，以及美國喬治華盛頓的傳記和立憲介紹等等。這意味著清代政府官員與精英知識分子，在人文及道德治理的內在文化思維理路，已經從單純的就「洋務與外交」、「西學與格致」、「新政變革」等類別題材文章數量的增加，衍伸為對傳統儒家德治、治體、治道等文化邏輯的質疑，轉而採納西方君主治國富國強兵與政治變革的理念，晚清經世之學文編的內在思維理路已經產生了根本的質性變化。

表 0-5：癸卯、甲辰科會試第一、三場考題及出典

癸卯科		
場次	考題	出典
第一場： 中國政治史事論	① 管子內政寄軍令論；	《國語・齊語》
	② 漢文帝賜南粵王佗書論；	《史記・南越列傳》； 《漢書・西南夷兩粵朝鮮傳》
	③ 威之以法，法行則知恩；限之以 爵，爵加則知榮論；	《資治通鑑・漢紀五十九》
	④ 劉光祖言定國是論；	《宋史・劉光祖傳》
	⑤ 陳思謙言詮衡之弊論。	《元史・陳思謙傳》
第三場： 四書義、五經義	① 敬事而信、節用而愛人義；	《論語・學而》
	② 故為政在人、取人以身義；	《中庸》
	③ 化而裁之，謂之變；推而行之， 謂之通；舉而措之天下之民，謂 之事業義。	《易・繫辭上》

甲辰科		
場次	考題	出典
第一場： 中國政治史事論	① 周唐外重內輕，秦魏外輕內重各有得 論；	綜合史論
	② 賈誼五餌三表之說，班固譏其疏，然秦 穆嘗用之以霸西戎，中行說亦以戎單于 ，其說未嘗不效論；	綜合史論
	③ 諸葛亮無申商之心而用其術，王安石用 申商之實而諱其名論；	綜合史論
	④ 裴度奏宰相宜招延四方賢才與參謀，議 請於私第見客論；	《新唐書・裴度傳》； 《資治通鑑・唐紀五十五》
	⑤ 北宋結金以圖燕，南宋助元以攻蔡論。	《宋史》
第三場： 四書義、五經義	① 大學之道，在明明德，在親民，在止於 至善義；	《大學》
	② 中立而不倚，強哉矯義；	《中庸》
	③ 致天下之民、聚天下之財，交易而退， 各得其所義。	《易・繫辭下》

表 0-6：癸卯、甲辰科會試第二場策題

癸卯科	甲辰科
① 秦西最重遊學，斯密氏為英大儒，所論遊學之損亦最摯切。應如何固其性質、限以年例，以期有益無損策；	① 學堂之設，其旨有三：所以陶鑄國民，造就人才，振興實業。國民不能自立，必立學以教之，使皆有善良之德、忠愛之心、自養之技能、必需之知識，蓋東西各國所同。日本則尤注重尚武之精神，此陶鑄國民之教育也；講求政治、法律、理財、外交諸專門，以備任使，此造就人才之教育也；分設農、工、商、礦諸學，以期富國利民，此振興實業之教育也。三者孰為最急策；
② 日本學制，改用西法，收效甚速。然改制之初，急求進境，不無躐等偏重之弊。東國名宿，類自言之，取長捨短，宜定宗旨策；	②《周禮》言農政最詳，諸子有農家之學。近時各國研究農務，多以人事轉移氣候，其要曰土地，曰資本，曰勞力，而能善用此三者，實資智識。方今修明學制，列為專科，冀存《要術》之遺。試陳教農之策；
③ 各國商會、銀行，皆財政之大端；預算決算，又合制用古法。然所以能行之故，必有本原。試參酌中國商賈官民情形，以期推行無阻策；	③ 秦西外交政策，往往借保全土地之名，而收利益之實。盍縷舉近百年來歷史以證明其事策；
④ 警察之法，於政治關係極多。憲兵之設，尤足輔警察所不足。試詳其典則事務，以便仿行策；	④ 日本變法之初，聘用西人而國以日強。埃及用外國人至千餘員，遂至失財政裁判之權而國以不振。試詳言其得失利弊策；
⑤ 工藝商賈、輪船鐵路，輔以兵力，各國遂以富強。其所以富強者，果專恃此數者歟？抑更有立國之本歟？觀國者，無徒震其外，宜探其深微策。	⑤ 美國禁止華工，久成苛例。今屆十年期滿，亟宜援引公法，駁正原約，以期保護僑民策。

資料來源：癸卯科：《光緒辛丑壬寅恩正併科會試錄》，頁 14-15；甲辰科：《光緒甲辰恩科會試錄》。

III 文化經世與文化治理：重回世界近代史的文化辯論

如前所述，當代世界史學家曾經從經濟生產模式、宗教、貿易、經濟高平衡陷阱、市場、資本主義、世界經濟體系與科技文化等層面，探討近代歐洲之所以崛起而中國之所以停滯發展的相對因素（Marx 1977；Weber 1992 [1930], 1964 [1951]；McNeill 1963；Elvin 1973；Braudel 1984；Wallerstein 1993）。從文化的角度切入世界史的辯論，近代西方國家的船堅砲利與國富兵強治理邏輯，在明清時期著實挑戰了傳統中國以儒家人文價值理念為基礎發展出的經世致用之學。特別是當中國仁政或德治的概念，以及重視倫理道德與文化的整體性的原則，與國家的對內、對外政治權力、經濟、商業實質利益等相違背時，明清政府官員與知識分子是否仍舊堅持其內在文化邏輯，或者因此屈服於實際現實利益考量，妥協內在文化價值，而其變與不變間的條件為何。

文化經世的概念強調將儒家文化價值滲透於政治經濟體制，並實質主導政治、經濟、社會部門的發展，趨近於當代文化政策範疇的擴張，以及治理形式的整合性思維與實踐。通經致用是儒家知識分子入世思維的核心價值觀，也是一種帝國經世濟民與文明、教化的過程。我所謂的「文化經世」就是在明清時代經世致用之學，以及文官知識分子透過一系列經世文編的編纂過程，將文化價值理念透過聖學、治體、學術（基本文化價值體系）、吏部（文官考試任用）、戶部（文化經濟、稅收、預算財政）、禮部（教育、辦學、地方風俗）、兵部（含外交、懷柔）、刑部、工部（文化建設）的行政官僚體制，西學、制度變革知識分類與實務的具體實踐，直接穿透國家的政治、經濟、社會、教育乃至外交政策層面，這是傳統中國知識分子透過政治參與達成以「文化」價值作為經世或治理的核心關懷（Liu 2008, 2010）。「文化經世」、「文化經濟」並非單純的道德、理想、思維、價值層次建構，而是歷史經驗中一種具體的致用之學，透過文化核心思維，貫徹國家政府部門政策實踐的具體作為，也是一種傳統文化治理的整合性思維與實踐。這與當代「文化治理」透過藝術文化作為國家整體發展核心策略，試圖與文化政

治、文化經濟、文化社會部門接軌，作政策的平行連結以及文化資源的整合性思維（Mercer 2002: xx-xxi, 7, 14）與實踐的精神相當吻合。

　　國家、政府從道德教化、文以載道的傳統文化思維脈絡，擔負起大眾生活倫理、道德、公共藝術，及社會善良風俗與核心價值重整、教化的角色與任務，包括當今政府對速食文化的端正，並從入世、經世理念的本職思想強調官員、知識分子積極主動參與藝術文化事務的態度（所謂實用經世或治法），賦予政府部門介入藝術文化事務的合理性、合法性與正當性。經世思想強調文化價值道統的社會實用主義，發揮文化價值理念的實務功效，鼓勵文化部門行政官僚體系因地制宜的務實措施，以及文化資源妥善配置的實質利益效用，這接近一種剛柔並濟的文化規訓、規制以及彈性的文化行政管理。從柔性權力的角度思考國際文化關係，傳統的中國文化經世思想的對外（懷柔）政策強調中國文化價值與生活方式對周邊國家可能產生的吸引力，使其與中國進行自願性的文化交流，同時保有文化主體性，排拒文化帝國主義、文化主導權的強勢介入與影響，這與當代柔性權力行使及國際藝術文化交流強調的真誠互動的雙向價值理念溝通找到連結。

　　明清以來的傳統知識體制以儒家文化思維的人文理性為核心，知識分子認定道體之學、經學等人文關懷才是知識的主體；至於科學、技術等器物之學的目的，則在於使其成為道學經世致用的手段與工具。通經致用的知識傳統，強調治理者個人應透過儒家經典，形塑內在道德價值薰陶與藝術文化涵養（所謂道德經世或治體）（Chang 1974；丘為君、張運宗 1996：195；劉師培 1993：28-29），並將這套傳統知識體制透過帝國中央到地方鄉縣的知識生產、複製、分類、儲藏與傳播的網絡（從中央的太學到地方鄉縣的學堂、私人書院、藏經閣等等），推展到國家的各個角落。經世之學結合科舉考試制度，以及文官體制的奏摺、奏章等議論編纂，形成所謂經世之學，使知識分子得以展現儒家經典在國家治理上的實用價值（Liu 2009）。

　　換句話說，中國明清之前的傳統知識體系有其既定的價值層級體制和優先順序，也就是知識內在文化價值的基體或主體。在這個以人文理性為核心的儒家文化思維邏輯中，道體之學、經學等人文關懷的知識才是主體，而物

質、科學、技術等器物之學的目的，便在於使其成為道學經世致用的手段與工具。雖然傳統中國的格致之學與器物之學等實用知識亦常有佳作，但長久以來卻難以撼動這個發展完備的「倫理中心的知識體制」。直到 19 世紀中葉以後，中國知識分子的集體心態認知才在西方船堅砲利的脅迫下產生了變化（Reinert and Daastøl 1997；Liu 2009）。清代之前中國所欠缺的，是傳播這些西方實用知識的動機與集體心態認知。

　　隨著歐洲各國一步步的進逼，中國現代化的策略也從洋務運動時期「中體西用」，逐漸轉變至戊戌變法與五四運動時期的「全盤西化」主張（胡適 1980：140）。至於這個文化價值主體變與常之間的基線，無關價值的優劣勝敗，而是國族文化的生存與延續。西方現代性所挑戰的不只是中國傳統的價值體系，更是知識分子根本的自我文化認同。這個現代化的過程不僅僅是一個「新」與「舊」、「現代」與「傳統」之間的抉擇，更是一個涉及「中國」與「西方」、「自我」與「他者」認同之間的基本衝突（金耀基 1992：120）。在這個急遽變動的時代，西方的實用知識與器物之學也瞬時從中國傳統知識體系的邊緣層級，提升至知識階層體系的中心位置（艾愷 1986：57-58）。

　　更入微地觀看，文化與政治經濟間其實存在著微妙而複雜的互動關係，文化價值經常必須藉由政治組織與制度（如國家與文官體制）的運作獲得維持，而文化則滲入政府官員的思想方式，使決策者處於一定的價值氛圍，因而在制訂政治、經貿政策的過程中，經常必須進行文化價值與理念的辯論，而非單純的政治與經濟利益的考量（Liu 2008）。此文化與政治經濟對話式、互為主體式的理論之意義，在於其取代了傳統文化或經濟決定論中對歷史的單向詮釋模式，而將理論爭議的焦點由原來的文化與經濟間之緊張與對立關係，轉移至彼此間交互影響的途徑與相互連結的可能性探討。文化因素雖然並非決定經貿、外交與安全政策方向的充分條件，但卻無疑在明、清時期各個政策的決策過程中，注入了中國傳統重視人文理性的文化邏輯，並且形塑出一個共同的文化氛圍，而成為決策過程中不可不納入考量的必要條件。

　　筆者曾指出，明清時代中國的政治人物常置身於一個強有力的文化框架下彼此妥協，這樣的文化框架是以倫理道德為核心，並且構成大多數政策的對話基礎。官員們在採取任何務實或功利主義的決策時，經常必須為他們的決策行為提出道德論述基礎，或者至少將他們的現實考量以符合傳統倫理、道德的語言來說明。決策者經常選擇以文化的價值理念，來詮釋自身的經濟行為與決策動機，因為唯有如此，他們方能說服一般大眾與知識分子（Liu 2008）。官員們深怕自己會喪失人們對他們的政治信賴，甚至個人的政治人格的完整性。也就是在這樣的文化氛圍下，理念與價值的用語充斥著整部清代的經世文編。

　　雖然文化具有其內在價值的不可比擬性，並不代表文化因素在國家的外交政策與涉外事務中無法被理性的探討或進行邏輯性的分析。文化作為一種人類集體思想、行為與風俗、價值、傳統實踐的累積，具有其內在的特質與邏輯向度。這個邏輯向度作為一種價值與信仰體系，雖然並不決定個人的所有行動，卻提供大多數人們和決策者特定的傾向、能力、技能、習慣、取徑與可能性，從而影響個人的行為向度（Parsons 1951: 12）。

　　回到本章一開始的近代世界史和文化價值論述的脈絡，從文化角度介入世界史的重要性，在於其凸顯一個文化的內在價值與思維邏輯的優先順序，不能完全等同於國家中物質財富的多寡、科技與軍事權力的進展與否，以及政治、經濟組織的效率高低；文化價值的中心與邊陲、主體與客體也絕非科技、政治、經濟組織現代化之單向投射。數字、財富、政經組織的效率與權力的重要與否，如同溝口雄三和陳光興的文化基體論，必須將它們置於特定的歷史情境與價值體系中詮釋，方能獲得適切的理解。所謂全球歷史的重構，不僅意味著世界各地學者們應嘗試從不同的角度，跨越國家與文明疆界的思維框架，重新理解全球社會緊密結合為一個整體的過程，更意味著世界史應從探索國富兵強、優勝劣敗的原則框架中跳脫，而更全面地重新思索日常生活中點滴的慾望情感。個人認為，全球文化的論述不應持續侷限於西方現代化過程對其他文化價值體系所產生的中心與邊陲、宰制與被宰制等效應，這也是西方後現代史觀對於現代主義的批判。文化生活的重繪、生活價

值的抉擇、生命意義的詮釋、道德倫理的判斷、情感知覺的理解，以及人心內在的衝突與糾結，都是重新建構一個多維視野的全球歷史所不可忽略的環節。政治與軍事力量的聚合過程，內部時常交織著繁複的個人利益抉擇、文化理念的堅持，以及社會道德辯論，同時更參雜著個人情緒與當權者表裡不一的言行。這些日常生活倫理的點滴與政治決策過程的緊密交錯，但卻經常是論述國富兵強與優劣勝敗的全球歷史框架所忽視的（劉俊裕 2009、2013）。

III 文化經世對當代臺灣文化治理的實質意涵

所謂「文化經世」若要對當代臺灣和東亞社會的文化治理產生實質意義，則必須賦予治理思維本質性與形式性的轉變：從人文、社會科學認識論的邏輯轉化，衍生出一種實務層面的文化轉向，甚至治理體制的典範轉移。筆者以為，「再東方化」作為取徑與方法的文化治理的論述，必須跳脫西方自馬基維利以來，以政治意識型態、權力、操控、經濟資源、利益的爭鬥、角力的思維邏輯，和以國富兵強為中心目標的國家統治術，轉而從文化、意義、道德、價值公共辯論，以批判、反思的態度來實踐國家、都市的治理。透過西方文化治理網絡與中國傳統將人文或「文化經世」置於治理思維核心的論述脈絡橋接，似乎開創了一種展新並且跨越、融合東、西方文化治理形式與思維邏輯的可能性（劉俊裕 2011）。本書將探究同時測試「東方文化邏輯」在當代臺灣與東亞社會與文化政策治理體制中，重新詮釋發展的可能性及其可能面臨的困境與限制。

文化經世的當代實踐可能形成一種具臺灣特色的在地文化治理、合作模式，以及多層次、多中心、多面向的繁複「關係」連結網絡。有別於西方市民社會或公民社會的概念，文化經世的治理概念在臺灣可以視為一種政府透過地方鄉、仕紳或政商名流等有力人士，動用其對社區在地有形、無形的凝聚力、影響力，以柔性的人情、地緣或人脈「關係」，透過綿延、具穿透性的權力特質，遂行藝術文化介入社區營造、城鄉再造，或地方文化館對在地社群文化情感的凝聚。透過明清時期各類經世文編的發行，核心知識分子

建構了一個對時政、時勢發聲、對話、溝通的平台，並成為日後中國報紙輿論、公共論壇的重要基礎。Andrea Janku（2004）著重於闡述清末經世文編的大量興起為隨後中國報紙的發行奠定了堅實的學術和輿論基礎，並且造成了中國知識分子對於國內外時勢、西學、外交、洋務等實用知識的普遍性重視。也就是說，文化經世的概念事實上是中國知識分子透過文化介入公共領域、公共空間的一種傳統形式。

中國文化經世（治道、治體、治法／經世致用之學）到清末民初面對西方現代化所產生的量變與質變，已經清楚呈現出它的侷限性。近來中國網路上流傳著一篇光緒皇帝於清光緒 17 年（1891 年）9 月 21 日在京師大學堂（今北京大學）發表演講：

> 然而，這個心中之賊究竟是什麼呢？在朕看來，這第一個賊就是偽善！……翻翻我們的歷史，歷朝歷代，靠聖人之學、仁義道德當真就能夠治國平天下了？……滿口仁義道德，是無法挽救一個國家的危亡的。朕只是希望你們每個人都能明白，道德改變不了一個人的命運，也根本不了一個國家的命運，空談道德仁義，就是世間最大的偽善。

這個講稿其實並非光緒皇帝真正到京師大學堂講演的史實，而是改編自一篇「麵條 2008」的網絡小說《一個人的甲午》。然而，這篇網路小說的內容在網路上廣為流傳，卻一針見血的點出當前中國知識分子對於許多儒者空談仁義道德治國的理念，而卻欠缺現代國家治理技術的深刻反省。傳統中國的文官和政治人物或許並不比西方政治人物更為偽善，但過度強調人文導向的文化價值邏輯，確實可能停留在心態上由內而外的自省與反思，但在國家治理技術與行動上欠缺對於現代性要求的精準、效率以及效力。官僚體制與行政技術若欠缺創新的動能，便難以突破科層體制的窠臼，而在文化治理作為一種理想和可操作的現實之間留下一道難以跨越的鴻溝。作者認為，只有透過民間自主和自治的文化公共領域，以媒介文化輿論形塑的氛圍，由外而內的將治理者的價值理念加以挪用，反身化約為大眾視為理所當然的外在文

化秩序，用以規範決策者自身行為的外在壓力，持續監督行政體系變革及法制化（Liu 2008），才是彌補這道理想與現實之間鴻溝的出路。

　　經世之學透過明清以來的地方的科舉考試制度以及政府的行政官僚體系，深深地影響了臺灣當代的文化治理體制。自二次戰後國民政府撤臺以來，重建儒家傳統秩序成為消解日治時期殖民思想的重要文化工程。相對於 1966 年中國的「文化大革命」，蔣介石 1953 年的「民生主義育樂兩篇補述」，以及 1966 年代成立中華文化復興委員會以來，在臺灣大力推行的「中華文化復興運動」，其中提出包括「國民生活須知」、「國民禮儀範例推行要點」、「推行民間婚喪喜慶節約實施要點」、官方志書的編纂等等，都成為抗衡毛澤東共產黨政權意識形態文化戰爭的重要手段。如同王志弘（2003）、廖世璋（2002）等所觀察，1960 至 1980 年代的臺灣從中央到地方的文化政策，無論是「精神建設」強調的中華道統與道德價值的重建，或者提倡「富而好禮」的文化建設與精緻藝文消費，以加強公民教養品味和生活品質，乃至 1981 年成立文化建設委員會等，2000 年《文化白皮書》強調端正社會善良風俗、導正速食文化等，都充斥著儒家傳統倫常教化的文化經世氛圍。

　　儘管經過 1980 年代的解除戒嚴、解除黨禁報禁，以及 1990 年代的推動文化產業政策、文化創意產業政策，乃至 2000 年代以來的二次政黨輪替強調公民文化參與及文化公民權利，時至今日，臺灣的公務人員考試制度仍看得出這個文化經世傳統深深烙在文化行政體制的印痕。2011 年臺灣公務人員的總數有 343,323 人，佔 2,300 萬人口比例近 1.5%。向來被譽為金飯碗的公務人員在臺灣確實是許多青年人才嚮往的穩定工作。依據考試院考選部公布的近十年來公務員高普考試調查，雖然近五年來報考人數一路下滑，從過往的 15 萬人降至 2016 年的 9 萬多人，但 2011 年至 2016 年普考的平均錄取率卻仍在 4.29% 到 8.54% 之間，[10] 競爭非常激烈。根據新唐人電視媒

---

10 崔慈悌。〈近 5 年高普考報考人數一路下滑〉。中國時報，2017 年 4 月 5 日。
　　網址：http://www.chinatimes.com/newspapers/20170405000266-260114。（檢索日期：
　　2017 年 10 月 10 日）

體的報導，在美國，3% 的大學生願意考公務員；在法國，是 5.3%；在新加坡，只有 2%；在日本，公務員排在第 53 位；在英國，公務員進入二十大厭惡職業榜；而在中國確有 76.5% 的大學生願意考公務員，[11] 臺灣也不惶多讓。

　　細究臺灣當代文官體制的內在思維邏輯，考選制度以及文官價值體系的維持則是文化行政踐履的關鍵環節。在歷年公務人員考試的試題中不難發現，儒式經世之學的倫理道德思維，仍微妙地瀰漫於當代臺灣文官體系的取才思想之中。舉例而言，2016 年的文化行政高考三級以及普考國文考科的作文題目即為：

> 　　勇氣往往與剛強之特性有關，我們稱讚人勇敢堅強、性格勇武，法國思想家蒙田尤其推崇：「在全部的美德之中，最強大、最慷慨、最自豪的，是真正的勇敢」，但老子卻說「慈故能勇」，孔子則說「仁者必有勇」。剛性的「勇」為何會與柔性的「慈」、「仁」相關連？請以「論慈故能勇」為題，作文一篇，申述其旨（須舉出具體實例加以論證）。〔佔考科總分 60%〕

　　試題中要求受試者闡述「仁」、「慈」與「勇」等儒家及道家的美德；而2017 年的文化行政高考三級以及普考的國文考題則問及：在《說苑‧尊賢》中，「故士之接也，非必與之臨財分貨，乃知其廉也；非必與之犯難涉危，乃知其勇也。舉事決斷，是以知其勇也；取與有讓，是以知其廉也。」這些都明確說明了文化經世之學在當代臺灣文化行政體制中仍然存在的深遠影響。此外，考試院作為臺灣最高的國家考試及文官選才機關，2009 年頒布文官核心價值為「廉正、忠誠、專業、效能、關懷」，認為這是文官應具備之正確之價值及倫理觀念，以及建構良好文官制度的基石，並發文中央及地

---

11 新唐人。〈數字中國：中國人正越來越養活不了自己〉。新唐人，2013 年 7 月 5 日。網址：http://www.ntdtv.com/xtr/b5/2013/07/05/a926155.html。（檢索日期：2017 年 10 月 10 日）

方各主管機關據以規劃辦理宣導及訓練事宜，同時轉請所屬訓練機關列為相關訓練研習或進修之課程。[12]

　　再次強調，「文化經世」作為一種反思當代文化治理的方法和論述取徑的起點，並不意味著未來的臺灣必然延續著大中華文化的價值與制度史觀；相對地，它為臺灣建立了一個現實而有別於西方文化現代性的重要參照點。作為臺灣和東亞內在文化價值與制度形構的一環，文化經世的思維早已內化為臺灣近代文化治理體制中難以分割的一部分；臺灣文化政策的實踐者與研究者都必須務實且批判地面對。唯有讓文化經世的治理傳統重新進入當前東亞與臺灣文化治理者與變革者的視野之中，臺灣才可能真正在批判現代性和反身主體性的路徑上，解除自身面對中國時所挾持的西方文化現代性優越感和次帝國的文化想像，進而審慎客觀地反思與重構其文化治理的內在文化基體。西方以外的其他文化，包括新移民與新南向政策國家的文化，也才可能真正對等地進入臺灣文化政策研究與治理者的視野。

---

12 考試院進一步闡述五項核心價值的重要內涵如下：（一）廉正：以清廉、公正、行政中立自持，自動利益迴避，公平執行公務，兼顧各方權益之均衡，營造全民良善之生存發展環境。（二）忠誠：忠於憲法及法律，忠於國家及全民；重視榮譽、誠信、誠實並應具備道德感與責任感。（三）專業：掌握全球化趨勢，積極充實職務所需知識技能，熟悉主管法令及相關政策措施。實踐終身學習，時時創新，保持專業水準，與時俱進，提供全民第一流的公共服務。（四）效能：運用有效方法，簡化行政程序；研修相關法令、措施，力求符合成本效益要求，提升決策品質；以對的方法，作對的事；明快、主動、積極地發揮執行力，以提高行政效率與工作績效，達成施政目標，提升國家競爭力。（五）關懷：時時以民眾福祉為念，親切提供服務；對人民之需要及所遭遇之困難，以同理心即時提供必要之協助與照護，增進人民之信賴感。並培養人文關懷與多元文化素養，以寬容、民主的態度，讓族群間相互尊重與包容，社會更加和諧。參閱考試院。〈考試院 98.11.03. 考授銓法一字第 0983119276 號函〉。2009 年 11 月 3 日。網址：http://weblaw.exam.gov.tw/SorderContent.aspx?SOID=93979。（檢索日期：2017 年 10 月 10 日）

01

當代文化治理的形構、邏輯與分析架構

||| 文化的意涵與分析取徑

||| 文化與政治、經濟、社會的互動關係

||| 當代國家的政治、經濟與社會治理結構

||| 文化與治理：文化研究、文化政策與文化治理

||| 當代文化政策研究的再東方化

||| 文化的意涵與分析取徑

「文化」這個概念指涉範疇的廣泛性和其內在意涵的繁複性，是當今國內外學界、政府部門、藝文機構和常民在理解和規劃「文化政策」時，所面臨的共同困境。從傳統東亞儒家和西方的文化觀念，當代不同學科、學門對於文化內涵的理解，到文化研究取徑對於文化不同向度的分析，有助於我們進一步掌握文化的概念，並且釐清文化與政治、經濟、社會的互動模式及交互影響。

華人和東亞儒家傳統的「文化」概念，最早出現在《易經賁卦》〈彖傳〉中，所謂「觀乎天文，以察時變；觀乎人文，以化成天下。」文與化二字雖分開但並置，帶有文德、教化，以及與生活方式涵化的意思。希望從觀察天文、季節細微的變化，以及人文、社會的微妙的互動，找到自然運作和人與人之間生活的常理和脈絡，用以孕育、教化，或者轉化天下的理念已經產生。

在《論語》的〈憲問〉篇中，孔子說：「管仲相桓公，霸諸侯，一匡天下，民到于今受其賜。微管仲，吾其被髮左衽矣。」若將文化視為一種生活方式，那麼不難看出，在周公制禮作樂之後，王朝對於貴族和平民百姓，從髮型、穿著，衣、食、住、行等日常生活，都有了明確的規範和依據。在華夏族群和蠻、夷、戎、狄等非華夏族群雜居中原周邊地帶，周王朝旁的游牧民族，也面臨著是否放棄自由放任的逐水草而居的生活，改採農耕社會禮樂制度的抉擇（錢穆 1993：21、24；Liu 20 03：21）。

至於文化的策略上，春秋時期《論語》的〈季氏〉篇中，孔子對於異族生活方式與禮制教化的主張是：「故遠人不服，則修文德以來之。既來之，則安之。」也就是希望統治者以文明、教化的方式，招來生活方式不同的人民或異族，並且妥善的安置他們。西漢時期，中文的「文化」一詞首次出現，但卻是在一個負面的語境中。劉向《說苑》的〈指武〉篇記載，「凡武之興為不服也，文化不改然後加誅。」在此，文化仍是文學、文德教化的意思，但這時的西漢帝國已經逐漸壯大，對於異族在生活方式和價值觀念的涵

化策略上，也從柔性的文德教化、轉化，變為以武力的征服為後盾式的強迫灌輸。

宋代周敦頤《通書》〈文辭〉的「文以載道」，則清楚闡述了儒家所傳承以文德教化為主軸的道統，以及文化或文學乃是用以承載倫理、道德等終極關懷的工具（劉志琴、吳廷嘉 1994：5-6）。如前章所述，明清之後這個文化觀更接續了「經世致用」之學的傳統，成為當時知識分子成就功名必須熟讀的顯學。從這些記載不難看出在傳統中國的文化概念中涵蓋了倫常教化的理念，以及以權力甚至武力關係介入不同社會階層、族裔背景，對於其人文生活方式的灌輸與取捨過程。而各地的方志與文官考試制度則將此倫常教化的觀念體制化，一直延續到當代臺灣公務人員考試制度。

西方的「文化」（英文為 culture；德語作 Kultur）一詞，源自於拉丁文的 colère，它的名詞 cultura；是「照顧」或「耕種」（tending）以及「教化」（cultivation）的意思，類比在人類社會上則有「心靈、品味與儀態的訓練、發展和琢磨；以及接受訓練雕琢的狀態之意。」（Williams 1982 [1958]: 16；1985 [1976]；Kroeber and Kluckhohn 1963: 33）這與中國傳統中的文學、文德教化的文化觀相當接近。當代西方學界對文化意義與概念的討論也相當豐富。林頓（Linton）由社會行為模式的角度觀察，認為文化為「某特定社會成員所共享並相互傳遞的知識、態度、習慣性行為模式等的總和。」從歷史的角度觀察文化之學者，通常則強調文化的歷史傳承與文化遺產等，例如派克和柏金斯（Park and Burgess）提出「一個族群的文化為其社會遺產的組織與總和，該遺產由族群的種族特質與歷史生活中獲得社會意義。」克勞柏（Kroeber）由人類心理與生理過程的角度觀察，則認為文化為「學習性和傳遞性的筋肉反應（神經肌肉反應），習慣、技術、觀念、價值觀等等 —— 以及由之產生的行為 —— 所構成的集合。」（轉引自 Kroeber and Kluckhohn 1963: 47）英國人類學家泰勒以整體的眼光詮釋文化，認為「文化或文明……為知識、信仰、藝術、法律、道德、習俗，以及人類身為社會一分子所需具備之能力與習慣的複合整體。」（Tylor 1958: 1）

在 1960 年代，克勞柏與克萊克罕便蒐集了各個學門對於文化概念所下的 165 種定義詮釋進行分析評論，從中歸納出六類不同的論點包括，第一，描述性定義：將文化視為一涵蓋廣泛之整體，列舉文化的各個層面；第二，歷史性定義：強調文化為社會遺產或社會傳統特色的總和；第三，規範定義：強調文化為社會生活或思想價值的標準與規範；第四，心理性定義：認為文化為人類面對生活環境時，為滿足欲求而進行調適的產物；第五，結構性定義：強調文化為一種生活習慣的形態與組織；以及第六，創造性定義：強調文化是人為物質與精神產物的總和（Kroeber and Kluckhohn 1963）。

這種廣義的文化概念自 1970 年代開始也運用在聯合國教科文組織（United Nation Educational Scientific and Cultural Organization, UNESCO）的各種官方文件中，教科文組織的文獻分別將文化界定為：(a)「某個社會或社會群體特有的精神、物質、知識和情感特點的總和，除了文學和藝術外，還包括生活方式、共處的方式、價值觀體系、傳統和信仰」（聯合國教科文組織，《世界文化多樣性宣言》序言第五段）；(b)「就其本質而言，是個人在創造性活動中的參與和合作造成的一種社會現象，並不限於接觸藝術和人權作品，同時也是知識的獲取，對生活方式的要求和交流的需要」（教科文組織關於人們普遍參與文化生活及其對文化生活的貢獻的建議，1976 年《奈洛比建議》序言第五段 (a) 和 (c)）；(c)「包括那些價值觀、信仰、信念、語言、知識和藝術、傳統、體制和生活方式，個人和群體據此表達人性和對自己的存在和發展所賦予的意義」（關於文化權利的《弗萊堡宣言》，第 2 條 (a)）；(d)「物質和精神活動的總和，是特定社會群體的產品，該群體據此與其他類似群體相區別，是特定文化群體長期以來產生的價值觀體系和信條，它為個人提供了日常生活中的行為和社會關係所需的路標和意義」[1]。

分析當代不同的學科、學門因著分析取徑的差異，文化的概念在學門之間也出現了不同的重心。葛瑞指出，藝術學的文化概念著重於藝術作品的

1　United Nations. 2009. Committee on Economic, Social and Cultural Rights, Economic and Social Council. "General Comment No. 21." E/C.12/GC/21, 21 December.

創造、欣賞與美感認知，以及藝術美學對於心靈的提升與淨化。歷史學門經常強調文化或文明的誕生、成長、成熟到衰老等過程。人類學、民族誌學則探討部落、族群、族裔的融合與遷徙，將文化視為各個群體共享的價值、信仰、態度、習慣、圖騰、象徵等意義的集合體，或社群文化價值體系的生產和認同的過程。社會學則側重特定文化、媒體產業領域的生產與活動，特定社會群體的消費模式的分析，文化資本、品味與社會排除；政治科學領域著重意識型態與政治權力、資源分配的過程，文化被視為政治行為發生的社會情境，或者政治活動與組織的公民文化與社會脈絡，包括評價、態度、感受等，以及正式、非正式的治理行為、行政文化；而經濟學則側重於文化作為經濟行為與價值的規範，藝術經濟作為生產、散播、行銷、消費的迴路等文化產品的經濟學分析，以及文化產品創意或藝術元素，乃至文化價值與經濟價值的分析（Gray 2010: 219-221）。

至於文化研究取徑則試圖挑戰幾個不同層次的文化疆界，包括精緻藝術與流行文化、精英文化與大眾文化、高雅文化與通俗文化，以及文化作為整體的生活方式和文化作為一種特殊的生活方式等等（Williams 1982 [1958]: xviii）。文化研究所關切的文化議題包括（Hall 1996: 100, 103-104；陳光興 2000：388-389）：

◇ 種族、族裔、族群關係、民族主義的議題；

◇ 文化批評理論（文化詮釋理論、法蘭克福學派、精神分析與文化論述、符號學與文化論述）；

◇ 文化認同與公民權利議題；

◇ 語言、習俗、傳統和宗教議題；

◇ 女性主義、性、性別、性傾向議題；

◇ 同志論述、酷兒理論；

◇ 身體政治與時尚；

◇ 馬克思主義、社會階級、資本主義與權力議題；

◇ 文化工業、流行文化與文化帝國主義議題；

◇ 科技網路空間與網際網路文化議題；

◇　生態文化環境殖民；

◇　流動與離散族群議題；

◇　媒體和媒介經驗；

◇　西方與東方、帝國、殖民與後殖民的再現、權力機構與論述；

◇　傳統與現代的接合；

◇　現代性與後現代性：理性與進步的議題；

◇　後現代文化研究中的解除中心化、多元文化主義；

◇　文化作為結構主義與後結構主義中象徵意義的生產與流通。

　　縱使經過學界如此廣泛的蒐集與分析，仍未能對文化做出普遍認同的定義。多元複雜的文化定義反映出此概念的複雜性，因此，在嘗試著界定文化意義與範圍時，應當避免用一成不變的概念來涵蓋一切，否則將無法掌握文化的全貌。援用 Stuart Hall（1996: 106）所指認的文化研究核心精神，就在不斷挑戰封閉的知識體系，「除非文化研究〔者〕能夠學習與這股永遠無法化解的內在焦慮共處一生……否則文化研究作為一個計畫，一種介入的方式，就永遠不夠完整。」簡言之，永無止盡的內在焦慮和衝突的張力，是文化研究者持續鞭策自己學習向異質事物開放，不斷自我省思、批判而擁抱未知的內在動力，而文化政策與文化治理的實踐者也是一樣。

　　將文化概念應用於政策和治理的分析上，「文化」這個複雜多義概念，可以區分出各種不同的向度（王志弘 2010：41）：一、文化的內涵指涉，像是教養、文藝作品、文明傳統、生活方式，乃至於歷史記憶、人類價值、意識形態、認同標記等，不同的文化意義或內涵；二、文化的作用定位，包括了（隱性的）預設，以及（顯性的）工具策略、目標，乃至於反身性場域等，各種文化發揮作用的方式；以及三、文化的接軌領域，像是經濟商業、政治支配、社會交往與團結，乃至於主體形構等等，指涉了文化產生作用的特定領域。

　　依此為基礎進一步析論，我將各種文化的界定統整為「日常生活」的四個互為主體向度（圖 1-1），藉此發展出一個理解文化政策和文化治理的

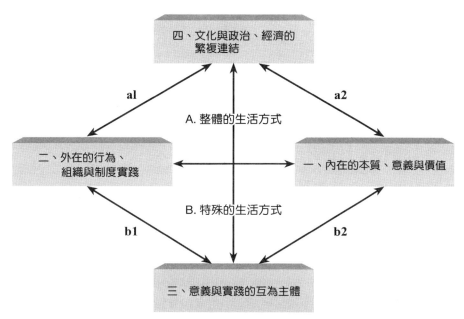

圖 1-1：文化作為日常生活的四個向度
（繪圖：劉俊裕 2015b：29）

分析架構。文化可以被架構為：一、「內在的本質、意義與價值」：文化代表日常生活中各種事物內在本真的意義，社會或群體的核心價值、藝文美學的素養、風俗信仰、道德傳統、文明教化等知識內涵，以及個人與群體的情感歸屬、歷史記憶和文化認同。二、「外在的行為、組織與制度實踐」：文化作為生活中外在可觀察的物質文明與器物生產，人們外顯行為、組織、機構、制度等具體實踐，以及文化機構透過政策程序與制度化過程，所衍伸而出的作用性與工具性政策和目標。三、「意義與實踐的互為主體」（intersubjectivity）：個人和群體生活的內在價值與外顯實踐之間的關係並非靜止而互不影響的，相對地，它們經常是交互滲透且互為主體的。唯有掌握一個群體內在意義、價值與外在行為、制度不斷交織的互為主體過程（圖1-1：b1、b2），方得理解日常生活中不斷變動的文化邏輯與時代精神，並且標示個人或群體殊異性的「B. 特殊的生活方式」。四、「文化與政治、經濟

的繁複連結」（complex connectivity）：文化與政治、經濟生活之間並非相互切割、分離的，無論是文化行動與政治、經濟行為之間，或者文化的價值理念和政治經濟的價值理念之間，在日常生活中無疑地形構成一個繁複的連結體制，也不斷交互影響（圖 1-1：a1、a2），因此交織出一個群體寬廣的「A. 整體的生活方式」[2]（Liu 2003: chap 2；余英時 1992：20-21；龔鵬程 1995：41；王志弘 2010：41；Williams 1982 [1958]: xvi, 295；Bourdieu 1977: 82-83；Taylor 1958: 1；劉俊裕 2015a）。

▎▎▎ 文化與政治、經濟、社會的互動關係

文化政策與文化治理的研究，涉及了文化與政治、經濟、社會學科學門知識、取徑的交疊，人文學科與社會科學方法論上的結合，也因此註定了是一個跨學科、跨領域的研究。從不同的文化定義來思索文化政策與文化治理，也就自然地衍生出文化與政治、經濟、社會互動的差異模式。就文化與政治、經濟、社會的交疊關係，霍爾的提問是，究竟是經濟、市場、國家、政治和社會權力，單向地決定了文化和文化的轉變，或者我們應該將文化的管制與改變，放在一個交互影響的過程上來思考，也就是從文化與國家、市場、社會之間的接合關係，去探討文化的變化，乃至政治、經濟、社會的改變。意思也就是說，文化和政治經濟條件之間，彼此各設立了若干的限制，也產生相對的壓力，但卻沒有任何一個力量，可以壓倒性決定、控制另一方的改變（Hall 1997: 228）。文化與政治、經濟、社會之間究竟該如何結合？文化在政治權力資源與利益分配的價值辯證過程中，究竟是一個主體或者客體，或者文化其實是一個接合、構連不同領域之間的介面？文化在政策治理的機構程序中，究竟是一種作用、工具、方法，或者文化本身就是治理希望達成的最後目的？這些都是當代文化政策與文化治理研究面對的核心課題。

---

2 關於「整體的生活方式」與「特殊的生活方式」之意義界定，得參酌本章圖 1-2：模式 4、模式 5 之討論說明。

分析文化與政治、經濟、社會等多重權利的接軌與衝突（王志弘 2015：73、75），歸納出三種文化與政治、經濟、社會互動關係的思考方式，包括文化作為系統次領域模型中與政治、經濟、社會子系統並存的一個次領域；文化作為受限於經濟基礎的上層結構；以及文化作為瀰漫於大社會中，以符號表意系統貫穿各種領域的構連關係。接續王志弘的析論，再融合前述各種的文化定義與向度的思考，我進一步將文化與政治、經濟、社會的互動關係，釐訂為五種基本的互動性思考模式（圖 1-2）：

1. 文化作為殘餘而邊陲的價值

2. 文化作為經濟基礎的上層結構

3. 文化作為系統中的相對主體

4. 文化作為涵蓋政治、經濟、社會的整體
（整體的生活方式）

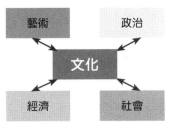

5. 文化作為瀰漫式的內在意義生產
（特殊的生活方式）

圖 1-2：文化與政治、經濟、社會的互動關係模式
（繪圖：模式 1-3 援用自王志弘 2015；模式 4、5 為作者整理）

一、**文化作為殘餘而邊陲的價值**：文化被認為是政治、經濟、社會以外殘餘、邊陲的價值或範疇，或者作為零散、瑣碎、斷裂的日常生活片段。相對於政治、經濟、社會的主要目的和作用，文化經常被視為一種依附於現實政治權力、經濟資源的爭奪與分配的依變項，或者可被操控、篩選、擺佈的客體。在文化政策上，這意味著文化是治理的一種工具、作用與方法，而欠缺其主體性和本真的價值。

二、**文化作為經濟基礎的上層結構**：馬克思主義以上下層結構模型來理解文化的位置。他預設了通常較具決定力的經濟基礎（生產力與生產關係），以及往往受到基礎限定的上層結構（國家、宗教、儀式、權力結構、文化等）。不過兩者並非全然決定的單向因果關係，上層結構也會影響基礎，或具有一定程度的相對自主性。

三、**文化作為系統中的相對主體**：文化在 Talcott Parsons 的系統次領域模型中，文化是與系統中其他子系統（政治、經濟、社會）並存的一個次領域。Parsons 的 AGIL 模型將每個系統分為適應（adaptation，經濟）、目標達成（goal attainment，政治）、整合（integration，社會秩序維繫）及模式維持（latency 或 pattern maintenance，作為內化價值的文化）等四大結構性功能。在此模式中，文化成為政治、經濟、社會相對的主體，也成為影響治理的自變項之一。

四、**文化作為涵蓋政治、經濟、社會的整體（整體的生活方式）**：在此模式中文化從狹義的文學和藝術，擴充到廣義的藝文美學、風俗信仰、道德傳統、文明教化等知識內涵，同時包括種種物質文明、科技發明，以及政治、經濟、社會制度組織等等人為生產的繁複整體，也就是一種包含人類所有精神、物質與組織制度層面產出的整體生活方式。

五、**文化作為瀰漫式的內在意義生產（特殊的生活方式）**：這個模式大致上可以對應於語言學轉向，以迄後結構主義思潮下的文化再概念化，主要是以符號表意系統、訊息、語言、論述、再現，及其積極的建構、塑造或構連（articulation）作用來理解。政治、經濟、社會的存在，本身便是文化性或符號性的建構。文化瀰漫於大社會中，貫穿了各種領域，成

為各場域得以運作的憑藉，甚而建構了這些場域及它們之間的差異與邊界。文化在此成為政治、經濟、社會的介面，也就是內在意義生產和價值、邏輯的協商、調節、辯證等主體化過程。

依據前述將文化視為一種日常生活中四個不同向度（圖 1-1）的界定，個人認為在文化與政治、經濟、社會的不同互動模式中，應該避免簡單的二元思考，而採取另一種較為繁複的政治、經濟、社會與文化的互為主體性思考模式。若我們將文化的外顯的組織、制度與實踐置於 EE1 軸，而文化的內在本質、意義與價值置為 FF1 軸，那麼可以梳理出幾個彼此相互接合的互為主體關係（圖 1-3）：

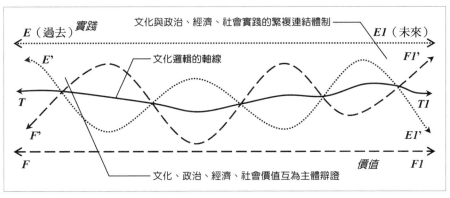

圖 1-3：文化與政治、經濟、社會互為主體性
（繪圖：修改自 Liu 2003）

首先，所謂的文化與政治、經濟、社會實踐的繁複連結體制（interconnectivity, E'E1'）代表的是文化作為一種整體生活方式，涵蓋了政治、經濟與社會的行為，以及文化與政治、經濟、社會等不同外顯組織、制度等內涵。這些內容在日常生活實踐中交織成為一個相互連結的複雜網絡。而文化生活與政治、經濟、社會組織與制度的接軌，就涉及了不同文化政治、文化經濟、文化社會行為的構連，各種權力、資源、利益的爭奪與合理分配模式的協商，以及多元文化和社會認同差異的溝通與協調過程，進而產生文化理念與政治、經濟、社會利益決策的交叉迴路機制。

其次，文化瀰漫於政治、經濟、社會之中的構連模式，也就形成了文化與政治、經濟、社會價值、理念辯證的互為主體過程，或者一種特殊的生活方式的意義賦予。面對文化與現代性的議題，國家官僚體制專業的科層體制、資本主義自由市場經濟、社會的體系結構功能等強調科學式的精準、效率、數據、指標導向的工具理性，不斷試圖對文化理念進行操控。而藝文美學、風俗信仰、道德傳統、文明教化等人文理性，則反覆訴求著回歸文化本真的價值主體。文化與政治、經濟、社會價值的互為主體關係（intersubjectivity, F'F1'）則意味著文化價值與政治、經濟、社會價值之間反覆辯證與交互影響的過程，以及對於不同價值理念的理性模式取捨。

第三，文化作為一種內在政治、經濟、社會價值、理念與意義生產，難以脫離與外在政治、經濟、社會行為、組織與制度等實踐的互為主體過程。透過文化與政治、經濟、社會實踐的繁複連結體制（E'E1'），以及文化與政治、經濟、社會價值的互為主體的關係辯證（F'F1'），再經由時間的積累下所交織出各種（整體與特殊的生活方式）實踐與價值等接合點的串連，我稱之為內在「文化邏輯」[3]的變動軸線（TT1），或者文化的內在思維理路與脈絡的變動軸線。文化或者文化特質作為人類長期思想、行為、習俗、價值觀念和傳統的積累與集合，其帶有一定的屬性、特性和向度。文化內在確實蘊含著特定的意義和標準。文化特性在價值觀念和傳統的形式中，注入了特殊的標準和意義，其內在也就維持著一種持續投射的方向性，或者說文化內在存在著一種「向量性質」（Parsons 1951: 12）。

3　文化具有自己的邏輯，這並不是說文化價值或傳統可以像人類一樣思考、感受或行為，也不是說文化可以像有機體一樣的成長。然而，援用派森斯的觀點，文化和信仰（雖不能決定性地）影響一個人獨特個性（癖好、能力、習性、技能、習慣、責任感）的形成，但這些長期養成的性格卻導引著個人的行動和經驗感受（Parsons 1947: 12）。濟慈也指出，文化邏輯保持著一種持續的趨勢，慣性的性格，而導致某些特別的行為，以及在特定環境下產生特殊的感受（Geertz 1973: 95-97；Liu 2009）。文化邏輯因此成為一種或一系列特定的規則，這些規則將共同的文化特質和價值觀接合起來；透過文化邏輯的指揮與調和，於是將不同的價值觀、信仰、人的感覺和情感、實際利益、社會制度等等，組織成各種獨特的模式（Liu 2009）。

從文化與政治、經濟、社會的互為主體性論述中,說明了這個互為主體過程不但涉及文化內涵的自我指涉,也架構於各種外在行為、制度、實踐的意義價值追尋。這意味著文化不僅是政治、經濟、社會治理的外在作用與方法,同時也可能成為政治、經濟、社會治理的內在本質和目標。相對於政治、經濟與社會,文化並非是一種殘餘、邊陲、工具化的概念,而是一個主體的存在,但這個主體同時也受制於其他政治、經濟、社會組織、制度等相對主體的影響。在文化政策與治理的分析架構中,我們將運用這三個層次的互為主體關係來掌握和理解當前臺灣文化治理決策的內在文化邏輯與情境脈絡。

▌▌▌當代國家的政治、經濟與社會治理結構

在進入當代文化治理概念的探討之前,我們先梳理近年來公共行政與公共治理的相關文獻,釐清「治理」概念從當代公共行政、新公共管理到新公共治理的發展脈絡及趨勢,以及國家的政府科層體制(政治)、市場(經濟)與社群(社會)治理的結構,特別是「網絡治理」模式的崛起。隨後再嘗試從傅柯與文化研究學者對於國家統理性的分析,以及文化與治理論述的接合,提出分析當代文化治理的形構與邏輯架構。

一、從公共行政、新公共管理到新公共治理

近代公共行政的發展史,幾乎等同官僚組織持續改革的歷程;一個不斷擺盪在「追求機械效率」與「滿足人性需求」二端之間的返復歷史。在變革過程中,鐘擺效應,此起彼落,總是兩難兼顧(蔡允棟 2006:197)。這也相應於歐洲與中國前現代時期以人文價值理性為基底的治理思維模式,轉換到現代國家以現代性、工具理性為基底的治理模式過程中的反覆拉扯。雖然有些簡化,也存在許多辯論和爭議,但歐美的公共政策執行和公共服務的實踐,從 19 世紀末到 1970-1980 年代的「公共行政」(public administration),1980 年代以後到 2000 年代初的「新公共管理」(new public management),

乃至於當前崛起的的「新公共治理」（new public governance），大致歷經了三個階段性的典範轉變（Osborne 2010: 1）。

公共行政的主要元素包括：「法治」的主導，強調行政設立規則和指導綱領，在行政的程序中，官僚體系對政策的制定與執行上扮演核心的角色。在當代公共組織中政治與行政體系逐漸產生分野，政府則有允諾逐步增加預算的傾向，而公共服務的實踐上則由專家主導（Osborne 2010: 2）。然而大政府的主導形式引發了社會對意識形態國家統治的疑慮，戰後經濟的蕭條以及財政的困境，則使得福利國家的公共行政面臨嚴峻挑戰。而當代國家與社會間關係的新結構型態，促進了傳統科層、官僚制度的改革與 1980 年代後公共事務市場化（新自由主義企業化政府、政府委外經營、強化市場化績效管理，以及建立自由化競爭體系）等管理效益的變革（趙永茂 2008）。

新公共管理目的在於提升公共市場的效率，其分析單位上著重在個人（例如轉化型策略領導）與組織有效管理為基礎。希望利用經濟理性為核心的「組織經濟」或「制度經濟」理論（包含公共選擇、代理人理論與交易成本理論），倡導市場競爭與服務「顧客」機制，經由政府領航主導、策略性引導（提供誘因），以及「管理」技術層面的改進，對於國家與整個社會資源作最有效率的使用與分配（蔡允棟 2006：172）。1980 年代以後新公共管理的內涵包括重視私部門的管理經驗；強調實際管理者而非從旁協助的專家角色，在政策實踐上則重視與決策者保持距離的「臂距原則」的組織；在公共服務組織中側重企業精神與領導，強調投入與產出的管控和評估，以及表現管理和稽查。新公共管理將公共服務分割成最基本的組成單位，並強調成本管理；在公共服務中運用市場、競爭及契約作為資源分配與服務實踐主要的原則（Osborne 2010: 2-4）。

然而「新公共管理」的制度性變革，雖然引進市場力量減輕政府運作資源不足，但也同時引發了政府過度依賴市場力量的弊端，而產生諸多批判。公共行政領域對決策與治理的機制也因此產生相應的改變，企圖建構一個分權、參與、多元、合夥、網絡化的公共政策體系（趙永茂 2008），「新公共治理」的潮流也因此崛起。[4]

英文的「治理」（govern）一詞源自於拉丁文的 gubernare，意思是領控（steer）、引導（direct）、規範或統治（rule）；而其拉丁文則源自於希臘文中的 kubernan，也就是導控（steer）的意思（Hughes 2010: 88）。治理是關於公、私部門組織的運作，關於導控和解決社會問題。它不侷限於政府公部門，而涵蓋企業治理。然而當代學界和實務界對於治理概念的援用，包括將治理視為不同的網絡、新公共管理、社會－動態系統，以及新政治經濟等，卻讓治理的意涵複雜化，更難釐清（Hughes 2010: 102）。Kooiman 則將治理視為一種系統努力自我控制的總和。治理能力是這個過程產生的結果，這不是一個完成的狀態，而是在繁複、多樣而動態的過程中，一個特定時間點的盤存（Kooiman 2010）。

J. Pierre 和 B. Peters 認為，「治理」是一個容易讓人混淆的名詞。它像是一種傘狀的概念，代表各種不同的現象，諸如政策網絡、公共管理、經濟部門的協調機制、公私合夥、公司治理，以及被世界銀行和國際貨幣基金用於作為改革目標的「善治」（good governance）等，因此必須從不同的取徑來思考治理的內涵。他們從結構和過程兩個面向探討治理的概念，區分出科層體制（hierarchies）、市場（markets）、網絡（networks）以及社群（communities）等四種治理結構；以及領控和協調（coordination）等兩種治理過程主要的動態

---

4 Pierre 與 Peters 指出二次戰後，國家與政府權力的轉變，出現了向上移轉（國際組織的出現）；向下移轉（地域、地方與社區）；以及向外移轉（非政府組織、公司化與民營化）的現象（2002 [2000]: 99-107）。歸納當代「治理」之所以被重視的原因，包括（一）1980 至 1990 年代國家的財政危機，國家資源與能力的衰退；（二）國家治理從集體的政治文化轉向個人政治文化，或者從意識型態轉向市場；（三）全球化弱化國家治理的角色與強化跨國治理的制度；（四）國家的失靈大政府的挫敗，新治理強調公、私部門功能的互補和資源共用；（五）新公共管理的出現，以市場哲學為基礎的政府改革形式，讓專業經理人管理，強調評估與績效；（六）社會變遷日趨複雜，政府需要汲取專業技能方法，仰賴外部的知識資源；（七）EU、WTO、IMF 等國際組織新治理成員出現，多層次治理的制度發展；（八）傳統政治課責的遺緒：新政治協商和領控形式出現，公、私部門日趨複雜的關係，讓一般公民難以瞭解如何達到課責的作用。這些原因讓國家不再具有獨佔的專門技能、經濟或制度性資源，俾利其遂行統治意志而轉向治理（Pierre and Peters 2002 [2000]: 50-85）。

觀點（2002 [2000]: 18）。孫本初、鍾京佑（2005：109）則強調，治理的重大轉變有別於新公共管理，係在政府結構之外尋求改革，朝向社會政治共同管理的架構。治理的功能顯示在建構更強的經濟和更好的社會，有效治理、企業、政府和市民都是夥伴的關係。從科際整合的觀點，過去政府再造的途徑是取法企業，而朝向政治經濟學或是制度經濟學的領域，治理的模式則轉向公民社會，結合政治社會學強調的公民參與公共領域的觀點。

治理的取徑認為能動者間的互動關係，是建立於彼此對相互依賴共同認知的基礎上。無論公、私部門，沒有單一的行動者擁有足夠的知識和資訊，可以解決社會複雜、動態而多樣的挑戰。沒有任何行動者具有足夠的高度，可以制訂出有效的措施，也沒有單一的行動者具有足夠的行動潛力可以單方地主導全局。治理的行為者以個人或團體的身分，依據他們對於治理議題的個別理念彼此互動、溝通。這些溝通和互動不是憑空發生，而經常是在現實的結構中進行。有些互動是高度組織化的、形式化的，例如政府和利益團體及協會之間，帶有公民社會的特質。而這些針對公共和治理議題的溝通和意義生產等互動過程，可以被視為在「公共領域」中進行。公共領域因此可以界定為治理議題相關社會形象被形塑、討論與檢驗的領域或場域（Kooiman 2003: 11, 38）。

「網絡治理」的概念近年備受英美及歐陸各民主先進國家的重視（後文將進一步探討），主要是因為網絡關係可以橋接官僚理性與民主參與的鴻溝，並能夠以更有創意的形式，克服市場與政府同時失靈的困境。隨著近年新公共管理概念的開展，網絡治理的實務操作在各國屢有令人驚奇的優異表現，尤其是許多先進民主國家，結合官僚體制、市場機制、民間組織（含社區）自治等各類治理途徑，以「共享治理」（shared governance）的方式，證實公共行政長久以來被關注的兩大核心課題 —— 民主與效率，有被同時獲得實踐的可能。這種以網絡治理為核心，同時結合市場與官僚等治理工具，希望反映分歧社會的多元價值之治理體系，近來被稱為「新治理」（Rhodes 1996；蔡允棟 2006：164）

Osborne（2010: 6-7）則將新公共治理區分為五個不同脈絡主軸：

（一） **社會－政治治理**：關切社會內部的上層架構的制度性關係，強調公共政策的制定與實踐必須從整體互動關係理解。這個取徑中，政府不再是公共政策最重要的行動者，而必須依賴其他社會行動者取得它的合法性及影響力。

（二） **公共政策治理**：關切政策菁英和網絡如何互動，建立公共政策治理的過程，探究政策社群和政策網絡的運作，以及如何運用上位治理（meta-governance）的工具，在政策網絡的多元利害關係人之間重新主張政治的方向。

（三） **行政治理**：關切公共行政的有效應用以及重新定位，試圖在現實世界中，建立公共政策執行與公共服務實踐的整體理論，涵蓋當代國家的複雜性。

（四） **契約治理**：關切新公共管理的內部運作，特別是提供公共服務時涉及的契約關係治理。當代國家公共機構有責任建立起控管公共服務契約的體系。

（五） **網絡治理**：關切自主、自我管理的組織網絡，如何在有或沒有政府提供公共服務的條件下運作。相對於公共政策治理，網絡治理著重於執行公共政策和提供公共服務的各種網絡。

如表 1-1 所整理，公共行政以政治科學為基礎，著重於國家政府的科層體制與公共政策制定與執行，是一個較為封閉的服務系統。新公共管理則以公共理性選擇為基礎，側重組織資源的管理與表現和市場的效能與競爭。而新公共治理則奠基於制度及網絡理論，強調多元治理主體，以及多樣價值意義與關係的妥協。

表 1-1：公共行政、新公共管理、新公共治理核心要素

要素／典範	理論基礎	國家性質	關切重點	強調	資源分配機制	服務系統特質	基本價值
公共行政	政治科學與公共政策	單一	政治體系	政策制定與執行	科層的	封閉的	公部門倫理
新公共管理	理性／公共選擇理論與管理研究	規範	組織	組織資源的管理與表現	市場與古典或新古典契約	開放理性	市場的效能與競爭
新公共治理	制度及網絡理論	多元多樣化	組織及外在環境	價值、意義與關係的妥協	網絡與關係性契約	準開放式	分散而抗爭的

資料來源：（Osborne 2010: 10）。

二、網絡治理：治理作為自我組織的網絡

「網絡」是與「官僚體制」及「市場」平行的三種主要治理模式之一（Rhodes 1997, 47）。為了導正新公共管理的問題，「網絡治理」的模式遂被發展出來。例如新近對於民營化與契約外包的批評與省思，皆指出公共治理應包括複雜的網絡內涵，需要政府與民間企業或契約對象協調合作，因此其參與者不僅涉及國家、區域與地方各級政府，也包含其他政治－社會各種組織團體，例如眾多特殊利益取向的利益團體、私人企業、非營利組織、以及社區公民團體等。這些紛雜的非政府組織團體，各有其本身特定的利益，而且在價值與目標上，彼此經常衝突。如何將這些行動者納入決策制訂與執行體系之中，而不致於危害治理的效率，就是網絡治理的精義所在（蔡允棟 2006：169）。

網絡治理的三個理論根源為網絡理論、制度理論和民主理論。[5] 從網絡理論，形成的研究問題例如：網絡怎麼形成，為什麼形成？客體對象為何？

從制度理論出發，我們探討在網絡的形構中，什麼類別的規範和政治論述扮演基礎的角色？這些規範準則如何被不同的機制援用？網絡的自主程度如何？至於與民主理論的關係，新的網絡治理形式如何挑戰既有的民主形式？網絡是否違反民主代表制度的原則等（Bogason and Zølner 2007: 7-8）？

　　Rhodes 用網絡來形容許多相互依賴的行為者共同參與勞務的提供，並構成一種跨組織的連結形式。網絡是社會協調的常用形式，但管理組織間的聯繫，對於任何私部門的管理也相當重要，因為網絡是協調經濟活動的一種特殊形式。網絡是自我組織的，自我組織意思是一個網絡是自主而且自我治理的：政府對於網絡的控制力有限，原因在於欠缺控制的合理性與正當性，而政策程序繁複，相關機構眾多且複雜也是主因。政府在社會體系中只是影響事件過程的眾多行為者之一，沒有足夠的權力可以加諸於其他行動者的意志。其他的社會機構極高的程度上是自主的、自我管控的，不受任何單一的上位行動者所控制。當然，自主不只意味著自由，也意味著自我責任的擔負。自主的體系擁有高度自我治理的自由，政府則必須解除禁制，退居幕

5　網絡治理的三個理論根源為網絡理論、制度理論和民主理論。從網絡理論形成的研究問題例如：網絡怎麼形成？由誰發起？網絡是否穩定，有沒有空間面向？網絡為什麼形成？目的為何，客體對象是什麼？網絡生產什麼知識，運用什麼工具手段？涉及什麼類別行為者？網絡的開放性和可及性如何，行為者怎麼認知他們的角色？後設治理的角色為何？網絡的行動怎麼被監看？是否有些行為者設定或觀察具體目標，或者只觀察網絡的過程？網絡中的行為者是否感受到科層體制的觀看？

從制度理論出發，我們探討在網絡的形構中，什麼類別的規範和政治論述扮演基礎的角色？成員怎麼具體釐定這些規範的細節？而這些規範準則如何被不同的機制援用？網絡運用什麼程序原則？網絡的自主程度如何？網絡內部的互動以及與其他機構或網絡的互動關係如何進行？而網絡是否採用任何效率的措施，例如設定標準或比較產出措施？

至於與民主理論的關係，新的網絡治理形式如何挑戰既有的民主形式？網絡是否違反民主代表制度的原則？網絡是否扮演封閉性的功能定位，排除合法行動者的影響力？網絡是否有民主的機制監督或者透過選舉的機制管控？新的治理形式是否點出與民主標準和理論重新接和的需求，如果有那是什麼？網絡中的參與者在程序中是否為平等的伙伴？而這些網絡是否對社會利益產生充權，提供行動者參與政治或行政決定的管道？網絡是否在參與者之間建立共同的認同？而網絡是否有全力執行它們的決定（Bogason and Zølner 2007: 7-8）？

後遠端間接調控，允許社會機構更多自主和自我治理的空間。總之，網絡的整合抗拒政府管控，發展自己的政策並形塑他們的環境（Rhodes 1996: 658-659）。治理作為組織間網絡的自我組織是一種新的形式，這些跨組織的網絡是鬆散的。網絡中心的協調能力不強，過於強調治理會模糊甚至瓦解國家與市民社會間的分野，國家變成由政府與社會行為者所組成的組織間網絡的集合，而沒有強制的行為者能操控或調節這些網絡。政府的挑戰就在賦予這些自我組織網絡能力，並尋求網絡間新的合作形式。治理作為自我組織的網絡，是國家治理能力的一大挑戰，因為這樣的網絡是自主的，並且抗拒中央的指引，也就試圖成為一種沒有政府的治理形式（Rhodes 1996: 666-667）。

孫本初、鍾京佑（2006）分析網絡模式的核心概念，說明政府在治理上扮演協調、商議、合作的角色，必須與公部門、非營利和民間組織建立政策的聯合決策機制。網絡治理認為政策制訂不是由政府由上而下管控的程序，而是由多元的公、私行為者，在一個穩定的政策領域框架中互動妥協的結果。網絡治理的概念作為一種分析途徑，用來掌握一股邁向多樣糾結與互動網絡形式的政治或行政趨勢，而這樣的運動經常不是憲法、法規制度所規定的。網絡治理既不是市場，也不是政府或市民社會，它是一種混和的組織形式。網絡治理超越了政府正式體系的互動，但卻沒有失去分析政府體系的能力。網絡治理的概念有助於理解從國會、政黨、行政機構、利益團體、私人企業、地方政府、第三部門到公民運動等正式組織疆界的溝通與互動需求。

質言之，網絡治理的五個特質包括：（一）獨立而自主運作的行為者之間穩定的平行接合；（二）彼此透過協商互動；（三）在一個共同的準則、規範、認知和想像的框架平台中進行；（四）在外部機構設定的限制下達成自我調控；（五）對公共目的做出貢獻（Bogason and Zølner 2007: 5-6）。Goldsmith 與 Eggers（2004: 10）也指出網絡治理的四大內涵，包括：（一）第三部門政府：政府提供公共服務時，除了本身職責，或是引進企業力量外，也應納入非營利組織參與。（二）整合政府：政府體系中的上、下，以及平行部門間也應相互整合。（三）數位革命：即廣泛運用各種資訊科技，

提升網絡互動效率。（四）消費者需求：公民應基於消費者立場來決定生活方式，以及政府所應提供的服務。

綜合而言，網絡治理乃是當代公共治理一種政府與社會互動的新模式，一種結合顧客、供給者，與生產者三者共同生產的策略性夥伴關係。這些多元部門或參與者體系，不論組織團體是較為鬆散的議題網絡（issue networks）或是成員互動較為緊密、固定的政策社群，網絡成員集體行動經由彼此互動，建立互信、強調協商合作，以及交換資源與資訊的過程，建構一套內部「正式或非正式」、自我規範的遊戲規則。不論中央、區域或地方政府層級網絡，公、私部門協力，共同掌舵（co-steering）、協同管制（co-regulation）和協調合作，達成政策的共識與目標。網絡治理整合了協商過程中諸多相互依賴，但運作上自主的行動者，他們之間互動的基礎則建立彼此對於法規、規範的共同理解。這些行動者經常協調並做成政策決定，也具有一定程度的自我調控。政策網絡重視公民社會積極參與公共政策，並為公部門的互補角色，在分析單位上則不侷限於個人與組織層次，甚且擴展至較為寬廣的社會或國際層面，強調政府與非政府組織團體之間的平等對待關係。網絡關係不僅是一種靜態的形式而已，更值得注意的是其動態特性，包括合作互惠、資源分享、發揮專長、互利互惠等，網絡關係類似公共管理概念中，在組織內部營造的團隊建立，亦即組織成員在既有法定職責上，進一步建立彼此承諾與信賴感，從而形成個人與組織間的雙贏效益（蔡允棟 2006：171-172；呂育誠 2007；孫本初、鍾京佑 2006）。

然而，目前網絡治理的研究仍有不足之處，例如政府角色、民主課責，以及網絡與治理效率的因果關係等議題，各有不同程度的爭論。其次，有關政策網絡內涵的一體適用方面，也是研究問題上的一項盲點（蔡允棟 2006：169）治理網絡的精髓就是秉持不同價值的行為者之間的政治爭鬥。在治理網絡中主張的政策問題，其特質也就呈現在各方繁複的互動與交涉過程中產生的價值衝突，所以縱然創新的政策解決方式有其必要，但很難滿足所有行為者所喜好的差異。行為者經常因為他們的價值在與其他利害關係人價值的交易過程中被妥協而不滿，但治理網絡程序的內在特色和本質就是政治，

在不同價值的抗爭之中試圖找到解決方式。如果我們將政治界定為價值的權威性分配，那麼網絡程序中的政治特徵就很清楚了。不過，必須注意的是，這個權威性地分配程序不僅僅發生於民意代表機構，所有的政治機構包括市議會、縣市政府和政黨都被納入治理網絡的行動者。因此我們常聽到的抱怨，說網絡和利益團體是民主的威脅，這其實就意味著市民、媒體和學者們不再將政治視為顯見的權力核心。網絡程序的互動特質就是整合不同行為者的價值而找到新的解決方式，創意則是創造新解決途徑的必要條件。大部分的解決途徑一開始都是由許多行動者依據他們特定的價值訴求和主張所發展出來，但要讓治理網絡產生作用，就必須結合不同行動者的資訊和他們的資源，創造出新的、變革性的解決方式（Klijn 2010: 306-309）。

三、政府、市場與社會治理的結構

梳理上述公共行政、新公共管理到新公共治理的內涵轉變與脈絡發展不難發現，國家的整體治理結構所面對的，是在一個充滿複雜性、動態性及多元性的社會脈絡之下，如何透過科層體制、市場模式、社會網絡模式等，具體回應社會環境帶來的治理需求以及治理能力的要求，以及如何運用各種治理途徑，逐步達成理想的「治理」境界。相應於「公共行政」、「新公共管理」、「新公共治理」的三個階段性的典範轉變，孫本初、鍾京佑認為當代國家的治理可以架構在「政府治理」、「市場治理」以及「公民社會」（社會網絡治理）等三個層次上，[6] 分別摘述如下（2005：119、122-127）：

（一）　**政府的治理：**相應於傳統公共行政之科層體制模式，官僚體系憑藉著法規程序及層級節制的架構，建立了國家政府機關合法有效管理社會的形象。時間轉換至 1990 年代，世界各國所進行的政府再造運動，其思考模型亦是來自於官僚組織型態，也就是說從官僚型政府轉換為企業型政府。為了提升政府治理能力以因應民眾的需求，各國政府採取多項改革方案多較偏向企業組織的經營模式。所謂「新政府運動」，顯示了政府尋求官僚組織之外治理模式的意涵。這種治理典範活化了政府從事改革的思考模式，因此能夠繼政府之後成為目前學者解構公共政策的形成與執行的新模式。

（二）　**市場的治理**：相應於新公共管理之市場模式。傳統公共行政因應解決管理問題上的不足。自 1980 年代到 1990 年代之間學者對管理途徑之研究，呈現的文獻足為汗牛充棟，不同學者賦予不同名稱：「管理主義」、「新公共管理」、「市場導向的公共行政」、或「企業型政府」。其中「管理主義」和「新公共管理」經常被交換使用。公部門改革在全球化的推波助瀾之下，在全球掀起一股改革熱潮，已成為世界各國屢見的革新名詞，「再造」與「轉型」的概念被廣泛的使用。

（三）　**公民社會的治理**：相應於社會政治網絡模式。研究指出治理意指社會的操縱系統，這反映了社會權力「從國家轉移至社會」的趨勢，意味著對於國家與社會互動關係的重新檢視，以及強調政府與公民社會組織間共享權力的關係。國家、市場或公民社會，在處理社會議題時，在各自領域擔負任務和責任。其特徵乃排除政府對於公共議題與集體管制的責任，亦限制市場的公共責任，乃意味著公民社會介入治理的可能性。

6　相對於此，J. Kooiman 認為在結構的層次可以區分出三種治理的模式：科層式治理（hierarchical governance）、自我治理（self-governance）和共同治理（co-governance）。科層式的治理是一種透過政策、準則和規章由上而下的介入形式。領控和管制是主要的概念。韋伯所描述的理性的、官僚的或者科層式的國家模型至今依然存在。在科層治理中領控是一種政治性的表達，而管制則是行政性質。科層式治理從命令到規章調控的轉變顯示出目的與工具的變化，但治理的中心主體仍舊是國家。政府科層治理的重要發展，是在直接或間接引進市場思考或市場機制，使得治理從採購到授權的方向轉變，包括在公共服務的提供上引進了競爭，或者透過契約和評估來管制這些服務。授權的理念也連結了解除約束和創造誘因，藉此提供契機與解決方案。啟動國家體制的動能的關鍵，在於引進民間的力量來共同分擔責任與任務。國家整體的責任並沒有被拋棄，但卻為國家帶來嶄新、動態和變革的根本特質。自我治理指涉的是行動者在政府法令和視界的範圍外自我照顧自己。這意味著社會能動者具有自主治理自己的能力，而自我治理也就是社會能動者具備提供發展和維持他們自己認同的能力，因此展現了高度的社會政治自治。自我治理作為社會治理的模式與透過解除管制或私有化以減少公共干預的立場一致。共同治理的意思是運用互動式的組織形式來達成治理目的。在社會互動的過程中，行為者相互溝通、協力或合作，而看不見中心或者主導的治理行動者。共同治理的本質是社會行為者基於共同的目標彼此攜手合作，並且在過程中投注了他們個別的認同與自主性（Kooiman 2003: 97；2010: 83）。

同樣從政府、市場、社會三個面向探討，Rhodes（1996: 652-659；1997: 47-52；2000: 55-63）將治理區隔為最小化政府、公司治理、新公共管理、善治、國際相互依賴、社會操控系統治理、新政治經濟、自我組織網絡等用法。最小化政府、公司治理、新公共管理、新政治經濟等係從市場部門引用的處方；善治係從傳統公共行政的角度思考如何改革政府部門；社會操縱系統反映了「從國家轉移至社會」的趨勢，較側重社會面向的思考；國際間相互依賴意味著國家（或政府）在國際社會中互動的關係；自我組織的網絡強調在政策網絡上治理所擔負的角色，兩者似乎融合政府、市場與社會的觀點。歸納來說，治理模式為各領域所運用，產生互相學習、共同建構的作用，彼此之間似存在著理論的差異性，有必要建立基本的理論架構，作為理解公、私部門共同治理的參照（孫本初、鍾京佑 2005：113-115）。

國家、市場與公民社會之間的關係是相互依賴且相互滲透的。國家在解決特定問題或創造機會方面，具有強勢動員的行動力量和潛能；市場的強項在於配置其他機構所需要的各類社會資源的能力；而公民社會最強的行動潛能和資產，則在於社會蘊藏的知識與價值，也就是治理的形象條件。相互依賴與相互滲透代表著在治理的互動過程中，彼此交互運用這些資產與能力。這個依賴與滲透關係則將此三者間的關係導向新的結構性配置：國家與市場互動產生「新公共管理」；國家與公民社會的互動導向「政治社會」；而國家、市場與公民社會的互賴與滲透，則邁向永續社會（Kooiman 2003: 215-218）。

整體而言，在這三個體制中存在著特定的治理模式和主導關係。國家的主導關係是科層的，而市場與公民社會則是自我治理。市場相較於公民社會，則有較強的科層治理、較弱的共同治理關係。至於互動式的治理則可以界定為為了解決社會問題、創造社會機會的整體互動關係，包括引導這些互動過程和制度原則的形成與運用，以及藉此產生的管控力量（Kooiman 2010: 73, 227）。當然，社會、市場及政府的三種治理結構各有其特色，並有不完全相同的治理邏輯，三者治理的邏輯思維所呈現的是：政府模式 —— 科層體制功能的革新；市場模式 —— 新公共管理的應用；以及社會網絡模

式 —— 政策網絡的建構。「治理」的強調可算是一種典範變遷，其演進為：從國家由政府獨自承擔統治功能，轉向運用市場邏輯的公共管理，再至政府與社會的共同治理型態（孫本初、鍾京佑 2005：128）。

蔡允棟（2006：199）也認為，網絡、市場與官僚機制等三者皆是新治理模式中一種協調和分配資源有用的制度性工具。對於新治理架構的發展而言，任何一種制度機制各有其特殊的文化、功能與貢獻，也有其個別不足之處。不過，今日治理的問題顯然已非傳統中央政府控制或何種制度模式擁有絕對的優勢地位，而是如何針對不同的政策議題與環境，結合國際、中央與地方政府、不同的策略性制度工具以及社會公民團體，共赴事功。在現實的運作層面分析，政府在國家整體治理上可以選擇市場、科層體制以及網絡等「治理結構」。任何一種以威權形式分配資源或行使控制及協調的結構，不必然是意識形態信念的選擇，而是特定實務上的選擇，在什麼條件下哪一種結構的效應比較好。儘管近來情況有諸多變化，但無可否認，官僚體制至今仍是行政秩序和科層體制協調的主要方式。國家、市場和公民社會各自代表著社會特定的需求與能力，只要國家被期待在其他機制失靈的時候干預，那麼國家就會持續代表社會扮演著治理過程中最全面的角色（Rhode 1996: 653；Kooiman 2003: 167）。

▌▌▌ 文化與治理：文化研究、文化政策與文化治理

一、文化與治理論述：國家、市場及公民取徑

將「治理」援用至文化研究和文化政策研究的領域，相應於國家的政治、經濟與社會等三個面向的治理架構，麥奎根（McGuigan 1996, 2002）歸納出西方現代學術傳統中關於「國家」、「市場」與「公民溝通」等三支重要文化政策論述，而這三個取徑則主導著當前西方文化政策與文化治理的思想辯證，以下對三個取徑稍作闡述。

　　首先，從國家和文化政治（cultural politics）角度切入所理解的藝術文化政策思維，常著重於藝術文化資源的分配、權力爭奪、認同與歸屬的凝聚與國家意識型態的控制。從馬基維利（Machiavelli）《君王論》（*The Prince*）的權力、利益與制度中心的現實主義論述，到葛蘭西（A. Gramsci）的「文化主導權」[7]（cultural hegemony）概念，便析論統治階層為了延續其統治的合理性、合法性與正當性，常透過文化價值、規範、理念、信仰、感受與理解的操控，形塑主流文化秩序，藉由非暴力的方式贏得被統治的大眾自發性或自然的同意（spontaneous consent），展現社會生活和文化生活的支配、宰制權力，而使得主流文化的支配變得理所當然，降低其統治的成本與阻力（Gramsci 1971: 12；Gramsci 1990；Lears 1985: 568-569）。新葛蘭西學派仍然關切當代國家或官方文化機構由上而下的藝術文化介入，或將文化作為中介統治與被統治階層之間的社會關係所產生的當代文化主導權形式，但也開始關注社會團體、勞工和被統治階層的抵抗與對抗的關係（McGuigan 1996）。相應的，阿圖塞將國家軍隊、警察、法律等視為「壓制性國家機器」，而各種意識形態、宗教、道德、教育、藝術、文學（傳媒、教會、學校、工會）等組織視為統治階層為了掌控國家權力所操控的「意識形態國家機器」，都是國家介入文化的政治手段。國家意識型態的建構，塑造了個人的信念、價值和思想，或說是個人把意識型態內化為自己的信念、價值和思想。當個人依這些信念、價值與思想而行動時，卻未察覺到自己的觀念、思想其實是意識型態所建構的，而以為自己是自主的主體（Althusser 1971）。傅柯式的文化政策將文化領域的政府參與視為國家管理個人的統治術，在這個理解下，文化政策成為一種文化的政治領導權，透過教育、哲學、宗教、美學和藝術，使主流文化對其他社會群體異質文化的主導性變成常態且自然（Miller and Yudice 2002: 9）。特別是從傅柯（Michel Foucault）到班奈特

7　關於葛蘭西的「cultural hegemony」概念，國內學者多譯為「文化霸權」。作者認為在文化治理的過程中，為了更能表達其大眾自發性、自然同意的語意，以「文化主導權」的爭奪及權力行使表達此一進行式、動態性概念來翻譯，似乎比語意上接近完成式或靜態的「文化霸權」概念翻譯更為貼切，故本書以「文化主導權」譯之。

（Tony Bennett）一脈的文化與「統理性」（governmentality）、權力規訓與行政官僚技術理性所指涉或批判的「國家論述」，展現出西方對民族國家機器由上而下遂行威權式文化統治的批判或反思（本章主要處理統理性與現代國家的文化治理技術的論述取徑，而在第三、第五章再處理文化經濟與文化社會等論述取徑）。

其次是自亞當‧斯密（Smith 1776）《國富論》（*The Wealth of Nations*）以來，強調文化商品、服務的自由流通，國家降低對文化經濟市場干預的自由主義、新自由主義論述。這個論述的延續則包括歐洲法蘭克福學派如阿多諾集霍克海默（Adornoand Horkheimer 1993 [1944]）對於資本主義文化工業的批判；列斐弗爾（Lefebvre1988; 1997 [1947]）、德塞鐸（de Cetau 2002）等對資本主義宰制與常民日常生活的反抗；巴赫丁式嘉年華文化與 John Fisk 大眾流行文化娛樂形式，對於主流文化可能產生的反動（Thompson 2001: 601-603）；布迪厄的《象徵商品市場的脈絡》、場域與「文化資本」（cultural capital）（Bourdieu 1993a, 1993b），乃至哈維（Harvey 2001）的文化空間與文化地理學等文化經濟調節論述。當代則進一步延伸至文化企業經營管理與文化創意產業的創新體系等一脈所形構的資本主義、新文化經濟論述。1960-1970 年代世界經濟蕭條，藝文節慶活動與觀光在西方國家經濟的需求，以及政權為了維持其統治合理性、正當性的背景下崛起。1980 年代雷根主義與柴契爾主義的發揚，使得新自由主義市場論述主導國家的治理與發展，文化更進一步被捲進了市場經濟思維之中。加上英國的左翼媒體與文化研究學者對於菁英文化的普及化，與大眾流行文化的主流化論辯，逐漸改變了過往學界對文化工業與文化商業化的批判態度，進而趨向一種大眾文化商品生產與分配「民主化」的文化治理思維（Mulcahy 2006；Hesmondhalgh and Pratt 2005）。

而第三支重要的思想脈絡，則是承漢娜‧鄂蘭（Arendt 1958）、哈伯瑪斯（Habermas 1989 [1962]）的公共領域概念，理想言說情境的理性對話溝通行動，以及 T. H. Marshall（1950）、W. Kymlica（1995）、Turner（1995）、Stevenson（2003）、Mercer（2002）對少數及公民文化權利的主張，乃至於麥

奎根的文化公共領域論述。哈伯瑪斯、麥奎根指出批判知識分子（批判、反思理性）、官僚務實知識分子（工具理性）的區隔；強調個人與公民社會對於文化公共事務的積極參與及介入，透過媒體、第三部門文化民意的監督，對國家官僚體系與資本主義威權共構的節制與反抗，進而主張一種更為開放、多元、民主的文化治理模式，自戰後以來一直在國際間文化政策與治理論述的形構過程中佔領著主導位置（劉俊裕 2011）。當代文化研究霍爾對媒介訊息的文化編碼、解碼過程研究，文化的認同與價值生產，以及文化在現代社會中如何使社會管控、社會道德，以及社會行為的治理等議題，都重新回到公共政策辯論的核心位置。文化機構如何透過權力來形塑、調控以及治理文化的生活與實踐，成為中心的問題（Thompson 2001: 601-603）。

　　隨著全球化趨勢所引發的政治、經濟、社會與科技的變革，跨越國家疆界、部門、領域多面向的合作與競爭關係，人、物、資金、資訊、理念（包括藝術文化價值理念）的快速流動與網絡社會的崛起（Castells 1996），以及跨國組織、國家、區域、都市、地方多層次治理的「文化轉向」[8]，使得過往用來詮釋藝術文化資源的分配、管理，權力的支配以及法規制定的思維框架如「藝術管理」、「文化行政」，以及傳統國家由上而下的「藝文補貼政策」等，都顯得難以因應。新興的論述概念如「柔性權力」（或者文化軟實力）[9]、「文化公民權」、「創意經濟」、「藝術（文化）經濟」、「創意文化產業」、「社區總體營造」、「藝術文化介入社區」以及「藝術文化治理網絡」等等微型到鉅型

8　這裡主要是指藝術文化這個在政策領域，長期被忽視或視為邊陲的資源、變項，在當代國家、區域、都市和地方的政治、經濟、社會面治理網絡體系中，開始被賦予前所未有的核心角色及定位，而在地的歷史人文特色亦重新被發掘。

9　如同 Nye 所主張，在全球資訊的時代，當一個國家的文化價值越接近世界的主流價值或普世價值理念（例如自由主義、多元主義、自主性等），這個國家便能因為他國的仰慕及被吸引而獲得更大的柔性權力或國際影響力。而藝術文化作為一種柔性權力的資源，其實質形式與內涵則包括一個國家的語言、被翻譯的著作、學術著作被引用次數、諾貝爾獎及藝術文化獎項得獎人數、接受國際交流學生數量、對外文化機構的運作、藝術文化節慶的交流、創意文化產業（文化商品、創意、理念、時尚、潮流）、流行音樂、視聽媒體、電影、表演藝術、文化觀光人數、文化遺產、體育運動的表現等等（Nye 2004: 11, 76）。

的文化論述框架，則在產官學界如雨後春筍般地快速崛起。1990 年代到 2000 年代創意文化經濟、文化軟實力、文化權利與文化政策等概念，在都市與國家治理的論述中突然從邊陲一躍成為核心顯學，甚至變成都市和國家規劃者視為理所當然的一股風潮。

然而我們必須追問，到了 2010 甚至 2020 年代「文化治理」這個概念，究竟是否具有明確的意義與實質的內涵？答案幾乎是否定的。我認為一直到 2010 年代，文化政策、文化經濟、文化治理都還是一個不精準、不確切，甚至不受社會科學研究與政策實務規劃者重視的邊陲因素，或者頂多是一種跨域、拼湊式的理論概念。諸多對藝術文化經濟、產業與文化治理的論述，其實都僅止於一種回溯性的過程歸納、解釋，而沒有涉及文化治理本質性的內涵、意義與價值分析，更無法明確指出都市文化治理在形式上、結構上與意義上，未來究竟如何發展，如何成形，止於何處（劉俊裕 2013a），也因此更值得我們在東、西方的文化政策與治理理論上及實務上做更深入的論述和嫁接。

二、反思統理性與現代國家文化治理技術

接合文化與治理的論述，東、西方國家「統治」或「統理」的前現代到現代化過程，是理解當代「文化治理」的一個重要切入點。若我們將時間點倒敘到西方古典時期和中世紀歐洲，對比馬基維利《君王論》的現實主義統理主張和傅柯的「統理性」概念一脈論述，以及中國自周代、秦漢以來的文化帝國思想，以及明、清時期的「經濟」或「經世致用」等國家文化主導的治理傳統，著實提供了我們一個反思當前國家「文化治理」的理性內涵（本質）、心態與技術層面等的重要參照點。

研究西方的政權統治的本質或者「統理性」的 [10] 概念，傅柯指出從古典時期到中古世紀可以找到大量對君王諫言的著作史料，而這些論著充滿著對

---

10 關於傅柯的統理性（governmentality）這個概念，臺灣的學者將它翻譯為「統理性」或「治理性」。個人認為相較於當代以分權、開放、協力、共治為特色的「文化治理」，傅

於君王行為舉止、權力行使、贏得民心士氣的施政措施，乃至敬愛、服從上帝，並遵守上帝神聖的律法來對待城邦子民們的各種諫言（Foucault 1991: 87）。這與中國傳統的仁政、德治等文化帝國的治理思維相當接近，也就是一種以人文價值為核心引領政治、經濟、社會組織的統治模式；一種將文化理念瀰漫於大社會中，貫穿了各種領域，成為政治、經濟、社會的介面，以及內在意義生產和價值協商、調節、辯證的過程。然而，西方基督教會和中世紀的貴族統治，在現代化的過程中面臨著和明清時代中國同樣的困境，也就是欠缺精準而有效率的政府組織，以及國富兵強的治理邏輯和治理技術。傅柯認為《君王論》則變成了教導君王如何鞏固權力，守住他城邦領土的論著（Foucault 1991: 90）。

G. Russell 認為，對馬基維利而言，務實和不道德的行為不會影響靈魂的歸宿，他的靈魂是神聖的，而且在宣稱他自己屬世的德性時，已經找到了他的宿命。馬基維利就在這個倫理的世界裡，導引外交官和君主們的思維和行為。他關切的是，失去權力慾望的君主和國家，註定了要被周圍強勢而軍備強悍的國家所摧毀。在國與國之間文明與政治秩序崩解的狀態下，國家的領導人幾乎沒有擁抱道德和精神世界的空間，寧可不擇手段地統治，也不能淪於被其他國家所宰制（2005: 246）。馬基維利在 15 世紀晚期主張他現實且務實的國家統治術，提供君王們各種無情的外交策略，或者戰爭和帝國主義虛偽的合理性與正當性。在 15 世紀，歐洲的教會與君主國家分離，上帝和世俗的國度面臨衝擊。歐洲世界失去了共同的基督教精神得以有效地倡議人與人之間的合作，也沒有道德和神學的基礎，將政治道義規範於靈性世界的整體。過往神聖宗教精神為中心的世界，轉化成為法治的世界。而對於精神秩序的追求則被個人與制度利益的追求所取代，罔顧整體秩序的瓦解（Russell 2005: 231）。15、16 世紀歐洲國家所面對的治理形勢轉變與 18、19 世紀中國面對西方船堅砲利與國富兵強的困境相仿。

柯的統理性論述較接近馬基維利的國家「統治術」或「統治心態」，所以將之譯為「統理性」，用以區隔當代公共行政與新公共「治理」的概念。

　　從 16 世紀起，一系列代表「統治藝術」的政治學說紛紛興起，這些學說不再勸諫君主秉持道德式的治理。傅柯闡述說，所謂「統治的藝術」不再奠基於普世的典範或者哲學－道德理想的超越（世俗）式統治，而必須奠基在構成國家現實狀況的「理性原則」。因此在 18 世紀，治理國家代表的是運用經濟的工具，將整個國家設定成一個經濟規模，而對所有人民、財富和行為加以監視、控制。18 世紀的統治藝術轉換為一種政治科學，從被統治權力結構所主導的體制，轉換成為由統治技術所掌控的體制。這不但開啟了人口的主軸，也意味著政治經濟學的誕生。人口成為政府統治的終極目的，相對於政府的主權，人民的福利、生活條件、財富的增加、生命的延長乃至人民的健康等等成為統治的目的，而政府則必須透過各種方法和手段來滿足人民福利的需求（Foucault 1991: 87-101）。

　　傅柯（Foucault 1991: 102-103）總結說，我們活在一個「統理性」的時代。而所謂的「統理性」不只探討特定統治技術，更探討統治技術如何影響人民，從而使得人民得以受到其統治。具體而言，統理包括：（一）由制度、程序、分析與反省、計算與策略形成的整體，讓特殊而複雜的權力形式得以運作，而其對象為人口，主要知識形式為政治經濟學，而根本技術手段則是安全機構；（二）籠罩西方的長期穩定趨勢，乃是這種可稱為統理的權力形式，凌駕了其他形式（主權、規訓等）。這一方面導致一整套特殊統理機構的形成，另一方面則有整套複雜知識的發展；（三）藉由這個過程，中世紀的正義國家於 15 至 16 世紀間轉變為管理國家，逐漸被「統理化」（governmentalized）。就在 18、19 世紀馬基維利和他的跟隨者倡議現實主義的國家統治術的同時，中國仍延續著長久以來國家自我制約的理想式統治原則，儒家所謂的「仁政」或者「為政以德」統治思想（見本書緒論）。

　　傅柯從制度、機構、權力、知識體系和統治的角度提出國家統理性的概念，並由此析論藝術文化治理的意義與權力、政府統理與政策制度、知識形式與能動者等之間的複雜關係。統理性作為剖析當代國家文化治理技術的基礎，帶出了文化治理轉變的過程中所含的治理正當性、資源分配性、社會控制力等議題。傅柯指出了統理性除了泛指統治的藝術（art of government）

外，也是統治的政府（government）與其統理的理性基礎。他借用了佩禮哀（La Perriere）的觀點，強調治理（governance）的意義是「對事物的支配權」，治理是為了使得事物能夠方便管理。因此，統理性可以理解為「治理者使事物得以方便管理而發展出的一套統治技術，與其統治具備合理性的基本因素。不過傅柯所言的統理性則是更深一層地去看待治理技術與治理的理性基礎之間的關聯，意即統治者如何使自身的治理行為合理化。」（Foucault 1991: 102-103）

　　援用傅柯的統理性概念，我們可以從三個面向來分析當代國家的文化治理。首先是文化與政府的「**統理技術**」（governing technology），也就是允許政府得以行使權力對人民進行監控的各種機構、機制、策略、技術與程序。分析英國與日本的工業化過程，音雅恩的「文化工程」（cultural engineering）理論強調國家的治理技術（組織、機構、制度文化）具有關鍵的重要性，政權體制必須透過治理菁英對於資源的動員與文化價值的篩選程序，方能確實落實文化理念的政策實務作為（Inkster 2000: 51）。Thompson（2001: 601-603）指出，文化研究中傅柯效應的結果，就是更多涉及對文化政策與行政細節研究的轉向。班奈特延續傅柯的制度、機構與統理性論述脈絡，探討政府文化機構內部的反身性與能動性，使得文化研究轉而關注組織機構內部文化，以及文化的組織化過程中，內在的批判性，以及反身自我監控的特質。班奈特（Bennett 1998, 1999）主張將文化政策置入文化研究的範疇中思考。他強調在文化行政技術官僚組織與知識分子文化研究批判論述間，尋求文化價值理念與藝術文化行政體制（組織、法規、預算、資源分配）之間的反思性論述，而不再單純從抵抗、對抗、民粹的角度去探討藝術文化政治與治理。班奈特將文化政策中政府的目標、對象、技巧區分出來，確立了政策推展過程中「行政」執行技術的重要性。

　　從文化研究的取徑切入，奧斯本（Osborne 2006: 33-34）則點出，主流文化研究從左派大眾文化政治的研究逐漸對政策領域產生興趣是在 1980 年代晚期，而在 1990 年代後期加速，至今廣泛被接受。一直以來，作為一種理論方案（傅柯式的「物」與「統理性」定義），這似乎是文化研究對機構

和政治條件環境的一種合宜反應。這個「文化政策研究」作為對「文化研究」的反思路線，已經成為一種外顯的理論性與組織性的意圖和目標。「使用文化」或者文化的工具化被視為一種激進的反思，開啟我們對已經習以為常的文化想像、詮釋、協助、分配與執行方式的重新反省。「協助、分配與執行」文化，這所表達的行政精神與意涵已經再明顯不過了。[11]

傅柯式觀點主張任何知識分子希望有效的參與文化領域，都必須立足於「細節的政治學」，由此方能有力地說明政府如何透過計畫，在特定場域中組織和規範行為（Bennett 1998: 84）。因此，文化可以理解為由各種獨特的真理體制所生成的特定專業形式，這些真理體制預設了各種務實技術形式，而透過依附於這些技術形式的各類計畫，成為規範專業「行為的準則」（conduct of conduct）。文學批評專業依附於文學獨特的真理體制；另外有美術館與博物館策展人的獨特真理體制；社區藝術工作者的獨特真理體制；傳播和新聞記者的獨特真理體制；新聞審查與媒體規範的獨特真理體制。這些都是依附於特定有效形式的專業，並且透過鑲嵌於特定技術機構而轉化為特殊技術的形式（Bennett 1998: 110；Bennett 2007: 79）。

所謂「行為的準則」導引出當代國家文化治理研究的第二個分析層次，也就是文化和國家「**統理的理性**」（governing rationality）層次。迪恩（M. Dean）清楚地說明了國家的理性與形塑人民行為準則之間的關係：所謂的指揮（conduct）的意思就是領導、引導或者指導，同時意味著某種計算的形式達成這樣的指揮。統理衍生出各種試圖依據特定規範，或企圖達成各種目的，而形塑我們行為的準則。迪恩認為，統理或多或少都是一種經過計算的理性行動，由多重的權威和機構運用各類技術以及知識形式所進行，試圖透過不同行為者的慾望、期許、利益和信念來形塑行為，來達成明確但可轉變的目的，同時帶來相對難以預測的結果、效力與影響。而所謂的「理性

---

11 奧斯本進一步指出這種後哲學式的實用主義，不僅欠缺任何的後設理論基礎來反抗「文化作為資源」式的行政務實主義，甚至傾向實證性、理論性擁抱它。在這個層次上，文化政策研究可以說是實用主義對於文化研究政治學，未經過理論化過程即臆測自身具有立即實用性的一種報復（Osborne 2006: 43）。

的」所指涉的是藉由任何計算形式的理性來思索治理的嘗試。這種理性形塑
行為的企圖，隱含著統理研究的另一個特色，也就是它所涉及的道德問題。
也就是在統治的政策與實踐過程中，什麼構成了個人和集體好的、良善的、
適當的、負責任的行為；什麼構成了統治者的道德；統治者和被統治者如何
規範他們自己；而倫理與道德的概念如何奠定於自我治理的理念。在這個脈
絡下，理性意味著論理的方式，或者思考、計算的方式，並可能涉及理性所
依附的知識或專業機制（Dean 2010 [1999]: 1-19）。

統理性分析的第三個層次涉及我們透過什麼「**統理的心態**」（governing
mentality）來思考統治。相較於集體意識或集體思考方式的學說，統理心態
的概念相對保守。它強調的是統治實踐的外顯和內隱的語言，以及其他技術
層次的工具所涉及的思考方式，也就是一個人思考如何行使權威時所援用的
專業、語彙、理論、想法、哲學和其他可供使用的各種知識形式。然而，統
治的心態可能涵蓋「非理性」的成份：政治論述和語彙經常依賴著帶有強
烈情感共鳴的想像與神話。統理的分析學也就是研究我們如何透過組織性的
實踐被統治，亦即所謂的實踐的體制或者統理的體制。這些體制涉及真理與
知識生產的實踐，構成多重形式的務實、計數與計算的理性。這些實踐的體
制存在於統治心態所構成的境寓之中，但卻不被化約為境寓本身。在傅柯的
著作中，統理性象徵社會中一種嶄新的權力思考與行使形式的崛起（Dean
2010 [1999]: 24-25, 28）。

統理的分析學檢視實踐體制形成的外在條件，體制如何被維持，如何轉
變。實踐的體制是一種制度性的實踐，也就是我們在特定的地方和時間，如
何平常地、儀式性地做我們做的事。這些體制也涵蓋不同方式的制度性實踐
究竟是怎麼被思考，被形成知識的客體，以及怎麼被問題化？統理的分析試
圖指認體制興起的多重源頭和組成要素，透過什麼多樣的程序與關係組成相
對穩定的組織和制度性實踐形式。統理分析思索實踐體制具備的技術與科技
面向，分析哪些具有特色的技術、工具與機制促使實踐得以運作，藉此達成
他們的目標並產生廣泛的影響（Dean 2010 [1999]: 31）。統理的分析學強調
「如何」的問題，包括：[12]（一）統理的能見性；（二）獨特的思考與質問形

式；（三）特定的行為、介入與引導方式所構成特殊類別的務實理性（專業知識）仰賴哪些機制、技術與科技；以及（四）行為者、能動者、個人與集體自我認同及主體形成的特殊方式，透過哪些統理的運作、實踐與計畫等（Dean 2010[1999]: 33, 41-43）。

三、臺灣對當代文化治理的意義界定

文化和文化治理是否無法區分？文化與治理概念是否相互指涉？就文化和文化治理的關係而論，國內對於文化治理概念論述最多也最深刻的學者之一王志弘（2011a：209-210）認為，某個意義上確實是難以區分的。王志弘以文化的治理作用來界定文化，而非將所有人類行為都視為文化，因而文化被納入了治理的問題意識。簡化來說，文化（的作用）即文化治理，而文化治理即「名為文化」的事物，或者被「以文化之名」納入治理的場域。只是，王志弘雖然以在治理場域中的作用來界定文化，卻未反過來以文化來界定治理。在他的界定中，治理概念優先於文化概念；文化並非不在場，而是以捲入治理作用的方式現身。文化不等於治理，文化是日益重要的治理場域。不過關於如何的問題，無論是文化如何治理化，當前的文化治理如何透

---

12 更細緻的說明統理分析學，迪恩認為，有別於社會科學的是統理的分析學賦予這些實踐的體制一個真實的、縝密的，以及自我運作的邏輯，而避免將之簡化為一種存在的秩序、制度、結構或意識形態等。統理的分析學強調「如何」的問題：（一）統理的能見性，統理的體制如何被看見、被理解，特質如何被彰顯，陰影如何被掩蓋。（二）獨特的思考與質問形式，真理的生產依賴哪些特定的語彙和程序。也就是統理的技術面，統治權威的構成與行使是透過什麼手段、機制、程序、工具、策略、技術、科技和語彙？（三）特定的行為、介入與引導方式所構成特殊類別的務實理性（專業知識）仰賴哪些機制、技術與科技，思考、知識、專業、策略、計算方式或者實踐統治所運用的理性形式，形成哪些特殊的真理，這也就是統理的理性行為和知識論。（四）行為者、能動者、個人與集體自我認同及主體形成的特殊方式，透過哪些統理的運作、實踐與計畫，不同的統理實踐預設什麼樣的自我認同，希望尋求什麼樣的轉變？行使權威的統治者和被統治者被認為應當具備什麼能力、特質、行為導向和準則？期待什麼樣的作為？又有什麼權利和義務？這些能力與特質如何培養？如何被問題化、被改革？哪些個人和群體被視為良善和積極的公民等等（Dean 2010[1999]: 33, 41-43）。

過具體的物質性技術、程序和主體化實踐而浮現和運作，王志弘尚未有充足的探討。

王志弘（2003：123）認為，所謂文化治理不僅是指狹義文化事務的治理，即一般所謂的文化政策，也是指各種政治過程和資源分配裡的文化運用。文化治理是都市或國家不同意義協商、爭議和選擇性再現的戰場，也是位居不均等社會位置的各種市民主體形塑和發聲的場域。換言之，這涉及資源分配與社會控制的文化策略或目標，以及這些治理過程的象徵化、美學化和正當化，或謂「文化化」。我同意王志弘（2010）的觀點，若要主張「文化」是個分析性概念，則必須脫離文化作為「殘餘範疇」的地位；也就是說不能將文化視為無法由政治邏輯（國際體系、國家政策與行動、權力或支配關係等）或經濟邏輯（資本積累、生產關係、理性計算等）主導的社會分析之外所有殘餘項目的集合，只是「被解釋項」或無法解釋的「殘差」，而應該視文化為理解社會生活運作理路的關鍵層次，具有解釋效力。

廖世璋（2002）因此從國家政體的政治經濟的邏輯出發，將文化治理界定為「一個國家在特定的政治、經濟、社會時空條件下，基於國家的某種發展需求而建立發展目標，並以該目標形成國家發展計畫而對當時的文化發展進行〔直接、間接的〕干預，以達成國家原先所設定的發展目標。」國家政策計畫為國家治理的手段，而各個階段的文化政策計畫則反映了當時國家政體對於文化發展的目標與背後的企圖。就王志弘（2010）的觀點而言，文化的意涵可能發揮構成政治和經濟之調節與爭議場域的作用。治理是指公共事務之政治權力過程的跨域組織關係，以及中介這種權力過程和組織關係的技術、程序及知識（包括自我治理技術與知識）等。而「文化治理」可以界定為藉由文化以「遂行政治與經濟（及各種社會生活面向）之調節與爭議，以技術、物件、知識、論述、程序和行動為機制的場域；或者，一種制度化的機制、程序、技巧和過程，透過再現、象徵、表意作用而運作和爭論權力操作、資源分配，以及對世界和自我的認識 —— 在政治層面上，便可以更精簡的界定其性質或目標為：文化領導權的塑造過程和機制。」

　　若將文化視為一種瀰漫式的意義與價值追尋或者與政治、經濟、社會的互為主體過程，則我們必須進一步去剖析文化與政府、市場乃至於公民社會之間的互動關係。因此王志弘（2011a：208）試圖將原本侷限於政治領域（文化主導權）的文化治理擴大到包含文化經濟，並挪用調節學派的調節模式（mode of regulation）概念，主張當前的文化治理還涉及資本積累的文化調節或修補。這種定義確實深具政治經濟學色彩，但也納入傅柯式的關注。這一點也顯示於他將文化治理界定為「場域」，但分為主導的結構化力量、操作機制、主體化過程，以及文化抵抗等分析面向，後三者其實有傅柯的影子。他的用意是藉此具體化調節模式的結構性分析，納入技術、程序和知識／權力、主體化的討論。

　　王俐容（2005）也觀察到，近年來臺灣文化政策的論述呼應了西方的經驗，從傳統文化走向文化經濟的趨勢，而文化政策涵蓋的專業領域也從傳統高級藝術的鑑賞或教育公民意義，轉向文化區域發展與創意產業等議題。然而，文化經濟表面上雖然成為當前官方文化治理的主要目標，但文化治理的文化領導權或意識型態層面並未消失，持續的經濟成長本身就被視為政治穩定的根基，而文化經濟也像觀光旅遊、高科技產業網路企業一樣被賦予「進步」意象而更具正當性（王志弘 2011：12-13）。政治與經濟的面向本來就難以截然劃分，而文化治理的基本邏輯與其說是從意識形態控制轉向了以文化調節為主，不如說是在特定歷史條件下產生了不同的文化治理模式，而這些不同文化治理模式都有其政治和經濟向度（王志弘 2010）。

　　綜合上述文化與政治、經濟、社會的互動關係，以及文化治理的論述，個人（Liu 2013）提出從三個層次、六個面向析論文化治理的可能性（參考圖1-6）：（一）文化治理作為「體制對公眾文化的規制」：這包含文化公共事務的行政、管理與法規規範（狹義的文化政策），或者國家透過文化機構、媒介和公共論壇對於大眾行為態度與舉止的文明化過程（由上而下的文化治理）。（二）文化治理作為「統治者與被統治者的自我規制和自我省思」：文化治理代表政策制定者以及一般公民在行為、倫理與道德上自我規訓、自我審查與自我迎合統治規則的可能性（由內而外的治理 inside-out）。

當然，相對於葛蘭西的「文化主導權」（hegemony）概念，文化治理也開啟了公民自我反思、自主治理與自我意識提升的概念基礎，達成實質的文化「自理」（由下而上治理）。（三）文化治理作為「以文化來治理」：這代表政府不但將文化作為一種修辭或手段，也作為一種治理的目的。文化價值、理念在符號化、象徵化溝通的過程中，被置於所有政治、經濟與社會政策辯論的核心，作為國家治理的普遍原則（廣義的文化治理）。同時，在恪守社會內在文化價值的原則下，國家文化機構與制度都框架在一個特定的文化境寓中，因此顯示出一種特殊的文化管理和治理方式（由外而內的治理）。

四、文化治理的場域與思維邏輯 [13]

分析「文化治理」的實務運作，個人認為在現實上文化始終是與政治、經濟治理相互糾纏的。文化政治、文化經濟與文化社會等思維在當代治理論述中崛起，其核心緣由並不是政治人、經濟人真切地希望以文化人、藝術人或文化藝術的價值理念作為治理的主體論述，而是都市、國家政權為了維持其統治的合理性、正當性，所衍生出的一種文化策略性手段或工具（劉俊裕 2013a）。因此，我們必須更謹慎剖析當代文化治理的場域與思維邏輯，以及文化治理內在邏輯的階段性轉變。就此，布迪厄的「場域」（field）概念提供我們一個有用的切入點。從關係（如粒子、磁場般的吸引力、排斥例）的角度思考場域的概念，布迪厄將「場域」定義為一個各種位置之間存在的客觀關係網絡，或一個構型。正是這些位置存在和他們強加於佔據特定位置行動者或機構之上的決定性因素中，這些位置得到了客觀的界定，其根據是這些位置在不同類型的權力（或資本）—— 佔有這些權力就意味著把持這一場域中利害攸關的專門利潤的得益權 —— 之分配結構中實際的和潛在的位置，以及他們與其他位置間的客觀關係（支配關係、屈從關係、結構上的應對關係等等）。在高度分化的社會裡，社會世界是由大量具有相對自主性的社會

---

13 本章「四、文化治理的場域與思維邏輯」係改寫自作者 2013 年專書篇章：劉俊裕。
  2013。〈全球在地文化：都市文化治理與文化策略的形構〉。收錄於劉俊裕，《全球都市文
  化治理與文化策略：藝文節慶、賽事活動與都市文化形象》，頁 8-12。新北市：巨流。

小世界構成的，每一個子場域都具有自身的邏輯、規則和常規，但沒有固定的組成部分與要素。這些小世界就是具有自身邏輯和必然性的客觀關係空間，藝術、宗教或經濟場域都遵循著他們各自持有的邏輯：藝術場域正是透過拒絕或否定物質利益的法則而構成的 [14]（布迪厄、華康德 2009：158）。

如果我們延伸布迪厄的論點，將「文化治理」視為一個由不同文化藝術與政治、經濟能動者之間互動所構成的動態關係場域，進一步細究能動者可能的「理性思考模式」，則在這個文化治理的場域中，至少可以疏理出六組能動者必須考量的內在思維邏輯和關係變項（參閱圖 1-4：文化治理的場域與思維邏輯），包括：A.「原初認同」：這個面向包括能動者的身體、血緣、膚色、族裔、土地、山川地景、地理空間等思維變項；B.「權力角力」：這個面向包括能動者的組織、官僚、菁英、專業、制度、法規、程序等力量動員思維變項；C.「利益競逐」：這個面向包括能動者的資本、資產、資源、利潤計算、個人意志、自由市場等思維變項；D.「公共溝通」：這個面向包括能動者的公共參與、公共意志、媒體溝通、權利爭取、社會運動、反抗、網絡等思維變項；E.「批判反思」：這個面向包括能動者的價值、理念、道德、藝術、美學、規範、自我反省等思維變項；F.「日常生活」：這個面向包括能動者的日常生活方式、實踐、斷裂、鬆散、簡單、情慾、感受、自然等思維變項。而這六個面向內在思維邏輯和關係變項的交互滲透與轉化，則構成了能動者的「本質理性」、「工具理性」、「溝通理性」與「人文理性」等

---

14 布迪厄進一步指出，從場域角度分析涉及三個不可少並內在關連的環節。首先，必須分析與權力場域相對的場域位置（藝術家和作家、知識分子都是「支配階級中的被支配集團」）。其次必須勾劃出行動者或機構所佔據的位置之間的客觀關係結構（因為在這個場域中佔據位置的行動者或機構為了控制這一個場域特有的合法形式之威權，相互競爭，從而形成了種種的關係）。第三則必須分析行動者（藝術家、知識分子）的慣習，亦即千差萬別的性情傾向系統（慣習這個概念最主要確立一種立場或科學慣習，即一種明確地建構和理解具有其特定邏輯的實踐活動的方法）深刻存在性情傾向系統中，作為一種技藝存在的生成性能力，特別是從實踐意義上來說，是一種創造性技藝。行動者透過將一定類型的社會條件和經濟條件予以內在化的方式，獲得這些性情傾向。只有當行動者有意識地自覺把握了自身性情傾向的關係，行動者才能獲得某種「主體」之類的位置。借助自覺意識，行動者可以透過反覆思量讓他們的性情傾向產生作用或加以壓制。實踐活動是合乎情理的，是來自與場域固有趨向相應的慣習（布迪厄、華康德 2009：168）。

四個理性象限。政治、經濟、社會和藝術文化的能動者則在這個文化治理場域之中，依據其內在的慣習、性情秉性或傾向，以及不同的思維邏輯模式，策略地計算並決定其活動實踐（劉俊裕 2011a、2013a）。

不同文化思維衍伸而出各種範疇寬廣而相互交疊的文化政策意涵，確實影響了文化治理、文化政策的論述內涵和它們之間的交互運作關係。當代文化治理論述得透過「本質理性」、「工具理性」、「溝通理性」與「人文理性」四種不同的思維模式來理解。[15] 在現代主義的傳統下，文化統治論述所隱含的就是一種偏向「本質理性」的思維模式（圖1-4：象限一，常識、同理／權力、資本＋），一種結合行為者種族、血緣、土地、地理空間等原初認同和官僚組織權力爭鬥的文化統理思維。隨著現代性、理性化論述在專殊化的社會體系中生根，經濟的成長以及國家組織的成功，更使經濟與官僚行政管理的現代性思維標準，深深地滲透到人們日常生活經驗之中。民眾的生活世界逐漸被現代化工具理性的官僚體系所宰制，同時也干擾了人們思索生活意義與價值的溝通理性基礎。文化治理的行為者於是以「目的－手段」、「權力－利益」取向的「工具理性」思維模式（圖1-4：象限二，權力、資本／專業、組織＋），透過權力角逐與利益的競逐取代了以人性的價值與意義為核心的批判思考。

---

15 Kooiman（2003: 174-175, 177）則以情境理性來整合哈伯瑪斯的溝通理性和 H. A. Simon 的有限理性，並運用於治理判斷上。溝通理性的特質是社會行為者透過互動和溝通的手段試圖界定共同的現實，而要達成這個目的的四個條件是：行為者所說的內容可以被理解，它是真的，表達上是正確的，而且是說話者基於真實感受的表達。相對於充分理性決定的理論，將所有限制歸咎於情境脈絡而非行動者本身，Simon 認為行為者本身具有嚴重的偏限性，特別是在認知層次上，因此導致他們只能在有限的理性下行為。理性的行動者經常妥協滿足，而非最佳化或者極大化。面對利益他們期待可接受的成本，簡化的計算，以及日常生活化的資訊搜尋。有限理性的行為者在限制中尋求理性，而妥協的行為是理性的，因為它是為了達成特定目標所回應的有限手段。有限理性的行為者克服限制的方式，是透過程序的制訂和遵循操作準則來達到令人滿意的結果。將有限理性行為者模式作為治理的規範性模範是基於兩個認知：（一）世界太過複雜、動態且多樣難以完全理解，因此在分析圓滿的結果時，其範疇上應當有所限縮。（二）必須運用工具、技術和準備來延伸行為者的認知限制。而治理的模式通常透過回應的原則來衡量：回應有多少、可以有多少，以及對治理能有什麼貢獻等。

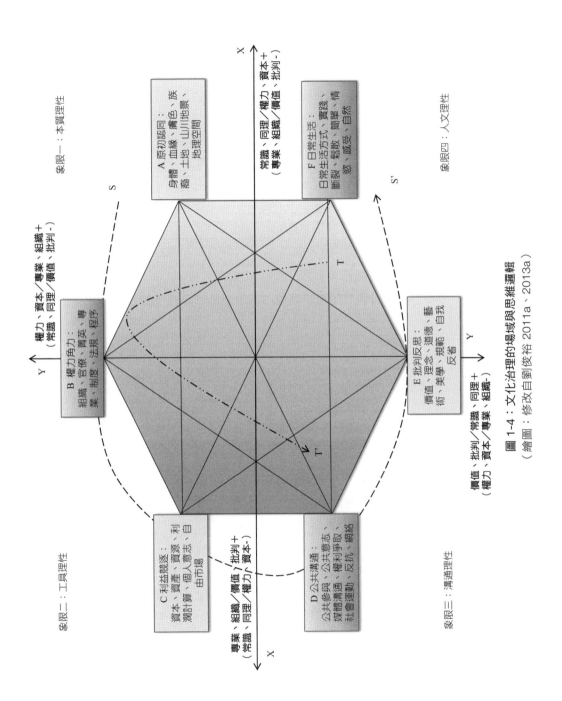

圖 1-4：文化治理的場域與思維邏輯
（繪圖：修改自劉俊裕 2011a、2013a）

·

　　文化治理除了文化的工具性論述，強調文化與國家社會的策略性、功能性銜接之外，仍不能忽略文化的批判性溝通論述，以及人文、價值性論述等本質面向。哈伯瑪斯主張儘管現代化和理性化過程產生了貶抑人文價值的瑕疵，但公共領域的治理終須回到公民社會的「理性」辯論，民眾對生活世界公共議題的批判性溝通，以及常民生活與專家專業的互動基礎。文化治理與公共領域不能就此向權力角力、官僚體系的專業分殊與資本擁有者的利益競逐投降。面對專殊化的社會，只有透過批判知識分子、媒介、社會運動與第三部門凝聚公眾意志，產生批判理性思維，方能防衛、延伸溝通理性思維邏輯，促進公眾對於生活世界的相互理解，抗拒國家體系所統理、規訓的威權式公共領域，此即所謂「溝通理性」（圖 1-4：象限三，專業、組織／價值、批判＋）（Habermas 1981, 1989；Thompson 2001）。而德瑟鐸（de Certeau 2002）則指出縱然面對國家權力鋪天蓋地的掌控，民眾透過日常生活的消費、閱讀、行走、居住、烹飪等文化實踐，其實都在對權力結構體系的規訓力量進行各種可能方式的顛覆、逃脫，以及對既定規則的轉化和重新詮釋。延伸 R. Williams（2002 [1958]）的文化生活方式論述，若文化是日常生活的點滴累積，則它應當回到簡單的、平常的（culture is ordinary）、單純的、自然的本質。每個社會都有自己的形貌、目的、意義與方向，而文化代表的是一個共同的意義，一個群體的整體產物，文化同時也賦予個人意義。人與人之間的生活世界應當有共同的意義與價值生產基礎，以及理解彼此共通的情感、感受和心境的「人文理性」（圖 1-4：象限四，價值、批判／常識、同理＋）（劉俊裕 2011a）。

　　在這個場域思維邏輯的脈絡下，文化「統治」（或「統理」）與「治理」概念的差異，即是一種治理者內在思維邏輯與「統理」－「心態」（govern-mentality）的變化與轉換。我們同意王志弘的觀點：文化治理是企圖結合治理和統理性這兩種概念，一方面注重治理不侷限於政府機構的性質，以及治理組織網絡化的複雜狀態；另一方面，必須關注文化治理乃是權力規制、統治機構和知識形式（及其再現模式）的複雜叢結。文化治理概念的根本意涵，在於視其為文化政治場域，亦即透過再現、象徵、表意作用而運作和爭

論的權力操作、資源分配,以及認識世界與自我認識的制度性機制(王志弘 2003)。只是,這樣界定的文化治理思維,仍過度環繞在治理過程的權力、資源、組織、運作的角力與競逐等邏輯變項,並且容易處於一種由上而下的操控與由下而上的對抗脈絡中,而難以賦予當代文化治理思維意涵上,以及治理實質形式上典範轉移的理想性。對此,公共政策領域的「網絡治理」概念,以及文化研究領域的「自我批判、反思和互為主體性」,以及對個人內在感知、情境的重視等論述,或許可以予以當代「文化治理」一種創新的可能性。

　　相對於布迪厄的「場域」概念,公共政策研究領域中的「網絡治理」或「治理網絡」概念,是另一個有助於我們理解文化治理的重要取徑。布迪厄曾明確指出場域與網絡概念的差異:「場域」的結構與那些多少有些持久不變的「網絡」是不同的。一個場域的結構可以被視為一個不同位置之間的客觀關係空間,這些位置是根據他們在競奪各種權力或資本的分配中所處的地位決定的。正是這種結構決定了是否有可能在場域中發現那些體現,並維繫網絡存在的各種聯繫創建過程。科學的任務就在揭示各種資本的分配結構,而這些結構透過它們所限定的利益和性情傾向決定了個人或集體所採取的立場。在網絡分析中,這些基本結構的研究始終讓位於對各種行動者或機構之間(資訊、資源、服務等)「流」的分析,網絡正是透過流的分析可見的(布迪厄、華康德 2009:181)。然而,當代公共政策「網絡治理」[16]的分

---

16 當代網絡分析與資源依賴的觀點反映在治理的關係內容與形式上,也發展出相對的架構。網絡關係結構將每一個行為者(actors)、能動者或是組成要素視為一個節點(node)或位置(position),強調網絡便是由這些不同層次的行動者所共同組成的關係結構。其次,在此關係結構中,節點間彼此有自己的立場與資源,與網絡中的其他行動者相互牽動且依賴;且在這個網絡中,節點間的連結並不是呈現出對稱的狀態,相反的,會因為本身資源的多寡對其他行動者產生依賴或競爭關係。再者,從資源依賴的觀點來看,擁有較多資源的節點勢必位於整個網絡架構的核心位置,相對的,資源少者則位於網絡的邊陲位置甚至是被排擠出網絡架構之外,這在網絡分析的方法中可透過測量中心性與中介程度來反映位置的優勢。第四,在網絡架構中,既使是核心節點也是有賴於其他相關節點的協助,因而在網絡架構裡,非常有可能呈現出多元核心的狀態,也就是政策網絡並非僅有一個單位具有獨大的資源與影響力(史美強、王光旭 2008)。

權、參與、多元、合夥、協力、合作互惠，以及網絡化自我組織、調節等概念，卻可能是改變都市文化治理場域權力爭鬥與利益競逐思維，而在能動者的關係網絡中注入相互合作，內在自我調控、省思，以及外在開放與監督機制的重要關鍵。

更進一步的闡述，公共行政「治理」概念的變革，結合文化的跨域、跨界、交流、互動、混雜等思維邏輯，形塑了關於都市文化治理的若干特殊意義。班奈特（Bennett 1998: 110）認為，治理的新穎之處在於，它延續了統理性的目的，但卻讓人民遂行自我治理或調控融合了前述文化統理、新自由主義文化經濟與公民溝通批判論述，「文化治理網絡」所意味的，不是行政官僚體制對於常民生活文化主導權式的滲透、統治與規訓，或者政府單純地對於文化藝術資源更有效率的行政、分配與管理。它的殊異性在於強調一般民眾或公民對於治理過程的多方參與，而促成治理體系的自我約束、調節與規範（Bennett 2007）。不過班奈特這樣的說法也引發了班恩（Bang 2004: 163）對於文化治理與文化主導權，以及對個體自我治理、自我調控的深刻省思與辯證，進一步提出文化治理可能作為政權體制與社群連結的統理性分析學的疑慮。

班恩指出，為了面對愈趨複雜的情勢，當代的政治威權體制越來越強化自身的溝通與互動功能，透過機構內部的變革向文化開放，進而將個體自我反身的政治特質與能力與威權體制聯繫，同時試圖轉化個體的行為，或者讓個體自我轉化。班恩將這樣的發展稱為「文化治理」，它代表一種新形式的由上而下的控管，但這既不是科層的也不是官僚的，而是透過賦權與自我規訓。他宣稱自己是各種形式的聯合統理或者網絡治理，並且主張自己是真實

M. Emirbayer 與 J. Goodwin 的研究中則透過兩層面的概念詮釋社會及政治結構網絡的功能，以及這些功能如何束縛或促進多元個體及集體行動的產生。「關係性」的分析概念著重於分析對象之間網絡關係的具體測量指標，諸如密度、集中性及社會聚合網絡指標直接操作與概念化行動者彼此之間所存在直接與間接的社會關聯性。另外，「位置性」的分析概念則強調網絡結構中結構均衡的重要性（Emirbayer and Goodwin 1994；馬財專、余珮瑩 2009）。

的民主與對話。文化治理因此對民主構成了可怕的挑戰和威脅，因為它試圖透過更自發的、平常的、難以察覺的政治社群組織，以及成功、效力和影響力等系統邏輯，對整個公共理性、日常生活政治參與，乃至審議式民主等自由的實踐加以殖民（Bang 2004:157-158）。

迪恩也呼應，透過新的由上而下的領導和管理，跨越公部門、私部門和第三部門界線的賦權與合夥形式，形成了設計、協助及和緩的自我治理或共同治理程序，間接地管制社會（Dean 1999）。這個新的統治方式包含了福利國家的充權與自我規訓，以及經濟、政治與社會權利的新見解。它建議市民和公民社會藉由新的合夥形式，擴展社會的自由，並以此來取代解放的抗爭，形成了一種新型態的由上而下領導與管理模式。文化治理的行政者發明了一種新的，更具連結性、溝通性與合作式的政治威權，在理性決定的發聲與施政上，約束更多的公民權利和自願團體。在政治決定和行動的監督、指導、協助、涵蓋、主持與規訓等新式審議論壇，以及直接的系統式政治發聲、計畫及組織等公共參與空間的操作層面上，他們成為新的治理者。如今，由上而下的控管從霍布斯式的科層和韋伯式的官僚體制轉化為層級殊異和溝通的形式，福利國家不再像過往一樣權力集中，它體認到國家的領導和管理，無法單純透過威脅、命令、法律、程序或合法性的訴求來治理。福利國家必須證明自己能夠應付並面對自己所塑造出來的急迫感，以及在社會中營造自己得以有效產出結果的共同想像（Bang 2004: 158-161）。

在全球在地化的世界中，領導者必須策略性地運用倫理—政治溝通，聯合更多市民社會和公民的力量，才能避免注定失敗的治理方式，在反身現代性的組織模式中，只有分權和多元能夠應付越來越複雜、動態和多樣的社會。文化治理試圖顛覆整個公共民主與政治社群，它賦予媒體與自願性團體協助政治社群中的常民百姓，創造嶄新而關鍵的政治和政策形象，塑造並闡述新的公共價值與規範，成立協會並實驗新樣式政治參與的現代任務和角色。在文化治理中，媒體和非政府組織成為策略性、行政性地形塑政治威權，理性治理政治社群自發、自主溝通等自由流動的新機構。也因此危害傳統政治機構科層威權體制，以及常民透過各種方式擺脫政治威權體制，獨立

實踐其自由的日常生活政治的分野，文化治理成為民主政府和治理理論和實務層次上的可怕挑戰。所以班恩主張，政治與行政研究必須跳脫政府與國家的概念，才能傾聽、學習人民在生活世界中訴說的各種故事，在反身現代性的世界中參與政治和自我治理，使社會的行為者得以脫離結構的制約而更加自由（Bang 2004: 158, 165, 186-187）。

五、文化治理的價值典範轉移

我們到底應當如何思考當代「文化治理」呢？究竟文化治理只是現代國家機器第三階段文化主導權（重回新型態意識型態國家機器）的重演與獨裁者的進化？或者文化治理的論述真的可能引發當代國家治理的內在價值典範轉移？從布迪厄的場域關係概念所延伸的文化治理思維，雖有助於理解場域中能動者之間權力關係與資本分配網絡的結構創建過程，但由於過度環繞在權力、資源、組織運作的角力與競逐，使得都市文化治理容易處於一種由上而下的操控與由下而上的對抗脈絡中。場域的思維同時抹煞了藝術人作為行為者意欲超脫世俗權力、資本爭奪，並拒絕以利益分配為日常生活思維基調的理想性與可欲性，也因此限制了治理形式與實質意義上的典範轉移。網絡治理的脈絡雖然較少觸及場域中不同能動者的客觀位置關係，以及能動者內在價值與信念（邏輯、規則與慣習）形成的社會生產條件，但其分權以及自我組織的理念，卻可能是調節都市文化治理場域權力爭鬥與利益競逐思維，而植入內在自我調控（self-regulating）、省思制度，以及外在開放與監督機制的重要關鍵。不過如班恩所指陳，網絡治理仍存在著新型態的文化主導權以及公民社會自我審查、自我調控以符應國家秩序的疑慮。

筆者認為，上述二種取徑的文化治理概念仍欠缺的是文化研究的兩個核心精神。首先是一種以藝術、文化內涵為核心的本質性論述，以藝術、人文價值理性為治理中心的理想論述，此亦即霍爾（Hall 1997: 228）所主張，從文化的治理（governance of culture）轉變為透過文化來治理（govern by culture）：將文化置於治理的中心位置，設定一套文化意義、價值的思維標準來衡量治理的機會與限制。文化治理意味著將文化置於治理的核心。霍爾

指出，現代晚期社會中特別值得關注的現象是，文化在社會規範、道德與社會行為治理等議題中所處的核心位置。為什麼我們應該關切文化領域的管制，為什麼文化問題逐漸成為公共政策辯論的核心？這個問題的關鍵則是文化與權力的關係。文化變得越核心，越重要，意味著形塑、管制和統治它的力量也越發重要。任何具有能力影響文化形貌，控制或決定文化機構運作方式與管制文化實踐的事物，就能行使特定的權力對文化生活產生影響。

其次則是霍爾所主張，一種文化研究不斷自我批判、反思的動態開放性與互為主體性論述，以及一種尋求文化與政治、經濟、社會治理體制之間相容性的溝通論述，和由此所衍生出一種「永遠無法解除的內在衝突與張力」，以及種種變革的驅動力（Hall 1996: 106）。每個個人對介入其日常生活點滴的治理體制（或系統世界）所產生的矛盾、焦慮、不安、不滿，或者彼此感同身受而引發的內在共鳴等心境，更是引導個人透過文化公共領域對文化治理體制進行理性反抗或接納支持的核心趨力。將此精神與治理結合，而若政府文化部門的自我省思與調節（如引進學術界的諮詢意見）係奠基於政府部門「片面的善意」（因為政府部門有權決定在什麼情境下、找什麼立場的學者、採納或不採納任何學界、外部諮詢意見），則建立獨立第三部門（學界或非營利機構）的監督機制，以及媒體與文化輿論的力量，公開透明地審查文化部門的政策措施，甚至使其成為法定政策程序的一環，則是一種開放外部治理的補償機制。這個第三部門的監督與文化公共領域的文化輿論力量，正是不斷敦促文化官僚體系改變、改進，使都市規劃者的政策作為更貼近藝術文化團體核心價值理念和民眾日常生活不可或缺的外部力量。

J. Valentine 更指出，文化治理放棄了建構一個上位的文化代表體制，轉而強調不同文化的特殊情境，以及文化的內在動能與多樣形式等等有助於治理運作的基本條件，致力於發展各種實踐與介入的形式。儘管公民自我調節、社會和諧、民主課責、社群互動與經濟成長雖然經常是相互矛盾的目標，但這些文化價值卻不再被視為是公共治理的內在缺陷，而是一個決策體制將社會、文化元素融入政治磨坊，遂行善治不可或缺的重要動力，也是將社會和文化力量導入政治磨坊的內在展現。透過後現代文化去威權式的統治

模式，文化治理網絡一方面解除單一政策方向的主導中心，形成特殊的網絡決策體制，進而取代傳統由上而下的權力統治結構。另一方面，在分權、多元的互動、交流連結體系中，則尋求一種自主、反思、批判且開放的治理機制（Valentine 2002: 5-9、53）。

　　當代的國家與都市文化治理不再是單純的藝術文化資源、權力的分配與管理，文化機構對藝術文化法規的制定，以及治理者由上而下地對常民進行藝術文化理念的灌輸與規訓。一個國家與都市的規劃者必須思考如何以藝術、文化思維邏輯為核心，以柔性化與彈性化的治理策略和一種更能感動常民心境的「治理心態」遂行治理。文化治理強調政治、經濟、社會與藝文等多面向的活動，都在開放的網絡結構中相互滲透，經由不同政治、經濟、藝文社群不同層次意義、價值、情感的對話、交流過程，整合為一個平等多元的治理連結機制與相互交織的日常生活世界。這也使得藝術文化治理的網絡更能涵蓋麥奎根所提出的「文化公共領域」（cultural public sphere）——也就是在 Habermas 的「公共領域」和「溝通理性」之外，注入常民情感、美學和感動等人文的元素，讓悲哀、傷慟、喜悅、歡愉等常民共同情感經驗（McGuigan 2010: 15-16），以及對藝術美感價值的共鳴，得以透過常民文化論述與人文理性的公共溝通模式，匯入都市文化治理的空間（詳見本書第五章）。在形式和意義上，文化治理網絡的概念使得不同理性思維邏輯的能動者之間產生相互對話的可能性，也使得治理趨向多元、多樣、多層次、多中心的運作模式，和分權、參與、合夥、共治而開放的多面向關係連結場域。文化治理應當尋求一種互為主體的「文化邏輯」（cultural logics），一種具有開放性、批判性與內在反思性特質的自我調節機制，同時是一種能將政治、經濟的「工具理性」思維，與藝術美感、人文價值、理念、道德、情慾、感受、人倫關懷與簡單生活等「人文理性」思維相互融攝，納入治理體制的深層論述（劉俊裕 2008、2011a）。

　　文化治理既然並非自外於政治、經濟、社會的體系發展，而侷限於藝術、文學、展演、有形無形文化資產保存、美學情操場域的公共性，那麼我們更需要將藝術、美學與文化的內在價值與政治、經濟與社會體制與實踐

相互接合。若藝術的核心價值是「生命的感動」、「日常生活的平淡實踐」、「美感的共鳴」與「藝術的世俗超脫」，那麼政府藝術、文化部門應當在文化和政治、經濟之間找到藝術文化的主體性，以及藝術文化價值與政治、經濟產值之間的相容位置。然而，這不意味著文化因此（至少在邏輯上應然的成次）只能成為政治、經濟、社會治理的工具、策略與功能性論述，而是將文化視為一個政治、經濟行為、策略與措施的價值詮釋、意義賦予與內在邏輯思維的理性論述對話領域或空間。

其實，藝術文化與政治、經濟體制間存在著微妙而複雜的互動關係。班恩引用伊斯頓（D. Easton）的說法，認為政治體制指涉的是一組規制各方期待的寬廣機體，在這個機體的範疇限制中，無論這些期待是如何，以及從何被表達，政治行為對各方期待的回應具有其權威性。而政治體制涵蓋了價值（目標與原則）、規範和權威的結構。價值作為一種寬廣的範疇，在此範疇下政治社群將價值視為日常生活政策理所當然的指導原則，而不牴觸社群深層的感受。規範明定在處理與執行各方需求時所期待或被接受的程序。而權威的結構則指定了威權體制權力分配與組織的決策過程中，各種正式與非正式的執行型態。一個特定的政治體制在任何時間點，都是在社會變遷與既有規範和實踐的限制下，努力去迎合新目標、規則或者結構壓力的產物（Easton 1965: 193-4, cited from Bang 2004: 163）。

在藝術文化治理場域和網絡中，文化價值、理念經常必須藉由政治權力、法規與制度的運作，以及文化經濟與消費的支持方能獲得維持；而藝術文化則滲入政策制定者的思想方式，使決策者處於一定的藝術文化價值氛圍，因而在制訂政治、經貿政策的過程中，經常必須進行文化價值、情感與理念的辯論，而非單純的政治權力與經濟利益的考量，也因此構成了所謂文化、政治、經濟相互連結體制。這種對話式或互為主體式的治理網絡之意義，在於其取代了傳統政治或經濟決定論，或藝術、文化的工具論，而將理論爭議的焦點由原來的藝術文化與政治經濟間之緊張與對立關係，轉移至彼此間交互影響的途徑與相互連結的可能性探討。對於藝術文化治理的網絡而言，這意味著政治、經濟、社會與藝文等等多面向的活動，都在開放的網絡

結構中相互滲透，並且無限地擴展，經由不同社群不同層次意義、價值、情感的對話過程，政治、經濟、社會等等面向整合為一個相互影響的多元連結機制，而藝術文化目標則成為治理通盤性、周延性考量的內涵（Liu 2008；劉俊裕 2011a）。

　　從後設治理的互動式觀點切入，治理者與被治理者將彼此的行動措施轉換成規範和標準，並用來作為判斷彼此行為的衡量依據。治理者內心所蘊藏的雄心壯志、情感和直覺，都必須要透過理性的主張和訴求，以及互動式的治理提案來明確表達。治理必須符合某種形式的理性：根據可以檢證的事實或資料，工具手段的邏輯性選擇，或者有辦法辯護的行動取徑等。治理的要素通常可以透過理性原則規範性地評量：治理措施有多理性、可以多理性、具有什麼貢獻等（Kooiman 2003: 172-174）。迪恩則提醒我們，不要將政府行為的實踐視為價值的表達。價值在政府的計畫與實踐中被宣揚，也成為政府修辭的重要部分。這樣的修辭經常在實踐體制內化的運作過程中所必要，因此不能單純從它們存在的條件來理解這些價值。相似的手段可以與自由的價值，也可能與威權的價值相扣合。價值和手段的接和，與公務人員、專家的專業知識、實務知識等，共同形成了統理理性的一部分。這些技術、科技不能被理解為價值的衍生。因此與其將實踐體制視為價值的表達，更重要的是質問各種治理的理性中，價值如何運作，在政治的主張中具有什麼結果，而又如何與不同的治理技術連結。價值、知識與技術都是實踐體制的混合體，沒有一個要素的單獨作為可以確保體制的終極意義（Dean 2010 [1999]: 45-46）。

　　不過，文化治理若要成為當代國家治理的文化轉向，對當代社會產生實質的意義，則應當賦予治理思維本質性與形式性的轉變，從人文、社會科學認識論的邏輯轉化，衍生出一種實務層面的治理典範轉移。當代文化治理的新穎與創意，在於其巧妙地結合「文化」這個蘊含濃厚族裔、歷史、藝術、價值、理念意義，但卻又異常貼近常民日常生活點滴的概念；以及「治理」這個具有權力、資源、統治、主導、分配等組織操控的意識，卻又帶有分權、多元、參與、合夥、網絡、溝通、反思與自我調節等意涵的概念。但

要成為一個「文化大國」，文化治理除了結合「場域」和「網絡」等治理形式的重構之外，還必須跳脫西方自馬基維利以來，以政治意識型態、權力、操控、經濟資源、利益的爭鬥、角力的思維邏輯，和以國富兵強為中心目標的國家統治術，轉而從文化、意義、道德、價值公共辯論，以自我批判、反思的態度來實踐國家、都市的治理。文化治理應當回到對於人文、藝術、道德等常民生活世界終極關懷的追求，尊重民眾的日常生活方式與共同理解、情感和感受，並予以常民更寬闊而自主的日常生活空間，以及自我調節、管控、規範的可能性（即文化治理的思維應如圖 1-4：文化治理的場域與思維邏輯中「軸線 SS'」所示，由象限一「本質理性」和象限二「工具理性」，逐漸向象限三「溝通理性」及象限四「人文理性」的思維邏輯轉移。至於傳統東亞文化的治理思維模式則比較接近「軸線 TT'」）（劉俊裕 2011a）。

　　整體而言，文化治理與政治、經濟雖然無法分割，但當代國家治理需要一個新的文化「境寓」（林信華 2009），一種有別於經濟、政治權力為核心，而以文化、藝術、價值和人文情感為核心的論述氛圍。這個文化氛圍是一種取向，一種內在思維價值自我認知脈絡的辯論、說服、反思、轉變。它不是排他性的取代了政治權力、經濟資源分配的位置，而是重新找到一個能夠共處的核心位置，一個可以對話或互為主體的包容論述。我認為這是「文化治理」與政治、經濟治理論述的本質性差異。在文化治理場域與網絡中，不同能動者互動過程雖然包括對資源、權力爭奪及角力，但也同時涵蓋了能動者間相互的真誠合作、協力與資源分享，以及藝術家、文化人試圖超越世俗權勢、利益爭奪思維，保有其本真的可能性。當代文化治理網絡的概念在形式和意義上，已經逐漸使得執著於不同理性思維邏輯的能動者之間產生對話的可能性，也使得文化治理趨向多元、多層次、多中心的網絡治理運作模式，和分權、參與、合夥、共治而開放的多面向關係連結網絡治理體系。

　　綜合本章圖 1-1、1-2、1-3、1-4 對於文化意義與實踐的互為主體、文化與政治經濟社會體制的繁複連結、文化治理的邏輯軸線（TT1），以及文化治理的四個理性象限分析，並結合由上而下與由外而內（X）面向的文化治理，以及由下而上與由內而外（Y）面向的文化治理界定，同時賦予文化治

理邏輯變化的時間軸（GG1），得以進一步融合為圖1-5：文化治理場域與文化邏輯的形構。由圖1-4、1-5我們得以理解、掌握當代文化治理及其內在文化邏輯：原初認同、權力機構、資本利益、公共溝通、批判價值、日常生活等要素，在不同文化治理個案與在地情境脈絡下的連動與變化。

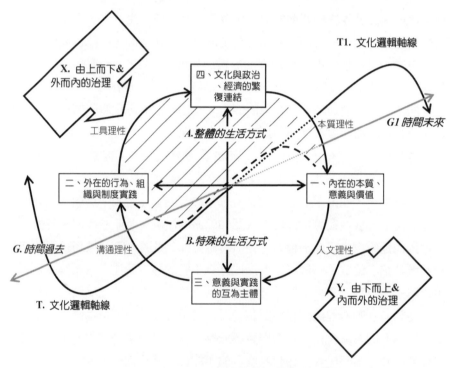

圖1-5：文化治理場域與文化邏輯的形構
（繪圖：修改自 Liu 2003）

而從傅柯（1991）、班奈特（1998、2007）、迪恩（Dean 2010: 17-19）對「統理性」的論述，到霍爾、Glinkowski、Thompson 的文化主體性詮釋（Hall 1997；Glinkowski 1998；Thompson 2001），以及公共行政的「網絡治理」概念延伸，我們可以導引出當代文化治理強調政府官僚與資本等威權體制在系統世界的轉變，以及其與文化公共領域和日常生活世界的接軌。此亦形

成本書對於當代文化治理的分析架構（如圖 1-6），文化治理場域與網絡涵蓋了上層系統世界的文化主導力量，中層文化公共領域的文化中介與調節力量，以及底層的生活世界與日常生活的文化反抗力量。而在當代文化治理與文化公共領域之間，所謂典範轉移則意味著治理結構出現了治理理性／（自理）參與理性、治理心態／（自理）參與心態，與治理技術／（自理）參與技術等三個層次的巧妙轉化，在此歸納摘述之：

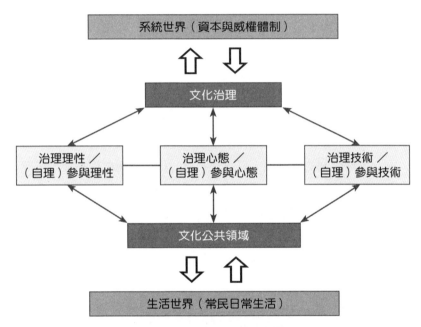

圖 1-6：當代文化治理的分析架構
（繪圖：劉俊裕）

（一） 在治理「理性」（rationality）方面，國家的公共政策從過往以政治、經濟、社會等現實利益分配，產業實質發展為中心的治理模式（系統世界），轉變為以文化思維、意義價值辯論為導向的治理模式。治理者考量文化價值的殊異性與獨特性，更加強調藝術、人文核心價值、道德、美學、情感與生命終極關懷，並且以文化為主體，賦予人民積

103

極的文化權利，產生對在地文化的多元認同與歸屬，同時尋求文化意義與政治權力、經濟發展間的相容位置或互為主體性論述（藝術文化的主體性意味的不是凡事都要以藝術文化人意見、想法為圭臬的主導性、壟斷性，而是治理部門主動、積極地從藝術文化核心價值理念出發，尋求與政治、經濟、社會結構、議題相容地位的可能性）。

（二） 在治理「心態」（mentality）方面，文化治理強調治理者對權力運用的自我節制，政治論述、語彙上的情感共鳴，以及對治理氛圍、情境中持續不斷的自我反思。文化治理雖仍涉及文化機構、官僚體系、法規的統理、國家與都市文化形象價值形塑，文化能動者在治理場域中對文化主導權的爭鬥、利益競逐，以及反抗吸納的過程與互動關係；但能動者將試圖將文化核心價值融入決策程序與政策辯論中，使治理境寓、氛圍和心態等產生變化，因而出現了超越單純政治權力、利益、資源分配思維的可能性。透過文化公共領域與公共輿論的監督，文化治理體制的反身性、反思性、自我批判與調控逐漸獲得彰顯。同時，常民情感、美學和感動等人文理性的元素則將治理導向公共溝通的模式，並在文化公共領域中試圖將文化日常生活世界（庶民生活）與系統世界（文化官僚和藝文產業、資本家、藝文菁英專業生活）相互接軌與調和。

（三） 在治理「技術」（technology）方面，文化治理強調以文化為主體的治理連結體制，文化部門主動與其他政策部門的互動連結，而文化政策與其他政策相互滲透，甚至產生文化主導其他政策的可能性。這同時意味著藝術文化人必須主觀地願意介入、主導，以及客觀地具備治理能力、權限，而且被允許成為政治、經濟、社會治理主體的可欲性和可能性。在機構與程序則強調強調解除中心化，或者政府與其他能動者（產業、企業、非營利組織、媒體、獨立文化工作者）之間的多樣、開放、分權、民主、合夥、協力、參與等互動、連結的網絡治理模式（Dean 2010；Liu 2012）。

||| 當代文化政策研究的再東方化

　　傳統國家制訂文化政策的動機，多是為了加強君主與國家的威望，而官方藝術的目的則是在增進民眾對當權者的尊重，以及對家鄉的熱愛。當時國家所資助的文化多為作曲、戲劇與閱讀等上流社會較感興趣的文化領域，相對於此，音樂、舞蹈、歌謠與民俗故事等屬於工人階級的民俗文化則未受重視。19 世紀工業革命後中產階級掌權，戲劇與音樂廳的觀眾逐漸增加，但社會仍未正視民俗文化，亦未給予任何協助；直到 20 世紀中期，對無產階級文化展開協助的社會文化政策方才形成，其資助建立了更多劇院、圖書館、音樂機構與博物館，同時成立全國性文化組織、巡迴展覽與演奏會等，並盡可能普及社會各個階層，而民俗文化亦獲得官方重視。近來，人民政治權利逐漸得到保障，經濟與社會生活日趨富裕，政府和民間都將「政府應主管文化事務」之觀念視為當然，但政府在文化領域之角色究竟應如何定位，則常引發爭議。將特定族群、團體的價值思想加諸其他族群的文化政策，抑或過度的干涉與資助特定文化領域，常引起各方反對；但在資本主義的社會，唯有靠政府的協助，才能維持多采多姿的文化生活，使之遠離商業利益的操縱（Heurling 1979: 29-30；劉俊裕 1997）。

　　文化政策在西方歷經幾世紀的演變後，逐漸勾勒出現代社會福利國家的文化任務。歐洲各國透過文化政策對國內的藝術文化創造、古蹟遺產保存、圖書閱讀的提倡，以及弱勢語言文化的保護等，皆有相當的成就與貢獻。至於文化政策的業務範圍究竟如何，觀諸各國文化部或相關部門的職掌並無一致的體例。最狹義的文化政策一般只涵蓋文化資產的維護與藝文活動的推展，較典型的文化政策則包括博物館、圖書館、美術館、戲劇院、音樂廳的管理；擴大的解釋則又容納出版品、電影、著作權保護，甚至廣播事業；對文化資產特別豐富的國家如埃及、義大利，觀光與休閒設施亦延伸在內（郭維藩 1991：13）。

　　從當代文化政策研究與實踐的範疇，我們不難觀察到「文化政策」的意涵已經從狹義的藝術文化的管理，或者藝術文化資源的分配，擴展到文化與

政策、治理互動的機制、程序，以及權力的分配、妥協與價值的篩選過程。
當代的文化政策研究包含了：A. 文化政策主軸、目標與文化價值（理論）
論述與原則方針的分析；B. 文化機構、文化組織的治理與經營管理研究；
C. 政策法規、財政預算、文化立法、決策程序、政策評量與影響評估研究；
D. 文化政策範疇與部門（如古蹟保存、博物館……）的研究；E. 文創產業
與文創經濟的研究；F. 文化發展、文化設施、文化人力資源和藝文專業人才
職能的研究；以及 G. 國際文化合作交流（國際文化關係）、跨國文化貿易研
究等領域（圖 1-7）。而文化政策部門除了傳統的文化部（藝術部門）外，
也包含了政府中如財政部門、產業發展部門、勞動部門、貿易部門、教育部
門、都市與區域發展、環境部門、資訊科技與媒體、法律與司法部門、社會
福利部門等不同的行政部門。網絡治理的概念更納入了政府以外的文化政

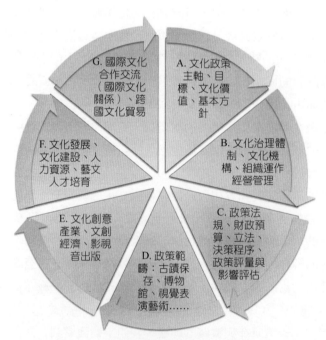

圖 1-7：當代文化政策研究與實踐的範疇
（繪圖：劉俊裕）

策能動者，包括文化工作者、商業公司、非營利組織、公共文化機構、教育與訓練機構、政府機關與部會、國際組織、消費者與消費者組織（Throsby 2010）。這同時也凸顯了文化治理作為一種瀰漫價值，以及文化與政治、經濟、社會等治理結構互動而產生的實質變化，文化逐漸走出了殘餘價值的角色，而滲入了不同政府部門體系，以及社會能動者網絡之中。

探討文化政策的不同取徑 K. Mulcahy（2006）指出，在政治論述中文化被理解為藝術或人文。文化部是負責贊助、補助這些藝文、人文學術活動的行政機構。廣義的公共政策指涉的是政府選擇的作為和不作為（因此沒有政策本身就是一種價值選擇，也就是一種政策），或者國家、政府機構所有直接、間接影響公民生活行動的總和。政府的所有作為與不作為都涉及了價值的選擇和判斷，而這些選擇就是政策，政策則是政治性的決定。而公務人員的決定則透過公共服務的生產與實踐，對社會產生影響力。Mulcahy 從傳統文化作為貴族、國家追求榮耀的文化政策，精緻藝術文化的民主化與由下而上的文化民主，菁英主義的文化主導與民粹主義的大眾流行文化，文化的工具化、藝術的經濟效益等功利主義趨勢，以及文化和創意都市、創意階級的角度，[17] 來探討、思考國家文化政策的未來發展，這種強調文化社會性定義的取徑，成為文化研究領域的重要特質，也揭示了其對於傳統價值強烈的懷疑主義，形成了人類學和社會學對於流行文化產品與意義的重視。

在東亞，中國文化部解釋：文化政策的目標由中國共產黨制定，中國文化政策的基本路線和基本任務是「領導和團結全國各族人民，以經濟建設為核心，堅持四項基本原則。」在文化部門的運作方面，中國與歐美也呈現不同的趨向，政府的高度干預和文化權力的集中，上層的「控制」和「領導」

---

17 佛羅里達所謂創意都市與創意階層的崛起，主張城市要成為吸引創意階層的地方，換言之：（一）這些地方具有提供刺激創意的文化環境；（二）都市中的街道也擁有街區文化 ── 包括各類豐富的咖啡店、人行步道上的音樂表演者、小型的畫廊和小酒館；（三）都市中具有各式各樣混和式的空間和小場館，例如咖啡店、餐廳、酒吧、藝術畫廊、書店，以及提供影片和現場表演的另類劇場；（四）都市中存在著歷史建築、老店街區，以及獨特文化景緻等原真性文化（Florida 2002: 95, 166, 183, 226）。

一直以來都是中國文化政策的特色。很難否認中國將文化政策視為一種理所當然的文化控制手段（儘管胡錦濤政權期間比毛澤東政權明顯減弱）。2005年發布的《中國民族區域自治白皮書》中寫著：「中國歷史上長期以來就是一個統一的多民族國家」，並「堅持平等原則，團結各族人民」[18]。民族的差異確實存在，然而穩定、團結、統一是政策的終極要義（劉俊裕 2015a）。

中國文化部「十二五」時期文化改革發展規劃（2011-2015）的指導思想和方針原則，仍強調高舉中國特色社會主義偉大旗幟，以馬克思列寧主義、毛澤東思想、鄧小平理論和「三個代表」重要思想為指導，深入貫徹落實科學發展觀，堅持社會主義先進文化前進方向。中國文化部規劃以科學發展為主題，以建設社會主義核心價值體系為根本任務，以滿足人民精神文化需求為出發點和落腳點，以改革創新為動力。而文化政策的發展則必須面向現代化、面向世界、面向未來的、民族的、科學的、大眾的社會主義文化，培養高度的文化自覺和文化自信，提高全民族文明素質，藉此增強國家文化柔性權力，弘揚中華文化，堅持中國特色社會主義文化發展道路，努力建設社會主義文化強國。[19]

不過，必須提出，國家對文化的「指導」不應簡單地被等同於對大眾意識形態的控制，雖然這確實是中國基於歷史文化傳統對文化政策干預所展現的一貫應然態度。如本書緒論中所述，文化的進程在儒家的思維裡意味著

---

18 中國的憲法和民族政策（包括主要民族和少數民族）也強調平等、多元和區域自治，同時看重保護和發展少數民族的語言、習俗、宗教、文化產業。然而中國民族文化政策的基本策略和原則是，五十五個官方認可的少數民族，包括蒙古人、滿人、藏人（以及未被承認的臺灣人），只有在國家統一和一個大中國文化認同的前提下，少數文化的多樣性才得到承認，獨特性也才得到保護。在臺灣問題上，前國家主席江澤民在 2000 年清楚地表示，儘管他不希望兩岸直接發生武裝衝突，但是「如果他被迫做出決定，他準備放棄中國經濟現代化的最後機會。」出乎許多人意料的是，文化或文化邏輯的柔性權力，竟超越了國家經濟利益的硬實力，成為中國文化策略中不可忽視的變項（劉俊裕 2015a）。

19 中國文化部。〈十二五時期文化改革發展規劃〉。北京：2012 年 5 月 7 日。網址：http://59.252.212.6/auto255/201205/t20120510_28451.html。（檢索日期：2014 年 5 月 5 日）

在道德倫理傳統下持續的自我修養和社會教化（龔鵬程 1995：41、56-57；余英時 1992：20-21），天下應有德者居之。儒家傳統宣揚文以載道，這種「經世致用」的文化觀念在今天中國實用主義下的文化政策中，仍然存在至關重要的作用。精神、道德與倫理的提升仍是中國（或者該說是東亞儒家文化圈）國家文化政策標舉的目標，這不僅被視為中華傳統文化的寶貴遺產，也是政府對抗墮落商業文化和廉價速食文化價值觀的有效手段。「指導」或「領導」地方政府和「市場監管」等等詞彙，仍是中國文化政策的統一論調。[20] 即使在 2000 年代的臺灣，「糾正速食文化心態」仍是文化建設事務委員會（2000）文化白皮書中的政策指導原則。

　　換言之，中國文化政策是延伸自長期以來文以載道的歷史傳統，而其強大的影響力至今仍有所感。即使是毛澤東具有強烈政治色彩的藝術觀念，也是一種馬克思主義意識形態和傳統中國文化當代詮釋的獨特結合（Tong 1995: 112-113），只是國家文化干預的強弱之分。從這個角度思考或許更容易理解，何以當今秉持社會主義的中國政府，竟得以接續扮演起傳統中國政權道德教化者的角色。在歐洲，希望透過文化政策或者經濟和社會領域的其他手段，號召人民不斷追求內在精神福祉，幾乎是完全不能被接受的（Zemans 1999: 32）。在中國，或者甚至東亞，許多民眾確實認為把具有傳統精神道德教化功能的文化政策，作為對抗商業化文化的有效措施並沒有什麼不對。

　　客觀而論，東亞與歐美文化政策的諸多形式與價值都存在各自的問題。集權中央的文化政策可能會導致意識形態控制，和抑制內部文化多樣性與創造性的結果；而遵從多樣和分權原則的政策，則可能創造新的多樣性霸權，而導致政治難以形成決策，或者經濟對文化產生新的控制形式。對於中國而言，中央集權的國家領導、干預、道德教化的文化政策模式，是一個在市場經濟和商業化環境中，堅持傳統文化價值理想的有效手段；對於歐洲來說，

---

20 根據中國文化部說明，它的任務包括「領導文化體系改革」和「領導藝術創作和生產」。文化部。〈中國文化體制〉。網址：http://www.ccnt.gov.cn/。（檢索日期：2001 年 6 月 16 日）。

心靈昇華則完全取決於個人的理性選擇，國家文化政策的干涉與介入則完全是不適當的。不過，當前的國際文化政策論述與實踐場域中，多樣性對單一性幾乎獲得了壓倒性的勝利。如約瑟夫・奈依（Nye 2004: 11）所言，資訊化的時代，主流文化和思想越接近自由主義、多樣主義和自治自決等國際規範的國家，就越可能成為更具吸引力而擁有更多柔性權力的國家。換言之，文化多元主義或多樣性幾乎成為當代的普世價值。[21] 當前國際文化關係中「文化多樣性」的崇高位置，是否代表著西方的價值觀依然持續處於主導的地位？為了在不對等的國際文化關係中追求文化實踐和法規的聚合，我們有必要仔細重新審視當前國際文化社會環境中的主流價值（劉俊裕 2015a）。

　　約翰・湯林森在《文化帝國主義》一書中指出，保護文化多樣性的想法來自文化的豐富性、差異性的本身就是好的。然而，從不同面向思考，秩序、單一性和普遍性本身也並無不是。如果一致性意味著在不同文化中，醫療衛生、營養技術、庇護措施和教育推廣的極大化，那麼文化的普同性與一致性可能具有深刻的價值。同樣的，若資本主義現代性的同質化，其吸引力勝過多樣性的魅力，那麼就很難堅持要繼續優先保護文化的差異性了（Tomlinson 1991: 98, 113），而這也正是國際社會開始討論如人權、自由、民主等普世價值的背景。在文化政策的實踐中，真正重要的或許並不是「單一」或者「多樣」的形式本身，而是實現單一和多樣形式背後的價值理念和手段。這也顯示「再東方化」作為一種重新省思臺灣當代文化政策與文化治理的問題意識與方法的重要性：試圖在文化經世價值傳統與西方文化政策和治理的現代性之間，重新尋求一種在地、獨特，且兼具反身性、自主性與能動性的文化「治理」與文化「自理」模式。

---

21 歐洲安全合作會議（CSCE，現在的 OSCE）在 1991 年通過了一項《少數民族權利宣言》（Kymlicka 1995:3-5）。為了保護少數民族，歐洲理事會在 1994 年簽署了《保護少數民族框架公約》。2000 年 12 月 7 日，歐洲理事會又通過了《文化多樣性宣言》，主張「尊重文化多樣性是人類社會存在的要件」（Council of Europe 2000: 1）。聯合國教科文組織在 2000 年發布了《文化多樣性宣言》，並於 2005 年通過了具有法律約束力的《保護及促進文化多樣性表達國際公約》（2007 年 3 月 18 日生效）。

臺灣文化治理與
　　文化政治體制

||| 《文化基本法》草案的研擬背景與緣起

||| 《文化基本法》的立法目的與架構

||| 《文化基本法》與核心文化價值凝聚

||| 《文化基本法》與文化權利的保障

||| 《文化基本法》與文化政策的基本方針

||| 《文化基本法》與跨部會文化治理體制

||| 《文化基本法》與 2017 年全國文化會議：翻轉文化治理？

　　2004 年陳水扁在 520 總統就職演說中提出，臺灣「在第一波的民主化過程確立了主權在民的價值觀以及臺灣的主體性……第二波的民主工程，重點在於公民社會的建立以及國家共同體的再造。」他認為只有「透過公民社會的建立，經由偕同參與、集體創造的土地認同與共同記憶，才能超越族群、血緣、語言、文化的侷限，邁向一個新的國家共同體的重建。」臺灣是一個多數移民的社會，「不管是原住民、新住民、旅居海外的僑胞、注入新血的外籍配偶，包括在相同的太陽底下辛勤流汗的外籍勞工，都對這一塊土地有不可抹滅的奉獻」。而「『族群多元、國家一體』是臺灣這一塊土地上最美好完整的圖像，兩千三百萬臺灣人民應該是一個命運相同、榮辱與共的整數。」[1]

　　馬英九則在 2008 年 520 總統就職演說時指出：「兩岸人民同屬中華民族，本應各盡所能，齊頭並進，共同貢獻國際社會，而非惡性競爭、虛耗資源。四百多年來，臺灣這塊土地一直慷慨的接納著先來後到的移民，滋養、庇護著我們，提供我們及後代子孫安身立命的空間……我們繼承的種種歷史文化，不但在這片土地上得到延續，更得到擴充與創新，進而開創出豐盛多元的人文風景。中華民國也在臺灣得到了新生。」馬總統進一步描繪，多年來他走遍臺灣各個角落，在與各行各業的互動當中，讓他感受最深刻的就是：「地無分南北，人無分老幼，善良、正直、勤奮、誠信、包容、進取這一些傳統的核心價值，不但洋溢在臺灣人的生活言行，也早已深植在臺灣人的本性裡。這是臺灣一切進步力量的泉源，也是『臺灣精神』的真諦。」[2]

＊ 本章部分內容係改寫自劉俊裕。2016。《文化基本法》與臺灣文化治理：文化部「跨部會協調機制」研究。科技部專題研究計畫：2015 年 8 月 1 － 2016 年 7 月 31 日。計畫編號：MOST 104-2410-H-144-004 研究成果之一部（未出版）。

1　總統府。〈中華民國第十一任總統副總統就職慶祝大會〉。總統府網站，2004 年 5 月 20 日。網址：http://www.president.gov.tw/NEWS/8491。（檢索日期：2016 年 5 月 20 日）

2　總統府。〈中華民國第 12 任總統馬英九先生就職演說〉。總統府網站，2008 年 5 月 20 日。網址：http://www.president.gov.tw/NEWS/12226。（檢索日期：2016 年 5 月 20 日）

在政策面，馬英九總統在 2008 年競選的文化政策綱領中提出了「文化治國」的理念，強調要以文化作為 21 世紀首要發展戰略，落實文化優先、文化領政與文化總統。馬總統的十六項具體主張包括成立「文化諮議小組」，召開年度「總統文化論壇」，四年內將文化預算從 1.3% 提高至總預算的 4%，以及設置境外「臺灣書院」，以文化交心等等。2010 年 520 馬總統就職二周年提出「六國論」的治國理念，其中將「文化興國」列為第二項，強調要以文化發揚臺灣優勢，讓國際社會認識到「具有臺灣特色的中華文化」[3]。而 2011 年建國百年，馬總統則指出所謂的「文化立國」、「文化興國」，希望透過發展文創產業和臺灣文化的軟實力，振興國家發展，讓臺灣的城市和國家都因文化而偉大。至於 2012 年 520 臺灣單一事權的文化部成立，則成為落實馬總統文化政策理念的重要里程碑。各界更期待政府能夠明確地提出文化治國、文化興國的政策藍圖。只可惜，從文化預算、文化諮議小組、總統文化論壇在政策面與法制面都沒有真正落實。

2012 年 520 馬總統就職演中說，「厚植文化國力，是提升臺灣競爭力的第四大支柱。開放的社會才會有奔放的創意，自由的環境才容許大膽的想像；臺灣的創意注入電影、流行音樂、圖書出版等等，成為文化產業，也都在華文世界有舉足輕重的地位。」馬英九認為，要把文化看做國力，文化的建設，就是國力的建設；文化的投資，就是國力的投資。[4] 2009 年「創意臺灣 —— 文化創意產業發展方案」，提出包括電影、電視、流行音樂、數位內容、設計及工藝產業的「六大旗艦計畫」，投入金額高達 262 億；2012 年文化部成立後，更把文創作為推動主力。這個「文化興國」的論述，幾乎將文化政策等同於文創產業政策，而國家的文化政策藍圖趨近於文化國力競爭發展的藍圖。前文化部部長龍應台曾提出方糖如何溶於水的概念，希冀透過積

3　中央社。〈總統六國論描繪黃金 10 年願景〉。中央社網站，2010 年 5 月 19 日。網址：http://www.cna.com.tw/news/firstnews/201005190023-1.aspx。（檢索日期：2016 年 5 月 20 日）

4　總統府。〈中華民國第 13 任總統、副總統宣誓就職典禮〉。總統府網站，2012 年 5 月 20 日。網址：http://www.president.gov.tw/NEWS/16612。（檢索日期：2016 年 5 月 20 日）

極的「文化主體思維」建立文化為核心的跨部會文化治理體制。當初各界希望臺灣成立文化部的主要原因之一，是為了讓文化事權單一，讓文化部更有主體文化思維、也更有效率地整合文化資源，推動與落實整體文化政策目標。然而跨部會協調溝通整合的理念欠缺法制化的程序，也使得文化部跨部會文化價值理念無法積極落實。

2016 年總統大選，蔡英文總統則提出文化政策主張〈厚植文化力，打造臺灣文藝復興新時代〉[5]，七大政策目標包括：一、翻轉由上而下的文化治理；二、讓文化為全民共享；三、確保文化多樣性；四、從社區出發，提升公民參與的文化知能與社區文化涵量；五、提升文化經濟的文化涵養；六、給青年世代更豐厚的土壤；七、善用文化軟實力重返國際社會。蔡總統的政策主張為「推動《文化基本法》，建立文化長期施政綱領」，而文化部部長鄭麗君上任後，《文化基本法》更一躍成為新政府文化施政的主軸。鄭部長接受訪問時說，她上任後「首先要在一年內制定《文化基本法》，重新再造文化治理體系，讓民間中介單位，如國表藝、國藝會等單位，替代過去政府由上而下的角色。」談及五大施政主軸，鄭麗君部長則提出上任後第一件事就是擬定文化政策白皮書，再進一步推動常態性文化論壇，召開全國文化會議，推動《文化基本法》。「厚植文化力，帶動文化參與」將會是文化部現階段文化政策使命。[6]

臺灣自 2000 年來迄今十多年的文化政策，欠缺明顯的延續性和穩定性，文化部門也未能勾勒長遠文化政策思維與全盤的文化規劃圖像。過去臺灣文化政策的發展，雖曾透過三次政府文化政策白皮書的制定，以及年度施政計畫與施政績效報告中看到內涵，但各司處文化施政計畫過於片段，實缺

---

5 2016 總統大選蔡英文文化政策主張。〈厚植文化力，打造臺灣文藝復興新時代〉。2015 年 10 月 20 日。網址：http://iing.tw/posts/200。（檢索日期：2016 年 5 月 5 日）

6 楊淳卉。〈準文化部長鄭麗君：文化不該為政治服務〉。今日新聞，2016 年 4 月 22 日。網址：http://www.nownews.com/n/2016/04/22/2072628。（檢索日期：2016 年 5 月 5 日）

乏長遠的文化策略及論述核心。[7] 再者，政府於政策制定與產生之過程，仍缺少公民參與及審議式民主的民間介入。2017 年全國文化會議的規劃推動以及文化政策白皮書的撰擬，若能翻轉傳統由上而下的文化政策白皮書的研擬模式，讓臺灣文化總體營造的主軸結合《文化基本法》草案、文化組織的再造，以及其他開放式議題的匯蒐推動，回歸常民日常生活的關懷，容納更多由下而上的多樣意見，翻轉當前臺灣文化治理的模式，確實有助於當前臺灣文化價值與願景的凝聚；同時也更能促進政府、學界、業界、第三部門、藝文團體和公民在文化政策面的溝通、協力與共同治理。當代臺灣的文化治理與文化政策，就是在公部門與民間這個翻轉治理與公民文化參與的共同氛圍中，持續地體制化滾動。全國文化會議的召開與《文化基本法》草案研擬及文化政策白皮書的制定，無疑是當前臺灣文化治理變革的關鍵核心。

ⅡⅡ《文化基本法》草案的研擬背景與緣起

追溯我國《文化基本法》的推動過程，最早提出制定《文化基本法》的概念，是在 1997 年 6 月的第二次全國文化會議。緊接著，同年 10 月立法委員朱惠良更進一步提出制定《文化基本法》的倡議。隔年，行政院文化建設委員會文化白皮書揭櫫多位專家學者、民意代表皆有意制定《文化基本法》的構思。在此之後，立法委員翁金珠與邱志偉亦分別於 2009 年 6 月及 2013 年 10 月提出《文化基本法》草案，立法委員陳學聖亦於 2016 年 11 月提出《文化基本法》草案。在公部門方面，2011 年文建會（現文化部）在立法院在野黨的壓力下，開始研議草擬的國家《文化基本法》草案，試圖回應民間

7　劉俊裕。〈誰的臺灣文化政策藍圖？人民怎麼參與，如何監督？ —— 文化治國、文化興國（下）〉。udn 鳴人堂，2014 年 07 月 29 日。網址：http://opinion.udn.com/opinion/story/5954/177621；〈文化治國、文化興國（中）：臺灣文化政策的藍圖該如何擘劃？〉。udn 鳴人堂，2014 年 07 月 26 日。網址：http://opinion.udn.com/opinion/story/5954/177618；〈文化治國、文化興國（上）：臺灣文化政策的藍圖在哪裡？〉。udn 鳴人堂，2014 年 07 月 22 日。網址：http://opinion.udn.com/opinion/story/5954/177614。

種種文化運動訴求，並且落實公民參與文化生活權利的法制化作為。2011年 11 月 10 日文建會經過草案研擬、諮詢、公聽會以及行政院院會等程序，通過了政院版《文化基本法》草案。然而，隨著 2012 年國會的全面改組和新一屆國會民意的產生，《文化基本法》草案依規定必須由行政院於新會期重新提出。《文化基本法》草案就此延宕近一年，而時至 2013 年 4 月文化部方雖重啟內部草擬諮詢程序，但 2015 年 5 月行政院則基於各部會對《文化基本法》諸多條文仍存在爭議，請文化部再廣納各方意見。2016 年總統改選後，因應社會各界及立法院對制定《文化基本法》的期盼，文化部 2016年 11 月再次啟動《文化基本法》研擬程序。[8]

　　文化部在 2017 年全國文化會議的網頁上說明當前制訂《文化基本法》的背景，其中指出，國內推動《文化基本法》立法，前後歷經十多年，但朝野之間一直未有共識，也未獲民意基礎關注與支持。加上文化事務範圍龐雜且界定困難，以及社會普遍缺乏文化權利相關概念的認知，使得《文化基本

8　2011 年文建會的《文化基本法》草案是在當時立法院在野黨委員（文教委員會召集人翁金珠等）（立法院，2012）的壓力下，要求文建會於四個月內完成草案研擬、諮詢、公聽會、行政院院會通過的立法草案。2011 年 5 月份由文建會相關業務人員（當時的第一處、第一科）與三位學者專家成立草擬、諮詢小組，歷經多次工作小組會議與討論，以及書面會議記錄、電子郵件的往返溝通提出修改意見，二次專家擴大諮詢會議和北、中、南部三場公聽會後（分別在文建會、國立臺灣美術館、臺南文學館進行），由文建會彙整各界意見送行政院院會，並於 2011 年 11 月 10 日由行政院第 3272 次院會決議通過函送立法院審議。草案隨即進入立法，在立法院第 7 屆第 8 會期第 11 次會議（11 月 25 日）討論後決議，將行政院版《文化基本法》草案交付教育及文化委員會審查。然而，隨著 2012 年國會的全面改組，以及新一屆民意的產生，《文化基本法》草案依規定必須由行政院於新國會會期再重新提出，至 2013 年 4 月，文化部才開始重啟內部草擬程序。依據《文化基本法》案（106 年 4 月 26 日公聽會後修正版）的總說明，文化部成立後，為求《文化基本法》草案內容更為周妥，自 2013 年 3 月起，即廣泛邀請藝文界人士、相關學者專家及相關部會代表，進行密集諮詢與研議，並於 2013 年 12月分別於北、中、南、東部等地區舉辦《文化基本法》草案公聽會，並於 2014 年 10 月8 日送請行政院審議，鑑於《文化基本法》草案部分條文尚有爭議，行政院於 2015 年 5月 27 日核示，請文化部廣納各方意見，凝聚共識，以求務實周妥。因應社會各界及立法院對制定《文化基本法》的期盼，文化部 2016 年 11 月再次啟動《文化基本法》研擬程序。

法》的制定延宕至今。更重要的，過去的《文化基本法》草案在本質上並未以人民的日常生活實踐為主體，也沒有將落實人民參與文化生活的權利視為主要課題。此次推動《文化基本法》的差異是：[9]

> 近年臺灣人民對於自身文化生活權利意識的抬頭，希望透過國家積極立法，主動保障並落實人民參與文化生活的基本權利，避免文化主體性屈服於政治、經濟力量的主導、干預，進而對文化發展造成壓迫與侵害。

> 因此，國家的《文化基本法》不是文化部的組織法，或文化行政的基本法，也不是針對文化人或藝術工作者的勞動基準法，而是一部政府各部門都必須恪守，攸關臺灣一般民眾文化日常生活的國家《文化基本法》。

國家《文化基本法》的立法目的就在依據憲法規範與精神，透過國會立法方式，以法律闡明、確認國家文化施政領域的基本理念及原則，彰顯國家文化的核心價值與特色精神，宣示民眾的文化基本權利與文化的殊異地位，並且明定國家文化政策的範疇、基本策略與方針。從學術角度探究國家《文化基本法》所必須面對的關鍵議題。[10] 個人認為，只有透過當代臺灣在地文化治理的開放論述，以及藝文界、學術界、文化產業界、輿論界、民間社會、藝術文化協會與獨立第三部門對文化公部門理性的永續監督，方能使臺

---

9 參閱〈文化基本法哉問？！什麼是文化基本法？它的重要性又在哪呢？〉。2017 年全國文化會議網站。網址：http://nccwp.moc.gov.tw/basic_law。（檢索日期：2017 年 8 月 10 日）

10 關於文化憲法與文化國家之間的關係，從人民的自我實現作為文化憲法的基本建構、文化基本權利作為主觀和客觀價值的決定、多元文化與文化資本的保護、藝術自由作為文化憲法的保障，以及文化在國際法上的意涵等面向的研究，臺灣的文化法學界也已經累積了若干文獻（許育典 2006a、b；陳淑芳 2006；魏千峯 2002；徐揮彥 2010a、b；林依仁 2010；劉俊裕 2013c）。

灣文化治理體制產生內在反身性與價值典範轉移，進而引領臺灣文化公共領域的結構轉型（劉俊裕 2013a）。

為使《文化基本法》之研擬可以有由下而上的公民參與，文化部於 2016 年 11 月 10 日，委託國立臺北教育大學、社團法人臺灣文化法學會、社團法人臺灣文化政策研究學會負責草案研擬之策略規劃與執行，召開八場專家學者諮詢會議，廣徵各領域專家及學者意見，並將配合全國文化會議之分區論壇，辦理十多場說明會與公聽會，容納全民的參與。過程中以下列原則推動《文化基本法》草案的研議：一、落實憲法文化規定；二、接軌國際公約宣言進行國內法化；三、參考先進國家相關立法；四、涵納現有《文化基本法》草案之內容；五、廣納文化藝術各界專家學者及實務工作者之意見；六、揭示國家文化政策方向。[11]

||| 《文化基本法》的立法目的與架構

依據 2017 年《文化基本法》草案總說明，文化部經過綜合各方意見並參考國際文化相關人權公約、各國《文化基本法》之規定、各版本《文化基本法》草案之內容後，擬具《文化基本法》草案共計二十九個條文，其內容大致可分為下列六大重要面向（參閱附件一）：

一、本法之立法目的（草案第 1 條）。

二、文化之基本價值與原則（草案第 2 條）。

---

11 參閱附件一：文化部。〈文化基本法草案總說明（1060426 公聽會後修正版）〉。2017 年全國文化會議網站。網址：http://nccwp.moc.gov.tw/basic_law。（檢索日期：2017 年 8 月 10 日）在經過多場公聽會及全國文化會議分區論壇的諮詢後，文化部於 2017 年 9 月 2-3 日全國文化會議大會之前，再次修訂研擬了 1060831 修正版（見本書附件二），其中加入了第 11 條博物館之發展、第 12 條圖書館之發展、第 13 條社區總體營造、第 17 條文化科技、第 18 條文化交流與文化例外等五個政策方針條文。唯此二版本草案在 2017 年年底本書完稿前，仍在文化部與研究執行團隊的諮詢與最後研議階段，尚未正式送入行政院會及立法院的立法程序。

三、各種人民之文化權利與相應之國家義務（草案第 3 條至第 9 條），以及人民文化權利的救濟（草案第 27 條）。

四、文化基本方針（第 10 條至第 16 條）。

五、中央與地方文化治理（第 17 條至第 26 條）。

六、與其他基本法及文化法令之關係（草案第 28 條）[12]；本法之施行日（草案第 29 條）。

作者認為《文化基本法》的立法有幾個核心目的，以及文化的「基本」問題值得臺灣社會思考，包括：[13]

一、**《文化基本法》能不能夠凝聚基層的臺灣精神與核心文化價值？**臺灣社會究竟有沒有共同的基本文化價值？如果有是什麼？而《文化基本法》希望對內和對外彰顯什麼樣的臺灣文化精神與基本特色？如果當前的臺灣社會對核心價值欠缺共識，那麼到底《文化基本法》、全國文化會議該如何處理？

二、**《文化基本法》能不能積極賦予臺灣人民基本文化生活權利？**臺灣人民文化基本權利的範疇為何？相承於「經濟、社會與文化權利國際公約」，我國人民的文化權利在具體實踐上該如何落實？臺灣的藝術文化工作者、創作者、民眾、藝術文化弱勢團體、族群乃至一般民眾，究竟有沒有主張文化權益受損的管道，以及提出法律救濟的途徑？

三、**《文化基本法》能不能確立國家中、長期文化政策的基本方針、文化政策範疇？**國家文化政策的核心範疇與未來政策施政方針，如何透過《文

---

12 草案第 28 條明訂：「本法施行後，各級政府應依本法之規定，制（訂）定、修正或廢止相關法令。」賦予《文化基本法》明確的框架法位階。

13 劉俊裕。〈文化有什麼基本？為什麼《文化基本法》沒有人關切，也沒有人期待？〉。udn 鳴人堂，2016 年 4 月 25 日。網址：http://opinion.udn.com/opinion/story/5954/1652595；劉俊裕。〈《文化基本法》的困境：給溫飽、求尊嚴，還是翻轉臺灣失衡的文化價值？〉。udn 鳴人堂，2016 年 4 月 27 日。網址：http://opinion.udn.com/opinion/story/5954/1657583。

化基本法》的立法精神，以及原則規範得以確立？藝術文化教育能否得到重視？文化專業人員任用能否彈性放寬？文化預算的比例能否提高？文化政策研究智庫是否得以落實？**相對於政治、經濟價值文化的主體性、多樣性與殊異性能否被彰顯？**文化價值能否透過文化整體影響評估制度全面衡量？

四、**《文化基本法》是否提出國家跨部會文化治理體制的基本架構，重整文化法規秩序？**文化部在國家施政的靈魂角色是否確立？文化部如何積極與其他部會做跨部會協調溝通、互為主體？中央與地方的府際協調機制如何成立？國藝會和文化部的資源分配和權限如何調整？文化部如何透過獨立運作的第三部門建立藝術文化補助監督機制？《文化基本法》與現行的相關作用法之間的實質運作關係如何更清楚的釐定？

五、**《文化基本法》的立法過程，能不能實質翻轉由上而下的文化治理？**基本法的立法是否能跳脫菁英立法，擴大民間文化參與，符合程序公平正義？藉由《文化基本法》核心議題的討論，是否能促進臺灣人民對於文化公共事務的理性辯論和積極參與，在臺灣社會形成更強而有力且自主的文化公共領域？

以下作者將依此五個層次的提問，分析 2017 年文化部研議中的《文化基本法》草案條文。

▍▍▍《文化基本法》與核心文化價值凝聚

首先，關於《文化基本法》的立法目的與基本價值原則，在 2013 年版文化部《文化基本法》草案第 1 條揭示立法目的為「……凝聚我國核心文化價值，故制定本法」，並「尊重文化多樣性、自主性及創新性」。而 2017 年草案第 1 條明定立法目的：「為落實憲法文化規定、建立多元文化國家、保障人民文化權利、明定國家文化義務、促進文化多元發展、健全文化多樣發展環境、推動文化自主治理、培育文化人才、提升公民文化參與，並確立國家文化發展基本價值、原則與施政方針，以豐富人民文化生活與提升美學涵

養,特制定本法。」《文化基本法》草案第 2 條則確立基本價值及原則,規範「人民為文化及文化權利之主體。國家與人民應確立文化之主體性、保障個人與集體之文化權利、促進文化表現之多樣性、尊重多元文化之發展、落實文化資產之保存;國家應在此基礎上締結與遵循文化相關之國際條約、協定及訂定與落實文化法令與政策。」

不過兩個草案版本中所主張的文化多樣、平等、參與等內涵,以及文化權利保障與自主治理等原則,都試圖與歐美的普世價值接軌。至於如何凝聚我國文化價值的具體作為和內涵並無太多著墨。本章前文中陳總統的臺灣主體價值觀,以及馬總統的「臺灣精神」論都有各自的理想和信念。但不可否認地,在當前臺灣社會的現實中,這樣的論述仍不乏欠缺臺灣文化價值內涵的質疑與爭議,為何不是強調如人情味、純樸、草根性、民間社會的自主性,以及如何融攝西方社會的民主、自由、人權、法治與尊重差異的現代性價值等?這些不同的政治語境,一方面是強調血統追溯的中華文化概念,另一方面強調屬於臺灣的本土價值。在這樣文化價值主張的兩端,所謂的臺灣文化價值與中華文化價值是否具有實質差異?而在大家界定這些價值的選擇中,究竟又呈現出哪些文化態度?都是臺灣社會中無法迴避的問題。

其實,諸多國家與國際組織都曾對於國內及國際的文化價值進行過質性與量化的研究調查。但在臺灣,基於兩岸關係的緊張,以及國內政黨間對文化主體性意識形態的矛盾,使得文化價值的對話及理解,仍為相當敏感的議題。為瞭解臺灣文化價值的取向與特性,2016 年臺灣文化政策研究學會以民間第三部門的角色,執行了國家文化藝術基金會委託之「臺灣文化價值先期調查研究」,試圖以客觀的問卷資料蒐集及分析,探討現今臺灣社會中文化價值趨勢與內涵,提供臺灣文化部門與第三部門藝術文化政策制定方向的參考,引發臺灣社會由文化本體出發的新討論。研究中摘述了幾個國家和國際組織對於文化價值調查與國家文化指標建構的執行現況:

表 2-1：各國文化指標及文化價值調查

國家	報告	測量項目
聯合國	文化發展指標（Culture for Development Indicators）[14]	經濟、教育、治理、社會參與、性別平權、溝通性、文化資產的維持。
歐盟	歐洲文化價值（Values of Europeans）歐洲共同價值（EUROBAROMETER 69）[15]	和平／人權／尊重生命／民主／法治／個人自由／平等／容忍／團結／自我實現／尊重其他文化／宗教。
英國	AHRC 文化價值計畫 ── 理解藝術文化價值（Understanding the Value of Arts & Culture: The AHRC Cultural Value Project）[16]	個人的反身性、公民參與、社區與都市再生空間、經濟、健康及高齡化、藝術教育等面向探討文化價值構成之元素。
澳洲	澳洲文化指標（Vital Signs: Cultural Indicators for Australia）[17]	1.**經濟發展**：文化僱用、家庭支出於文化商品與服務、觀光消費於文化商品與服務、政府對文化支持、私部門對文化支持、藝術與文化志願工作、文化產業之經濟貢獻。 2.**文化價值**：文化遺產、才能（人力資本）、文化認同、創新、跨國交流。 3.**參與與社會影響**：藝文活動參加人口、藝文活動參與社群、文化接近、藝文教育。

14 UNESCO. 2014. *Culture for Development Indicators - Methodology Manual.* Available at http://en.unesco.org/creativity/sites/creativity/files/cdis_methodology_manual_0.pdf (Accessed April 4, 2016).

15 European Commission. 2008. *EUROBAROMETER 69(1). Values of Europeans.* Available at: http://ec.europa.eu/public_opinion/archives/eb/eb69/eb69_en.htm (Accessed April 20, 2016).

16 Geoffrey Crossick & Patrycja Kaszynska. 2016. *Understanding the Value of Arts & Culture: The AHRC Cultural Value Project. Arts and Humanities Research Council's Cultural Value Project.* Available at: https://culturalvalueproject.wordpress.com/2016/03/17/the-report-from-the-cultural-value-project-is-now-published/ (Accessed April 20, 2016).

續上表

國家	報告	測量項目
美國	社區的文化生命力 ── 詮釋與指標（Cultural Vitality in Communities: Interpretation and indictors）[18]	文化生命力作為指標，包含文化設施之供應程度、文化活動之參與、提供文化參與機會之支持系統。
紐西蘭	紐西蘭文化指標（Cultural Indicators for New Zealand 2009）[19]	1. **參與**：文化僱用、創意工作僱用、創意工作中等收入、文化經驗、文化經驗阻礙、花費於文化品項之家庭日常用品、遺產保存、參加藝術文化與遺產活動管道。 2. **文化認同**：毛利語使用人口、電視節目之本土內容、毛利文化電視節目收視率、國家文化認同之重要性、紐西蘭活動。 3. **多樣性**：少數種族文化團體之挹注、種族文化活動之參與度、少數種族文化活動類型。 4. **社會凝聚力**：非毛利族觀眾參與毛利文化活動程度、其他種族文化活動參與、社區文化經驗。 5. **經濟發展**：文化產業收入、創意產業之加值貢獻、佔總產業之創意產業比重加值。

---

17 Kay Ferres, David Adair, Ronda Jones & Cory Messenger. 2011. *Vital Signs: Cultural Indicators for Australia – First Edition, for Consultation*. Available at: http://www.arts.qld. gov.au/images/documents/artsqld/Research/Vital_Signs_Report-2014.pdf (Accessed June 1, 2016).

18 Maria Rosario Jackson, Florence Kabwasa-Green & Joaquín Herranz. 2006. *Cultural Vitality in Communities: Interpretation and indictors*.Culture, Creativity and Communities Program, The Urban Institute. Available at: http://www.urban.org/sites/default/files/alfresco/ publication-pdfs/311392-Cultural-Vitality-in-Communities-Interpretation-and-Indicators. PDF (Accessed June 15, 2016).

續上表

國家	報告	測量項目
臺灣	臺灣文化指標第二階段研究期末報告[20]	創造力、文化積累、可親近性、多元共存四大核心價值；經濟效益與培力效益兩項指標（效益評量）。
全球（約 97 個國家）	世界價值觀調查（World Values Survey）[21]	透過社會價值觀、社會規範、社會問題、社會距離、工作問題、勞工組織、就業問題、政治態度、國家民主、性別問題、環境問題、婚姻、家庭與小孩教養問題等調查提出生存價值觀、自我表達價值觀、傳統價值觀、世俗理性價值觀。

資料來源：（劉俊裕、黃思敏、黃微容 2016）。

　　綜觀這些不同的文化調查希望獲取的資訊與強調的內容，得發現兩種不同的測量方法，也就是文化指標的測量與文化價值的測量。在澳洲、紐西蘭、臺灣等文化指標報告中進行過的測量，主要偏向了數字、統計式的測量，以數字作為效益的分析（如人口數、產值、參與活動數等等）。特別是澳紐政府的文化指標評估，提供了國家在文化相關數據上的參酌。文化指標體系可視為國家資源分配的評估工具；然而，雖然他們致力於社會環境的量化，得以產出文化價值的意義，但從其評估指標的設定中，更帶入了對社會融合、文化多樣性的表現內容、認同歸屬，強調國家文化認同的價值。至於經濟發展則反而列為眾多評估指標的末項考量，他們也明確體認到，文化價

---

19 Tohu Ahureamo Aotearoa. 2009. *Cultural Indicators for New Zealand 2009*. Ministry of Culture and Heritage of New Zealand. Available at: http://www.mch.govt.nz/files/CulturalIndicatorsReport.pdf (Accessed April 25, 2016).

20 財團法人臺灣智庫。2004。《臺灣文化指標第二階段研究期末報告》。臺北：行政院文化建設委員會。

21 World Values Survey. 2008. *Values Change the World*. Available at: http://www.iffs.se/media/1931/wvs-brochure-web.pdf (Accessed May 30, 2016).

值僅僅靠文化的調查統計等量化的數值是不夠的，並試圖將其評估成果形塑為文化生命力展現範疇之一。

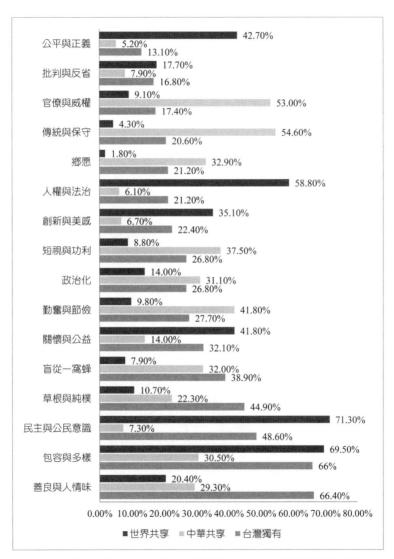

圖 2-1：比較臺灣獨有、中華共享與世界共享之文化價值評估指標比例
（資料來源：劉俊裕、黃思敏、黃微容 2016）

比較民眾認為臺灣獨有的文化價值與中華文化共享的文化價值，以及與世界共享之文化價值調查（圖 2-1），臺灣文化政策研究學會研究發現，在臺灣文化價值認同表現調查上，民眾選擇的臺灣獨有文化價值，臺灣與世界共享的文化價值認定，以及臺灣與中華文化共享價值之間出現了極大的差異。臺灣的獨有的文化價值前五項分別為「善良與人情味」（66.4%）、「包容與多樣」（66%）、「民主與公民意識」（48.6%）、「草根與純樸」（44.9%）、「盲從一窩蜂」（38.9%）。臺灣與中華文化所共享的文化價值的前五項則為「傳統與保守」（54.6%）、「官僚與威權」（53%）、「勤奮與節儉」（41.8%）、「短視與功利」（37.5%）以及「鄉愿」（32.9%）。而臺灣與世界所共享的文化價值前五項則為「民主與公民意識」（71.3%）、「包容與多樣」（69.5%）、「人權與法治」（58.8%）、「公平與正義」（42.7%）、「關懷與公益」（41.8%）（劉俊裕、黃思敏、黃微容 2016）。相關的文化價值調查顯示，臺灣社會對於文化價值的內涵存在著多樣的思考與立場，也因此如何確保臺灣核心文化價值得以持續開放性對話，是當前臺灣不可或缺的文化政策機制。

▌▌▌《文化基本法》與文化權利的保障

關於文化權利的保障，《文化基本法》草案第 3 條至第 9 條明訂各種人民之文化權利與相應之國家義務，此外，草案第 27 條也訂定了文化權利的救濟條款，規範人民之個人或集體文化權利所受侵害，得依法律尋求救濟，並得請求補償或賠償。人民的基本文化權利包括了七個不同面向：

一、文化平等權，規範人民享有之文化權利，不得因族群、語言、年齡、地域、黨派、性別、性傾向、宗教信仰、身心狀況、社會經濟地位及其他條件，而予以歧視或不合理之差別待遇。[22]

---

22 文化平等權條文中同時還規範了，國家對於原住民族、新住民、兒童及少年、老人、婦女、聾人、身心障礙者、經濟弱勢者及其他少數或弱勢族群之文化權利，應尊重其自主性並考量其特殊性，給予特別之保障。對於偏遠或文化資源匱乏之地區，國家則應採取積極性措施。

二、語言權利，人民享有自主選擇其使用語言進行表達、溝通與創作自由之權利。語言之使用與發展，另以法律定之。

三、人民享有從事藝術文化創作自由與多樣表達之權利。

四、人民享有參與文化生活及文化藝術活動之權利。

五、人民有享受創作活動成果所獲得精神與財產上之利益與權利。

六、文化與藝術工作者之生存權與工作權，應予基本保障。

七、人民享有參與文化政策與法規訂定之權利，國家應建立公民參與文化事務與文化政策形成之常設機制。

結合第一章（圖 1-1）所界定的四個日常生活文化向度，以及國際法與國際組織對於文化權利範疇的多樣歸納，得進一步發展出「圖 2-2：文化向度與文化權利的分析架構」，更明確理解文化作為日常生活實踐與文化權利論述之間的連結關係。圖 2-2：象限 A. 區塊試圖表達的，是個人或群體的生活「一、內在本質、意義與價值」，透過「二、外在行為、組織與制度實踐」的過程，所衍生而出種種與「四、文化與政治、經濟的繁複連結」相關的文化權利，包括文化政策參與、保護藝術文化中介組織。國家文化事務之辦理，應優先考量自主治理與專業自律之原則，依法規委由各級政府文化機關以外之各級各類學校、機構、法人、非營利組織及文化藝術團體辦理，並應排除不當之行政與政治干預藝文科學作品、智慧財產權、文化生產、流通與消費權利等。而相對地，「政治經濟」體制對於保障、延續「一、內在本質、意義與價值」所涉及的，則是文化再現與文化發展與文化創作等權利。換言之，在文化與政治經濟生活的交互滲透與連結過程中，交織成一個群體不可分割的「A. 整體的生活方式」，以及常民的「a. 參與文化生活的權利」。

而象限 B. 區塊所展現的是，個人或群體為了維繫其生活的「一、內在本質、意義與價值」，所需要的認同、歸屬、語言、表達等文化權利，以及透過「二、外在行為、組織與制度實踐」，對其文化遺產的保護研究、創新與教育訓練、文化自主與藝文活動參與等權利。在「三、意義與實踐的互為主體」表達的過程中，逐漸標示一個文化的殊異性，形塑一個集體的「B. 特殊的生活方式」，或者爭取「b. 被認可為一個文化社群的權利」。A、B 二

個象限的交互運作、互為主體構成了文化權利的迴路與分析架構。換言之，不同文化權利之間是彼此連結的，民眾的文化生活參與不應當再被視為一種奢侈與虛構的權利，而應當透過國家的政策與法規積極加以落實[23]（劉俊裕 2015b：34-35）。

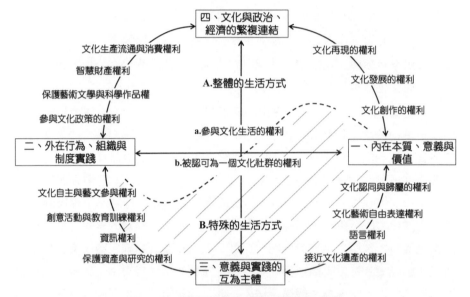

圖 2-2：文化向度與文化權利的分析架構
（資料來源：修改自劉俊裕 2015）

---

23 西方文化理論中的「互為主體性」與「繁複連結性」其實與傳統中華文化中陰陽五行的思想，衍發出萬物生生不息的內在動力概念相互接合。作者以形似太極的圖像描繪稼接「文化向度與文化權利的分析架構」，旨在思索一種接合西方與在地文化權利論述的可能性，從文化的四個向度互動，衍生出各種人民參與文化生活所需的權利（劉俊裕 2015b：35）。

III《文化基本法》與文化政策的基本方針

有關國家文化基本方針，《文化基本法》草案（第 10 條至第 16 條）中明訂了七個重要方針，包括：

一、**文化之保存、傳播與發揚之文化基本方針**：說明國家應在政策決定、資源分配及法規訂定時，優先考量文化之保存、傳播及發揚；文化之保存，應有公民參與審議之機制。國家應善用科技。

二、**文化空間與景觀之文化基本方針**：明定國家應善用公共空間，維護及管理文化之景觀。

三、**文化與藝術教育之文化基本方針**：強調國家為提升人民人文及藝術涵養，應奠定國家文化與藝術發展基礎。

四、**文化經濟振興之文化基本方針**：規範國家應以文化作為經濟發展之基礎，以經濟發展繁榮文化生活、促進文化傳播及推動文化發展。中央政府為發展文化與創意產業、維護市場穩定發展

五、**文化永續發展之文化基本方針**：明訂國家為確保文化永續發展，保護文化主體性、促進文化自主性及多樣性，在制（訂）定政策或法規、締結國際條約或協定時，應考量本國文化活動、產品與服務所承載之文化意義、價值及內涵，並於合理之情形下，採取適當之優惠、獎勵、補助、輔導、補償、稅捐減免或其他必要之措施。

六、**文化影響評估之文化基本方針**：[24] 規定國家基於保障文化權利、文化永續發展之整體利益，在締結國際條約與協定及制定政策與法規時，應評

---

24 2016 年文化部委託臺灣文化政策研究學會執行「文化部文化影響評估政策先期規劃研究」案，研究以國際文化多樣性網絡組織（INCD）、歐盟、英國、紐西蘭及韓國為重點案例，藉由當前國際組織及政府的文化價值評量與文化影響評估制度發展現況之彙蒐、分析，提出以供臺灣思考建置自身文化影響評估制度的可能性與作法建議。報告中團隊對文化影響評估制度的推動，做出短、中、長期的建議，包括建立獨立之「文化影響評估」機制，對國家有形和無形文化（文化多樣性、永續發展、文化基本權利、文化認同、文化近用、文化商品與服務的平衡，以及文化治理的永續體制等面向）可能產生的正、負面影響進行評估，提出政策修正、緩解、替代方案。長期建議政府所有重大政

估對本國文化之正、負面影響。國家及人民從事國土規劃、都市計畫、都市更新、生態景觀及經濟、交通、營建工程等建設與科技運用時，應辦理文化影響評估，採取對文化有利之作為，並避免對文化造成重大或難以回復之衝擊或損害。

七、臂距原則及文化獎助之文化基本方針：說明國家以文化預算對人民、團體或法人進行獎勵、補助、委託或其他援助措施時，應優先考量透過文化藝術領域中適當之法人、機構或團體為之，並遵守寬容與中立原則，給予各族群平等機會，重視文化差異之特質，尊重文化與藝術工作者之專業自主，不得干預創作內容。

▌▌▌《文化基本法》與跨部會文化治理體制

《文化基本法》草案第四個主要面向，是規範中央與地方文化治理體制與權限劃分，草案第 17 條到第 26 條規定了文化治理體制的幾個重點原則，包括：一、文化行政與中介組織；二、中央與地方文化權限之劃分；三、各級政府之文化任務；四、中央政府之文化治理；五、地方政府之文化治理；六、文化人才與人事制度；七、文化預算之保障；八、文化基金之設置；九、文化採購例外；十、文化調查統計等。

《文化基本法》草案另一項重要目的，即在於其試圖建構一個以中央文化事務主管機關（文化部）為核心的跨部會文化治理協調、溝通及資源整合機制。《文化基本法》草案第 20 條強調，政府制定政策應有文化思維，文化事務是政府共同之任務，全國性文化事務，除應由中央文化主管機關統籌規劃外，並應由中央與地方各機關共同推動。條文中並明訂「文化部應每四年報請行政院邀集相關文化領域學者專家、社會各界及中央、地方政府機關首

策、法規開發與對外貿易協定之外，民間計畫之申請，均應進行文化影響評估。劉俊裕副教授主持。「文化部文化影響評估政策先期規劃研究」。文化部委託研究計畫：2016年1月1─2016年12月31日（未出版）。

長，召開全國文化會議，廣納各界意見，並研議全國文化發展事務。」配合全國文化會議的召開，文化部則應考量國家文化發展方向、社會需求及區域發展，並依全國文化會議之建議，每四年訂定國家文化發展計畫，作為推動國家文化政策之依據。

第 20 條明定行政院應設文化發展會報，由行政院院長召集，邀集學者專家、中央部會及地方政府首長組成，協調整合中央、地方及跨部會文化相關事務（每六個月召開一次）。並且規定，文化相關事務應由中央與地方政府協力辦理事項，並得締結行政契約，合力推動。這目的在將《文化基本法》拉高到了國家最高行政部門行政院職權的層次，是國家用以遂行文化治理依據的《文化基本法》，而不是文化部這個文化事務主管機關的文化作用法。

文化部希望藉此建立跨部會協調整合機制，參酌全國文化會議之建議，協調中央及地方於政策制定及規劃時，確實考量國民文化之權益及文化共存與共榮之利益，以示對文化事務之重視。有鑑於文化事務屬於各部會皆應辦理之事項，各部會皆有編列相關預算進行推動，惟為整合各部會文化支出之資源，以達政策統一與有效運用，第 20 條規定行政院各部會預算屬於文化支出用途者，各部會應就資源分配及推動策略擬訂方案跨部會協調機制，會議討論決議後必須對外公告並列入追蹤考核。即是希望透過《文化基本法》的制定，積極建構跨部會文化治理的協調、溝通及資源整合機制，並將相關預算運用納入文化發展會報中決議。換言之，文化部希望透過《文化基本法》的跨部會協調、合作，達到文化加乘的目的，實現臺灣有二十二個文化部的理念。在地方文化治理的層次，基本法草案第 21 條則作了相應的規範，規定「地方政府應就文化事務，訂定地方文化自治法令，並每二年訂定地方文化發展計畫，作為文化治理依據，接受人民監督。」同時，地方政府每二年應邀集地方公民團體及文化工作者，共同召開地方文化藝術發展會議，檢討文化政策及計畫，反映地方需求。

一個國家的文化治理體系，不單單是中央層級文化部各司的業務執掌與分工，而是涉及國家整體文化治理的各個行政層級，以及肩負不同功能和角色定位的文化機構。如表 2-2 所示，歐美國家在文化行政與治理體制的研究

係從七個關係密切的面向思考，這包括：1. 國家的憲法層次所規範的中央與地方行政體制，以及政府權限分野，究竟是單一國家制（中央集權體制）、聯邦制、邦聯制或者地方分權體制，文化事權如何區分；2. 國家層級是否設有單一文化事權部門機構，或者僅在區域、地方政府設置文化部門。而文化事權部門的權限涵蓋範疇是否與教育、媒體、休閒、觀光、體育等範疇分置或並置；3. 中央與地方是否另外設有臂距原則的藝術文化專業評議機構，或者文化中介組織分配國家和地方的藝術文化補助資源；或者 4. 設立國家和地方的藝文基金會或基金，補助、挹注國家藝術與文化的發展；5. 國家文化政策部門是否設置外部專家諮詢機構、研究機構，或個別產業專門領域的諮詢委員會；6. 政府內是否常態性建立跨部會之間合作機制與協定；乃至7. 中央與地方政府的垂直聯繫與地區政府之間的平行聯繫，是否針對文化相關事務發展出常設或特殊議題的協調機制等。

表 2-2：臺灣、加拿大及歐洲主要國家文化行政與治理體制比較

國家	1.中央集權／地方分權體系	2.中央文化部會	3.藝術文化評議會	4.國家文化基金或基金會	5.外部專家諮詢機構或委員會	6.跨部會文化合作機制或協定	7.各級政府合作機構或機制
比利時	聯邦制（輔助原則）三個語區社群設文化部	沒有國家層級文化部	無	在佛萊明語區及法語區社群，政府有特定產業基金	各語區社群設諮詢會，如佛萊明語區文化理事會的策略諮詢委員會	各語區社群層級有跨部會合作會議 國家層級設科學政策與文化跨部會合作會議	佛萊明語區和法語區社群沒有官方合作協定，德語區社群有個別協定
加拿大	聯邦制	加拿大資產聯邦部門	加拿大藝術評議會 省級藝術評議會	聯邦文化部門中有個別產業公會，如國家電影委員會、加拿大電視影片委員會	聯邦議會有加拿大資產常設委員會	聯邦政府及文化機構參與政府橫向聯繫議題相關的專案及工作小組	聯邦─省─地區文化與資產部長理事會

續上表

國家	1. 中央集權／地方分權體系	2. 中央文化部會	3. 藝術文化評議會	4. 國家文化基金或基金會	5. 外部專家諮詢機構或委員會	6. 跨部會文化合作機制或協定	7. 各級政府合作機構或機制
丹麥	中央集權體制（但直轄市有獨立的政策）	文化部	丹麥藝術評議會	丹麥藝術基金會	多個專家委員會	外交部與文化部合作協定 國會文化委員會	特設跨部會合作機制（非常設）
法國	中央集權帶有區域和地方政府分權趨勢	文化傳播部	無	當代藝術、博物館或圖書館等區域基金	無	文化部與其他部會針對特定計畫簽署跨部會協定（如文化部與教育部）	文化部與區域和地方政府簽訂超過12,000個文化發展協定
德國	聯邦制（近十多年來聯邦政府的角色增加）	總理辦公室設聯邦文化與媒體事務執行委員會	德國藝術評議會	聯邦文化基金會 一個各邦共同文化基金會	國會文化媒體事務委員會 十一位國會議員和專家組成特定諮詢委員會	在邦層級進行 邦層級有教育部與文化部常設會議	政府沒有正式機構負責文化政策提案、計畫、措施協調 聯邦政府常設的各邦教育文化事務會議（KMK）成為各邦合作交流的平台

續上表

國家	1.中央集權／地方分權體系	2.中央文化部會	3.藝術文化評議會	4.國家文化基金或基金會	5.外部專家諮詢機構或委員會	6.跨部會文化合作機制或協定	7.各級政府合作機構或機制
愛爾蘭	中央集權制	藝術、資產及愛爾蘭語部	愛爾蘭藝術評議會 文化資產評議會	藝術評議會作為臂距原則補助機構	無	數個進行中的正式跨部會合作機制 二個跨部會文化小組：公共藝術及藝術教育委員會有教育和科技部代表	2003 年《藝術法》要求地方政府制定藝術計畫，計畫的實踐目的在促進國家與地方層級協調
義大利	準中央集權體制（發展中的聯邦主義）	資產及文化活動部	無	無	無	文化預算事務的跨部門執委會	中央—區域會議 資產及文化活動部與二十個區域中的十七個，簽訂多面向的文化領域框架計畫協定
荷蘭	中央集權體制，但有強烈地方分權趨勢	教育文化科學部	文化評議會	數個公共及準公共特定產業基金	文化評議會	視需要設置特殊的跨部會合作委員會	府際關係文化合作整體框架（省、地方和中央層級）

續上表

國家	1. 中央集權 ／地方 分權體系	2. 中央文化 部會	3. 藝術文化 評議會	4. 國家文化 基金或 基金會	5. 外部專家 諮詢機構 或委員會	6. 跨部會文 化合作機 制或協定	7. 各級政府 合作機構 或機制
西班牙	地方分權體制（十九個自治區及城市，有廣泛的文化權限）	教育文化體育部	無（但加泰隆尼亞自治區設民族文化藝術評議會）	電影拍攝保護基金	無	文化事務執行委員會負責跨部會合作 視需要設置特別委員會，例如十一個部會參與的跨部會委員會探討如智慧財產權等議題	文化部中有常設機制：自治區溝通交流專署 中央與區域間的行政協調則透過專業機構，如資產理事會、博物館理事會或檔案理事會
瑞典	中央集權體制；區域和地方政府自治的強化	文化部	瑞典藝術評議會	個別產業基金，例如作家基金、藝術獎助委員會	個別領域諮詢理事會，例如瑞典語言理事會	跨機構合作，例如數個政府部會共同參與2006文化多樣年	文化合作模式（中央賦權區域政府）
瑞士	聯邦制 雙重輔助原則體制	沒有中央層級文化部，但設有文化事務聯邦辦公室	Pro Helvetia 基金會	Pro Helvetia 基金會	無	沒有特別的跨部會協議	國家文化對話協定 聯邦政府與邦政府（cantons）之間有特設合作機制

續上表

國家	1. 中央集權／地方分權體系	2. 中央文化部會	3. 藝術文化評議會	4. 國家文化基金或基金會	5. 外部專家諮詢機構或委員會	6. 跨部會文化合作機制或協定	7. 各級政府合作機構或機制
英國	準中央集權體制，但有區域政府自治分權趨勢，特別是蘇格蘭和威爾斯	英格蘭：數位文化媒體體育部 四十三個臂距原則機構 蘇格蘭：國會文化觀光對外事務部 威爾斯：國會文化體育觀光副部長 北愛爾蘭：文化藝術休閒部	英格蘭、威爾斯、北愛爾蘭三個藝術評議會 創意蘇格蘭	個別產業評議會，例如工藝評議會、英國電影評議會	專家諮詢服務，如劇場信託、國家紀錄及檔案諮詢委員會	依據特殊議題設立政策行動小組，例如社會排除議題、數位經濟議題	視需求設置中央與地方政府間垂直整合協定，以及自治政府間平行合作倡議。例如北愛爾蘭與蘇格蘭政府間，針對語言保護及提倡的議題的合作
臺灣	中央集權（依據《地方制度法》）文化權限有地方政府分權趨勢 中央與地方文化權限尚待《文化基本法》及未來實踐進一步釐清	國家文化部 地方設文化局或文化處	無	國家文化藝術基金委員會 縣市政府文化基金會	無常設性文化諮詢委員會 依個案成立外部專家諮詢委員會	2016年成立行政院文化會報 行政院政務委員協調 依據個別議題設立跨部會的工作小組或平台	沒有正式合作機制，每半年進行中央與地方文化主管會報（《文化基本法》草案規範未來地方首長參與行政院文化會報並得簽訂行政契約）

資料來源：作者彙整摘錄自 Council of Europe/ERICarts, Compendium of Cultural Policies and Trends in Europe. "Public Bodies Responsible for National Cultural Policies/Development." 19th edition, 2017. Compendium Website, Webpage: http://www.culturalpolicies.net/web/files/138/en/2016_COM_05_Policy_System.pdf（Accessed October 1, 2017），並依專書審查意見增加臺灣文化行政體制現況作為比較。

換言之，不同層次的文化機關、機構部門，依其肩負的角色功能定位，以及專業互補關係相互協調，再加上政府文化行政治理的體系與文創產業、市場、企業部門，以及民間藝文團體等第三部門之間的互動，方才構成一個國家的文化行政治理體制的整體圖像。結合目前《文化基本法》草案中規範的重要文化原則方針，基本文化權利的保障，以及中央與地方文化治理體制的規範，與文化經濟、人民文化生活的構面，得以整合出圖 2-3：《文化基本法》與文化治理體制。

政府中央及地方文化行政與治理體制，應注重國家領導人支持，部會和府際間的彈性協調機制，以及文化部跨域專業的建立，重視不同文化價值間的對話，落實人民文化權利的法制化。除了文化行政體制，亦不能忽略部門外的諮詢機構，建立人民參與文化政策的常設機制，以及決議參採機制的監督考核與追蹤。文化中介組織扮演的角色，在於強化同儕專業審查、政治課責，專業藝文平台、在地團隊與政府間的介面。關於民間文化生活，政府更必須鼓勵民間團體自發性民間文化論壇、文化輿論，強化在地文化團體的民主化深耕與培力，豐富常民文化生活的自主性與多樣性。

除了法規面的研析，作者曾於 2016 年年初透過半結構式的訪談方式，對於我國跨部會文化治理機制進行更深入的研究，[25] 並對三個政府部會（文化部、經濟部、原民會）的相關業務負責人、中高階主管或學界專家進行訪談，訪談的對象與方向如下：

一、**文化部**：文化部是我國主要文化事務的負責單位，以藝術文化為核心的主體思維，整合各部會隱性的文化資源，建立跨部會文化治理協調、溝通及整合機制。文化部門如果沒有清楚的文化政策論述和國家整體發展的文化藍圖，將很難以文化為主體，將文化思維理念融入其他部會的政策措施當中。因此就文化部相關的業務職掌，本研究計畫訪問「綜合規

---

25 劉俊裕。2016。《文化基本法》與臺灣文化治理：文化部「跨部會協調機制」研究。科技部專題研究計畫：2015 年 8 月 1 － 2016 年 7 月 31 日。計畫編號：MOST 104-2410-H-144-004 研究成果之一部（未出版）。

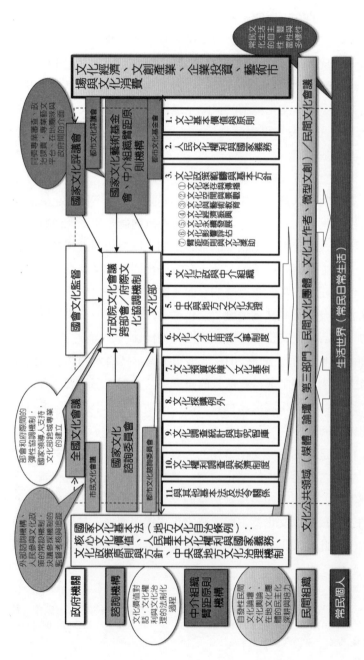

圖 2-3：《文化基本法》與文化治理體制
（繪圖：劉俊裕）

劃司」與「文化交流司」同仁，希望就兩個部門業務職掌中有關跨部會溝通協調整合機制進行訪問。綜合規劃司主要負責研考、政策研擬、政策評估等作業內容，因此希望就此瞭解為何文化部希望透過《文化基本法》的訂定，針對「跨部會協調機制」的規範，以及此機制與過往透過跨部會的行政院文化建設委員會進行文化事務協調的差異性何在？文化交流司部分則掌握在國外的文化交流與文化貿易事務面向，各機關間如何啟動相關程序、人員間如何編制及支援、機關間如何聯繫溝通以及其他部門如何對文化部提供支持等議題。

二、經濟部：經濟部涉及許多經濟事務的談判及溝通，而早年臺灣為了加入全球自由貿易體系，從 GATT 到加入 WTO 談判的過程中，文化相關產業幾乎毫無保留地將產業向世界市場自由開放。具體來看，臺灣加入 WTO 之後，多哈回合服務業貿易談判過程，政府貿易談判代表雖知悉臺灣影視產業已經幾乎被好萊塢、韓劇、日劇、港劇、陸劇競爭對手環繞，但仍加入了協助美國推動電影市場自由化的親善團體。另外，當文化產業逐漸變成國家重點產業時，則其如何進行跨部會的溝通協調整合則相當重要。我國未來在國際貿易上可能需要主張文化例外，或者相關文化權保護等議題，因此作者訪談經濟部的國貿局與駐 WTO 談判代表，藉以瞭解這些實際涉及國家對外談判經濟事務的單位，在與其他國家交涉到有關文化經濟與貿易之相關問題時，自身如何看待經濟發展與文化事務的議題；如何將文化事務列入政策研議的評估；如何徵詢文化部意見，並提供文化部相關支持。

三、原民會：隨著國際兩公約的推動，在文化與少數權力上的議題討論也越來越被重視，國家被認為有義務保障其疆域內不同族群之權利，尤其是對於原住民的少數權利的落實，如傳統領域保護、文化發展權、認同權等。但觀察臺灣少數族群的文化權利，可見到文化部與原民會之間的權限也欠缺明確的法律規範，因此許多原住民族的「文化發展權」和少數族群參與日常文化生活的基本權利，也因為相關的法規不明與管理權責的模糊不清而受到傷害。因此在原民會的訪談中，針對該會綜合規劃處

及教育文化處進行訪談。綜合規劃處主要負責原住民相關政策、制度與法規之研議，以及原住民傳統習慣及文化之保存與發展等業務。教育文化處則負責相關歷史、語言、民俗藝文、文化資產與傳統組織之保存等業務，相關業務的推動都與現有文化部業務有關甚或應該重疊。藉此訪談我們瞭解原民會自身如何看待與文化部互動的議題；如何將文化部資源引入原住民政策的研議評估中；如何徵詢文化部意見，或者如何取得文化部相關支持等。關於本研究訪談之對象，受訪時間以及編碼詳列如表 2-3。

表 2-3：跨部會文化治理機制訪談對象

訪談對象	編碼	受訪時間
文化部綜合規劃司司長	A1	2016 年 3 月 22 日
文化部交流司司長	A2	2016 年 3 月 22 日
原民會教育文化處代表	B1	2016 年 5 月 12 日
經濟部國貿局代表	C1	2016 年 5 月 9 日
學界專家	D1	2016 年 4 月 22 日

在訪談提綱的學術與制度性實務構面，我們從「文化治理」的論述與政策實踐角度切入，結合 2013 年、2017 年文化部的《文化基本法》草案中對於文化部「跨部會協調溝通整合機制」的具體規範，探索一、各部會如何看待「文化治理」；《文化基本法》與「文化治理」在跨部會協調機制實務上如何接軌。二、基於什麼樣的困境思維考量，提出跨部會協調機制；此機制究竟可能達成什麼樣具體的文化施政理念、資源與權限協力整合的成效。三、在程序上、人員編制上、權限分配上，以及跨部會橫向及縱向溝通聯繫上制度應如何建立。四、文化治理及行政院文化部為核心的跨部會協調溝通整合機制，在本質上及實質運作上是否具備有別於其他部會的協調機制。五、此文化機制實踐的困境與限制何在；需要什麼樣的制度性、政策性的修改與配套措施，方能達成此機制、法規設計的原始目的。

　　透過對文化部、經濟部、原民會，既有政策法規盤存，以及業務部門主管的專家諮詢訪談（特別是針對文化經貿與文創產業議題、少數文化權利議題、文化外交與國際文化交流策略議題，以及中央與地方政府文化業務整合議題），研析文化部跨部會協調溝通整合機制在文化理念、資源與權限協力上將可能達成什麼具體的成效，以下就質性訪談的內容分層析論。

　　第一，問及各部會如何看待「文化治理」與《文化基本法》核心價值及精神，現行《文化基本法》（草案）在哪些層次、過程和具體規範上，可以使臺灣文化治理論述與文化法規政策實務上的相互接軌，或者產生跨部會立場間的矛盾時，文化部綜合規劃司受訪者認為，《文化基本法》當然很重要，這是藝文界與各界都希望能通過的法。這個法目前裡面是宣示性的多，譬如提到不分黨派族群等。前文化部交流司司長（A2）則表示，

> 《文化基本法》是要內化成為所有文化治理的人，它知道文化的養分、文化因子是要存在每個人的細胞裡頭。我要講的是文化治理的設計，不特別講《文化基本法》，文化蘊含在細胞裡的因子之培養是長期性的工程，當然，如果有個法律來落實，來做一個保障，做一個特別的法律來保障，是對的，也要看《文化基本法》的設計為如何。

　　對此，經濟部國貿局（C1）受訪代表則指出，「其實文化就跟人權一樣，我們配合國際人權公約在國內也訂定施行法。任何一個文化的議題通常會在國家經濟發展到一個程度時，就會變成一個很重要的議題，如同國內重視環保、人權或兩性平等議題一樣。」《文化基本法》、《環境基本法》、《人權施行法》就是一個基本，就像貿易也有一個《貿易法》，它是一個基本的維持貿易的基本的概念。經濟部代表也注意到《文化基本法》中有處理公約間相處的條文，使文化部有處理跨部會協調立場的依循。

　　原民會教育文化處（B1）則認為，「文化治理涉及很多事情，但是各部會會因為本位主義跟不上，現在的部會分工已經跟不上進度與問題的複雜性。」因此原民會對《文化基本法》及文化治理的實踐也相當正面看待，樂觀其成。

　　不過，對於《文化基本法》與文化治理概念部會間也有許多疑義，例如
文化部綜規司（A1）提出，《文化基本法》中其中有兩條是文化部比較關切
的，也是文化界最關切的，一條是文化預算的基本比例，另外一條是文化影
響評估。關於文化預算比例：

> 　　這條當時在討論過程中其他部會會有其他基本的立場，財主單
> 位會說舉債單位到頂，如果訂了基本比例，增加預算不知從哪裡
> 來，其他相關部會的公務預算基本額度都已經佔有了……文化部是
> 新成立的部會，經常性公務預算應該要到，但當初《文基法》定的
> 額度也不高，佔總預算是 1.5%，大概是 200 億左右，這條各部會
> 大概都不同意，他們只希望通過宣示性的效果，政府要多邊這樣宣
> 示性的效果，所以這條如果沒過，《文基法》就是比較宣示性的法。

　　至於文化影響評估制度則涉及環保署、重大建設和開發部門，綜規司的
受訪者（A1）說明：

> 　　環保署持的立場是希望把環保那塊移出來做文化影響評估，當
> 時部裡面的立場就說希望能再仔細談，光環保政策做環評時，很多
> 爭議事件已經造成許多人的回應，如重大公共建設破壞環保或者公
> 共建設延宕等，如果未來再加上文化影響評估，把文資從環保中踢
> 出，那未來要做兩次，以後會產生誰先做，個別做，一個卡一個。
> 以後重大建設會更困難，因此希望從政府一體來看，希望討論出最
> 好的解決方案。

　　前文化部交流司司長（A2）則進一步說明，《文化基本法》接近一個國
家文化憲法的層次，位階很高，政府中央部門之間要作協調，規定每六個月
召開一次跨部會的協調會議，由行政院院長作召集人，並且每四年召開全國
的文化會議：

　　我覺得這是有一個高度存在，但尚不足，那若干部會等，是不是有跨部會機制，是有的，為一個統籌性，也為議題而產生與協調，並不是機制性，有時候因各首長而異。

　　由此可見，各部會對於國家文化治理和《文化基本法》的核心精神、價值、高度都有基本的共識，也加以肯認。然而對於不同的議題和實質的政策內涵，跨部會協調機制究竟如何制度性地落實，如何跨越部會各自職權與立場上的本位主義則還保留一些疑義。

　　第二個層次提問是，基於什麼的核心思維及現實考量，以及具體的政治與行政運作困境，促使文化部希冀透過《文化基本法》的訂定，針對文化部「跨部會協調溝通整合機制」提出明確的規範；此機制與過往透過跨部會的行政院文化建設委員會進行文化事務協調的差異性何在。

　　行政院跨部會文化會報是當前臺灣文化政策組織變革中一個重要的環節，但這不是臺灣獨創、獨有的機制。如表 2-1 所整理，目前歐美各國如比利時、丹麥、西班牙、瑞典、德國、加拿大等，在中央或地方政府文化事務上，都設有不同的常態性或特殊議題性跨部會協調與合作機制。制度的實質內涵，就在於從國家的文化高度，建構一個以文化為核心的跨部會治理機制，讓文化價值理念貫穿各部會施政，統整國家有限而分散文化資源。對此文化部綜規司（A1）表示，

　　　　所有部會都要跟其他部會做協調……文建會當時設立目的比較像經建會，是跨部會組合。經建會會成功當初是非常的受重視，是蔣經國直接下來處理。經建會主委是副院長兼任，權力跟錢也都有，還有零基預算的公共建設預算所以能夠達成功能。當時文建會也希望這樣做，但一開始派次長後來就變成司處長或科長，後來功能比較沒彰顯，文建會的大會比較弱化，完全沒達到當初的設想，後來社會期望要文建會達到一些公共期待，因此後來才希望成立部會來推動。

文化部交流司（A2）則以國家電影中心個案為例，說明中央與地方之間協調機制的重要性，

> 我覺得只用公文上是沒效能的，一個中心推十年仍沒效果，不如重新啟案重做，對我來看是於文化大法中欠缺一個機制，約束雙方，不然一切則是白做工，如果依您所講，那只是解決眼前衍伸而出的問題，人改了，政府改了，它就沒功能性了，如果你在法律上做了一個授權，它有約制力的時候，我們就能不受改朝影響。

原民會（B1）則點出了弱勢部會的現實困境，也毫不避諱地指出各部會的本位主義，認為：

> 各部會，其實沒有人會聽我們的，因為我們是小部會，其實要跟大部會去爭論，很難。因為各部會的本位主義其實很重、官僚氣息也非常濃厚。如果你相對地去接觸你就知道，如果你要去說服去做這個讓大家來，是真的很難的，根本不可能成的。而且我們的主委又不是政務委員，如果我們是政務委員兼我們的主委的話，那可能還有些權限可以調動。

經濟部國貿局代表（C1）認為，文化部在 2012 年才成立，係合併行政院新聞局、文建會及部分教育部單位，所以在成立初期，可能還沒有充分整合，從外界的眼光來看，三個單位重新放在一起的時候，本來就應該先做整合，然後再界定文化部以後要怎麼去發展。就文化貿易的議題來說，經濟部關切 WTO 承諾但也透過跨部會平台處理：

> 經貿人員從來沒有背離這個所謂的文化例外說，我們也支援、支持討論這個議題，但我們是 WTO 的會員，所以比較關心的是如何處理這樣的競合關係，尤其是各國在 WTO 所做的承諾的影響。到了多哈回合時，並沒有再就文化有進一步的闡述，那時國內的參與及整合也更成熟了，整個談判也是經由跨部會平台處理。

經濟部國貿局代表（C1）以《臺紐經貿協定》談判為例，說明原民會的積極角色，也對文化部表達明確立場提出期待：

> 當初在洽談臺紐 ANZTEC 時，大概文化部剛成立，……可能文化部也知道這些例外，但沒有很積極地說我們很支持很支持，或許是因為紐西蘭已經有提出這樣的例外保留了，但那時比較積極的反而是原住民族委員會，原民會認為要保留原住民文化，剛好看到紐西蘭也有要求，因此雙方就能達成協議。

第三個層次，處理文化部的跨部會協調溝通整合機制在啟動程序上、人員編制上、權限分配上、跨部會橫向及縱向溝通聯繫上究竟該如何運作。透過此機制究竟可能達成什麼樣具體的文化施政理念、資源與權限協力整合的成效；而作為一個傳統的弱勢行政部門，文化部得如何透過此機制獲得如經濟部、原民會的支持。對此，文化部綜規司（A1）說明，其實在《文化基本法》訂定之前，跨部會協調機制就有了，例如：

> 文資局碰到要跟其他部會協調的，就用大簽請政務委員出面，所以我認為也未必要用在什麼法，現有機制可能就可以處理。如果不行，再往院裡面請院長、副院長處理。

至於與地方互動方面，綜規司受訪者表示目前的機制是文化機關主管會報，包括各縣市的局處長、部內的司處等會進行。專案的部分，才會擴大辦理，徵詢其他縣市、學者專家。關於現有的跨部會協調機制，綜規司代表（A1）進一步歸納事務性與政策性事務的不同處理方式指出，目前比較瑣碎的事情，跟其他比較相關部會有設立平台，例如

> 原民會、科技部、交通部觀光局、教育部、國防部、外交部、新住民跟內政有關等，有這些的平台，落到部跟部協調的部分，不是政策性的就用這些協調機制。政策性的就提到院會，給院長去做部跟部的協調。例如與原民會的平台運作，規定寫由半年一次，由

次長輪流擔任召集人。後來有些議題要立即討論跟聯繫的，因此也成立工作會議，有分工，如藝術發展等，根據司跟處的業務性質來看工作小組的分工。工作小組會密集一個月或半個月開會，如果有需要重大決定需要雙造次長決定的，再提到半年的大會決定，緊急的隨時都可以開臨時會，由綜規司來當平台跟窗口。

文化部交流司（A2）則以外交和經濟領域事務為例指出，如果工作是跟外部有關，大部分在中央協調，而協調過程：

> 第一，當然可能開會，再來，公文往返，如果是需要事先協調，就由司長接承，或透過次長級以上的長官口頭協調，再去做後續。然而，無論如何，文化部在海外事務，絕對脫離不了各個部會與駐外單位的協調，我們沒有任何意願或企圖與外交部去唱反調，這是絕對不可能，因為國家是整體的，所以主以駐外大使或領事館部長等做馬首是瞻，沒有第二句話說。

經濟部代表（C1）也描述了以經濟部出發的跨部會機制的運作方式，說明跨部會平台在行政院層級和經濟部內部的協調方式，她說跨部會平台：

> 在行政院的層級，由各部會首長們組成，主席有時候是院長、副院長或政委層級，幕僚就是經濟部，把各單位有爭議的議題拿到這邊去討論，這個叫做平台。在經濟部內的立場衝突是透過部次長協調，臺星跟臺紐的時候部次長也要協調工業局，可是大部分我們還是遵循部次長指示去協調工業局，因為各國談判沒有貿易部長出來談的，也沒有貿易次長跑到前線去，都還是由司處長出面談，所以過去我們都是決策的執行者，依據決策去談。

原民會代表（B1）以原住民族文化資產議題為例，說明議題性平台、工作小組和中長程計畫擬定所需要的制度性協商之間的差異，

目前來看就只是針對一些特定的議題出現之後，大家想說怎麼透過平台，彙集兩個部會的意見，比較少是說中長程的計畫去擬定，透過這個平台去執行。開會的時間，現在就是要兩、三個月開一次會，大的話六個月開一次會，會這邊也開始找議題。今年像是《文資法》，目前涉及修法工作，有關原住民文化資產的部分，議題裡就會討論。為工作小組也會比較深入，半年一次的平台就是把工作小組決議的或者需要副主委要政策上決定的就拿去做處理。

原民會受訪者（B1）認為，平台如果只是做溝通的話，對於整體政策的推動是沒有幫助的。若只是需要溝通的話，其實行政院透過現行指定的政務委員，協調各部會意見其實效果更快。綜觀目前的跨部會協調機制運作方式，文化部與各部會之間針對議題性、事務性的溝通平台和工作小組確實存在。然而，制度性的系統性地針對跨部會間中長程施政計畫，以及政策性、施政路線上的政治對話反而並不清晰，僅透過行政院院會、院長、部長和政務委員的協商，就議題式的對話基礎進行，欠缺政策層次的跨部會溝通協調機制。現行的行政院文化會報如何強化文化部與各部會次長、部長間的政策路線溝通，再落實到事務性工作小組來磋商反而是更迫切需要的。[26]

第四個層次，我們探討以文化治理及行政院文化部為核心的跨部會協調溝通整合機制，在本質上及實質運作上是否具備有別於其他部會的協調機制。《文化基本法》透過文化部為核心的國家文化治理與國家的政治、經濟

---

[26] 針對各類型跨部會的議題，學術研究分析目前的跨部會機制也指出，許多中央單位已經建立跨單位溝通的標準處理流程，但是實際處理的案件以臨時性議題的跨部會協調會議與跨部會工作小組為主，決策也多半為事務性，由院層級進行統合性的跨部會政策規劃與協調少許多。政策協調不彰的原因是許多跨部會的議題涉及政治決策與權責歸屬問題，非事務層級的協調能處理，且各部會除了本位主義與專業偏執的問題外，理論上各部會應該職司規劃協調的綜合規劃部門多有人力與規劃專業不足的問題。而首長的授權不足也常使專業的委員會徒具形式，與會人員缺乏決策權，只能遵循首長的意見，而使跨部會的議題無法在委員會解決（陳海雄、戴純眉 2007；張其祿、廖達琪 2010；朱鎮明 2011）。

治理具有什麼本質性與形式性的差異。對此，文化部綜規司（A1）指出，
一旦《文化基本法》通過：

> 文化影響評估如果擺在第一階段，政府重大政策法案或國際
> 協議等一開始就要考量文化。文化部第一階段就要進入核心去討
> 論。……未來可以由經濟部先評估是否會有文化影響，如果有就再
> 開始把文化部加進去。但是如果是第一波簽屬國，我們就可以直接
> 進去討論，但第二波就更難，這要看個案的特性。

文化部交流司（A2）則就經濟部的影響評估方式與文化部的文化影響
評估方式，提出國家經濟治理跟文化治理上的差異指出：

> 國發會也好，關於民間或國會都一樣，他們在考慮文化的指
> 標，是不同於經濟部的指標，經濟部的是客觀，他的整體來講對於
> GDP 的比佔、從業人員數，這些都是對於國家的貢獻，這也是唯
> 一的指標，很容易可以量化。回到文化指標就不一樣……

前文化部交流司司長（A2）指出，關鍵評量的指標必須尋求文化評量
相關專長的專家學者去參與設定，而非全部找學經濟領域專長者去制定文化
如何評估，她認為：

> 問題在這個地方。經濟部常用此方法看待文化，那你是不是就
> 被迫經營者趨向於產業化，但產業化不是壞事……我們文化的事情
> 是要把文化的地位拉高，讓老百姓的因子存在，這才是我們要做的
> 事情，那這東西是在價值而非數字，所以我們在講說參與 KPI 要
> 有，或是說設定 KPI。

經濟部國貿局（C1）則提出，每一個部會都有其專長，但文化貿易談
判涉及的跨部會立場協商涉及文化部與國貿局兩個複雜的專業，而在專業立
場上，文化部必須做自己的判斷和決定，國貿局受訪者（C1）表示：

　　我們經貿人員是要瞭解國際經貿的領域，瞭解遊戲規則，文化部雖然好像有關係的只有一個服務業，但在 TPP 中跟文化有直接或間接關係的可能有很多章，例如書籍、電影是產品，跟關稅有關，那萬一關稅不夠的話，要不要有救濟措施，諸如此類就是我們要去跟他們說明的，但是最後怎麼做是文化部自己要去決定，我們同仁跟他們的溝通很好，本來經貿人員就是在做協調溝通，到時談判由文化部人員來談。

　　原民會則以《臺紐經貿協定》為例，說明當初的過程，也提出跨越專業領域時就對外貿易議題協商的困境與侷限，必須透過業務人員本身專業的強化與不同部會彼此間專長的互補，受訪代表（B1）指出：

　　基本上我一直覺得原住民在臺灣就好像是外國人，雖然是國家一分子，但大家在想事情時，譬如貿易的部分，大家並沒有想到原住民的議題。反而是毛利問題，對方主動提的。

　　因為我們原民會裡面也不是相關的貿易、經濟的擅長。所以他們沒有協助，我們原民會同仁就要自己去摸索，培養人員讓我們跟他們可以有一個互為貿易的對口。所以其實變成是人家都已經準備好了，我們還在灑鹽。他們很希望可以跟原住民做交易，包括他們的咖啡、農產品、工藝品等等做貿易。但目前為止，沒有什麼具體的連接。

　　第五個層次，主要探索《文化基本法》中文化部的跨部會協調溝通整合機制運作的限制為何。以文化部為核心的機制的困境何在；除了《文化基本法》以外，還需要什麼樣的制度性、政策性的修改與配套措施，方能達成此機制、法規設計的原始目的。就此，文化部綜規司（A1）說明，日後應該讓跨部會的協調機制的處理層級與編制上更健全且清楚：

現在的窗口這是臨時業務，沒有一個平台科等，目前還勉強可以，未來如果溝通量多、業務多，可能就沒辦法。綜規司因為也負責管考，所以未來編制會不夠。要回到協調的重點，如部跟部之間有問題時，一定要更高層級的處理。司跟司之間也是一樣，除非很細節跟明確，這樣來開協調會議才有用。如果兩者有衝突，那要往上送。我們如果遇到有爭議性的一定要請次長來主持，一般的讓司長來處理。

文化部交流司（A2）以法國為例，認為跨部會協調不一定只以會議的方式進行，以需要透過互派專業人員長期駐點的方式去協力，在專業上相互滋養：

法國在推關於 creative 這件事情，是要靠 creative 的培養以及補助方面，不是經濟部來做，文化部要實施這個部分，文化部會派一個人在經濟部上班，完全是由那個人去跟經濟部談，聯合辦公室去做這件事，現在經濟部成立辦公室，沒有一個我們的人進去。就是說，不是說我們透過會議的方式，而是不斷地打乒乓球，來去來去的把它做成，但細節還要再討論。

經濟部代表（C1）則以文化貿易談判為例，明確提出對文化部專業的尊重和期待，在決策者、領導者的層次提出專業的主張與立場，跨部會的協商機制才可能就不同立場衡量評估：

我們尊重文化部，有意見可以提到跨部會去衡量，什麼叫做跨部會，跨部會就是做評估，比如說談判時，一定要堅持某個立場，其他都不要，這必須由領導者做決策，對貿易單位而言是在執行這樣的決策。真的到最後關鍵時刻時…… 有爭議的主管機關一定是陪著在談判人員旁邊談完，我們也一樣……文化部應該最瞭解他要的文化產業的領域跟範圍，我們經濟部沒有他們瞭解，文化領域很廣，他要集中發展哪幾個產業，都必須要輔導的。

原民會受訪者（B1）則認為，透過《文化基本法》溝通協調各部會應該會有一定的效果，但原本就有很多溝通的平台，重要的應該是怎麼設計機制，讓行政院政務委員協調：

> 要怎麼樣讓這個平台設計到可以處理到各部會放棄掉本位主義。很多平台。文化部在執行相關時，找我們共同推動，所以去年成立跨部會的平台，半年一次，又針對業務屬性不同，又有小組工作，兩、三個月開一次會。

原民會代表（B1）認為，目前部會之間實際上不缺平台，而是缺一個權限，這是宣示的意義與實質意義的差別。學界代表（D1）點出了文化部跨部會協調的侷限性，他說：「文化部你們可能都瞭解，他其實是很弱勢的，所有的部會都是在他們的前面，所以我們常常在中央層級的跨部會協調，其實都不是真正太有利的立場。」至於從弱勢部會往主導者的角色邁進，核心關鍵則在於文化部門專業的科研調查基礎：

> 各部會中，文化部一直都是弱勢部會，通常很難去做一個分配者和主導者的角色…… 如果我們是從地方到中央來，明明白白的我們的科研調查、我們的計畫，我們現在的年輕人他就是需要這樣的文化治理的一個產業環境，那這樣我們這個科研調查，跟中央官員他們認為的，其實這有實質上的不同（D1）。

2016 年 9 月 7 日「行政院文化會報」[27] 召開首次會議，由閣揆林全親自主持，臺灣正式建立了非常重要的國家文化政策跨部會協調溝通機制，也是

---

27 2016 年 7 月 5 日通過的「政院文化會報設置要點」規定，會報置召集人一人，由行政院院長兼任；副召集人二人，由行政院院長指派政務委員兼任；執行秘書一人，由文化部部長兼任。會報置委員十九人至二十五人，任期二年，由行政院院長就有關機關首長、專家學者或民間代表四人至六人派（聘）兼之。另外，要點規定文化會報委員均應親自出席會議。但由機關代表兼任之委員因故不能出席時，得指派該機關副首長出席。政院文化會報每六個月召開會議一次，必要時得召開臨時會議。文化會報除正式會議

臺灣文化組織變革的關鍵環節。這個機制的成功與否，代表著未來國家文化政策的推動，究竟將發揮二十二個文化部加乘效益，或者只是讓臺灣長期弱勢的文化部，政府微弱的文化價值理念、能量與資源等問題，更加赤裸裸地攤在政治、經濟的檯面上，但卻無法具體突破、解決。甚至使文化部為了爭取更多部會的預算和資源，而淪為迎合其他強勢部會的政策目標的附屬品，反被稀釋為其他部會的 1/22 個文化部。[28]

跨部會「文化會報」不是文化政策與治理組織變革中能夠獨力發生效用的機制。「行政院文化會報」成功與否的關鍵，除了機制的建立和文化資源分配之外，更在於國家領導人（總統和院長）對於文化的態度，和相關部會首長的文化意識、心態及貫徹能力，究竟有沒有辦法跨越不同部會的本位主義立場和思維，為臺灣整體的文化生態發展共同協力、合作、溝通、整合，讓文化的生命力在臺灣行政體制中得到跨部會的滋養與支持。

文化的方糖能否溶於水，癥結在於文化部與其他部會之間的協調整合機制究竟有沒有辦法跨越本位主義地溝通。其次，在每半年跨部會文化會報召開之前的議題和行政幕僚準備，以及各部會之間常設的溝通平台則更是至關重要。目前許多中央部會都已經建立跨單位溝通的標準處理流程，但是實際運作多以臨時性議題的跨部會協調會議與工作小組為主，決策也多半為事務性質。許多跨部會的議題涉及政治決策與權責歸屬問題，並非事務層級的協調能處理。而各部會除了本位主義與專業偏執的問題外，首長的授權不足也常使專業的平台會議徒具形式。

文化部是我國主要文化事務的負責單位，必須以藝術文化為核心思維，整合各部會隱性的文化資源。但文化部決策者如果沒有清楚的文化政策論

外，亦成立專案小組處理特定議題，並可參採公民論壇意見形成政策議題。會議召開時，也將邀請相關機關（構）與地方政府代表、專家、學者、民間機構、團體及兒少代表列席，期能逐步落實文化公民權，推動跨部會重要文化政策。若能結合日後全國文化會議與地方文化論壇，或許有機會落實翻轉文化治理的政見理念。

28 劉俊裕。〈哈利波特的魔法月台：22 或 1/22 個文化部？ —— 淺談「行政院文化會報」〉。udn 鳴人堂，2016 年 9 月 8 日。網址：http://opinion.udn.com/author/articles/1008/337。

述和國家文化發展的整體藍圖，就無法主動地與其他部會協調整合，更遑論將文化思維理念融入其他部會的政策措施之中。當然，文化部門在政策決定上也應當尋求一個能與外交、經濟、族裔部門彼此共同相容的位置，相互理解彼此的立場。跨部會之間的溝通，需要一個更具彈性的協調機制，對此歐洲聯盟在文化政策領域推動多年的「開放協調機制」（Open Method Coordination, OMC），強調不同成員國文化部門與文化政策機構能動者組成的專家工作小組之間，透過開放性對話與相互學習過程，在明確的政策目標與議題中，以彈性的協調過程與方法尋得最佳的治理實踐模式和工作計畫時程，[29] 或許是一個值得臺灣借鏡的實務經驗。

從研究和訪談實證中發現，目前各部會職司規劃協調的綜合規劃部門，多有人力與規劃專業不足的問題。未來文化部要求各部會進行文化相關法規與措施的盤存，以及文化資源整合的過程中，勢必面臨人才、跨部會資源整合專業能力的問題。面對當代文化事務的跨域挑戰，文化部必須具備「能力」、「自信」和「專業訓練」，前瞻性地將文化理念融入國家政策措施。唯有如此文化才可能逃脫被強勢政治、經濟部門工具化的命運。也唯有文化部積極主動地要求其他部會進行文化相關法規和政策措施盤存，才可能發揮文化的「主體思維」。作為一個傳統的弱勢行政部門，文化部只有透過培養文化人員的跨域專業，才可能贏得經濟部、外交部、陸委會、原民會、科技部的尊重與支持。

---

29 Neil McDonald, Neringa Mozuraityte, Laura Veart and Sandra Frost. 2013. "Evaluation of the Open Method of Coordination and the Structured Dialogue, as the Agenda for Culture's implementing tools at European Union level." Final Report for the European Commission Directorate-General for Education and Culture. Ecorys UK Ltd. July 2013. Available at: https://www.google.com.tw/url?sa=t&rct=j&q=&esrc=s&source=web&cd=1&cad=rja&uact=8&ved=0ahUKEwiPp9zHv4bXAhUK2LwKHd49BQsQFggkMAA&url=https%3A%2F%2Fec.europa.eu%2Fculture%2Fsites%2Fculture%2Ffiles%2Fomc-structured-dialogue-evaluation-2013_en.pdf&usg=AOvVaw3wrsQgQ3W3GdqeO0o9pwiG; also European Commission. "European Cooperation: the Open Method of Coordination." Eureopean Commission Webiste. Available at: https://ec.europa.eu/culture/policy/strategic-framework/european-coop_en. (Accessed Oct. 10, 2017).

　　公共行政相關的學術文獻也指出，欲改善跨部會的政策溝通或協調機制，須由各部會的首長或綜合規劃單位建立專責、常設性的資訊分享與溝通聯絡機制，避免跨部會的協調僅止於消極性、被動性的短期作為；遇有協商的爭議，應進一步將協商的層次拉高到政務委員或院會，並強化部會首長與綜合規劃單位主動協商解決跨部會議題的職能與責任。除了各部會之間的聯絡機制外，必須自更高的政務層次，從院、政務委員或是內閣首長，由全觀政府（whole government）角度進行政策事前的規劃，主動進行橫向協調及各部會意見整合。而政策過程必須盡早納入利害關係人，並活用各種治理工具以及社群媒體強化各部會、府際以及公民社會的溝通，並強化評估與監督機制，以滿足公民社會對政府運作的期待與民主原則（陳海雄、戴純眉2007；趙永茂2008；張其祿、廖達琪2010；朱鎮明、曾冠球2010；朱鎮明2011；朱鎮明2012）。

　　在實質效益上，由於各部會目前都有編列相關預算推動文化事務，為了整合各部會文化支出，達政策統一與有效運用，是否可能透過跨部會協調機制擬訂長期的政策或策略方案，對行政院各部會預算屬於文化支出用途者，進行資源整合、分配，並將相關預算運用納入文化發展會報中決議，真正達到文化加乘的目的，也就決定了臺灣是否可能實現二十二個文化部的理念。目前文化會報委員組成中唯一欠缺的拼圖，則是縣市政府的首長和地方政府代表，目前在會報中仍然停留在列席的角色，而民間可能產生的影響和參與還是相當有限。[30] 文化事務在國家中央層級的橫向協調外，縱向的連結關係，包括中央與地方間針對文化議題協調如何啟動相關程序、人員、資源如何統整，以及中央和地方文化局如何相互支持等，都是文化組織制度變革的重要環節，行政院實在不能忽視。

---

30 為此，2017 年 9 月 3 日全國文化會議中特別規劃了「文化治理焦點論壇」，由社團法人臺灣文化政策研究學會理事長主持，邀請包括中央政府的文化部部長、經濟部部長、教育部次長，地方政府首長桃園市市長、基隆市市長，以及文化中介組織國家文化藝術基金會董事長，就如何健全跨部會、中央與地方、中介組織與民間藝文團體共生協力的臺灣文化治理生態體系進行探討，針對如何有效治理文化資本、文化資源與文化資產的機制策略面交叉提問、對話。

III《文化基本法》與 2017 年全國文化會議：翻轉文化治理？

近年文化政策內蘊之公共性逐漸擴展、公民意識抬頭，國內開始以文化作為臺灣的公民運動，使文化回歸民間之自主與主體性；政府與民間團體於《文化基本法》、文化補助、文化政策體制與法規之推動與變革，也為國內文化治理及生態永續性增添了契機，是一個新的里程碑。文化由大眾共同生活經驗及歷史記憶孕育而成，涵蓋面向廣泛，在具體空間及時間向度中與人密不可分。當前文化已經成為各國政策發展的重心，國家文化部門皆積極發展國家文化策略，並撰擬文化政策白皮書。在臺灣，《文化基本法》的研議與立法過程更是翻轉由上而下文化治理的重要實踐。

在民間文化團體的多方倡議下，伴隨著 2016 年至 2017 年《文化基本法》草案的研議與制定，是文化部於 2017 年兩個並行的重要施政項目：全國文化會議暨文化政策白皮書的研擬。[31] 這個三合一的文化施政計畫嘗試結合民間、第三部門與公部門形成協力治理的網絡，促成更多民間社群的參與，在審議思維下進行文化議題的溝通，透過彼此尊重的交流與交融，讓多樣平權的精神落實在各個議題中。公部門和民間團體希冀在會議和論壇所形成的開放文化公共領域中，形成民間團體自發性文化論壇、文化輿論，強化在地文化團體的民主化深耕與培力，豐富常民文化生活的自主性與多樣性。藉由文化的公共參與使得臺灣的人民成為文化公民，而常民文化生活的核心關懷，則成為文化治理的核心目標，達成翻轉臺灣當前的文化治理體制的理念（圖 2-4）。全國文化會議從分區論壇到預備會議與全國文化會議中，每

---

31 主持人陳志誠，協同主持人林伯賢、廖新田、劉俊裕。「編撰文化白皮書暨籌劃全國文化會議」。文化部委託專案計畫：國立臺灣藝術大學、臺灣文化政策研究學會執行。2016 年 11 月－ 2017 年 12 月 31 日。主持人周志宏，共同主持人王俐容，協同主持人劉俊裕、吳介祥、于國華等。「推動文化基本法立法策略規劃案」。文化部委託專案計畫：國立臺北教育大學、臺灣文化法學會、臺灣文化政策研究學會執行。2016 年 11 － 2017 年 12 月 31 日。

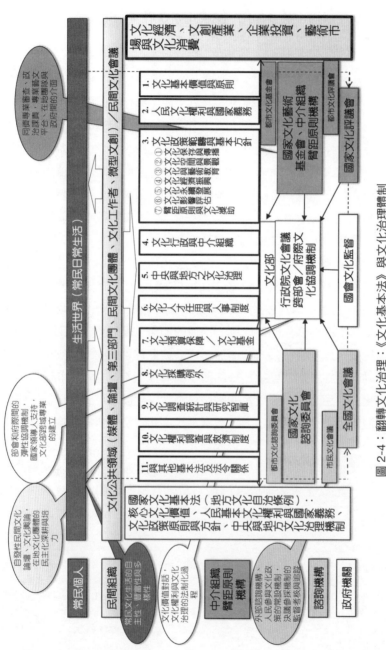

圖 2-4：翻轉文化治理：《文化基本法》與文化治理體制

（繪圖：劉俊裕）

個場次皆安排了《文化基本法》論壇，並針對《文化基本法》草案條文進行意見蒐集與彙整。

文化部於 2016 年 7 月 15 日公告勞務採購「編撰文化白皮書暨籌劃全國文化會議」案，在採購需求及評選說明書中指出計畫目的：「為能擘劃未來文化政策方向，使政府文化資源運用更符合民間需求，提出符合臺灣當前文化生態的具體施政措施，規劃撰擬文化白皮書；並為擴大文化政策之全民參與，廣納各界意見，將籌備全國文化會議，以強化民間討論形成文化共識。」文化部希望透過勞務的委託，於 2017 年 12 月 31 日前完成全國文化會議專屬網站的建置、全國文化會議分區論壇、全國文化會議預備會議、全國文化會議，以及文化政策白皮書的撰擬等重大政策。

此勞務委託案委由國立臺灣藝術大學與臺灣文化政策研究學會擔任計畫執行團隊，計畫秉持「文化公民、審議思維、公共參與、多樣平權、協力治理」的核心精神執行此案。如圖 2-5 所示，在計畫執行團隊的強力建議與規劃下，文化部採納此案的執行機制，由文化部與執行團隊透過「全案審議暨工作會議」與諮詢委員會（學界、業界、社群團體組成）共同組成，討論決定全國文化會議與分區論壇的進行方式與議題方向。計畫執行團隊另有顧問會議與地方文化團體及合作夥伴，協助處理現實政治與科層的相關問題，並以中介機構的角度，協助建構民間文化公共領域。一方面，計畫執行團隊則提供諮詢委員會整合、行政與研究支援；另方面，文化部工作小組橫向整合各業務司協力支持諮詢委員會。「全案審議暨工作會議」成員包括：文化部工作小組、計畫執行團隊三位協同主持人（《文化基本法》、文化政策白皮書、全國文化會議），諮詢委員會召集人與白皮書撰搞人。六大議題與諮詢委員會六大議題架構主要由執行團隊，依據文化部五大施政主軸，整合分析媒體文化輿論與彙整文化相關計畫成果資料，同時參考諮詢委員會建議進行議題架構初步設定。

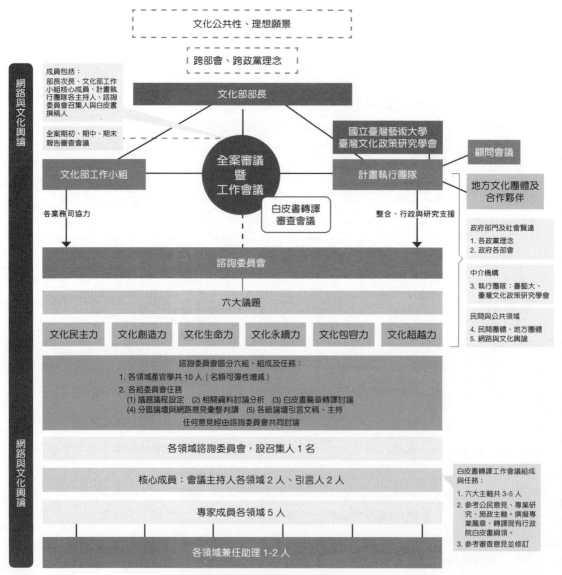

圖 2-5：2017 年全國文化會議暨文化政策白皮書執行機制
（繪圖：劉俊裕、康家禎）

　　諮詢委員會的組成依據文化政策六大議題，邀請來自各領域產官學界共計約六十位。各組委員會任務包括 (1) 議題議程設定、(2) 相關資料討論分析、(3) 白皮書篇章轉譯討論、(4) 分區論壇與網路意見彙整判讀、(5) 各級論壇引言文稿、主持。其中計畫及會議中之任何意見都須經由諮詢委員會共同討論。六組議題諮詢委員會各設召集人一人，文化部業務司司長擔任副召集人，核心成員三至五人。核心成員任務為論壇引言、主持各場次分區論壇、預備會議與全國大會，並於會議中主持、回應與群眾對話。而兼任助理則協助該領域之行政聯繫、並協助持續彙整及提供各項資料文本。

　　透過分區論壇、全國文化會議、滾動式修正文化政策白皮書各分區論壇及全國文化會議均開放公民參與進行討論，執行團隊同時彙整網路公民智囊團之提案意見於諮詢委員會議中進行討論並納入開放議程。所有論壇場次之會議實錄於會後進行彙整並公開於網頁，提供民眾下載，並將民眾論壇意見、會議實錄等資訊，提供至文化政策白皮書轉譯工作，會議進行滾動式擴大修改文化政策白皮書草案。文化政策白皮書轉譯工作會議由諮詢委員會核心成員之一組成，主要任務為參考公民意見、專業研究、施政主軸轉譯現有文化政策白皮書草案撰擬成專業篇章，並參考白皮書轉譯審查會議（由全案審議暨工作會議組成）意見修正。

　　文化治理的翻轉實踐，除了對於文化價值理念的堅持與倡議之外，仍需要文化治理者在治理心態上的轉變，以及治理技術方面的縝密規劃，才可能讓多樣、開放、分權、民主、合夥、協力、參與等文化民主價值，在互動與連結的網絡治理模式得到落實（Dean 2010）。全國文化會議及文化政策白皮書計畫切割為六大執行項目（白皮書書寫、分區論壇、全國會議、網頁設計、行政會議、資訊安全），並得區分為四大區塊：一、全國文化會議網站架設，促使資訊公開、公民提案與意見匯蒐；二、籌劃全國文化會議分區論壇；三、籌劃全國文化會議、組成全國會議諮詢委員會與撰擬文化白皮書工作小組；四、審議思維與協力治理機制，滾動式修訂、轉譯國家文化政策白皮書。從 2017 年 3 月 25 日屏東場次文化會議分區論壇開始到 2017 年 9 月 2 日、3 日在臺北舉行的全國文化會議，團隊不僅整理了會議紀要與會議逐

字稿，同時製作了十五個議題懶人包，逐場次的影音記錄與線上直播、三十支文化風向球訪談影片、634 篇文化輿論蒐集分析、三十多個線上公民提案、四十六篇分區論壇引言稿，以及 2010 年至 2016 年之文化部與轄下機關共計 105 篇研究報告。而文化部也彙整了所有民間提問，並做成「2017 年全國文化會議暨分區論壇意見回應分辦表」。團隊於此次會議規劃中，希冀達成以動態行進與滾動式修正為核心模式，計畫架構與流程如圖 2-6。

　　面對瞬息萬變的全球政治經濟趨勢脈動，以及臺灣社會的種種困境及挑戰，2017 年全國文化會議與文化政策白皮書的目的，在凝聚全民共識，重思臺灣文化核心價值與文化政策的主體性論述，希望據此提出更具整體性、前瞻性，符合社會脈動且務實可行的文化政策藍圖。至於會議議題分為六大主軸，奠基於 2016 年蔡英文總統提出「厚植文化力，打造臺灣文藝復興新時代」的文化政見，以及文化部部長鄭麗君提出的「21 世紀臺灣文化總體營造」和五大施政理念為基礎，經由諮詢委員會議及審議工作會議討論，擴充為六大文化政策議題主軸，[32] 包括：

---

32 從文化部 2016 年既定的五大施政理念，轉換為融合執行團隊與諮詢委員意見的六大會議主軸，見證了一個文化部與執行團隊就議題設定與機制建立之間艱難而辛苦的磨合過程。2016 年 11 月到 12 月間的協商過程，除了涉及部長、部門業務司的意志主張外，也涉及文化會議價值思維邏輯的辯證調和，學術與第三部門專業意見是否可能在工作機制中被參採，當然也關乎文官體制中機構權力、機制、程序和流程間認知差異與位置關係的協調、溝通與相互拉扯。經過多次會議與書面主張、對話、交互辯證與數週的停滯後，部長與業務司於 2016 年 12 月的工作會議中決定參採執行團隊與諮詢委員對議題設定與執行機制的建議。會議主軸期待臺灣未來可以跳脫過往以文化作為國家競爭力、軟實力、影響力或控制力的工具性思維，轉而迎向豐富民眾日常生活價值內涵的積極作用力，包括：能參與文化公共領域並對話交流的「文化民主力」；能支持藝文自由創作表達，同時能理解藝術文化所展現的美感關懷與人文感動的「文化創造力」；能延續地方文史資產生命意義，為文化扎根的「文化生命力」；能使經濟利益成為挹注文化創作活水，平衡整體文化生態發展的「文化永續力」；能促進社會族群多樣生活面貌相互理解，融攝國際異質文化的「文化包容力」；以及能結合人文科技，開展文化未來跨域多樣可能性的「文化超越力」。文化部。〈2017 年全國文化會議六大議題〉。2017 年全國文化會議網站。網址：http://nccwp.moc.gov.tw/main_issue。（檢索日期：2017 年 8 月 10 日）

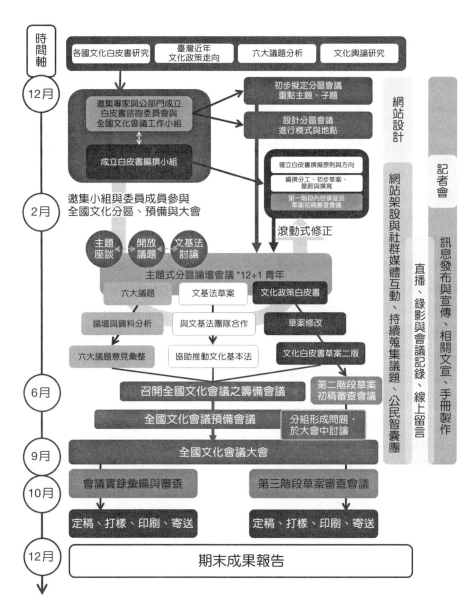

圖 2-6：2017 年全國文化會議暨文化政策白皮書計畫流程
（繪圖：柯惠晴）

一、推動文化治理變革與組織再造（文化民主力）。

二、支持藝文創作自由與培植美感素養（文化創造力）。

三、連結土地與人民歷史、文化保存與扎根（文化生命力）。

四、文化經濟與文創產業生態體系的永續（文化永續力）。

五、文化多樣發展與交流（文化包容力）。

六、開展文化未來：創造文化科技、跨域共創共享（文化超越力）。

2017 年 9 月 3 日文化部鄭麗君部長就六大議題的民間與公部門意見彙整，提出具體結論回應，[33] 並在 10 月 12 日新任行政院院長賴清德首次主持的行政院文化會報中，提出全國文化會議六大議題形成的五十項具體結論，五十四項總結報告及具體回應：包括建立文化治理法規體系；推動組織再造及設立中介組織；研議建立文化影響評估機制；透過文化體驗教育，深化青少年文化內涵；訂定文化科技施政綱領，培育跨域與中介人才；強化文化資產法令效能，系統性保存公有文化資產；催生文化內容產業生態系、建立文化金融體系；落實文化平權、辦理常態性文化論壇，讓民眾有更多機會參與文化討論；充實文化預算等。文化治理論述本來就涉及權力、機構、程序、位置、專業知識、制度、法規、技術以及資源配置。接續部長論述，從次長到各司與各科之間，以及部內跨司文官體系具體的政策、措施、計畫、方案，目前仍未見到各業務司明確的相應計畫與細部論述。各司之間文化政策的整合方向和立場，以及實質政策措施與行政規劃也未見清晰接軌；也因此文化策略面、戰術面仍顯得分散而難以系統化聚焦。這些施政的目標和會議具體結論都有待透過《文化基本法》的條文內涵獲得法制化落實。

---

33 文化部。〈2017 年全國文化會議全國大會文化部回應與政策說明〉。2017 年全國文化會議網站。網址：https://jumpshare.com/v/TUqUigDVdH13jnFEU0VG。（檢索日期：2017年 10 月 10 日）

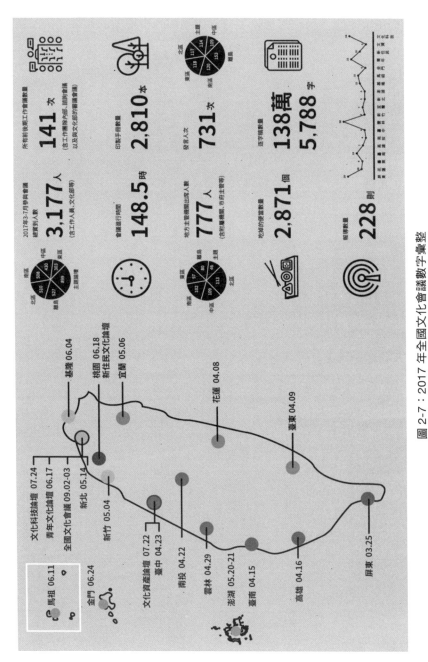

圖 2-7：2017 年全國文化會議數字彙整
（資料來源：2017 年全國文化會議執行團隊）

　　文化民主價值理念的落實除了執行機制與時程框架的規劃之外，更是各個場次論壇之間的策畫、聯繫、網頁、文宣、設計、懶人包、場地布置、會場接待、管理、會議手冊印製、會議記錄、攝影、文件上載、諮詢委員會議、工作會議、訂飯店、搶火車票、訂餐點、跑公文流程、經費核銷等等文化治理的微端技術細節。藉由網路、媒體和數位科技的應用，2017 年全國文化會議的過程中共召開過 141 次工作會議，全臺共有 3,177 人參與分區論壇（大會約有 1,000 人次），發言人次為 731 次，會議時間為 148.5 個小時，印製會議手冊 2,810 本，會議共整理 138 萬 5,788 字逐字稿，當然與會者也吃掉了 2,871 個便當（圖 2-7）。當代文化治理技術翻新的重要性，絕不亞於文化治理理性與態度的轉變。治理者內心所蘊藏的雄心壯志、情感和直覺，都必須透過互動式的治理技術來明確表達，根據可以檢證的事實或資料，工具手段的邏輯性選擇來落實（Kooiman 2003: 172）。價值、知識與技術都是實踐體制的混合體，價值和手段的接和，與公務人員、專家的專業知識、實務知識等，共同形成了統理理性的一部分。因此與其將實踐技術視為價值的表達，更重要的是質問各種治理的理性中，價值如何運作，而又如何與不同的治理技術連結（Dean 2010 [1999]: 45-46）。

　　筆者認為，《文化基本法》立法的價值與意義，除了法律的實質內涵與影響之外，最重要的就是藉由《文化基本法》諸多核心議題的討論，促進臺灣人民對於文化公共事務的理性辯論和積極參與，在臺灣社會形成更強而有力的文化公共領域，持續地為臺灣的文化價值、政策和輿論，匯聚民間能量、凝聚共識。全國文化會議或文化國是論壇的進行，雖然在實質議題上未必能夠獲得最專業而適切的務實解決方案，但卻有助於促進全民參與文化公共事務的理性思維、能力與態度（劉俊裕 2013：100-101）。文化會議既是臺灣文化治理與文化民主的典範，就應該是公、私部門、跨世代、跨階層之間相互尊重、彼此理解的。沒有犧牲假期幫忙遞麥克風、發名牌和便當的年輕一代文化新血，文化部門基層人員，以及對文化具有高度熱忱的會議會展界的專業夥伴的細部實務規劃和執行，撐起全國文化會議和分區論壇的舞台，就沒有各地豪傑或是位居高位的部會、地方文化首長與文化機構領導人，訴盡文化理想、公事情懷以及理念辯證的可能性。

文化治理與文化經濟論述

||| 當代文化經濟論述的問題化

||| 文化與經濟的一體與斷裂：
東、西方道德經濟與政治經濟學傳統

||| 經濟作為一種文化：
文化經濟知識體系的重新縫合

||| 文化與經濟價值邏輯的揉合：
對立？滲透？互為主體？

||| 文化價值與經濟價值的再辯證：
資本主義與文創產業作為一種跨國文化形式

||| 文化經濟模式的階段性轉變：
當代文化經濟的價值典範轉移？

||| 文化經濟生態體系的永續性：
邁向一個更寬闊的文化經濟價值衡量框架

III 當代文化經濟論述的問題化

托瑪・皮凱提在《21世紀資本論》中指出，「財富分配是當今最能引起廣泛討論和熱烈爭辯的議題之一。」然而，關於財富分配，「是否真如19世紀馬克思所深信，私有資本累積的慣性必然導致財富與權力愈來愈集中於少數人的手中？還是如同20世紀顧耐志（Simon Kuznets）所認為的，經濟成長、自由競爭與科技進步等平衡力量，將會在經濟發展的後期階段減低財富分配不均，使社會較為和平穩定？」[1]（皮凱提 2014：7）這個提問到了當代，似乎在全球社會中都快速地蔓延開來，而臺灣社會也難以置身於潮流之外。皮凱提認為，「長期以來，財富分配問題受到經濟學家忽略，一方面是因為顧耐志的樂觀結論所致，另一方面則是因為經濟學界太偏好使用所謂『代表性個人』（representative agent）的過度簡化數學模型。」世界的經濟或許依然持續緩步地成長，但社會階級之間貧富懸殊的差距卻不斷地拉大。也因此我們相當同意皮凱斯的呼籲，必須要「讓財富分配議題回到經濟學研究的核心」（皮凱提 2014：21-22），更要成為當代「文化經濟」與「文創經濟」研究的核心。

哈佛及哥倫比亞大學教授傑佛瑞・薩克斯（Jeffrey D. Sachs）在《文明的代價：重新喚醒美國人的德行與繁榮》一書中也對美國當代社會提出深刻的反省，認為追求繁榮、效率、正義、永續，沒有白吃的午餐，而文明的社會必須承擔起這個代價。當市場看不見的手失靈，金權的黑手趁機囂張肆虐，政治淪為服務利益團體的工具，經濟變成為富人量身打造的提款機，造成社會貧富不均、公益淪喪、短視近利、基礎建設凋敝、環境惡化。政府

1　皮凱提在書中明確地點出 21 世紀資本主義內在邏輯的根本矛盾：「以私有財產權為基礎的市場經濟本身具有強大的趨同化力量，特別是知識與技能的傳播；但市場經濟也具有強大的趨異化力量，可能對民主社會和它的社會正義價值基礎造成威脅。主要的破壞力量，與私有資本報酬率 r 可能長期高於所得和產出的成長率 g 有關。r ＞ g 這項不均等意味著過去所累積的財富，其增生速度高於產出和工資成長的速度。這項不均等展現出一種根本的邏輯矛盾。企業家不可避免具有轉變成收租者的傾向，並對一無所有、只能靠勞動過活的人，擁有愈來愈大的宰制力量。」（皮凱提 2014：556-557）

和市場必須相輔相成，缺一不可，而金字塔頂端 1% 鉅富的公民責任，以及其餘 99% 無權勢群眾的公民力量，才是導正市場機制與政府機能的關鍵，也是重建經濟正義，再造效率、公平、永續社會的契機。全球文化經濟的時代，必須重新反思跨國資本主義的文化邏輯。只有創造出一個有心有感的社會，使每個人重視自覺和節制、同情他人，才能破除經濟社會階層、族群、宗教和地理的隔閡，只有回歸私德與公民道德繁榮才能失而復得（薩克斯 2013：19、29）。

將「文化」與「經濟」概念「問題化」的過程，並不是希望將經濟和文化簡化地置於一個二元對立的思維架構下，更加激化矛盾的問題。文化與經濟的關係確實並非那麼界線分明，而容許研究者一刀切割。問題化的目的，是希望透過這個過程中所呈現的種種矛盾現象，抽絲剝繭地釐清當前臺灣文化經濟政策論述所面對的現實困境與問題癥結。在晚期的資本主義社會中，文化與經濟已經是一個難以切割的整體，無論文化經濟、美學經濟、文創經濟、文化市場，或者藝文場域中的財富分配、獲利循環與公平正義等等問題，背後都涉及了長期以來文化與經濟價值在臺灣社會中深層而互為主體的邏輯辯證關係；涉及了文化與經濟價值形成過程中，繁複糾結且相互滲透的社會脈絡關係；也涉及了歷史情境中，文化與經濟價值邏輯特殊的階段性轉變過程。面對目前文化經濟與文化治理深層的結構性問題，究竟該以什麼樣的論述框架，從現實面、價值面、論述面以及文化政策與策略方向，重新架構梳理文化經濟的思維理路。

本章及第四章主要的目的，即希望透過東、西方學界，歷史與當代文化經濟的論述思維的整理，析論在當代國家，特別是臺灣的文化經濟政策與治理體制中，是否可能發展出所謂「文化為主體」的「經濟」論述，進而在當前資本主義、市場經濟邏輯掛帥的主流社會中，重新尋求一種「文化與經濟互為主體」的相容論述？筆者認為，文化經濟的生態體系論也許是一個更能兼容各種能動者價值、行為，讓文化生態體系中的各個能動者找到共生、共榮、共存的位置，以及相互滋養、價值循環的方向。

III 文化與經濟的一體與斷裂：
東、西方道德經濟與政治經濟學傳統

　　明清以來經濟之學的文化道德經濟傳統（14-20 世紀初），以及西方上古、中古世紀經濟思想，乃至古典經濟學或政治經濟學（亞當・斯密《國富論》、馬克思的《資本論》）也許是反思當代資本主義文化經濟後設價值辯證一個有用的切入點。西方新古典經濟學的個人自利原則、自由主義、市場供需原則，著重專業微觀經濟學邊際利益、成本、獲益的計算，使得現代經濟學與倫理問題、財富分配問題逐漸產生斷裂。至於當代的文化經濟學的重要課題，就在於如何使文化與經濟的邏輯斷裂與矛盾，以及過往道德經濟與政治經濟學中社會文化關懷的重新縫合。

　　「經濟」一詞在中文語彙的傳統中，一直蘊藏著深層的後設道德論述，也就是所謂通經致用、經世濟民的意思。儒家將道德教化視為執政者的基本職責，強調當權者必須推行仁政，解決百姓的生計，也因此在明清以來，出現了一系列的「經世文編」或者「經濟文編」，及所謂經世之學。金觀濤和劉青峰對現代的「經濟」一詞曾做過一番觀念史的考證，他們指出西方的 Economics 在 1885 年 W. R. Chambers 編撰的《佐治芻言》（*Political Economy*）一書中首先被譯為「伊哥挪謎」、「生計學」或者「計學」。1888年《皇朝經世文續編》中的洋務 economy 則被歸在「富強」一類。清朝當時的知識分子對西方所謂國富兵強，經常帶有負面的意涵，因此在儒家知識傳統中是不可能把 economy 翻為「經濟」的。在 1895 年甲午戰爭以後，知識分子開始使用「經濟」、「經濟學」來代表 economics，這雖然與日本（在很早期之前經濟一詞便脫離了道德的意義）使用「經濟」一詞譯文有關（甲午後重視日本經驗），但中國知識分子在思想史中，確實曾經產生過反覆的辯證與修辭變化。張之洞談到科舉改革曾主張「中學經濟」，用來包括中國史事、本朝政治論，而「西學經濟」則涵蓋西方各國政治、兵制、學校、財賦、商務，當時的「經濟」一詞仍延續著明清以來經世之學的傳統。1901年「經濟」特科中，本來「經濟」經過創造性詮釋後，包括了整肅吏治、改

科舉、辦學堂、練新軍、譯西書、整頓稅制、節財政、鼓勵工商等內容，或者政治、軍事、經濟、教育、科技改革五大類。到了 1905 年新政期間，政治、軍事、教育和科技四類都成為與中學無關的西學，從廣義的「經濟」獨立出去，只剩下「理財、稅收、節用、獎勵工商業」等屬於經濟一類。清末「經世濟民」的內容不斷狹窄化，最後只用於指涉 economy 了。而 1915 年開始的新文化運動，極大幅度地改變了中國知識分子所認同的社會組織藍圖，也衝擊了把社會視為由儒家倫理所組織起來的理想，更使得「經濟」一詞與道德脫離關係，具備了現今中文裡「經濟」一詞（金觀濤、劉青峰 2003）。換句話說，當代中文的「經濟」一詞脫離道德的意涵，而專門指涉所謂的人類和市場的生產、供需的行為，是相當晚近的事情，明清時期傳統「經濟」的概念更接近西方的「道德經濟」與「政治經濟學」。

在西方從舊約《聖經》開始對於利率和借貸就持負面的態度。古希臘時期的柏拉圖、亞里斯多德，都曾提及勞力分工、專業化、金錢、交換、價值、自利、財產的管理和公共行政的議題。中古世紀的修道院的學士如 Thomas Acquina（1225-1274）也常對公平的價格、利息和利率、自然法表達過看法，而基本上從《聖經》的作者們、亞里斯多德、教會的教士和學士們，都反對收取借貸利息，認為錢就是一種教化的工具，而靠金錢來孳息賺錢多被視為是貪婪和違反自然的。西方從希臘到中古世紀的經濟思想大多是規範性的，關切的是倫理與公平正義的議題，而不是經濟現象的因果效率的問題。他們大多試圖將貿易和其他形式的交易行為，所牽涉到的私有財產權和金錢的累積等議題，納入莊園和宗教的規範之中，生產和分工雖然曾被討論，但並不是非常重要的事。縱使如柏拉圖的《理想國》（*Politics and Ethics, The Republic* c. 370 BC）中企圖分析性地思考這些問題，但背後道德的論調依然比分析更為顯著。16 至 18 世紀現代民族國家崛起時，重商主義（Mercantilism）成為主流的經濟思潮。法國重農學派思想家 Marquis de Mirabeau（1715-1789）首先用重商主義（système mercantile）來指涉一個國家的核心政策，主張國家應當像商人一樣，透過與其他國家的貿易獲取最大化的利潤，增加國家的財富，特別是當權者與商業菁英的財富，而經濟、

貿易和保護主義應當用來增強國家的力量。重商主義的諸多論點，至今仍是管理和政策辯論中，關於國家經濟「競爭力」的核心論點，認為國際貿易是市場佔有率和工作機會爭奪的零和遊戲，一個國家的獲利就是另一個國家的損失（Sandelin, Trautwein and Wundrak 2008: 3, 7-10）。

亞當・斯密的《國富論》（*Wealth of Nations*）就在這個脈絡中對重商主義提出嚴厲的批判，認為國家和政治的力量應當減少對市場的介入和干預，回歸個人自由意志的選擇。經濟的運作乃是奠基於人類幾個重要的特徵：人們自私和自利的本性是社會進步的根源，而人類天生喜歡進行交易、喊價、以物易物的傾向，則是形成勞力分工的原因，至於專業化的勞力分工，則造成了生產的大量增加。亞當・斯密被稱為現代經濟學之父，當代新自由主義（neo-liberalism）市場經濟學者更極力主張國家和政治力量，應盡量降低對國內經濟的干涉，以及對於商業行為和財產權的管制，讓經濟和市場回歸內部自然形成的供需平衡秩序。但在對外政策上，新自由主義則仍常利用政治、經濟、外交壓力或是軍事介入外國市場，透過國際經貿組織和條約對其他國家施加多邊的政治壓力。這不但忽略了亞當・斯密《國富論》成書時，針對西方民族國家透過政治與武力作為後盾，爭取國家貿易利益的重商主義批判，也忽視了在《國富論》中，亞當・斯密對於市場經濟勞力分工除了可以大幅提高生產力外，也將導致勞動者的悲觀景象，他指出（Smith 1776, Book V, Chap. 1, Part 3.）：

> 大部分勞動工作者都被限制在幾個非常簡單的動作中操作，且經常是一個或兩個動作⋯⋯所以一個人⋯⋯可能變得無比笨拙又無知。勞力分工不僅會損害人的心智能力，更可能傷害一個人的身體和行動，使他沒有辦法運用或者保留他的氣力在其他聘僱的勞動工作上，而只能運在他被指派的工作上⋯⋯儘管勞力分工提升了所有人的物質生活條件⋯⋯但卻傷害了勞工的心理和生理狀態。

更少人提及亞當・斯密在《國富論》之前所出版的《道德情感論》（*The Theory of Moral Sentiments*, 1759），書中除了對於自私情感的分析外，更深

入探討社會內部的同情心與同理心，社會公平、正義感，以及仁愛、道德和美德，並且提出社會崇拜富貴與歧視貧賤對道德情操造成的敗壞等等，這些都是經濟行為和財富分配可能涉及的道德面向（亞當‧斯密 2006 [1759]）。

德國社會學家韋伯則將西方資本主義的興起與歐洲新教倫理的宗教改革緊密聯結，強調新教徒勤奮工作和入世禁欲的天職觀，為財富獲取與資本的累積提供了道德的合理性與正當性，對於西方資本主義的興起產生相當顯著的影響。而新教徒入世理性的經濟行為（包括理性的運用資本和資本化的勞力組織）等，[2] 專業的分工和科層化的經濟組織，在西方現代化過程中逐漸與宗教的倫理或榮耀上帝的天職觀脫鉤。文化發展的最後階段，資本主義社會由一群沒有情操、沒有真心的專家主導，使得現代企業和國家轉向永無止盡的金錢攫取與無情的資本積累（Weber 1992 [1930], 58, 89-90）。而歐洲在海外從事商業行為與國家進行政治經濟決策時，所採取價值中立而無需考量道德負擔的市場計算與獲利邏輯（用韋伯的話說，為了獲取和累積財富與權力，有意識地展現出一種絕對無情的態度），資本主義是西方新教改革所引發的一個非預期，甚至不可欲的歷史偶然和結果，但卻無情地由歐洲向世界各地擴散。在早期歐洲以外其他地區的國家官僚體系、仕紳，甚至商人階層中，都未曾找到過這樣行為的道德合理性，更遑論是制度的正當性。

康德認為人們之所以追求善的普世道德基礎及必要性，就是為了善的追求本身，而不是為了社會的磨練、實踐，或者其他任何世俗的目的。韋伯對於價值理性行為的探討，人們為了某些終極的價值目的而犧牲若干社會與個人的成本，也是康德式的命題之一（或者最高階的文化經濟學者）。不過，康德將終極目的的存在等同於一種普世道德責任所指導的完整道德人格，跟韋伯採取的歷史與人類學取徑是大不相同的。對韋伯而言，文化的利益與能力並非一種普世道德人格的表現，而是特定歷史倫理或多重的生活秩序所創

2　韋伯的西方現代性、理性化論述，認為在專殊化的社會經濟體系中，以目的－手段、權力－利益、自利行為、利益計算取向為邏輯的工具理性思維模式，取代了以人性的價值與意義為核心的批判理性。經濟的成長以及國家組織的成功，更使經濟與官僚行政管理的現代性思維標準，深深地滲透到人們日常生活經驗之中（Weber 1947: 112）。

造的。因此價值理性行為的目的是奠基於多重或特定的制體：宗教的、法律的、經濟的、美學的等等，價值理性行為的終極特質也就是秉持著這些特定制體的熱忱。相對而言，韋伯的歷史與人類學取徑無法通過形式與實質理性行為（或者本真性或工具性導向行為）的區隔分析，因為價值理性（文化生活）與工具理性（經濟生活）的形式取決於太多的特定歷史情境與歷史偶然的變項，因此難以形成理論性的區隔。舉例而言，在現代早期的社會中，理性的經濟行為或者自利行為，卻成為支持歐洲宗教戰爭的災難性情感工具（所謂完整人格）（du Gay and Pryke 2002: 10-11）。文化經濟有別於狹隘的經濟科學，它涉及種種人文價值理念、道德經濟與政治經濟學的命題辯證。

在自由主義經濟邏輯掛帥的當代，國家的政治力量或行政措施對於文化經濟和市場介入的正當性，只能建立在文化作為福利經濟（welfare economy），或者公共財（public goods）、殊價財（merit goods）的基礎上。國家的文化經濟政策除了透過文化符碼的詮釋與創造過程中，賦予文化活動實踐的條件之外，同時也提供文化活動的物質生產基礎。歐布萊恩引用布迪厄的觀點，認為文化是統整的，國家透過不同符碼、語言、法律的整合，以及不同溝通形式的同質化過程（包括官僚體系的表格訊息傳遞等溝通）整併了文化市場。藉由規範於法律、官僚程序、教育結構與社會儀式等分類系統，國家形塑了人民的心理結構，並且將共同願景與分類的準則，文明與野蠻的思考形式，建構成民族認同與特質（Bourdieu 1994: 8）。而自由主義經濟下的國家機制與公民／消費者間的關係形式，則忽略了某些公共財內在良善的本真價值，因此使得文化政策進退維谷。政府內化了市場化的決策和評量形式，以此作為國家最有效力、最經濟和最高效能的運作基礎。而在文化政策上，對於文化特殊性、美學判斷，以及種種肯認非經濟形式價值的主張，在這個現代國家政策典範的強勢經濟邏輯中，卻反而都變得次要了（O'Brien 2014: 10, 139）。

相應這個辯證脈絡，皮凱提認為「經濟科學」這個詞彙感覺非常傲慢，因為似乎經濟學已經達致比其他社會科學更高的科學地位。他特別喜歡「政治經濟學」這個說法（皮凱提 2014：559）：

　　這表達了經濟學與其他社會科學唯一不同之處，也就是它在政治上、規範上、道德上的目的。從一開始，政治經濟學就尋求以科學的方式，或者至少是理性、有系統、有方法的方式，研究政府在一個國家的經濟與社會組織中的理想角色是什麼。政治經濟學問的是：什麼樣的公共政策和制度，會帶領我們更接近這個理想社會？這種研究善與惡的大膽抱負 —— 這方面每個公民都是專家 —— 可能會讓一些讀者發笑。……社會科學研究者太容易將自己抽離公共辯論和政治對抗，……社會科學研究者就像所有的知識分子和公民一樣，應該參與公共辯論。……長久以來，經濟學家試圖用他們自認為科學的方法來替自己定位。事實上，這些方法過度使用數學模型，經常只是為了佔據地盤、掩飾內容的空洞。一直以來我們把太多精力浪費在純粹理論性的推測，卻沒有明確的經濟事實要解釋，或者社會與政治問題要解決。

　　經濟學或經濟科學以社會科學「價值中立」或者「無涉價值判斷」的姿態進場介入文化場域，使得文化與經濟在殊異的場域規則下交疊，則更凸顯其矛盾。文化與經濟的分割是不成立的，但單向的試圖以經濟邏輯來整併文化邏輯也是難以達成的。

‖ 經濟作為一種文化：文化經濟知識體系的重新縫合

　　事實上，在國際政治經濟學的脈絡下，無論市場導向的文化政策或者社群導向的文化政策，都具有其後設的價值判斷。市場導向的文化政策後設的價值，是對於個人主義、利益、自由市場、福利經濟，以及個人品味和選擇的重視。文化商品和活動的價格反映了消費者對他們認定的價值，而個人則依據他們自己的福祉而行為。在這些前提下，政府只有在市場失靈（市場沒有辦法對資源做最適當的分配）的狀況下，才有理由對自由市場進行干預：例如導正市場供需資訊的不對稱、文化商品作為公共財與殊價財的主張、市

場的外部性效益、前衛或實驗性藝術的補助、藝術的延續與世代接近藝術管道的保存、弱勢族群接近藝術文化的公平性。至於社群導向的文化政策則強調一個群體的藝術過程，或者生活方式，而文化產品則是展現群體文化表達的形式。其後設的價值包括國族、區域、地方或者社會認同；保障社群或群體選擇共同的、最好生活方式的自由；社群文化的繁榮與社會公共的藝術，對個人知識、道德、精神特質發展的正面影響；公共領域中文化發展的生產、分配和消費機會均等；以及群體創意、社會本真價值的藝術實踐等等（Owen-Vandersluis 2003）。

　　從過往文化與經濟的斷裂，到當代「文化經濟」試圖將文化與經濟重新縫合，我們必須釐清文化經濟與文化的經濟科學這樣的技術性經濟學分析是截然不同的。du Gay 與 Pryke（2002）對於文化經濟的論點值得我們用一點篇幅來整理與思索。他們認為，從事「經濟學」和從事「文化經濟」是兩種不同的實踐，經濟學的目標是在忽略和遺忘它們的文化或社會組成條件的狀況下形成的。經濟學代表的是依循著一種客觀、中立的描述與計算語彙，作為決定個體行為前提的特質；而從事文化經濟意味的，則是一種將經濟學視為一種形塑行為方式或者行動實踐的論述，並且以此作為決定個體行為的原因。冰冷的經濟學不應和文化經濟混為一談。不過在當代經濟依然可能被視為一種主流文化，因為經濟知識與經濟論述已經在現代社會理性組織中建立了其合理性與正當性。在社會科學中，關於知識、理論以及對經濟與組織生活的理解，文化同樣具有意義深遠的詮釋力量。

　　這不只是學術性地詢問人們在經濟過程與政治、社會機構中，如何計算他們行為方式的文化問題，更是涉及事務與行為關係語彙與理解的翻轉與重組。文化轉向不再將市場或公司視為一個無需解釋、獨立而先驗性的存在機制，而是經過反覆論述、描述和行動形塑後所構成的產物。這裡說的不只是市場和組織是附著於特定社會文化脈絡的社會建構，更是認為經濟論述——包括學術上的經濟學，以及會計、市場、財務等等綜合的學科，形式化、框架化了市場、經濟和組織的關係，經濟論述實質地建構了這些關係，而不只是像上帝之眼，單純地觀察或者描述這些關係。想一想我們所謂

的「經濟」，很自然地我們必須先問自己，經濟的主要組成元素是什麼？它們彼此如何關連、如何運作？換言之，在我們試著去管理所謂的「經濟」這個個體之前，首先必須將「經濟」概念化，或者再現為一組可供管理的程序和關係。因此我們需要一個經濟的論述，而這個論述必須依附在一種特定的再現模式之上：一種語言和一組技術的闡述，使我們可以具體地構思一個實體，同時用特定的方式來建構它，這樣我們才能解釋這個實體，也才能對它採取行動。經濟論述不單單只是一種信念、價值和象徵，更是一種再現和技術（也就是文化）實踐的形式，經濟論述構成一個形塑及框架經濟行為的空間。「經濟管理」的技術不是自然生成的，它們必須要被發明、穩定化、改善，以及再製，也必須被傳播、植入不同地點的各類產業實踐中，以形成企業文化（du Gay and Pryke 2002: 2, 6, 8）。

相對地，文化也可能成為經濟組織和企業內在的運作邏輯，或者成為省思批判既有經濟組織行為的價值知識。掌握經濟與組織生活的文化觀，並不排除一個人提出強烈的經濟學主張或立場，包括理解市場如何形成、商品與勞務如何行銷，或者解釋會計科技如何轉變組織經營的意義與現實等等。當代企業與組織的「文化轉向」有許多不同形式，例如，在公、私部門中資深的管理階層開始訴諸「文化」的手段，試圖改善組織的表現。這樣的文化轉向特色在於強調重新生產工作的意義。當前企業之所以對「管理文化」產生興趣，前提在於組織認知到所謂「理性的」、「機械式」或者「科層式」體系，已經系統性地摧毀了人們工作的意義與創造力。為了在全球化、知識經濟導向的趨勢中更有效率地競爭，組織和企業的當務之急就在於扭轉這個價值流失的取向，為人們重新找回工作的意義，並且重新釋放企業和員工的創造力。文化被賦予特殊的位置，因為它在組織中對人們思考、感受和行為方式的結構化，扮演著重要的角色。為了創造對於企業競爭有利的生產氛圍和條件，管理階層認為最有效率或最優秀的組織文化，就是一套能激發個人自我實踐能力，同時使員工的行為服膺組織發展目標的習慣與技術，這也意味著文化與經濟在當代再縫合的轉向和契機。微觀的經濟管理和宏觀的經濟管理一樣，如果服務的生產、消費和管理與組織是密不可分的，那麼，對於

市場交易程序理解的形塑或框架，很明顯地與服務提供者、消費者之間的關係，以及他們的人際關係、連繫脈絡同樣難以區隔。大量的計算技術與科技的出現，都是為了透過經濟知識和其他文化實踐形式的微妙交融，讓生產者具備更好的能力，來架構和理解這樣的服務關係（du Gay and Pryke 2002: 1, 3, 10-11）。

　　基特更指出，市場對於價值的認定有它的侷限性。為了要理解一個物品或者活動價格和經濟價值，人們必須獲得充分的資訊來判斷，物品或活動可以怎麼對他們的福祉或幸福感產生貢獻，這也就是經濟學家所說的功利性。在經濟學，表達功利性的方式是價格。但人們必須對於什麼是好的生活有些願景，一個經濟決定可以對這樣的願景有什麼助益，才能判斷一個物品或經濟行為的功利性。而文化商品的特色就在於它們直接或間接地展現或探索人類幸福感的各種可能性，文化商品的重要性在於它們提供觀眾或消費者一個管道，從文化商品來反省他們對於價值的判斷能力（Keat 1999: 102, cited from O'Brien 2014: 139-140）。

　　我們很容易遺忘經濟政策的終極目標：也就是人民對生活的滿意。如果一個國家以人民的幸福為著眼點，這樣的目標應該屹立不搖。近年來，我們已經有更多衡量幸福的指標。世界價值觀調查（World Value Survey）與蓋洛普國際組織都是這方面的先驅，提供許多衡量主觀幸福的方式。人類發展指數則結合了經濟指標與社會指數（包括識字率、就學率與人民平均壽命），讓人從多方面瞭解一個社會的幸福程度。世界上最認真評估、促進人民幸福的國家就是不丹，政府成立全國人民幸福委員會利用一系列的方式來量化、追蹤全國人民的幸福。他們將人民幸福分為九個層面：心理健康、時間運用、社區活力、文化、健康、教育、環境的多樣性、生活水準以及政治。OECD 在 2004 年推動全球社會進步衡量計畫，歐盟、法國也設立了委員會和一套新的指標，英國政府也於 2010 年宣布將每年進行人民主觀幸福感的監測與調查（傑佛瑞・薩克斯 2013：236-239）。

III 文化與經濟價值邏輯的揉合：
對立？滲透？互為主體？

重回文化價值邏輯與經濟價值邏輯的辯證，Hutter 與 Throsby 梳理西方文化價值與經濟價值的歷史關係辯論指出，早自柏拉圖與亞里斯多德的哲學就展開了。古典思想中主張，人們應當透過崇高或神聖的歡愉經驗，去追求至高無上的價值，而藝術的經驗在追求這個高懸目標的過程中，只扮演著低微的角色，至於經濟或商業的行為，作為一種現實的藝術，層次就更低了。直到 17 和 18 世紀，透過一群英國知名學者如法蘭西斯・哈奇森（Francis Hutcheson）、大衛・休謨（David Hume）、亞當・斯密等的努力，現代美學和經濟思想才得到確立。他們都區分了與個人利益無涉的美感經驗價值，以及自利、自愛的物化價值。美學的價值來自於崇高的思想層次，明顯佔有優越的地位，至於經濟價值則基於個人歡愉經驗的滿足，因此只有從屬地位。即使道德上地位卑微，追求最大化的功利卻建立了個人消費與公共行動的合理性。19 世紀中葉，經濟和美學哲學產生明確的分野，經濟學家如 W. S. Jevons 為功利性和身體感知奠定了強而有力的論述基礎，同時為市場價值（價格、交換價值等）的決斷提供了充分而共同的基準。而美學理論則與非藝術的世界分隔，從黑格爾開始，美學哲學家們將重心限縮到美學藝術上，主張藝術作品在提升精神與整體的真實上，扮演著優越的角色。20 世紀美學與經濟的價值的區隔相對延續，阿多諾堅持藝術的自主，G. E. Moore 主張要立足於道德的良善，維根斯坦（L. Wittgenstein）的語言理論則奠基於「文化品味」，Gadamer 強調真理，而 Budd 則力主藝術經驗的本真價值。在經濟學的發展上，貨幣的價格被視為交易過程中各種主觀與客觀變項交匯的公平結果，價格與價值在新建構的科層體制中成了同義詞，而在這個世界的邏輯中，文化與藝術的價值被視為一種主觀的分類，被劃出了科學追求的範疇之外。Debreu 則經典性地將「價值」界定為「市場價格乘上商品的數量」。1970 到 1980 年代的經濟與文化價值辯論中，「經濟學」從文化商品的享受、消費與功利性和藝術作品的價格探討中，主張藝術的品質可以完全在

市場中表達，美學價值如同經濟價值一般，可以清楚地被標示，而價格則是美學價值最可靠的指標（Hutter and Throsby 2008: 1-3）。

　　布迪厄（P. Bourdieu）則認為，相對於經濟場域的邏輯，藝術文化場域的運作規則，幾乎是一種逆反的價值與思維邏輯。[3] 在高度分化的社會裡，世界是由大量具有相對自主性的社會小世界構成的，每一個子場域都具有自身的邏輯、規則和常規。藝術與經濟場域都遵循著它們各自持有的邏輯，而藝術場域正是透過拒絕或否定物質利益的法則而構成的（布迪厄、華康德 2009：158）。藝術場域的規則排除一般企業對物質利潤追求的商業經濟法則，藝術人拒絕保證藝術的投資與所有形式的金錢回饋之間具有任何關聯性；藝術場域貶低榮譽與一時的名氣等政治權力法則；甚至排拒學院訓練、

---

3 布迪厄的「場域」（field）概念結合馬克思的資本論以及傅柯的權力、機構論述，強調不同能動者在藝術場域中的位置與關係網絡，其對經濟資本、社會資本、文化資本、象徵資本與力量的理性運用動員和轉換，以及不同場域中的利益關係者依循其自身的邏輯、規則與慣習（habitus），對資源、權力展開爭奪、競逐及角力。布迪厄主張文化、經濟與藝術社會場域結構，形構了個別行為者內在的慣習、性情秉性或傾向；而各種力量和慣習在不同場域中，則影響行為者的策略計算與活動實踐。從關係（如粒子、磁場般的吸引力、排斥力）的角度思考場域的概念，布迪厄將「場域」定義為一個各種位置之間存在的客觀關係網絡，或一個構型。布迪厄將市場、資本、利益等等一些看來屬於經濟學的觀念，重新加以組織和闡釋，援用至藝術文化領域。這裡的「利益」概念不同於經濟學和功利主義理論的解釋，不同的場域有不同特定形式的利益，遊戲規則中爭奪不同的目標和價值，包括超功利性和漠然（價值上、倫理上的不偏不倚狀態）的利益觀。場域中存在著不同種類的資本（經濟資本、社會資本、文化資本、符號資本），而資本的價值則由每個具體的場域決定。資本是行動者在場域中鬥爭的武器以及爭奪的關鍵，行動者運用各種策略改變資本的價值，而行動者的策略又取決於他們在場域中的位置，即特定資本的分配，以及他們對場域的認知、觀點，從場域某個位置點出發所採納的視角。一個場域的動力學原則就在於它的結構形式，以及場域中各種特殊力量之間的距離、鴻溝和不對稱關係。資本賦予了某種支配場域的權力，賦予某種支配那些體現在物質或身體上的生產或再生工具的權力，並賦予了某種支配那些確定場域日常運作的常規和規則，以及從中產生的利潤的權力。一個場域由附著於某種權力或資本形式的各種位置間的一系列客觀歷史關係所構成，而慣習則由「積澱」於個人身體內的一系列歷史的關係所構成。場域不僅僅是意義關係，而是力量和旨在改變場域鬥爭關係的地方，因此也是無休止的變革地方（Bourdieu 1984 [1979]: 1-7, 466-484；Bourdieu 1986, 1989, 1990；布迪厄、華康德 2009：163、184；劉俊裕 2013）。

（頭銜、獎項）授任儀式等，任何制度化的文化威權形式。相反地，藝術文化人（以及藝術文化作品）的藝術聲望與地位的肯認，乃是奠基於一份藝術人超脫於世俗流行、政治權力爭鬥的理念，以及超越物質經濟利益的超然性或漠然的態度（Bourdieu 1993: 32-40）。

當代藝術與文化經濟學則視兩種價值為更繁複的關係。經濟價值由經濟的方法與貨幣層次分析，而文化價值則需透過多面向的文化論述，沒有標準的單位可以詮釋。「文學與文化理論」也探討文學作品與視覺藝術作品中，評量藝術價值與經濟價值的繁複交織關係。一方面，我們看到經濟理論的論述語彙：金錢、商務、科技、產業、生產、消費、勞工、消費者，在這裡事物是從計算、偏好、成本、效益、獲利、價格和功利來解釋；另一方面，我們看到美學論述的語彙：文化、藝術、天賦、創作、欣賞、藝術家、收藏家。在這裡，事物則是從靈感、鑑賞、品味、時間的檢驗、內在本真的價值與超越的價值找到它們的正當性。經濟論述與文化論述（雙重論述典範）產生的「矛盾結構」成為一種解決方式，經濟與美學的評量是緊密結合且相互連結的。「社會學」延伸派森斯的社會行動系統論，探討現代價值（宗教、經濟、政治、法律、科學、藝術）系統中的經濟與美學評量，以及系統中的變動條件，作為新價值生產、維繫和自我複製的資源。人類學方面則從不同文明或文化的價值領域（value spheres），研究價值領域的階級秩序如何形成，他們探討藝術品的交易在當代威望領域的應用。現代社會由於欠缺顯而易見的威望，因此更需要賦予藝術、風格、族裔、階級或系譜等更高的非貨幣價值。他們研究藝術品的價值生產與交換，以及價值體制或價值的生產體系。至於「文化政策研究」則主張文化價值與自由市場價值的區隔，文化多樣、創新、創意的價值並未被商業導向的市場價值所重視。他們提問重點在政策展現誰的價值？文化價值決定於社會中主導權力的結構，藝術或高級文化被視為文化菁英的精緻美學，與大眾關係疏離。另外，他們強調文化價值應該是一種更全面、涵蓋性的價值。藝術的內在、本真與制度等非經濟價值，在政策制定過程中與經濟的工具的價值同樣重要（Hutter and Throsby 2008: 3-8）。

　　關於文化與經濟價值的現實關係，du Gay 與 Pryke（2002:4-5）指出，當代的服務業工作同時涉及了經濟和文化的知識形式，基於身分認同，實在不允許將文化與經濟簡化為二元對立的方式呈現。服務業為了追求銷售和競爭的優勢，必須隨機性地揉合經濟和非經濟（文化）行為和元素。經濟（最廣義的內涵包括會計、行銷等等）被理解為特殊的物質文化或者論述行為，對於傳統社會科學中被結構化的文化與經濟對立關係，代表著幾個層次的意涵。首先，這樣的文化概念論述可以有效地翻轉，或者至少略過以往與被預設的文化與政治、經濟對立關係。如果持續地將文化邏輯視為是人類內在本真的價值，而經濟邏輯不是，那麼我們就會持續忽略文化其實並不是一個邏輯、領域、價值或者生活秩序。如同韋伯所指出，我們都是文化的動物，因為我們不是自然的、社會的、宗教的、政治的或者經濟的動物。這種將經濟視為文化的特殊理解，強調經濟性的活動是一種行為或者行動實踐的方式和結果。換句話說，經濟現實的「形成」或「建構」方式，不論是我們指認的經濟行為、物品或者人員，都是從經濟學以及許多非經濟學的文化實踐形式，所共同建構或組合起來的。「經濟」活動是一種隨機的「組合」。

　　其次，「經濟作為文化」或者「文化經濟」指涉的是一種特定的時代劃分，例如「符號經濟」、「網絡社會」、「知識經濟」等等。學者們主張我們活在一個經濟和組織的生活逐漸「文化化」（culturalization）的時期，涉及文化硬體與軟體生產與分配的商業組織，成為當前世界上最有創意和創新能力的行為者。文化產業不僅是最重要的經濟成長部門，同時在商業實踐上，提供了「文化」與「經濟」聚合的典範。Lash 與 Urry 強調不同產業部門中，越來越多消費的商品和服務可以被視為「文化產品」，因為它們在生產和流通的過程中，刻意地被賦予特定的意義，用以激發消費者的慾望。為了行銷給特定生活風格的消費者，越來越多的日常用品被美感化、風格化，這也顯示文化在大量商品與服務的生產與流通過程中越來越重要。伴隨著這個過程的，是日益增加的「文化中介行業」如廣告、設計和行銷，這些專業工作者在接合生產與消費的過程中扮演重要的角色，因為他們為潛在的消費者，賦予這些商品和服務特殊的文化意義和價值。此外，他們強調在商業

中賦予商品與服務意義與價值的行為，對於商業組織的內在生活形式也產生了文化意義。近年來在商業組織中明顯的文化轉向，凸顯了商業組織和工作者意識到，為了強化國際市場的競爭力，他們必須改變商業組織的行為方式與信念，以及經營者在商業組織內部的行為文化（Lash and Urry 1994: 108-109，轉引自 du Gay and Pryke 2002: 7）。

　　劃時代的理論家強調文化與經濟不是同義詞，否則「文化研究」就可以叫做「經濟研究」；但文化與經濟也不是相對詞，更不應指涉社會生活中分隔的領域。文化與經濟都具有多重意義，因此實務上很難建立一個普遍、先驗性的文化與經濟意義區辨。一方面，經濟和社會的各個部分（如家庭、社區或學校）一樣，一直是一個文化的場所；另一方面，在不斷產生的社會分野與階級等場合與脈絡，無法化約也無法轉移的文化／經濟分野也持續浮現。立基於手段／目的關係計算的「經濟邏輯」，以及以自身存在為目的「文化邏輯」是可能加以分辨的。在分析上，文化作為指涉內在本真意義與價值的活動和藝術作品，以及經濟作為工具性活動，指向複製社會生活外部目的的意義，有必要繼續區隔（du Gay and Pryke 2002: 8-10）。世上確實存在著價格以外的價值，文化、美學、藝術的經驗等文化價值有別於市場交換的經濟價值。對於不同面向的價值探索有助與我們理解藝術和文化的價值，以及評量過程。而文化價值與經濟價值的二元並立，並非一定是相互對立或者無可比擬的。文化與經濟價值的本質與相互關係，必須透過人文學科和社會科學的不同視角、學門方法，交互結合地觀察，才能以新的模式，更適切地掌握當代社會中多重、動態而同步的價值體系，以及這些價值體系與當代社會中繁複的藝術商品和寬廣的文化現象之間的交互關係（Hutter and Throsby 2008: 17）。

　　文化經濟取徑鼓勵我們質疑政治經濟學家和文化社會學家在文化與經濟領域間，所刻劃的矛盾對立關係。文化價值與經濟價值的交互滲透與互為主體關係，在當代社會中產生了一個價值辯證上相互揉合的文化經濟整體。不過這個二元對立關係的解構，也同時留下了文化與商業之間還沒有被答覆的重要政治與倫理問題。例如，商品化究竟有沒有潛在的負面效益？每個社會

都保留了一些不希望被商品化所影響的層面，不論是自然的、私生活的或者文化面的。當代社會究竟希望庇護哪些方面不受交換和私有財產權的影響，基於什麼理由（Hesmondhalgh 2007: 43-44）？這些文化與經濟邏輯區辨的消解遺留下來的問題仍有待解決。梳理 1940 年代以來文化經濟與文創產業的現實發展脈絡與模式轉變，應有助於我們重新架構當代文化經濟論述的互為主體與相容取徑。

III 文化價值與經濟價值的再辯證：資本主義與文創產業作為一種跨國文化形式

在許多西方思想家眼中，文化與工業原來似乎是相對的，然而在現代資本主義的民主社會中，卻慢慢堆疊在一起。早在 1940 年代晚期，德國法蘭克福學派阿多諾（T. Adorno）與霍克海默（M. Horkheimer）等便開始對資本主義與市場機制下的文化工業做出無情的批判。文化工業的出現，被視為資本家與權力擁有者利用商品分配及行銷的管道，由上而下地主導文化商品的類別與特質，大量生產與複製的結果使藝術文化商品標準化、同質化、商業化，而文化則在文化工業的意識型態裡成為利潤追求的物化商品，失去了啟蒙的靈光（Adorno and Horkheimer 1993 [1944]）。布希亞則在 1970 年代提出在資本主義的消費社會中，透過符號的意指與詮釋體系，人們所購買的商品和消費的服務被化約成符號價值；而藉由象徵意義與資本的交換過程，人們的文化活動、文化商品、生活風格和日常消費行為，則隱然成為資本主義經濟體系透過象徵符號與符碼詮釋所控制的客體（Baudrillard 1998 [1970]）。商業市場與政治力量對於常民的文化生活產生了極大的影響，列斐伏爾清楚地點出「商品、市場、貨幣擁有頑強的邏輯，而這種邏輯已經掌控了日常生活。資本主義的擴張，已經長驅直入到日常生活中最微不足道的細節裡」，因此「革命不能只是改變政治人物或制度；它必須改變日常生活，一個已經被資本主義確切地加以殖民化的日常生活」（Lefebvre 1988）。

到了 1960 年代，跨國企業大量投資電影、電視和唱片公司，文化、社會與企業相互交疊，而這些跨國文化企業也對社會與政治造成相當深遠的影響。「文化工業」一詞也在不同爭辯中被廣泛地運用，甚至挑戰現代文化生活中對於文化和工業既成的界線和理解。法國社會學家、政策制定者將阿多諾和霍克海默「文化工業」（cultural industry）的單數語彙轉換為複數的「文化產業」（cultural industries）。他們反對法蘭克福學派將文化工業視為一個統一的場域，甚至預設在這個單一的場域中，現代生活中共存的、各種不同的文化生產形式，都遵守一個同樣的邏輯。法國社會學者關心的，是如何呈現不同文化產業的複雜性，並且指認在不同文化生產型態中運作的不同邏輯。例如廣播事業內部運作的邏輯與報業，或者依循「編輯」、出版等生產模式的圖書、唱片出版產業內部運作的邏輯，都有相當大的差異[4]（Miège 2012 [1987]）。

Paul M. Hirsch（2012 [2000]）則從產業特色、框架與脈絡、控制核心、科技與法律戰場及學術分析框架，將文化產業區分為三個時期：1940 年代工業穩定控制為特色，大眾文化電影工廠的黃金時期，廣播網絡、唱片公司、電影攝影棚的架構脈絡；1950-60 年代，特色為有秩序地轉型，多樣性和區隔化的開始，集中化減低，重新穩定化。新錄音帶廠牌、FM 電台，報紙 Zoning 開始，有線電視開始，MCI 出現；1980-2000 年代的新淘金潮

---

4 Bernard Miège（2012 [1987]）探究「新文化產業」（New Cultural Industries）與視聽產業背後差異的邏輯，同時分析不同文化產業模式的「形式」、「主要功能」、「特徵」、「創意人事（聘僱用）」、分配與獲利基礎、市場特徵，並強調這些邏輯間的持續性、相互交織、產業邏輯組成的相異比重，以及不同模式間可能產生邏輯衝突。例如，文化商品的編輯式生產（書籍、唱片、影片、電影）邏輯，廣播電視（新聞節目、專題報導、紀錄片、兒童節目、藝術節目、教育節目）的帶狀流動生產邏輯，文字資訊（全國與地方性報紙、經常性出刊的雜誌）的經常性生產邏輯、現場即時娛樂（藝術表演、運動、輕鬆娛樂）的生產邏輯、電子資訊（系統管理軟體、教育軟體、電腦遊戲軟體、線上銀行服務、科學技術與社會經濟性資料庫、互動式服務的軟體產業）的生產邏輯等，都存在著顯著的差異。

為產業特色。[5] 大眾消費化為框架，後現代理性，文化商品到處充斥共同享有（MTV & Nick; CNN & Warner Bros）新進企業網絡的擴散。法國社會學家反對阿多諾和霍克海默對於前工業時期文化生產型態懷舊式的依戀。Miège 與法蘭克福學派批評者如 Walter Benjamin 抱持相近的看法，認為將工業化和新科技帶入文化生產的過程，確實助長了文化商品化的現象，但同時也將文化引領出新的方向和創新。其次，與其將文化的商品化視為一個平順而毫無抗拒的過程，文化產業社會學家同時關切的，是嘗試將資本主義伸展到文化領域時，所看見的侷限性與不完整的特質。他們將文化產業視為一個爭鬥的場域，一個不斷抗爭的領域，而阿多諾和霍克海默似乎隱喻著戰爭已經失敗了，文化已經被資本和抽象的工具理性體系所吞噬（Miège 2012 [1987]），法國社會學家不同意這樣的看法。

對於資本主義、市場與政府的角色，學界也有不同的見解。1980 年代 Seldon 就指出「資本主義」[6] 是一種「美德」。他認為，西方知識分子從國家、政府向市場的轉向，是一個歷史上重要的分野。政府向民眾課取重稅，但卻無法給予社會不同階層足夠利益的回饋，使得各國民眾紛紛發起反動。美國國家主義的倡議者原認為增加政府福利官僚體制的權威、強制權力以及稅金可以解決社會問題，卻遭致悲慘的經驗。英國政府社會工程的低落效能；歐洲工業國家降低貿易阻礙，解放人力和貨物交流，以及亞洲成功而熱絡的市場機制，都說明了資本主義的轉向。私人企業競爭必須承擔各種風

---

5 我同意現階段期待一個理想型、融匯性，讓各方都滿意的文化產業定義是不切實際的。重要的是怎麼理解不同階段的概念援用；怎麼反映特定團體不同的利益與價值。這樣才可能刺激不同位置的參與者之間，產生有效而具有挑戰性的跨域對話（Jeffcutt, Pick and Protherough 2012 [2000]: 89-90）。

6 「資本主義」是西方文化的深層結構，Kapitalist 一詞首見於 1848 年馬克思與恩格斯發表的《共產主義宣言》中。1902 年德國經濟學家 Werner Sombart 將「資本主義」一詞用於敘述某種生產制度。Max Weber 在 1904 年出版的《新教倫理與資本主義精神》，則以喀爾文新教精神為起點，賦予資本主義發展合理化的解釋。Frederick W. Taylor 更進一步提倡科學管理，強調生產效率，為資本主義提供專業管理的運作模式，使資本主義大行其道（林立樹 2007：1）。

險：消費者偏好的改變、技術的革新、新企業加入，以及新想法等等。只有勇於面對風險才可能賺取成功獲利的回饋。政府是失靈的，國家的自給自足觀念只會遲滯甚至是破壞經濟成長，降低生活水平。市場的資本獲利才可能鼓勵個人投入更多的資本，提升整體的生活水準與經濟繁榮。私人企業是經濟成長與生活水平提升的根源。政府唯一必要的功能是提供公共財，政府是個必要之「惡」，因為它的權力即使是由立意良善的執政者來運用，都很容易被濫用。私人企業需要最靈活的部門來面對智慧的戰爭，因為他們面對的是最聰明的消費者，必須有辦法預測消費者的行為和心理，並且服務消費者。因此私人企業必須鼓勵並協助勞力的流動（Seldon 2008 [1980]: 333, 337-338）。不可否認，全球「資本主義」的發展，從跨國資本企業的擴張、市場的自由競爭、專業的分工、理性的科層化管理組織、冒險而不斷創新、變革的企業精神、組織生產效率與機構效能的提升等等，確實扶持了世界總體的經濟成長，也對全球整體物質生活水平的提升做出貢獻。文化與經濟的結合使得藝術市場、文化產業與文化貿易更加活絡，同時支撐更多人以文化作為生存的工作。

國內的學者王志弘、高郁婷（2014）則指出，資本主義擴大生產、追逐利潤的競爭性邏輯，除了面臨景氣循環與供需失調的波動外，也經常會遭遇各種外部力量的反撲或節制，包括國家政策管制、勞工抵抗、自然資源限制，以及文化態度與習俗的阻礙等。[7] 然而，這些力量除了發動抗拒和節制，往往也會經過某種變化而成為資本主義行動力。例如，憑藉國家法制來保障私產權和商業利益；以人性化和自主管理之名，強化勞工的自我治理與品質管制責任；將保育觀念轉化為綠色經濟商機；以及利用文化手法來塑造商品差異性、增添吸引力等。這既顯示了經濟生活與政治、社會及文化場

7　不過，資本主義也有其內蘊矛盾，除了供需失調的景氣波動外，還有勞動剝削與失業引發的社會緊張、市場競爭下的資本兼併，以及生產力提升導致的長期利潤率下降等，都會威脅打斷資本積累的循環（王志弘、高郁婷 2014）。

域其實難以分割、相互牽動，也透露了資本主義的強大主導與轉化力量。然而，在將敵對力量挪為己用的過程中，也不免會引發新的衝突。

　　Garnham 認為，就描述性的定義來說，文化產業所指涉的，是今天社會上運用特定工業化或公司化生產與組織的模式，將文化產品和服務轉換為一種商品的形式（雖然不全然是商品），用來製造和傳播象徵符號的機構。這些機構包括報紙、期刊、書籍的出版，唱片公司、音樂發行者，商業化的運動組織等。在這些過程中，他們共同的特徵是運用資本密集、科技手段的大量生產與分配，高度發展的勞力分工，以及科層化的管理組織模式，並以利潤或者效能的最大化為目標。無論是在資本主義或社會主義國家，這些是所有工業化社會文化生產過程中的共同特徵。當然，文化產業也可以作為一種分析性的概念，將分析的焦點置於文化產品與服務作為一種商品化的形式，是如何透過勞力生產與分配的資本化生產模式，對文化生產過程造成影響，而在此過程中勞力本身也成為商品。重點在於，文化產業部門的互動和運作，形成了一個完整的經濟體，而不同的文化產業和公司在這之中相互競爭，爭取有限的消費者可支配所得、有限的廣告營收、有限的消費時間，以及專業技術的勞力（Garnham 2012 [1987]: 164-166）。換言之，當代文化產業無疑地已經被資本主義化，成為全球資本主義文化中不可分割的一環。

　　既然文化經關係到認同和權力，資本主義文化經濟廣泛的影響力，因此引發嚴重的政治問題。最熟悉的論點包括一個地方或社會部分的傳統文化，被其他地方生產商品化的文化所侵蝕或沖淡，而社會對大眾商業文化的洪流，認為必須進行重整（Scott 2000: 15）。文化的產業化涉及大量資本的投資、機械化的生產和勞力分工，而商品化則關乎將物品與服務轉化為商品的過程。商品化的過程涉及的是，物品的生產不單單只為了使用，也為了交換。在資本主義的發展下，這個市場交換的過程，牽涉到越來越廣泛的時間和空間，而金錢則成為交換的媒介。這跟生產和消費的體系連結關係相當緊密：為了擁有更寬闊的交換時間與空間，生產端必須投入資本支付勞動薪資；而當商品被購買，就涉及了私有而專屬的所有權，而關閉了公共集體接近的管道。在消費端，商品化的問題在於私有專屬的財產所有權排除了其他

人的權利，而造成財產分配的不均等，私人利益的提升威脅到共同利益的集體行動。在生產端，商品化的問題在於勞動可能不被肯認或者勞動的報酬被系統化地低估。產業化的過程同時強化也廣化了文化商品化的現象。在消費端，文化商品化的問題，在於商業機構試圖將文化作品變成私有財產和文化商品，這與公有文化財產，和維持接近文化的公共管道形成了嚴重的衝突。同樣的，文化生產端的問題，在於文化勞動在生產大量文化商品給有錢的消費者時，報酬被低估，沒有受到應有的肯認。其實，各個社會都試圖將某些領域保留於市場的運作之外，例如宗教、個人生活、政治領域以及藝術等。市場關係深入了文化領域，而加速文化領域的商品化現象不應當被殘酷地忽略；作為符號商品的生產和消費者，文化生產與消費的急遽商品化有潛在的負面和正面的意涵（Hesmondhalgh 2007: 55-57）。[8]

　　1960-1970 年代電訊、廣電的市場化，以及智慧財產權的文化政策，主要是為了因應經濟的蕭條，其背後的目的是經濟的利益，而文化則是重要的投資成長契機。但我們不應當浪漫化傳統社會，認為它比資本社會優越。傳統社會也存在文化商品化的問題，純粹的沒有商品化的文化是現代社會中的一種幻象或想像。文化商品化的負面意涵，是文化經驗透過版權、智財權的私有化與個人化，過度阻礙了文化的近接途徑，包括好萊塢 DVD 中的名人。文化的勞動在資本主義商品生產的過程中沒有被肯認，商品化造成了系統性財富分配的不平均。文化越成為資本社會中市場商品化的核心，越是意

8　現代資本主義文化以消費形態出現。「消費」作為文化的價值，與過去生產的消費觀念不同。過去的消費是指「摧毀、用光、浪費、耗盡」。這種作為浪費損耗與過度鋪張的文化觀念已為人們所堅持、偷換與轉化。現代的消費與資本主義的成長有關，它所消費的不是物品而是夢想、影像與快感，強調生活方式對社會地位差異的區分。商品的使用只有部分與物質消費有關，多半是被作為一種標籤，消費者經由商品的標誌來區別人際的差異，透過人對商品使用來劃分社會關係。人們透過商品的無價性、稀有性、激起對它的慾望。美國學者詹明信認為現代資本主義試圖讓商品超越商品本身，商品化過程本身是消費。在消費文化中，人與人的關係存在貨幣的物化世界裡，每個個體的創造和發展機會越來越受到限制。貨幣使得生活風格客觀化，使得都市人客觀、冷漠、缺乏特點、缺乏品質。貨幣將人社會化為陌生人。貨幣將人轉化為絕對的物品，轉化為對象。消費者之間的關係亦出現了重大的變化（林立樹 2007：20-21）。

味著文化勞動的不平等與不確定。當文化投資範疇成長，企業就越擴張，同時擔負了越多的文化生產。企業擁有更多市場行銷和公關的重要資源，可以使人們更容易看到它們的產品。企業化的文化商品成為社會創意的模式，這不是說沒有其他模式或者獨立模式的創意，或者它們被壓抑，事實上它們也變多了，只是它們都被吸入了企業的體系之中。雖然書籍、戲劇、有線和衛星電視頻道、雜誌、唱片、新聞等等都大量增加，但這不意味著文化產品真正的多樣和多重選擇，更多的創意與創新。相對地，文化產業的資本集中、企業與範疇的擴大也不代表著同質化、單一化和標準化。除此之外，當代文化產業的所有權和組織也產生了急遽的變化，最大型的公司企業不再只專營於一個特定的文化產業，例如電影、出版、電視或音樂。相對地，這些企業的運作往往橫跨了幾個不同的文化產業，它們彼此併購，彼此競爭，但於此同時，它們彼此間的連結也更甚以往。文化企業之間形成了一個繁複的結盟、夥伴以及合資的網絡（Hesmondhalgh 2007: 2, 185-6, 271, 277）。

Hesmondhalgh 指出，20 世紀以來整個文化生產與消費條件的幾個特質，包括（2007: 299-300）：

◇ 勞動市場中小部分創意工作者獲取極大的報酬，但大部分工作者卻未被充分僱用，或者報酬低廉；

◇ 大型的企業財團迅速浮現，並且經常相互垂直整合併購；

◇ 實質地國際化，並且被美國的文化產業所主導；

◇ 連結科技、消費與政策的機制。

班克斯則認為，雖然絕大多數文化工作者地位堪慮、報酬過低、身受威嚇，還耗盡了政治意志，而工具主義論者可能只會嘗試建立能提高個人收入的社會連結，但創意文化生產仍然充滿著烏托邦承諾，將藝術與創意重新鑲嵌於非市場的社會與政治脈絡中的慾望，也已證實是難以摧毀。即使文化工作者具有工具主義傾向，在市場關係裡受到誘騙，但那麼多人的動機和雄心，遠遠擺脫了理性和貪婪的存在模式，也就是所謂企業家事業的核心。批判理論的研究取徑，假想文化工作者是個溫馴的身體，會服從由上而下的管理。而以（由傅柯著作發展而來的）治理術概念切入，則提醒我們，文

化工作者如今更可能以各種主動的方式管理自己 —— 而且，在他們的臣服狀態中，彷彿存在著同謀關係。進取／企業（enterprise）論述的盛行和常態化，鼓勵文化工作者不僅要遵從企業價值，還要把這些價值內化，當作他們自身發展與利益的關鍵項目。研究顯示，工作者能高度容忍有壓迫性的工作條件，原因是，進取論述已有效灌輸到他們腦海裡，令他們相信唯有透過工作才能獲得自由。然而，雖然在反身性的文化生產中，或許可以獲得工作自主性的感受，但自我企業的兩面刃性質，在事業失敗的企業主與工作者之間，強化了自我責備的論述，還可能瓦解文化工作者陣營的任何集體組織與再現形式。另外，創意這個概念提供了一個論述框架，以及在解放創意人員這個意義上的正面個體化。然而，對創意的承諾也提供了一個方便的藉口，藉以遮掩傳統官僚式管理和工具理性的（再）應用。彈性經濟對於創意組織的要求，已經產生了一批新品種的經理人，他們致力於執行「柔性」（或創意）管理方式。柔性管理採取了非傳統、非泰勒化的管理方式，而非制式、紀律與階層化的作法，來進行工作場合的組織，柔性管理並且倡言相互尊重與合作，才是邁向經濟成功之鑰。但柔性管理所提供的自由，可能只是一場幻覺，因為文化工作者依舊經常緊繫於慣常的管理策略，儘管這些策略如今是以更偏後現代商業風格的修辭來陳述。它並未解放創意人，而是把他們及其創意表現，全都納入與其他工人相同的範疇中，臣服於（經過偽裝的）規訓體制，並且反而讓經理人重新界定他們自己具有創意（馬克・班克斯 2015：24-26、279-280）。

　　慮及法國文化社會學家的觀點，Hesmondhalgh 對文化產業的態度也顯得謹慎，縱然不該全然擁抱資本主義，但任何對於文化產業的評估，都不能忽略資本主義文化生產的幾個特質，就是「複雜」、「矛盾」、「不確定性」與「爭議未決」。大企業財團的成長雖然是影響深遠，但它們運作的方式比多數政治經濟論述解釋都來的複雜與微妙。一個重要的關鍵問題是，文化的持續商品化是否威脅文化的相對自主性（Hesmondhalgh 2007: 16-17, 307）。Scott 和 Garnham 都認為，我們除了看見法蘭克福學派對資本主義文化所引發，諸如藝術文化扁平化、公式化和同質化等悲觀的學術見解之外，

也不該忽略資本主義所遭遇各種傳統文化頑抗和創造性接受的力量，甚至於資本主義所不斷釋放，開啟性和進步性的文化力量（Garnham 1987；Scott 2000: 15）。從 18 世紀的小說和報紙的出現，到 20 世紀包浩斯設計的文化現象，好萊塢電影導演如 Frank Capra、John Ford、Howard Hawks 和 Billy Wilder，以及從爵士樂到搖滾樂等現代音樂形式的出現，都不斷地挑戰一般將文化消費視為一個被動而不具逆反滲透作用的過程。當文化經濟從一個地方到另一個地方慢慢推進，資本主義可能消解某些地方，積極重塑某些地方的文化表達形式，而展現出不同在地文化差異的強大潛力（Scott 2000: 15）。

III 文化經濟模式的階段性轉變：當代文化經濟的價值典範轉移？

將上述文化經濟與文化產業的發展脈絡重新整理，Cunningham、Banks 和 Potts 援用 R. Williams 對於「文化」基本概念「殘餘的」、「主導的」、「浮現中的」等簡單而有力的分類和理解，強調文化內在動態、重疊與不斷爭鬥（而非靜態、停滯、被形塑）的特質，並用這樣的特質來詮釋文化在全球經濟體系中不斷主導變化和形塑的角色。藉此，他們將「文化經濟」歸納為下列四種模式：1. 福利模式或補助模式、2. 競爭模式、3. 成長模式、4. 創新模式或創意經濟模式。在這四種模式中，經濟對於文化的態度和看法，以及其相應的政策意涵各異。不過這四個模式並不是一組簡單的歷史線性關係，模式 1 和 4 具有潛在趨勢，可能反覆地指向彼此（Cunningham, Banks and Potts 2008: 15）。這也提醒我們，文化概念的多義性質，以及這些意義所對應的具體實踐與操作，也隱含著文化與經濟之間動態而不斷協商的互動調節模式（王志弘、高郁婷 2014）。

表 3-1：文化經濟模式的階段性轉變

文化經濟模式	文化概念特質	經濟對文化的認知態度	政策回應與意涵
1. 福利模式或補助模式	殘餘的	**負面的**：文化殘餘的、拖累經濟的，公共財、殊價財等市場外部非經濟價值。	**福利與補貼政策**：藝術文化的特殊價值。
2. 競爭模式	主導的	**競爭的**：文化產業無異於其他的經濟產業，非負面要素，也不是特殊意義商品的生產者。	**標準的產業政策**：一致性產業行為規範、市場力量的調節與控制。
3. 成長模式	浮現中的	**正面的**：創意產業是「特殊的產業」，其成長有助於帶動其他產業和整體經濟的成長。	**投資與成長政策**：為了整體經濟產業的產能與成長而投資。
4. 創新模式或創意經濟模式	浮現中的	**崛起中的**：創意產業是整個經濟「創新體系」的必要元素，其經濟價值在透過新文化觀念、技術與經濟的協調整合過程，創造整體經濟進化、變革的創新體系。	**創新政策**：領導知識創新和創意，使得政府資源介入與分配再次取得「菁英式」地位的合理性與正當性。

資料來源：作者整理自 Cunningham, Banks and Potts（2008）及王志弘、高郁婷（2014）。

　　作者進一步整理此四個文化經濟模式，並闡述經濟對於文化的認知態度與文創政策的實質意涵：在 1. 福利模式或補助模式中，經濟學家從藝術與文化能為經濟成功地獲取或創造多少程度的租金和利潤來判斷它的定位。因此，經濟對藝術文化資源挹注的正當性，常立基於公共財（public goods）或殊價財（merit goods）等市場失靈的論述主張上。政策介入是為了調節藝術文化預期的非市場價值。在這個模式中，文化活動對經濟的影響是負面的，因為文化所消費的資源要比生產的來得多。因此藝術文化存在的價值，基本上是建築在市場價值以外的價值，以此建立文化經濟學中為了藝術目的而補助或補貼的合理性。在 2. 競爭模式中，文化經濟學不再假設文化產業是拖累經濟的負面元素，但也不是特殊商品或高度重要意義商品的生產者，

而只是單純的一個經濟產業。歷史上文化產業這個詞彙的援用，就是符合這個文化光譜，指涉媒體產業和出版、印刷、廣播、音樂著作權公司、商業電影的生產與配銷等。這個產業的特色在於，需求的高度不穩定、壟斷的趨勢、勞動市場和所有權複雜、資訊不對稱、廣泛的套牢問題、高度策略性變項的市場等等，也就是新馬克思主義者所批判的文化產業規模化、文化跨國企業、商品化，與文化的資本主義市場化問題。文化產業因此與經濟的其他產業無異。政策介入則不在於資源的重新分配，而在於一致的產業行為規範，例如在跨國和寡佔事業中市場力量的調節與控制。

在 3. 成長模式中，明顯地提出文化對經濟的正向關係，創意產業的成長有助於整體經濟的成長，這也是為什麼這個模式刻意用「創意產業」這個詞彙的原因。透過價值的創造，創意產業（數位內容產業、作為新教育和學習典範的遊戲產業、飛航產業的飛行模擬與虛擬實境、網路媒體、行動電話等）成為全球市場經濟中成長的動力。由於大量經濟的收入和重心都投注在創意產業上，文化因此越來越重要。在政策意涵上，創意產業被視為一個「特殊的產業」，這不僅僅是因為這個產業本身的經濟重要性，也是因為創意產業影響了其他產業的成長。政策介入的目的不再是補貼或者補助藝術文化，而是為了整體經濟產業的產能發展與經濟成長的需求而投資文創產業。在 4. 創新模式或創意經濟模式中，「創意產業」不再像 3. 成長模式中，被視為一個特殊的經濟成長動力產業，而是整個經濟「創新體系」中的必要元素，也因此可以叫做創意經濟模式。在這個模式中，創意產業的貢獻不在於模式 1-3 的產業經濟價值貢獻，而在於文創產業對於新概念或科技的協調，以及對於整個經濟和文化過程協調整合的貢獻。文創產業不再只是一個產業，它的經濟價值來自於它成為促進整個經濟進化、革新的繁複體系，藉由創意的原始資源製造創新經濟體系的創新焦點、繁複性、認同感與適應力。如果這個模式真的成立，那麼就賦予創新政策比競爭政策或產業政策更高的地位。創意產業政策「菁英式」地位，如同傳統文化政策中將文化發展視為公共財或殊價財的論點一樣，取得了合理性與正當性。但有別於古蹟和遺產的文化價值取徑，創意產業的價值來自於新知識的發展與創造，重點在

於實驗性、差異性的創造而非文化的保存與平等性的主張。創新模式的經驗證據，必須從創意產業是否能不斷促成經濟產業結構改變與適應，而從這些成果累積而浮現出其他創新的產業得知。凱因斯學派和新馬克思學派認為經濟成長與發展的過程，對文化經濟沒有任何正向的關連。創新模式的分析則凸顯出崛起中的熊彼得學派文化經濟概念與上述學派的差異，也就是他們體認到這個文化與經濟間動態而進化性的關聯（Cunningham, Banks and Potts 2008: 16-17）。

當然除了從經濟的角度觀看文化的認知態度以及政策意涵，以文化的經濟化（資本化、市場化、產業化、商品化、專業化、組織化、效率化）觀點分析資本主義文化經濟邏輯的轉變之外，我們也要追問，當代的文化經濟是否可能產生經濟的文化化（人文化、本真化、美學化、價值化、彈性化、獨特化、反思化）── 也就是產業形式到內在邏輯的文化價值轉變。全球歷經幾十年文化創意產業發展，以及化經濟邏輯從對立到互為主體的辯證，究竟有沒有使經濟產業發生邏輯上的本質性變化，而文化企業與資本主義在核心價值與組織行為實踐模式，到底有沒有可能產生根本的改變。

從文化經濟的福利模式到創新模式的四個階段性歷史情境的轉變過程中，不同階段產生了不同的問題，而進入另一個階段懸而未決的藝術文化經濟課題則反覆地出現，使得當代文化經濟的課題更為繁複難解，這些包括（圖3-1）：道德經濟與政治經濟學中的文化財富分配的公平正義的問題；文化藝術表達的自主性與是否需要政府長期補助的問題；文化市場政府失靈該如何解決；藝術文化商品化、標準化、同質化、庸俗化的問題；文化資本階級與創作者的勞力支配是否對等；藝術文化工作者的工作環境和條件是否變好；文化的活力與多樣性是否增加，而文化的本真性是否維持；文化藝術挹注經濟貿易成長的妥協比例是否合理；文創、商業經營獲利是否建立回饋機制的問題；文創產業是否比其他產業更有創造力與競爭性；新文化觀念、技術是否能整合為經濟創新體系；後現代文化消費主義、符號經濟是否更加濫觴；乃至於民眾的文化與經濟生活究竟有沒有更加幸福；文創經濟是否為文化發展重新取得菁英的殊價財地位；以及資本主義市場經濟邏輯是否產生本質性變化問題等等。

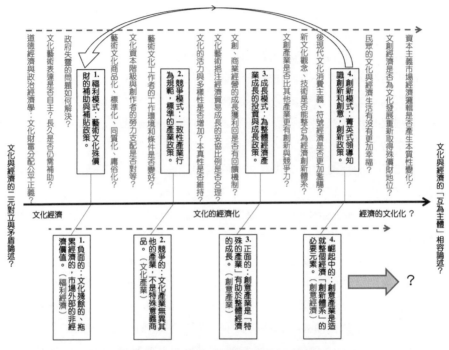

圖 3-1：文化經濟與創意產業的價值辯證
（繪圖：劉俊裕）

　　Scott 指出後現代資本主義文化正邁向一個文化商品的新政治經濟學。他認為今日的任何文化生產，都已經無可挽回地與商品化的邏輯糾結為一體。無論我們將文化看成是一般功能性的物品（如汽車、衣服），大眾娛樂性的產品（流行音樂或主題樂園），或者為了特殊品味而注入美學元素的產品（如戲劇表演或前衛建築）內在具象化的風格展現；現代社會中文化與經濟的秩序正快速地合而為一。後現代理論甚至構思出一種商品化文化的真實美學，以及商品化美學呈現於一種更加個人化的藝術形式，例如寫作、繪畫或者攝影。將商業準則和文化本真視為必然相互矛盾的論述，已然成為一種過度浪漫的想法，因為這一開始就奠基在一種將藝術家視為天生具有啟發者本能的特定歷史概念。因此當前政治議題的焦點，不應該是法蘭克福學

派式的，思考如何圍堵商業文化的擴散 ── 這已經不是一個可能的選項 ── 而是如何強化商業文化的正面力量，而抑制它的負面影響。只有在這個正面與負面意義的政治辯論脈絡下，所有的切入取徑才具有意義。文化經濟是一個充斥進步與拉扯訊息和意象的矛盾場域，在經濟面，資本主義同時是經濟繁榮的泉源，也是剝削的源頭；同樣的，在文化面，資本主義是文化再生的工具，也是貧瘠化的工具。資本主義的負面結果，同時也點出了當代社會中政治力量試圖介入導正時，所招致的諸多批判。文化的控制和審查，即使一開始是立意良善的，長期的結果也經常難以發揮預期的效力，甚至可能出現反效果。無論如何，當代社會的文化生產已經與資本主義的內在本質緊密地交織為一體，不是行政當局政治性介入的力量行使有辦法解決。如果長期以來經濟財富不平等的抗爭已經成為對資本主義政治鬥爭的核心，那麼對於如何更有效地動員資本主義另一面更巧妙的力量，我們還有很多需要學習，還有很長的路要走。在持續對抗資本主義不理性特質的戰爭中，文化究竟是一種作為自我實現的手段（不論透過任何特定的社會形式）或者文化是一種麻醉、迷惑的形式，似乎成為當前亟需面對的文化爭議與衝突（Scott 2000: 204, 214-215）。

　　班克斯指出，資本家有其絕對的必要性去確保以藝術為基礎的創意文化生產，保持某種與眾不同、獨特或無可複製的特質，以便「文創商品」可以源源不斷創造出來，並在市場上銷售。儘管企業對於通用格式的尋求，持續威脅著要削弱藝術自主性，並強制終結創意，但它絕對不可能完全控制文化工作，並予以標準化，因為一定程度的創作自主性，始終還是生產新商品的必要條件。就是在這種允許反叛的制度化權限裡，我們可以觀察到文化工作關鍵的基進潛能。在原本理性的組織和公司裡，鼓勵任性放肆、變化無常和不順從，這不僅再度確認了文化工作的標準化與終結，永遠不可能達成，還提出了進一步的烏托邦承諾，允諾美學創意的某些頑劣元素，或許能有一天擺脫企業鎖鏈，並有助於開創一些尚未明朗的進步社會轉型。基進文化工作者創造屬於自己的「微型民主」的努力，成功的可能性很渺茫，更不用說這些努力是否可能環繞著某種可以轉變經濟生活特質的集體願景而匯聚。然而

今日文化工作佔據了一個矛盾而多變的空間，體現了眾多道德和政治衝動的行動者，正在從事這類工作。到目前為止，豐沛的替代出路還是令人振奮的（馬克‧班克斯 2015：281-282）。

III 文化經濟生態體系的永續性：邁向一個更寬闊的文化經濟價值衡量框架

基於上述的文化與經濟價值與邏輯的反覆辯證，作者認為，文化經濟的生態體系論也許是一個更能兼容各種能動者價值、行為，讓生態體系中的不同能動者找到共生、共榮、共存、相互依賴、相互合作的位置，以及彼此相互滋養、價值循環的方向。從「文化生態與價值」取徑來省思當代文化政策和治理，意味著我們必須超越當前以文化行政、政府科層體制、市場規則與經濟價值為主流的工具性邏輯，轉而強調自然與人文生態體系中不同能動者、生態鏈之間的相互協力、合作、協調、共生和跨域滋養等人文理性（Rhodes 1999a & 1999b；Holden 2015）。結合歐洲社會科學的政策評量工具，以及東方傳統人文思維中「天人合一」的概念，進一步拓寬理解與衡量文化與經濟價值的框架體系，也許是一個消解對立、矛盾但卻保持能動者主體性的互為主體論述框架。

文化生態體系和自然生態體系政策觀念的核心價值差異是：文化乃是跳脫自然生態體系的「適者生存（fits survive）原則：物種之間的弱肉強食、自由競爭，以及人類的權力與資本殘酷爭奪等叢林法則」；進而邁向文化生態體系的「生存者適（survivals fit）原則：強調生存者之間的相互協力、合作、共存、共生、交互滋養的天人合一人文生態觀」（Liu 2016）。人性的自然面雖涵蓋了爭奪與關懷的不同本能，但文化卻應該是一個將自然叢林法則人文化的過程。相承於文化多樣性保護公約，在政策法規領域，相對於經濟、政治部門的相對弱勢，政府文化部門有必要針對文化的特殊性與優先性進行宣示，確保常民日常生活不致過度被政治經濟邏輯宰制。文化的特殊性的核心思維是文化多樣的價值，「個人主義」、「追求利潤」、「自由主義」

和「開放市場」的資本主義價值並非普世價值，更不是至高無上價值。不應一昧地將「藝術自由表達」、「文化歸屬與認同」，以及「文化永續生存發展」等文化、藝術核心價值附帶於經濟、商業與商品的價值之下。「文化生態體系」政策論述強調的，不是文化經濟強者獨佔、弱者淘汰的自然爭奪生態觀，而是希望透過政府或人為的介入，發揮人之所以成為一個人的本質：愛、熱忱、情感、真誠溝通，相互協力、合作與交互滋養，營造一個以人文為核心的文化價值生態體系，建立合理的文化經濟支持體系與價值循環機制（劉俊裕 2015c）。

近三十年來，文化經濟和文創產業不可否認已經成為各國文化政策的重點發展方向，不過文化界與產業界卻常常落入文化內涵與經濟發展的二元對立。從文化生態平衡體系的角度重新思考文化政策，或許可以尋得文化創意者與經濟產業共生和共存的可能性。藝術文化經濟的資本、市場、消費和經營管理都是相當專業也重要的，專業藝術經濟人才的培育，種種機制上的配套，才能使文化經濟的資本提供藝文創作的活水，同時也真正肩負著提高藝文工作者生活條件與工作權利基線的任務使命。文化政策如何跳脫文化工具性思維，讓文化多樣的內涵與經濟發展的價值得以永續發展，是當前文化經濟所面臨的重要課題。政府部門除了擴大文化經濟投資活絡藝術市場，振興影視音產業之外，更要思考如何健全藝術文化經濟的支持體系，建立文創投資與企業獲利的合理回饋機制，平衡文化貿易與文化多樣價值，讓文創產業的利益能真正回頭挹注文化生態的創作端與基礎環境建設，建構一個價值循環健全的文化生態體系。

文化生態與文化永續的思維是緊密連結的，[9]與單純的以文化促進經濟所開展出來的文化政策路線截然不同。文化生態雖然不是嶄新的概念，這卻

---

9 2017 年 3 月 *International Journal of Cultural Policy* 特別策畫了「永續發展的文化政策」專刊，針對永續發展概念在國際文化組織中以及國家文化政策中，被構聯並賦予重要政策角色意涵、以及被策略性操作化應用的過程和其侷限性進行批判性的探討，提供文化政策與永續發展概念實務連結的重要參考（Kangas, Duxbury & De Beukelaer 2017；Throsby 2017）。

是歐美與國際文化組織，對於近三十年來文化經濟與文創產業發展政策重新省思後的新路線取徑。[10] 文化經濟生態體系對當代文化治理的重要啟示包括：第一，「文化價值」的評估必須跳脫「經濟產值」的狹隘視角；第二，文化是一個生命的共同體，文化價值的衡量應該超越政治經濟科層體制的管理視角；第三，文化價值的永續發展的生命力，取決於文化生態網絡的緊密互動與內部繁複性與多樣性的維繫。這也是為什麼作者主張應該回到文化生態平衡體系論述脈絡，來尋求不同能動者之間共生、共榮、共存的主軸，以及不同位置之間互為主體的角度來思考當前和未來文化經濟體與文創產業的前瞻發展（Hold 2015；劉俊裕 2015c）。

---

10 Geoffrey Crossick & Patrycja Kaszynska. 2016. *Understanding the Value of Arts & Culture: The AHRC Cultural Value Project*. Arts and Humanities Research Council's Cultural Value Project. Available at: https://culturalvalueproject.wordpress.com/2016/03/17/the-report-from-the-cultural-value-project-is-now-published/ (Accessed April 20, 2016).

臺灣文化經濟體：
藝文補助、文創產業與
國際文化貿易

||| 國家的整體「文化經濟論述」是什麼？ —— 臺灣文化經濟體

||| 臺灣的藝術文化補助機制：福利模式

||| 臺灣文化創意產業政策中的文化經濟論述：競爭與成長模式

||| 對外文化貿易與文化例外的爭議：兩岸文化貿易與 TPP

||| 國家文化經濟政策論述：邁向創新模式的臺灣文化經濟體

III 國家的整體「文化經濟論述」是什麼？
—— 臺灣文化經濟體

　　文化部部長鄭麗君在 2016 年 5 月 26 日接受「政問」節目的專訪，[1] 點出了臺灣文創經濟內部體質與對外文化貿易輸出上的雙重虛弱。她認為臺灣的文創產業必須回到以藝術文化內容為主體，進行文化內容和文創產業從創作、生產、銷售與藝文教育（消費端）體質上的強本，搭配國家對外文化商品與服務貿易（雙邊、複邊經貿協定如《臺紐》、兩岸《貨貿》、《服貿》、TPP 等）的特殊例外處理，甚至採取適度的補助、激勵和保護措施等。而部長的使命則是打造公共責任體系，在一年內制定《文化基本法》，增加文化經濟的資金投入，採補助跟投資雙軌制。這些政策措施立意良善，但諸多論述和策略配套環節仍需要更細緻的梳理與接軌；只是，面對當前臺灣社會的主流價值與氛圍，在實踐上，文化部勢必要面對相當的阻力和困難。

　　確實，文創產業和對外貿易不能分開來看。只是，**如果更完整地將臺灣的文化創意產業、藝術市場與文化消費、對外文化貿易，以及藝術文化的獎補助機制等，視為一個文化價值與經濟價值相互調節、互賴共生的「臺灣文化經濟體」**那麼文化部對於推動臺灣文化政策的「藝術文化經濟邏輯」是什麼？國家的整體「文化經濟與藝文補助論述」是什麼？在文化與資本企業獲利、文創產業投資、文化市場的熱絡，乃至藝文團體、博物館、社造、文史團體、藝文工作者的補助上，文化部究竟該站在什麼立場處理這些看似相容卻又矛盾的角色？這些目前在政策論述上並不清楚。

　　2011 年夢想家事件燒出了民間對於藝術文化公共資源分配不公的嘆怨，對於臺灣民眾而言，究竟人民的納稅錢，公部門為什麼、又用什麼立論、標準來補助與獎助藝術文化創作者？用什麼立場、思維來贊助、投資、融資文化創意與流行文化產業？若對國內文化創意產業要採取扶植、補貼的

1　鄭麗君專訪。「從文資保存到文創產業，新政府的文化願景是什麼？」。「政問」節目，網址：http://talkto.tw/talk/13。（檢索日期：2017 年 8 月 20 日）

立場，何以在 WTO 自由貿易框架以及《海峽兩岸服務貿易協議》中，卻又幾乎對影視產業與文化服務貿易（如古蹟修復、文化場館經營管理、出版、影視、流行音樂、會議、會展、口譯、翻譯、文化娛樂體育，政府都欠缺文化影響評估）毫無保留？

自從 2012 年文化部整合了新聞局流行音樂、影視媒體、出版等業務職掌，以及《文創法》中目前仍隸屬經濟部工業局的許多文創產業部門後，對於「藝術文化」與「流行、娛樂文化」之間的藝文補助、獎助、贊助與投資政策立場，經常呈現出公部門角色混淆，以及立場搖擺的問題。文化部對於臺灣藝術文化補助與文化創意產業經濟的投資、融資、扶持的明確定位，始終難以清楚說明。原因就在於政府部門沒有將臺灣的文化創意產業、藝術市場與文化消費、對外文化貿易，以及藝術文化的獎補助機制等，視為一個文化價值與經濟價值相互調節、互賴共生的藝文經濟整體生態體系，而僅從片面或者片段的政策作為來處理全面的文化經濟問題。

在文化經濟政策與治理的領域，索羅斯比提出了文化政策經濟學相關的範疇，包括（Throsby 2010）：

◇ **文化政策範疇：**文化商品與服務、價值與鑑價、文化產業（部門）、生產散布消費、政府行政中的文化政策經費；

◇ **政策程序：**文化政策的經濟目標、文化政策的藝術與文化目標、法規、監督與評量；

◇ **藝術政策：**直接補助、間接補助；

◇ **文化產業：**評量文化產業的經濟貢獻、產業動能 ── 經濟與文化成長、文化產業發展政策策略；

◇ **文化遺產：**遺產作為資產、價值、遺產管理、固定遺產、可動遺產、非物質遺產、遺產政策；

◇ **觀光：**觀光經濟面、大眾觀光的文化議題、文化觀光作為市場利基；

◇ **國際經濟中的文化：**文化貿易、非貿易性質國際文化關係；

◇ **文化多樣性：**文化多樣性的價值、文化政策中的文化多樣性議題緣起、UNESCO 公約、政策意涵；

◇ **藝術教育**：教育的經濟分析、藝術家的教育與訓練、教育作為藝術消費的決定因素；

◇ **文化與經濟發展**：文化發展、文化的永續發展、政策意涵；

◇ **智慧財產權**：版權的經濟基礎、藝術家權利的行政、新科技影響、版權國際法規、版權發展；

◇ **文化統計**：類別（文化產業、國際文化貿易與服務、文化就業、文化消費、資產鑑價、文化補助）、特定目的統計、統計框架。

在這麼寬闊的文化政策經濟學領域，或者文化經濟治理的實質政策意涵探討中，本書無法逐項地展開周延的檢視與梳理。援此，作者希望掌握的主軸，是臺灣當前文化經濟政策所面臨的社會問題癥結，以及政府當前文化經濟治理論述中對於文化價值與經濟價值的辯證困境，乃至未來的文化經濟策略論述方向出路等議題。

皮凱提（2014）與薩克斯（2013）在第三章的觀察，對於臺灣社會近年來的資本主義與自由經濟發展，具有相當切要的省思以及深遠的政策意涵。進入 2018、2020 年代，一個號稱「文化經濟」或「文創經濟」的年代，臺灣無論在公部門、業界、市場、公共輿論和民眾的日常生活中，所謂「經濟」的邏輯（資本與商業獲益邏輯／經濟產值／產業規模／文創加值的邏輯）依舊是社會價值論述中的主流；而「文化」的邏輯（美學價值／文化本真的價值／歷史記憶保存與認同歸屬／社會象徵的價值邏輯）雖然在臺灣「文化經濟」的場域中有些許「發聲」，但似乎難以翻轉當前臺灣社會的整體形勢與氛圍。

如同王志弘與高郁婷所指出，晚近文化經濟或文化產業的發展，都體現了複雜而矛盾的狀態。過去，商業行為往往聯繫上謀利、俗世、敗德，因而同具有美學、超越、道德意味的文化相隔遙遠，並體現於商人與貴族的階序差異。然而，隨著資本主義發展，許多文化場域紛紛納入了商業領域，成為法蘭克福學派所批判的「文化工業」，但也同時促生了一整個文化仲介者的階層，以及文化消費的擴散。1990 年代以後，各國政府包括臺灣都更加重視文化經濟和文化產業，甚至以此作為國家發展戰略核心，不僅以傳統

文化和歷史保存之名，提升地方聲望、開發旅遊商機，也以時尚文化與創意
創新之名，塑造地方意象、促進資本積累。於是，不僅文化已經是一門好生
意，各項生意本身也要披上文化外衣，成為文化的新成員（王志弘、高郁婷
2014）。

　　承前文關於文化經濟論述問題化的脈絡（圖3-1），以及索羅斯比對文
化政策經濟學所指涉的主要範疇，作者認為我們應當將臺灣的文化經濟生態
視為一個整體，提出「臺灣文化經濟體」的概念，即「將臺灣的藝術文化的
獎補助機制，文化創意產業、藝術市場與文化消費，以及對外文化貿易視為
一個文化價值與經濟價值相互調節、互賴共生的整體。」對於當前臺灣文化
經濟政策論述，本章的主要提問是：該如何勾勒臺灣的文化經濟生態體系不
同鏈結的內在互動關係？而核心的問題除了文創產值的提升和文創產業工作
人口的增加之外，癥結則在於全球文創經濟發展近三十年，臺灣藝術文化工
作者的工作條件和生活條件究竟有沒有變好？文化創意環境和經濟結構究竟
有沒有改善？而一般民眾的文化經濟生活究竟有沒有更加幸福？文創經濟圈
中的創意、資本與工作階層的財富分配究竟有沒有更加平均？而臺灣整體的
藝術文化價值底蘊究竟有沒有更豐厚？

　　從近年來臺灣文化公共領域的諸多爭議中，例如：中央與地方文化政策
「文創化」的藝文與產業爭議；流行音樂文化應否接受獎補助的爭議；華山
文創園區資本獲利與獨立工作者難以負擔空間租金的爭議；臺北松山菸廠大
巨蛋開發商業獲益與護樹聯盟的爭議；臺北機廠的文資保存與開發的爭議；
文萌樓的文化保存與地上物產權經營管理模式的爭議；國有財產署「古蹟標
租」的爭議；臺東美麗灣飯店和後續東海岸開發的爭議；《海峽兩岸服務貿
易協議》中文化服務產業獲益與文化主體性的爭議等等；不難看出文化經濟
在臺灣結構性困境的一些端倪。種種文化經濟衍生的現實議題，凸顯出臺灣
社會當前所面臨幾個文化與經濟價值思維之間的核心矛盾。

　　首先，就宏觀的文化經濟而言，藝術文化工作者、企業資本家或產業
與一般民眾，對於文化資產維護應投入的資源多寡，藝術文化的獎助、直接
與間接補助的方式，以及文創產業融資或投資的合理性與正當性認知（文化

部對文化內容策進院定位的所謂「補助與投融資雙軌制」），出現了分歧。其次，臺灣社會對於文化挹注整體經濟成長、增加就業的方式和比例，以及藝術文化經濟資本獲利與財富分配不均的可容忍度，也出現了明顯歧見。第三，對於文化創意園區開發的促進民間參與（BOT、ROT）議題中則凸顯出，藝術文化界對於公有文化資本產權與經營權的所有與轉讓，獨立工作者創意文化自由表達的自主程度，文化企業資本階級與獨立藝文創作者之間的勞力支配，以及文化財富與資產分配的公平正義問題，乃至政府文創產業政策、商業經營模式與獲利回饋的制度設計，也呈現意見上的分歧。

　　資本主義雖然有其活絡文化市場和挹注藝術文化工作者生計的正面意義與作用，但它同時也帶來了諸多亟待解決的藝術文化經濟課題。本章將以臺灣文化經濟體的角度，接合文化經濟與產業價值辯證的幾個階段性發展（圖3-1），對臺灣的國家整體文化經濟論述進行梳理，探討藝術文化的獎補助機制（福利模式），臺灣的文化創意產業政策發展（競爭、成長模式），以及對外文化貿易等面向，如何讓文化經濟在臺灣成為一個文化價值與經濟價值相互調節、互賴共生的整體，發展出一個各種價值平衡發展的藝術文化經濟生態體系（創新模式）。其中，藝術文化中介組織，對於藝文補助機制、藝術市場與文化消費，乃至文化創意產業的投資、融資協助等，則扮演重要的角色。

▍▍▍ 臺灣的藝術文化補助機制：福利模式

　　在新自由主義的主流思維脈絡下，個人具有在市場機制中依據個人意志理性選擇文化產品或活動的自由，不需要國家過度的介入。國家的政治力量或行政措施對於文化經濟和藝術市場介入的正當性，建立在文化作為一種福利經濟的基礎上（Owen-Vandersluis 2003: 157；Throsby 2001: 149）。這也就是第三章所提的福利模式或補助模式：文化對於經濟被視為是負面的，殘餘的、拖累經濟的，而政府補助藝術文化的正當性，則建立於公共財、殊價財等市場失靈的論述主張上，政策介入是國家尋求為了調節藝術文化預期的

非市場價值，或者市場外部的非經濟價值。[2] 在臺灣，對於國家藝術文化補助原則、機制的合理性與正當性，以及自由市場經濟的國家介入並沒有清晰的共識。

回顧過去我國藝文補助政策，主要是透過行政院文化建設委員會（現文化部）、國家文化藝術基金會，與各縣市地方政府執行與推動。文建會依據 1992 年 7 月 1 日頒布的「文化藝術獎助條例」、1993 年 4 月 30 日頒布的「文化藝術獎助條例施行細則」，以及 2010 年公布的《文化創意產業發展法》及相關子法等法規，逐步建立起我國的藝文補助機制。[3] 歸納而言，

---

2 這也就包括文化價值邏輯思考中藝術與文化價值的本真性，強調文化具有其社會價值、象徵價值、歷史價值、美學價值和集體認同的價值等（Throsby 2001）。

3 由於我國藝文補助機關包含中央與地方政府，相關的藝文補助制度對於申請資格、限制、評選標準以及所採取的補助方式也會有所不同，但整體而言，各機關補助方式皆是依循中央政府所制定的文化法規，訂立相關的補助方式。目前我國與藝文補助相關的法令相當繁多，梳理六大類別如下（作者整理自文化部網站 2017；財團法人臺灣經濟研究院 2011：31）：

（一） 文化藝術獎助條例、公共藝術設置辦法、文化藝術獎助條例施行細則，相關作業要點：視覺藝術類補助作業要點、表演藝術類補助作業要點、藝術介入空間計畫補助作業要點、文化與教育結合推動方案補助作業要點、提升地方視覺美感方案補助作業要點、演藝團隊分級獎助計畫作業要點、補助直轄市及縣市政府辦理縣市傑出演藝團隊徵選及獎勵計畫作業要點、視覺暨表演藝術人才出國駐村及交流計畫作業要點、生活美學主題展計畫補助作業要點、媒合演藝團隊進駐演藝場所合作計畫補助作業要點、補助表演藝術創新製作暨演出徵選作業要點、補助國內表演藝術經典作品大陸巡演作業要點、補助藝文團體出國及赴大陸地區從事文化交流活動處理要點、表演藝術團隊創作科技跨界作品補助作業要點、補助藝術村營運扶植計畫作業要點、建立城市色彩系統及示範操作補助作業要點、補助南方演藝團體作業要點、活化縣市文化中心劇場營運計畫補助作業要點、補助民間推動文化觀光定目劇作業要點、補助直轄市及縣（市）政府辦理縣市藝文特色發展計畫作業要點。

（二） 電影事業暨電影從業人員獎勵及輔導辦法、文化藝術事業減免營業稅及娛樂稅辦法、獎勵出資獎助文化藝術事業者辦法、公益慈善機關或團體免納所得稅適用標準。

（三） 行政院文化獎設置辦法、數位出版金鼎獎獎勵辦法、金鼎獎獎勵辦法、金漫獎獎勵辦法、行政院新聞局金曲獎獎勵要點、補助發行數位出版品作業要點、觀光文學藝術作品獎勵辦法、補助辦理文學閱讀推廣作業要點、獎助文化資產保存維護

現行臺灣的藝文補助機關（構）主要有三：文化部、國藝會、地方縣市政府文化局，以政府所編列的文化預算、文化建設基金，以及民間捐贈給國藝會的款項進行藝文補助。「文化藝術獎助條例」的目的是扶植文化藝術事業，輔導藝文活動，保障文化藝術工作者，促進國家文化建設，提升國民文化水準。而作為一個「文化中介組織」（intermediary organization of culture），國藝會係依據「國家文化藝術基金會設置條例」捐助之經費及孳息，透過「研發」、「補助」、「獎項」與「推廣」積極輔導、協助與營造有利於文化藝術工作者的展演環境，獎勵與補助具有前瞻或突破性之藝文創作或事業，藉以提升我國藝文品質與水準（財團法人臺灣經濟研究院 2011：1、30）。

「文化中介組織」對大眾而言稍顯陌生，是一個較為統稱的詞彙。在向來拒絕政府過度干預的藝文領域，「文化中介組織」扮演著重要的角色。它必須獨立於政府，但又是產業鏈中橋接各利害關係人的中介者。如今文化行

學位論文作業要點、藝文書香及記錄片文化活動補助辦法、獎助出版文化資產相關著作辦法、優良詩刊獎勵辦法、文化業務志願服務獎勵辦法、績優文化人士急難補助作業要點、文化藝術團體急難補助作業要點。

（四）　社區總體營造獎助須知、直轄市及縣市政府推動新故鄉社區營造第二期計畫補助作業要點、地方文化館第二期計畫補助作業要點、社區營造亮點計畫補助作業要點、博物館事業推展補助作業要點、補助大學校院推動博物館專業人才培育計畫申請作業要點、補助直轄市及縣（市）政府興建文化設施作業要點、文化部補助民間修繕小型藝文表演空間作業要點、補助直轄市及各縣市政府提供空間予視覺藝術家進駐要點。

（五）　文化資產獎勵補助辦法、補助出席文化資產相關重要國際組織會議及活動處理要點、補助地方辦理歷史建築保存維護再利用申請須知、輔導直轄市及縣市政府推動文化資產保存維護工作作業要點、輔導直轄市及縣市政府與民間推動文化資產保存維護計畫作業要點。

（六）　文化創意產業發展法及文創法相關子法，如文化創意產業補助作業要點、協助獎勵或補助文化創意事業辦法、公有文化創意資產利用辦法、促進民間提供適當空間供文化創意事業使用獎勵或補助辦法、文化創意事業原創產品或服務價差優惠補助辦法、學生觀賞藝文展演補助及藝文體驗券發放辦法、營利事業捐贈文化創意相關支出認列費用或損失實施辦法、輔導藝文產業創新育成補助作業要點、補助直轄市及縣（市）政府推動文化創意產業發展作業要點、文創產業創業圓夢計畫補助作業要點、輔導成立科技與表演藝術媒合服務中心補助作業要點、補助視覺藝術產業辦理或參加國際藝術展會作業要點。

政上耳熟能詳的「臂距原則」（principle of arm's length），在英國自經濟治理領域延伸至政府文化治理領域，成為分隔官僚權力與專業機構決策的代名詞。因為體認到藝術創作與表達易受政府干預與國家政治意識型態操弄的危險，二戰以降各國相繼催生了藝術理事會（Art Councils），透過非政府部門公共機構（Non-Departmental Public Body, NDPB）的設立，將藝術文化資源的補助與分配由藝文專業的同儕評審決策，同時賦予其在人力運用、預算編列、資源與組織營運上更多彈性的空間。我國文建會於 1996 年仿照英國英格蘭藝術理事會（Arts Council England），採國家捐助「公設財團法人」的形式成立「國家文化藝術基金會」，另外依據「國家文化藝術基金會設置條例」，透過民間捐助加強推動各項業務，劃出這道藝文資源獨立、專業分配的「一臂之距」（劉育良、劉俊裕 2017）。

　　如圖 4-1 所示，我國文化政策下的補助機制可以區分為「直接補助」與「間接補助」。「直接補助」主要著眼於文化藝術產品本身具有殊價與公共財的特性，必須透過政府介入以達到社會最適水準，此時最常見的補助方式是透過政府或基金會直接給予藝文團體、個人、產品或作品相對應的獎勵與資助，包括中央或地方政府所提供的補助，或是透過基金會提供補助（財團法人臺灣經濟研究院 2011：21）。國家文化部門或藝術基金會透過直接補助的目的，在創造一個更自由開放的藝術環境與創作精神，並彰顯藝術文化的重要性、創造性、卓越性，拓展文化對公眾的可及性，同時肯認藝術對於文化認同的凝聚和個別藝術工作者在社會中的重要角色（Throsby 2010）。

　　間接補助的方式主要可分為兩大類：一為減稅，二為消費補助。在減稅方面，政府對於藝術與文化活動所能提供的稅務抵減優惠方式包括三種：包括一、對藝文團體、或個人、或產品／作品提供營業稅務抵減與優惠；二、對於贊助藝文活動的個人、企業，與非營利組織提供稅務抵減與優惠或獎勵投資；三、對於一般社會大眾在參與藝文活動的消費提供稅務抵減優惠。這三種稅務抵減方式對於藝文團體或個人來說皆不是屬於直接取得的獎勵資助，但卻間接有助於藝文活動的活絡，增加個人、企業或非營利機構贊助藝術與文化活動資金的動機與誘因，並且將藝文補助的決策權力，有效地從政

治人物與官僚體系轉移到個人、企業組織等，依據個人或民間團體的意志決定的藝術文化捐助、贊助的標的對象，而間接成為藝文團體、個人、產品或作品的收入來源。由於企業贊助並不屬於政府藝文政策的權限，因此歸類為間接補助機制（財團法人臺灣經濟研究院 2011：22；Throsby 2010）。

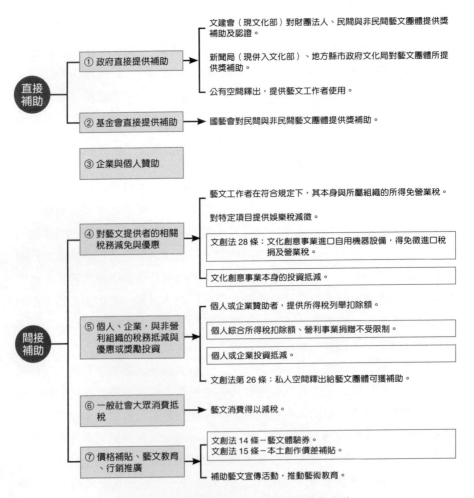

圖 4-1：我國現行藝文補助機制的歸類與定位
（資料來源：財團法人臺灣經濟研究院（2011：37））

歷經二十多年，國藝會內部設置的專業任用辦法、搭建起創作生態的補助、評選機制，以及試圖突破文化行政體系、《採購法》的窒礙，跨越「自償率」帶來異業結盟的動力或商業化隱憂。2017 年 11 月 28 日立法院三讀通過《國家文化藝術基金會設置條例》修正案，在第 5 條「本基金會之經費來源」增列「政府編列預算之捐贈」，也就是在國藝會的基金孳息與衍生性投資外，再增加政府補助的預算經費來源，也強化了國藝會這個文化中介組織在臺灣作為藝術文化補助的角色功能[4]（劉育良、劉俊裕 2017）。

國藝會執行長彭俊亨接受臺灣文化政策智庫中心訪問時指出，國藝會當初制度選擇的立意主要來自同儕評鑑與補助角色的臂距原則，與政府組織精簡關聯較低。然在財務方面，國藝會當初設定以政府 60 億母金孳息，受大環境微利率時代的影響下，資金調用的限制，也相對壓縮到組織原先所設定的目標。過去文化部另以專案方式委託國藝會執行業務，仍須循《政府採購法》規範。因此目前透過獎助條例修正，鬆綁文化部對其編列預算撥款，應為一個回歸組織獨立與專業性的方向。而循撥款管道的另一個重要意義是，文化部要切出資源，勢必需要對現有部內包括各司之間，對各藝術類別不同政策、獎助工具做全面盤點，才能確立哪些任務要轉交國藝會；相應的，國藝會也會自我檢視，讓盤點的成果雙向流動。未來撥列補助經費要如何使用，便需由文化部與國藝會共同研擬，面對立院審查，也能強化兩者間的夥伴關係。在全球於新自由主義的襲捲下，新公共管理講求體制縮編、財政精簡與企業進取精神，成為當代政府治理的目標，文化機關亦不例外地要求產

4　在臺灣的法律背景下，現存的文化中介組織型態包括屬公法管轄之「行政法人」如「國家表演藝術中心」、甫成立的「高雄市專業文化機構」，以及如「公共電視文化事業基金會」、「國家文化藝術基金會」、「國家電影中心」和各地縣市文化基金會在內之「公設財團法人」（法律稱謂為「政府補、捐助之財團法人」），由中央或地方政府出資捐助，並接受政府補助或委辦業務。即使這些「公設財團法人」肩負重要的公共責任，在法規面最終仍屬私法而難受公法約束，亦缺少統一法源規範。而歸私法管轄之民間專業藝術文化「社團法人」（專業協會、學會等）與「財團法人」（各類藝術文化基金會）未來是否可能在深耕已久的專業領域，協助政府擔負起部分專業中介組織的角色功能，執行部分文化公共責任與任務，更是值得深思的議題。

值、提高自償率。在「臂距原則」和新公共管理「精簡組織」的雙重目標
間，如何透過民主方式，讓不同藝術領域的專家代表、非藝術領域的公部門
代表、社區或社群代表、私部門的企業經理人代表等共同參與，確保組織的
公開透明、公正監督與課責，又保持其專業性、獨立性、自主性，有效率地
且更有彈性地進行文化藝術的專業管理，是強化文化中介組織任務的重要挑
戰（劉育良、劉俊裕 2017；Throsby 2010）。

III 臺灣文化創意產業政策中的文化經濟論述：競爭與成長模式

　　除了藝術文化的補助之外，1990 年代起臺灣在文化產業和文化創意產
業政策的發展，則呼應了圖 3-1 中文化經濟互動關係中的「競爭模式」與
「成長模式」。文化產業逐漸被視為與其他產業的相對競爭者，成為政府產
業政策的一環，遵循經濟產業行為一致性的規範，以及市場力量的調節與控
制。2000 年後，文化創意產業政策的脈絡則接近成長模式，將文化創意產
業視為對經濟正面的「特殊的產業」，其成長有助於帶動其他產業和整體經
濟的成長。也因此，文創產業成為政府為了國家整體經濟的產值與產能的成
長而投資的政策標的。

　　聯合國教科文組織雖然在 2005 年才定義「文化創意產業」，然早自 1978
年起便展開一系列相關研究，闡述文化與經濟的正向關係乃至於在社會中
的角色，這些在 1980 年代已經初步建立，「文化產業」（Cultural Industries）
的概念沿用約三十年（張硯涵 2014）。繼 1994 年澳洲政府提出《創意國
家：國協的文化政策》（*Creative Nation: Commonwealth Cultural Policy*）的
文化政策後，英國也於 1997 年祭出「創意產業」的概念。[5] 而受到澳洲和

5　澳洲政府的《創意國家》政策中指出：「文化政策就是經濟政策，文化創造財富……文
　化增加價值，並對於創新、行銷，與設計具有不可或缺的貢獻。」繼澳洲之後，英國執
　政的工黨也於 1997 年祭出「創意產業」的概念，並設立「創意產業任務小組」；1998 年

英國創意產業政策的經濟思維影響，北歐的芬蘭、丹麥、挪威、瑞典、冰島等國家都紛紛在 21 世紀初，提出以經濟和區域規劃發展為核心的文化經濟論述，強調文化與創意活動在知識經濟體系中對於產業轉型的重要性。文化、創意的產業與經濟論述儼然成為當前世界各國文化政策的主軸。一系列的報告和文件中，文化經濟、經濟統計、產業統計等始終是重心，文化端的分析則付之闕如（王俐容 2005；Power 2009；張硯涵 2014）。

簡而言之，文創產業政策論述中對於文化經濟的基本邏輯是，藝術文化和經濟是共榮共利，相輔相成的，如果文化藝術也可以提倡經濟發展，何樂不為？如果經濟、產業可以扶持藝術，為何要排斥？從經濟貿易層次評估藝術文化經濟、文創產業得以創造的長期工作機會或經濟成長。各國政府深信文化將帶來豐厚的經濟成果，相關的政策與產業評估不斷出籠，對於創意產業所帶來的產值、國民生產毛額的貢獻、就業機會的增加、市場的擴大率等等，許多國家都傳來正面的消息與發展。各國相關資料顯示，文化藝術帶來豐厚的產值、對國民生產毛額有相當的貢獻，並提升就業機會，為過剩的國內勞力找到內需的替代機會，都使得臺灣對於發展文化經濟或文化創意產業感到躍躍欲試（王俐容 2005；張硯涵 2014）。只是，藝術文化資產的藝術價值與內涵在這些產業、經濟發展與藝術贊助的政府計畫中，往往成了次要而非主要目標（McGuigan 2002；劉俊裕 2011a）文化在此過程難免有淪為決策者政治與經濟工具的疑義，而喪失了文化治理以藝術文化意義、價值和公民文化權利賦予為核心考量的文化主體性（Throsby 2001: 149；劉俊裕 2007）。

藍麗春、邱重銘、王俊傑（2009：437）認為臺灣的文化產業在「行政院文化建設委員會」的政策引領下，經歷了三個階段：一、1990-2000 年期間的「地方文化產業」；二、1995-2003 年間的「文化產業」；三、自 2002

與 2002 年更具體提出《創意產業普查報告》（*Creative Industries Mapping Document*），明確陳述創意產業政策是「透過知識產權的生成與利用，有潛力創造財富與就業機會。」（王俐容 2005；張硯涵 2014）

年起迄今仍在發展中的「文化創意產業」。「地方文化產業」是實施「社區總體營造」政策的核心，主要是指以在地的傳統文化特色來包裝當地出產的「初級產品」，如農產品或自製的手工藝品等，創造出產業的新價值。隨著西方文化產業的觀念傳入，原本概念模糊的文化產業開始拓展新的領域，從初始的社區初級產業逐漸轉變成更廣泛的，透過創意或文化資產創造的「文化產業」。2002 年文建會將文化產業列為年度施政主軸，並宣布 2003 年為「文化產業年」，行政院也在「挑戰 2008：國家發展重點計畫」中將「文化創意產業」納入重點投資項目之一。

　　關於地方文化產業，古宜靈指出，臺灣開始對此重視應是肇始於 1989年經濟部中小企業處有感於傳統產業的沒落，著手輔導發展具有特色、歷史性和獨特性的地區傳統行業，惟當時重視經濟大於文化目的。1990 年代，由於「建立社區共同體意識」和「在地文化關懷與保存」的重要性日顯，文建會開始朝向如何將文化資源「產業化」的方向發展，形塑文化資源提振地方經濟的附加價值成為文化永續發展的重要思維。前文建會主委陳其南點出，有別於「文化工業」的單一性和同質化概念，「文化產業」完全是依賴於創意、個別性，也就是產品的個性、地方傳統性、地方特殊性，甚至是工匠或藝術家的獨創性，強調的是產品的生活性和精神價值內涵（陳其南1996）。陳其南主委援引了李登輝總統「生命共同體」的概念提出「社區總體營造」政策，推動一系列整合社區文化資源、凝聚社區發展意識的計畫，試圖透過由上而下、再由下而上的社區意識、國家公民意識的養成，建立個人與社會，個人與國家的關係，重建快速政經變遷中的社會秩序。社區總體營造計畫引進日本造町運動的想法，將過去傳統以技術為主的空間改造和地方振興方向，取代為社區參與的實踐。透過居民主動參與和嘗試，社造政策將臺灣文化特有的地方性（locality）形塑為在地主體，使文化跨越政治、行政和意識型態的藩籬。臺灣在陸續出現的文化空間規劃、文化產業推動、

地方文化設施充實，以及新故鄉運動等施為驅動下，[6] 進入一個可能在 21 世紀初蛻變的「文化公民社會」（古宜靈 2005：111；于國華、吳靜吉 2012）。

邁向 2000 年代，文建會發行的《國族主義到文化公民臺灣文化政策初探 2004-2005》中對於文化創意產業政策有如下的陳述（揭陽 2006：155-184）：

> 文化創意產業讓「文化」與「產業」能夠重新再思考，讓文化與創意提升產業的品質，也讓產業的誘因刺激文化的積累，文化創意產業的事出，樹立文化產業化與產業文化的實踐正當性。許多人常以國外的文化產業為例，特別是《哈利波特》旋風所衍生的巨大產值、美國好萊塢電影的消費置入性行銷、《魔戒》電影帶來地方觀光經濟的能量是例證，但文化創意產業的重點，不是製造了多少金錢，而是文化產業是否積累，人民生活品質是否向上提升。……如同社區總體營造試圖喚起社區民眾對於自身生活環境的自覺之外，文化創意產業以及文化公民運動皆在於喚醒民眾對於生活美學與公民責任之意識提升。

6　1990 年代是臺灣地方文化認同和社會意識再結構的重要時點，文化生活圈的想法正逐漸醞釀。把過去單純藝文推動的策略落實在空間並具體結合空間計畫體系，文化發展的成效將可以生根於社區、地方，而文化生活的想像也將得到實踐。文化魅力城市（空間）的塑造成為另一項重點。1994 年陳其南明確提到「文化生活圈」的規劃研究，「就是希望我們能掌握臺灣各地區的文化生活需求，瞭解這些文化生活圈整個界域應該如何劃定。如果生活圈不能規劃出來，整個文化建設的範圍與方向，特別是硬體設施方面，就等於失去一個參考座標，規劃出來的當然就會跟實際需求產生差距。經建計畫裡的生活圈規劃主要是就物質的、商業的或其它日常生活方面的需求來考慮，而我們這裡所謂的文化生活圈，應該就是希望就居民的文化藝術需求面來探討。」臺灣的社會發展、地方文化發展、社區共同意識、國家共同意識，以及整體文化政策和文化行政，也因此第一次有系統的串聯整合。「地方」和「文化」在臺灣這個場域有了新的交織，透過草根文化活動的參與和在地歷史的探索，地方開始重新尋找自己的「命名」，建立地方意識，文化價值的詮釋成為地方發展的一個重要資產與方向。這種從地方開啟的行動，在 1990 年代的臺灣興起了新一波的社會運動風潮（古宜靈 2005：112、116）

不過，這個以文化在地性、公民美學和社造政策為核心的文化產業思考，似乎抵不過 2000 年代後期臺灣文創產業政策的文化經濟產值思維。王俐容也觀察到早期以地方、社區的永續發展為主的「文化產業」論述，與 2002 年開始在臺灣流行的「文化創意產業」之間的脈絡差異。她引用文建會委託臺灣經濟研究院所進行的《挑戰 2008 國家發展計畫 —— 文化創意產業產值調查與推估》報告說明：

> 由於「社區總體營造」的理念與「文化產業」的界定有所差異，以致於對「文化產業」概念的理解仍限於傳統、鄉村型的初級產業，例如農產加工、傳統工藝、地方特產的狹窄範圍內；現今行政院提出的「文化創意產業」政策，與過去「文化產業」相比較，除了擴大產業範圍，更重要的是政府以策略引導帶動產業轉型加值，並且不只從文化的角度切入產業，而是將文化直接轉換成產業部門，把文化和設計、創意發展加入國家發展政策之中。無疑地，發展「文化創意產業」是當前的世界趨勢。「文化創意產業」完全改變過去生產製造的概念，整個產業鏈可以沒有任何實體，例如知識，既可以是資本、原料，更可以是產品。同時，文化和創意產業也可以提高傳統產業的價值（臺灣經濟研究院 2003：2，轉引自王俐容 2005）。

換言之，2002 年後文建會的「文化創意產業」政策比較接近 2000 年政府提倡的「知識經濟」概念，認為文化創意產業正是「知識經濟產生附加價值最高類型」。因此，在 2002 年臺灣正式提出「文化創意產業」的產業政策並列為「2008：國家重點發展計畫」中的一項，將文化軟體視為國家建設的重大工程。計畫中以「產業鏈」的概念型態，重新定義文化產業的價值，結合人文與經濟以發展兼顧文化積累與經濟效益的產業。目標包括（文建會 2003：4-5，轉引自王俐容 2005：185）：

◇ 增加文化創意產業就業人口；

◇ 增加文化創意產業產值；

◇　提高國民生活的文化質感；

◇　建構臺灣特色之文化產業，提高創意風格；

◇　成為亞洲創意產業之樞紐平台。

在實務面，黃光男進一步將 2002 年至今政府推動文化創意產業政策的歷程區分為三個階段：第一期文創產業政策的推動（2002-2007 年）：2002年 5 月 31 日行政院通過「文創產業發展計畫」。2002 年 10 月 1 日成立「經濟部文化創意產業推動小組」及辦公室，負責跨部會整合與文創產業相關政府單位窗口聯繫。2003 年 3 月，行政院將「文創產業發展諮詢委員會」改制為「文創產業發展指導委員會」，結合產官學界負責政策指導。由經濟部、文建會、教育部、新聞局及內政部等，共同協調計畫推動執行，並由「經濟部文化創意產業推動小組」，由經濟部設立專案辦公室，負責幕僚作業及跨部會協調事項，作為文創產業整合服務的單一窗口。文建會亦隨後成立「創意產業專案中心」，推動輔導與行政協調事務。2003 年後到 2007 年一連串產官學界座談、參訪、考察，著重文創產業概念的宣導與交流；制定《文創產業發展法》，研擬文化部改制。第二期文創產業政策推動：2008 年馬政府上台後，文創產業政策由文建會取代文創推動辦公室角色，擔任幕僚單位。第三期文創產業政策推動：2009 年 5 月 14 日文創產業發展方案（2009-2013 年），2010 年 1 月 7 日公布《文化創意產業發展法》，[7] 規範具體作為[8]

---

7 《文化創意產業發展法》第 3 條將文化創意產業界訂為：「源自創意或文化積累，透過智慧財產之形成及運用，具有創造財富與就業機會之潛力，並促進全民美學素養，使國民生活環境提升之下列產業：一、視覺藝術產業。二、音樂及表演藝術產業。三、文化資產應用及展演設施產業。四、工藝產業。五、電影產業。六、廣播電視產業。七、出版產業。八、廣告產業。九、產品設計產業。十、視覺傳達設計產業。十一、設計品牌時尚產業。十二、建築設計產業。十三、數位內容產業。十四、創意生活產業。十五、流行音樂及文化內容產業。十六、其他經中央主管機關指定之產業。」

8 《文化創意產業發展法》第 12 條則規範，「主管機關及中央目的事業主管機關得就下列事項，對文化創意事業給予適當之協助、獎勵或補助：一、法人化及相關稅籍登記。二、產品或服務之創作或研究發展。三、創業育成。四、健全經紀人制度。五、無形資產流通運用。六、提升經營管理能力。七、運用資訊科技。八、培訓專業人才及招攬國際人才。九、促進投資招商。十、事業互助合作。十一、市場拓展。十二、國際合作及

（黃光男 2011：62-63；郭為藩 2006：118-119）。如表 4-1 所示，至今，文化創意產業的十六個產業類別事權仍散落於文化部、經濟部與內政部等不同部會中。

表 4-1：臺灣文化創意產業分類及目的事業主管機關

產業目的事業	主管機關
視覺藝術產業	文化部
音樂及表演藝術產業	文化部
文化資產應用及展演設施產業	文化部
工藝產業	文化部
電影產業	文化部
廣播電視產業	文化部
出版產業	文化部
流行音樂及文化內容產業	文化部
廣告產業	經濟部
產品設計產業	經濟部
視覺傳達設計產業	經濟部
設計品牌時尚產業	經濟部
建築設計產業	內政部
創意生活產業	經濟部
數位內容產業	經濟部
經中央主管機關指定之產業	

資料來源：（文化部 2014：17）。

交流。十三、參與國內外競賽。十四、產業群聚。十五、運用公有不動產。十六、蒐集產業及市場資訊。十七、推廣宣導優良文化創意產品或服務。十八、智慧財產權保護及運用。十九、協助活化文化創意事業產品及服務。二十、其他促進文化創意產業發展之事項。」

　　文化部於 2012 年正式成立後，強調文化創意產業政策的要點包括：揭示基本原則及方向，確定產業內容及範圍，聚焦於重點產業，包含適用之對象；確立政策措施，定期檢討修正，保障經費；加強國發基金的投資；獎勵輔導與人才培育；明定協助及獎補助事項；培養藝文消費人口；發展空間的提供；資金與資源的協助；智慧財產權的保障；捐贈及投資文化創意事業之稅賦減免。而文化「價值產值化：文創產業價值鏈建構與創新」則成為文化部文創產業政策的施政內涵，其所勾勒的具體政策措施包括（文化部 2015）：

整備文化創意產業發展機制
- 強化推動組織與協調機制
- 建立網路流通整合機制
- 整合發展活動產業
- 加強智慧財產權保護機制

設置文化創意產業資源中心
- 設立教學資源中心
- 成立臺灣創意設計中心
- 規劃設置創意文化園區
- 建置國家影音產業資訊平台

發展藝術產業
- 人才延攬、進修及交流
- 創意藝術產業
- 數位藝術創作
- 傳統工藝技術

發展重點媒體文化產業
- 振興電影產業
- 振興電視產業
- 發展流行音樂產業
- 發展圖文出版產業
- 發展數位休閒娛樂產業

整備文化創意產業發展機制
- 強化推動組織與協調機制
- 建立網路流通整合機制
- 整合發展活動產業
- 加強智慧財產權保護機制

設置文化創意產業資源中心
- 設立教學資源中心
- 成立臺灣創意設計中心
- 規劃設置創意文化園區
- 建置國家影音產業資訊平台

臺灣設計產業起飛
- 活化設計產業推動機制
- 開發設計產業資源
- 強化設計主題研究開發
- 促進重點設計發展
- 臺灣設計運動

在這個經濟產業鏈和產值思維為核心的脈絡下，文建會《2004 文化白皮書》將政府推動文化創意產業的願景與目標設定為：「產業文化化與文化產業化，再創經濟發展契機，以及塑造高文化、創意水準之優質社會。為達此願景，推動小組所設定的目標為產值增加為 1.5 倍、就業機會增加為 1.5 倍、文化創意產業大專以上就業比例提高至 50% 等。」郭為藩指出，政府文創產業政策的核心指標是：「文化產業就業人口是否有較大幅度的增加？又如國民生產毛額中，文化產業的產值比例是否顯著提升？臺灣文化產業在亞太地區，或是全球華文界，是否成為樞紐性的互動平台？國內文化創意產業環境是否能吸引大批外資與專業人才來臺投資？當然，最令人關切的是政府近兩、三年來大力倡導下所擬定的重點計畫，即優惠獎勵措施是否陸續兌現？」（郭為藩 2006：119-120）從文建會和文化部設定的文創產業政策目標上，不但看不到文化創意產業的產值、就業人數與大專人力等數量性指標和《白皮書》所陳述的「塑造高文化、創意水準之優質社會願景」有何關聯，且也無法瞭解產業如何文化化與文化如何產業化（文建會 2004；陳介英 2010：72）。顯見，經濟價值與文化價值的衡量，在當時政府的文創產業政策中是立場模糊也欠缺辯證的。

為有效展現經濟成果，英國的數位文化媒體體育部（Department for Digital, Culture, Media & Sport, DCMS）從 2007 年開始，並持續於 2009、2010、2011、2014、2016、2017 年出版了《創意產業經濟統計》（*Creative Industries Economic Estimates*），內容統計了創意產業就業、出口及專業的工作類項等（張硯涵 2014；DCMS 2017）。而至今臺灣文化部的文化與產業相關的統計數字，也環繞在文創產業的數量、營業額、外銷金額，文創產業營業額佔 GDP 比重，以及文化相關產業受僱用人數等類項。

我們同意王俐容的觀點，經濟價值與市場論述在今日已儼然成為文化政策的「合理性」口號，用以贏得公共補助與政府支持。對此，布迪厄曾提出深沉的警告與呼籲，他認為，一些西方國家經過漫長的自主化過程，所構成的文學場域或是藝術場域，曾大大的超越金錢與利益的法則，而具有其「自主性」。但如今文化生產的自主性、文化自身的原則，以及生產到流通的每

一環節包括了：文化多樣性的消失、小眾或獨立文化工作室的衰微、短期獲利邏輯導致文化的各個階段，都面臨到商業邏輯的威脅（Bourdieu 2003: 88-89，轉引自王俐容 2005）。而這些文化價值的威脅在臺灣對外文化貿易自由化的強力衝擊下，則更顯得嚴峻。

表 4-2：臺灣文化與產業相關統計

標題	類別	2008 年	2009 年	2010 年	2011 年	2012 年
文創產業家數（家）	文化與產業	57,509	56,506	56,994	57,971	58,686
文創產業營業額（百萬元）	文化與產業	678,339	648,840	766,128	784,255	757,424
平均每家營業額（百萬元）	文化與產業	11.8	11.48	13.44	13.53	12.91
文創產業外銷金額（百萬元）	文化與產業	57,501	78,186	102,308	112,468	77,970
文創產業外銷金額佔比（%）	文化與產業	8.48	12.05	13.35	14.34	10.29
營業額佔 GDP 比重（%）	文化與產業	5.38	5.2	5.65	5.74	5.39
文化相關產業受僱員工數（人）	文化與產業	169,911	164,542	170,539	172,903	172,757
文化相關產業受僱員工數佔工業及服務業部門受僱員工人數比重（%）	文化與產業	2.56	2.61	2.55	2.51	2.49
五大文創園區參觀人次（百萬人次）	文化與產業	490	1,014	1,211	1,266	2,523

資料來源：文化部。2016。〈文化統計指標〉。文化部文化統計網站。網址：http://stat.moc.gov.tw/StatisticsPointer.aspx。（檢索日期：2017 年 5 月 10 日）

III 對外文化貿易與文化例外的爭議：
兩岸文化貿易與 TPP

一、國際文化貿易、國家文化安全與文化策略

在全球化的時代，國際關係學者們嘗試將文化與國家利益、國家安全、國際戰略相互連結，以經貿和外交利益為目的擬定國家文化戰略（張玉國 2005；朱威烈 2002；潘一禾 2005；胡惠林 2005），或者在國際文化關係框架下將國際藝術文化交流、文化資產、文化商品的交易等，視為國家文化外交的權力資源和柔性權力的行使（Nye 2004: 5, 31）。即使文化產業的發展也被定位在「國際戰略的高度」，用以向世界傳播豐富的文化資產和價值。中國的學者認為，西方主導和全球文化的同質化應該被避免（葉朗 2005：26）。中國文化建設「十一五」規劃（2006-2010）強調加強文化戰略的自主性和戰略性，使中國文化「走出去」，強調要弘揚中國傳統文化，加強中國文化的國際影響力。[9]「十二五」時期文化改革發展規劃（2011-2015）的指導思想和方針原則，[10] 仍堅持中國特色社會主義文化發展道路，增強國家文化柔性權力，弘揚中華文化，努力建設社會主義文化強國。

1997 年受到東亞金融風爆後的南韓，文創產業政策的推動使得「韓流」成為國家的經濟發展主軸，創造了經濟榮景。十五年間轉身成為世界第七大經濟強國。跨國「文化創意產業」政策同時兼負著經濟及文化的任務，透過柔性權力與跨國文化創意產業與數位資訊、內容產業的推動，促使藝術文化商品在全球市場體系中流動加值，同時也承繼了文化擴張的功能（楊志誠 2014：2、10-11）。

9　中國文化部。〈文化建設十一五規劃〉。北京：文化部，2006 年 9 月，第 6 頁。網址：http://www.ccnt.gov.cn/zcfg/whbwj/120061016 30897.htm。（檢索日期 2007 年 11 月 1 日）

10 中國文化部。〈文化建設十一五規劃〉。北京：2012 年 5 月 7 日。網址：http://59.252.212.6/ auto255/201205/t20120510_28451.html。（檢索日期 2007 年 11 月 1 日）

　　面對強大進口文化商品對本國文化所造成的衝擊，許多國家認為其應思考採行其他保障及促進其文化措施之可能性。起初，以法國及加拿大為首的許多國家嘗試之起點欲在 GATT/WTO 的非歧視貿易規範架構中，對文化貨品及服務制定特殊的例外待遇規定，一般稱之為「文化例外條款」（cultural exception clause）。雖然此議題在烏拉圭回合談判及後來的 WTO 部長會議被討論過，但美國認定此為貿易保護措施而強烈反對，最後仍未付諸實現。加拿大和歐洲國家則在聯合國教科文組織繼續就文化多樣性之促進與保障凝聚共識，於 2001 年做成《世界文化多樣性宣言》，並在 2005 年 10 月由會員國大會通過《文化多樣性公約》，此結果可說是彼等國家在文化全球化中所達成最重要的成果（徐揮彥 2009：99-100；Singh 2007, 2010）。

　　2013 年 4 月 22 日，歐盟執委會負責《跨大西洋貿易和投資夥伴關係協定》談判的貿易部部長 Karel De Gucht 強力宣示，歐盟文化例外的主張不容妥協。2015 年 11 月 7 日，德國貿易部部長及文化部部長則再次重申 TTIP 談判中文化免議的強烈主張。今日的歐盟、日本、韓國、紐、澳，乃至對岸的中國，在文化經濟貿易談判的策略基礎，皆不止於單純的文化經貿獲利和產業產值的評量，更在確保對外文化關係，以及國內文化藝術永續的生命力、創造力、豐富性與多樣性的關懷，也就是從文創經濟的核心本質著手。

　　其實，戰後國際間首先提出文化例外主張，保護其影視產業的國家，正是當前主張文化自由貿易最力的美國。1960 至 1970 年代後才是歐洲、加拿大和亞洲國家的跟進。反觀美國長期以來仰仗著自身強悍的影視產業軟實力，不但沒有批准《國際經濟社會文化權利公約》，美國和以色列則是聯合國教科文組織一百五十多個成員國中，唯二反對《保護和促進文化表達多樣性公約》的國家，持續擁護美國商業利益為核心的資本主義價值，這雖是國際文化社會的現實，明顯地 UNESCO 與 WTO 的現實及氛圍有別（Singh 2010）。2017 年 10 月 12 日美國和以色列再次提出基於 UNESCO 成員國對於以色列的偏見，而持續拒繳會費同時將於 2017 年年底退出聯合國教科文

組織。聯合國教科文組織秘書長則對此表達深切遺憾。[11] 國際文化組織和國家／城市文化治理一樣，是個國家利益與文化價值爭鬥拉扯的權力場域。

以我國電影市場作為觀察，自 1950 年代起，國內院線所放映的國外電影，已為國片的二倍。但當時對於國外影片之進口仍設有許多限制，如進口許可及關稅，在此措施下抑制進口影片對國片的競爭壓力，而為我國電影產業創造短期舒緩空間，並為 1970 年代我國電影史之黃金期醞釀條件。在 1970 年代臺灣電影產業與香港製片業合作年產量達二百多部，當時的製片量在世界上僅次於日本及印度，位居第三。但到了 1980 年代，我國電影業欠缺具規模的投資，加上電影題材內容未能更新，嚴重影響國片票房與發展。再者，新聞局在 1986 年取消所有電影配額，並放寬單一外片上映的戲院數及拷貝數後，外片在我國的票房更急速增加。在 1990 年代，美國影片平均佔 90% 票房，而國片票房平均僅佔不到 3%，我國電影市場可說完全被美國影片征服。我國為加入 WTO 亦刪除舊《電影法》關於國片放映比例及對國外影片徵收國片輔導金的規定，在視聽服務業承諾表中大幅做出開放承諾。對我國電影製片業帶來極嚴重的影響（徐揮彥 2010b：264-265）。

為了加入 WTO 以及顧及臺美現實關係，臺灣在 1990 年代加入 GATT/GATS 的協議中，均未對國民待遇原則之例外加以保留。而在「2000-2008 多哈回合」服務業貿易談判中，不但沒有為多年來臺灣的影視產業加入 WTO 後造成的實質損害發聲，反而竟成為協助美國推動電影市場自由化的五個推手（日本、中華臺北、香港、新加坡、墨西哥）之一（Ralassa 2010）。臺灣的國片市場雖然長期積弱，但不影響臺灣電影院線業者的持續獲利。不過臺灣電影院線上 90% 以上的美國好萊塢電影票房，對臺灣民眾的文化價值觀和自我認同所產生的長期文化影響，政府部門至今未曾認真評估過。這或許是基於臺美敏感而友好的政治關係與國際政治的現實，只是，

---

11 UNESCO. "Statement by Irina Bokova, Director-General of UNESCO, on the occasion of the Withdrawal by the United States of America from UNESCO." UNESCO Website, 12 October 2017. Webpage: http://on.unesco.org/2gzPAGG (Accessed October 12, 2017).

若不對過去二十年來臺灣影視產業已經造成的實質損害，以及文化影響評估作明確掌握，就難以評量是否應主張在 WTO 啟動臺灣影視產業受到「嚴重損害」，而對美國提出影視貿易的重新協商。

臺灣若不將文化主體性和多樣性的議題，置於國家文化安全、文化利益、文化認同等國家文化政策與國際文化策略的上位架構，以及非以文化產值、商業營利為目的的微型藝文團體、文化生活等實質內涵的微觀文化權利思考，將難以跳脫一直以來，政府經貿部門以 WTO 國際貿易規則為框架的「文化貿易」談判策略和現實，也將持續對弱勢的在地文化「束手無策」。談及自由貿易的文化例外，無可迴避的現實是，我國目前在文化貿易上所受到最大的打擊和損害項目為影視產業。而造成臺灣影視產業損害最鉅的國家，則是臺灣長期依賴重要的友邦美國，其次則是《海峽兩岸經濟合作架構協議》生效後可能造成影響的對岸中國。

二、《兩岸服貿協議》與 TPP 中臺灣文化經濟治理與反抗的價值爭議

2014 年在《海峽兩岸服務貿易協議》的爭議中，臺灣政府部門從全球新自由主義，發展文化創意產業、自由市場經濟的論述出發，試圖結合臺灣文化產業優勢與文化服務貿易「經濟獲利」的邏輯，凸顯政府部門由上而下「文化治理」對於民眾的積極「文化賦權」，但卻意外地引發了臺灣內部由下而上的大規模文化反抗行動，以及文化自理的強烈訴求。2014 年 3 月 18 日在臺灣發生的民間反《海峽兩岸服務貿易協議》運動（以下簡稱反服貿運動或太陽花運動）顯示出，臺灣的文化經濟治理確實面臨著時代性的關鍵轉折。思考解決之道，文化經濟公共事務的中道力量與自我調節，終須回歸對於民間文化經濟自我治理思維的法制化規範。

在資本主義掛帥的全球社會中，臺灣確實難以逃脫世界自由貿易的結構框架。不過，縱然新自由主義市場經濟對於臺灣文化創意產業發展、藝文工作機會的增加、藝術文化商品的流通，以及文化生活消費的便利等可能有所助益，但它畢竟並非社會發展的萬靈丹。在臺灣，當代資本主義社會過度自由開放造成的貧富差距懸殊、階級差距拉大、藝術文化資本化與產業化、日

常生活的商業化與消費化等等，對企業家、政府而言或許只是經濟發展過程中的必要之惡。但對臺灣民眾和藝術文化工作者而言，這些問題卻大大衝擊了其日常生活的價值體系，甚至剝奪了民間文化自主發展的生存空間。過去臺灣為了加入全球自由貿易體系，幾乎毫無保留地將產業向世界市場自由開放在 WTO 機制中，放棄了主張各種文化例外措施的可能性，臺灣的影視和文化產業幾乎無法立足。對此，藝文界、電影界都感到相當挫折。臺灣社會未經思索，便被架上了這全球自由貿易的規則、價值體系與生活方式，經濟貿易的價值和原則，凌駕於文化價值之上，造成了難以挽回的「文化悲劇」。

　　然而必須釐清的是，反對《兩岸服貿協議》（特別是「文化」服務貿易）並非反自由、反市場經濟和反世界貿易潮流，民眾所反對的是政府借用「新自由主義」的帽子，進一步侵蝕臺灣社會大部分沒有足夠資本、權力與社會地位，主張自己謀生自由的人的自由，而讓兩岸資本家與企業財團更加獲益。臺灣的現況並非鎖國、排拒開放，相對的，臺灣已經在 WTO 的「自由貿易框架」下對世界各國門戶洞開，臺灣文化服務貿易特別是影視產業對世界的開放，甚至遠高於所有主張「文化例外」的先進國家。對臺灣藝文界而言，反對文化服務貿易的門戶開放，是希望保有一個全世界大多數國家（包括紐西蘭、加拿大、歐盟國家、亞洲的韓國以及中國大陸）都已經採取的文化例外主張。而適度保護內部文化市場的目的，在確保臺灣內部一般人和微型產業擁有真正可以選擇的自由。對於《兩岸服貿協議》的抗爭，是為了讓臺灣社會可以做足準備，再透過政府清楚的步驟、方向、政策、規劃，正面地迎向兩岸的文化交流，以及世界的強勢文化；而不是在臺灣還找不到文化的根、建立更深厚文化的底蘊以及清晰的文化主體意識之前，就市場大開。

　　事實上，兩岸在現有的對外貿易協定中都存在文化例外條款。2008 年《中紐自由貿易協定》（*New Zealand China Free Trade Agreement*）第 17 章例外條款的第 200 條第 3 項、第 4 項，以及 2013 年 12 月 1 日生效的《臺紐經濟合作協定》（ANZTEC）中同時規範了中紐、臺紐雙邊自由貿易的文

化例外原則：[12]「就本協定而言，在上開措施於締約雙方間就同類情形並未構成專斷或無理的歧視，亦未造成貨品及服務貿易及投資的隱藏性限制之前提下，本協定不禁止締約一方採行或執行必要的措施，保護本國歷史性或具考古價值之文物地理，或支持對締約方具重要價值之創意藝術。[13]」

　　同時在《中紐自由貿易協定》第 17 章第 205 條，以及《臺紐經濟合作協定》第 24 章一般例外第 6 條《懷唐伊條約》（ *Treaty of Waitangi* ）也都規定：「如措施並非專斷或不合理歧視或未對他方構成隱藏性貿易障礙，本協定不禁止紐西蘭採取其認為必要之措施，就本協定事項給予毛利族較優惠待遇，包括履行其於《懷唐伊條約》下之義務。」這則是兩岸對於紐西蘭原住民族「少數文化權利」的特別規範。也因此民眾不免疑問，若《臺紐經濟合作協定》和《紐西蘭中國自由貿易協定》得以採取文化例外原則，何以《兩岸服貿協議》中宣稱對臺「讓利」的對岸，以及宣稱已在與兩岸服務貿易協議中取得前所未有優惠利益的臺灣，卻不能納入人民關切的「文化例外」與原住民族「少數文化權利」特別規範。

　　全然開放的自由市場貿易對於文化的多樣性與主體性可能產生的影響是殘酷的，政府部門對於在地文化的保存放任市場自由競爭、弱肉強食，遵從適者生存的達爾文社會叢林法則對文化價值可能產生負面的衝擊。個人主義、追求利潤、自由主義和開放市場的資本主義價值並非普世價值，更不是至高無上價值。[14] 國家的文化經濟政策和對外文化貿易政策，不適合將藝術

---

12 2008 年《中國與紐西蘭自由貿易協定》內容見：http://www.chinafta.govt.nz/1-Theagreement/2-Text-of-the-agreement/18-Chapt-17-Exceptions/index.php。2013 年《臺紐經濟合作協定》內容見：http://www.moea.gov.tw/TNE/main/content/ContentLink.aspx?menu_id=3630。

13 「創意藝術」的內涵包括：「表演藝術 —— 包含戲劇、舞蹈及音樂 —— 視覺藝術和手工藝、文學、電影電視、語言藝術、線上創作內容、原住民傳統文化和當代文化傳達、數位互動影像和混合藝術，包含使用新科技跨越藝術的抽象分類。創意藝術之範圍包含對藝術之表達、演奏及詮釋之活動，以及對這些藝術形式及活動之相關研究與技術發展。」

14 資本主義之「利潤」基礎建立在「理性」思考法則之上。什麼是理性，它與思考不同，會思考並不等於有「理性」。「理性」在西方文化中數於「專有名詞」，建立在「邏輯」

自由表達、文化歸屬與認同，以及文化永續發展等核心價值附帶於政治權位與經濟、商品的價值之下。當前，臺灣人民希望保有文化的主體性、文化特殊性、文化優先與多樣的核心思維價值。如果開放文創產業服務業是為了讓臺灣有更深厚的文化底蘊、自主性，那麼必須同時關照真摯在做文化底蘊和創意的藝術文化工作者，以及終身投入了非營利藝文組織、團體、個人的奉獻，究竟有沒有得到應有的回饋。藝文工作者困窘創作但堅持理念的生活，有沒有得到相應的改變？相對於財團產業，顯然大部分兩岸的文化藝術人依舊困窘地在堅持文化理念。

反服貿運動乃是反對臺灣政府在沒有足夠的公民程序與文化整體影響評估之前，就透過政府談判代表主動進行的兩岸協議，讓這個已經門戶大開的貿易之門開得更寬。談判前未進行明確評估，談判後又僅以專業傲慢的政令宣導式公聽會，強調《兩岸服貿協議》對臺灣的利大於弊，因而引起民眾反服貿黑箱的反動以及太陽花運動。在《兩岸服貿協議》中，影視產業、會議、會展、翻譯、口譯、研究與發展服務業、運動及其他娛樂服務業等文化服務都列入開放清單，允許中國大陸服務提供者在臺灣以獨資、合資、合夥及設立分公司等形式設立商業據點，提供經紀商服務。繼兩岸簽署《服貿協議》之後，兩岸《貨貿》的談判日前已經悄悄地進行到第十二輪會談。雖然《貨貿》談判的項目和結果還不清楚，但《貨貿》所涉及的文化貨品涵蓋了書籍、期刊、雜誌和 CD、DVD 等貿易項目，與臺灣的出版、新聞、影視、廣告業息息相關。2013 年的《兩岸服貿協議》，則涉及了電影、印刷、展演、翻譯、口譯、運動場館經營與線上遊戲的開放。

除了兩岸《服貿》、《貨貿》之外，臺灣文化部門、經貿部門另一個更困難的障礙，是重新面對在 WTO 中堅決反對文化例外原則，但卻傷害臺灣影

的基礎上，中古社會有「上帝的理性」、近代社會有「科學理性」。牛頓的「大機械」觀是現代科學「理性」的基礎，資本主義的理性是「優勝劣敗」、「物競天擇」，在成敗得失的考量之下，弱肉強食是互動的法則，勝者將資本主義視為富國利民的大計，敗者則將資本主義視為剝削的工具，導致資本主義不是被污名化就是被神聖化。由於資本主義不以「情義」為本，因此被批評為「無情」、「不人道」的產物（林立樹 2007：9）。

視產業最深的美國。眼前，臺灣政府部門反覆表達參與 TPP（Trans-Pacific Partnership Agreement，跨太平洋經濟夥伴關係協議）的強烈願意。然而，當臺灣貿易和文化部門還在思考臺灣該如何加入 TPP，怎麼配合、遵守 TPP 的自由貿易規範：包括 TPP 規範中若提高表演人於錄音著作權利保護，延長著作權年限二十年，可能會對臺灣的影視產業、流行音樂產業、表演產業產生什麼影響時，加拿大對 TPP 自由貿易所採取的文化高度，則展現在協議談判中主張全面性的「文化豁免」。值得注意的是，國際貿易協定的「文化情境」確實出現了一些變化。2015 年 11 月 6 日 TPP 協定的前言中，包括美國、日本以及許多非聯合國教科文組織公約的締約國，都深切體認到文化多樣性和文化認同的重要性，而貿易及投資則應該豐富國家內、外的文化認同和多樣性。因此，加拿大大膽主張，關於自由貿易的國民待遇原則，將不適用於文化相關的產品（包括書籍、雜誌、影視音等商品）的生產、出版、展示與銷售，以及支持加拿大藝術表達或內容的創作、發展與近用。[15]

三、臺灣文化經濟治理：理性、心態與技術分析

《兩岸服貿協議》與 TPP 的問題不（只）在經濟，更涉及民眾的日常生活和感受，在貿易協議這個公共政策的「後設文化價值」辯論，以及公民文化情感的受傷與不被尊重。思考補救的措施，目前浮出檯面的議題如《海峽兩岸服務貿易協議》、TPP 的文化衝擊、自由市場經濟掛帥導致臺灣影視文化產業不振、文化創意產業不彰，都是臺灣長年以來沒有建立「文化整體

---

15 關於投資和事業的併購門檻等規範，文化產業也排除於 TPP 自由貿易協定之外。通訊、交通網絡、跨國（境外）的貿易、服務與投資相關規範中，加拿大則保留權利，在必要時採取相關措施，排除任何可能影響文化產業的商業行為。而電子商務、政府採購等規範，文化產業也排除在 TPP 協定之外。至於文化產業，加拿大在 TPP 中也出現了明確的定義，包括書籍、雜誌、期刊、報紙、影視音等商品的出版、生產、散播、銷售、展示，以及提供廣播、電視、有線電視、衛星節目等服務的公司。Charles Vallerand. 2015. Analysis of the final text of the Trans-Pacific Partnership Agreement. Cultural exemption and Canada's non-conforming measure. 2015, November 6, Webpage: http://www.ficdc.org/cdc6364?lang=en (Accessed Dec. 20, 2015).

影響評估」制度，以及欠缺由獨立第三部門針對文化影響評估進行的「定期公開與監督審查」機制的緣故。縱使《兩岸服貿協議》對於臺灣的經濟產業利益或許可能是獲利的，但臺灣政府部門未經仔細評估，僅反覆強調利大於弊，難以說服人民。而兩岸文化統合的議題，顯然超乎經濟利益的思維框架，這就不只是雙方開放八十項或六十四項的「算數」問題或者「文化產業」的衝擊影響評估，而是涉及了臺灣社會關切的深層文化整體影響評量。

分析 2012-2014 年《海峽兩岸服務貿易協議》談判引發了臺灣民間和文化界廣大的反彈，原因在於臺灣政府與談判代表經濟邏輯掛帥的粗糙決策，欠缺文化敏感度與文化意識，政治權力、經濟商業意識凌駕文化的思維，公民參與文化生活及文化政策的權利被剝奪。換言之，臺灣文化與經濟部門欠缺清楚的文化思維，以及整體文化經濟的論述，也欠缺清楚的兩岸文化政策與文化交流策略。

以第一章圖 1-4 的文化治理的思維邏輯論述分析，從《海峽兩岸服務貿易協議》、《貨貿》和 TPP 的爭議中，凸顯出臺灣政府部門依舊停留在一種由上而下治理的傳統思維，包括：（一）政府部門試圖訴諸兩岸統獨意識、藍綠政黨以及親中、親美的政治意識型態等「本質理性」；（二）文化行政官僚體系則本於科層專業主義，以協議簽訂的政治權力，企業資產階級的市場利益分配為導向的「工具理性」；（三）以趨近單向宣導與形式化公聽會的「溝通理性」，排拒民間實質文化監督與參與機制等治理方式與內在文化邏輯等；都背離了當代文化治理論述的開放趨勢，也顯示出諸多執政者的文化政策論述語彙，僅停留為官樣的「修辭學」（圖 4-2：軸線 TT'）。直到 2016、2017 年才出現些許的鬆動。相對於此，臺灣民間社會期待的，則是實質的文化治理與文化經濟的自我調節：（一）基於常民、庶民人文土地的關懷，深化在地文化意識與核心價值的「本質理性」；（二）希望排除資本威權體制的政治經濟力量，避免人民自主選擇其日常生活方式受到影響，強調保護臺灣內部多樣而差異的在地文化與訴求庶民情感共鳴的「人文理性」；（三）期待政府本於雙向的「溝通理性」，使人民得以實質參與文化經濟政策決策的基本文化權利，以及基於知識分子批判反思的精神，要求透明化監督政府政

策制定。相關文化訴求未獲政府文化部門正視，導致由下而上的文化自理訴求與反抗（圖 4-2：軸線 UU'）。

當然，文化自理的理性辯論與公共論壇的輿論形成，仍存在著其結構上的侷限性。在當代民主國家的機制中，文化藝術的公共議題在文化公共領域不同能動者的理性辯論之後，仍須透過國家法制化的程序，以及具有公權力的文化機構部門制定的政策措施等治理的技術，方能落實文化權力與文化資源分配等文化治理的具體實踐。在經濟邏輯與權力邏輯掛帥的當代國家治理境寓中，只有透過政府「文化治理」（由上而下）的多樣、分權、合夥、協力等開放性論述，以及民間社會、藝文界、學術界、輿論界與第三部門等不同能動者之間獨立自主的緊密互動連結，透過文化公共領域「文化自理」（由下而上）的永續監督共構，方能讓臺灣文化治理體制產生內在反身性。

思考解決之道，在政府與資本威權治理模式與民間文化反抗訴求之間，應該回歸中道力量，亦即臺灣《文化基本法》對於文化治理與文化經濟自我調節的核心思維與機制：（一）凝聚文化核心價值與主體文化意識；（二）文化例外與原住民族少數文化權利的特殊處理原則；（三）公民參與文化（經濟）政策制定的基本文化權利；（四）獨立第三部門的文化監督、審查機制；（五）建立文化整體影響評估等的法制化規範（圖 4-2：軸線 ZZ'）。由《兩岸服貿協議》與 TPP 所衍生而出，強調「文化例外」原則，臺灣原住民族的「少數文化權利」，都只是臺灣人民文化生活方式可能受到政治經濟力量影響的冰山一角。要更全面地深化臺灣的文化底蘊，真正可能強化政府各個部門的「文化意識」，將臺灣文化優先原則（相對於政治權利與經濟利益）制度化的關鍵，其實是目前仍在文化部的臺灣《文化基本法》，對政府所有重要政策、法規都進行「文化整體影響評估」，並透過獨立第三部門進行「監督與審查機制」。

2014 年 3 月 18 日的臺灣反服貿運動，宣告的是臺灣人民維護文化主體意識的核心價值，強力挑戰執政官僚體系的專業主義與權力價值，以及財團、產業等企業的商業利潤經濟貿易價值。在這個「文化反噬」的時代，全球資本主義的經濟貿易價值體系在臺灣正逐步崩解，繼之而起的，將必須是

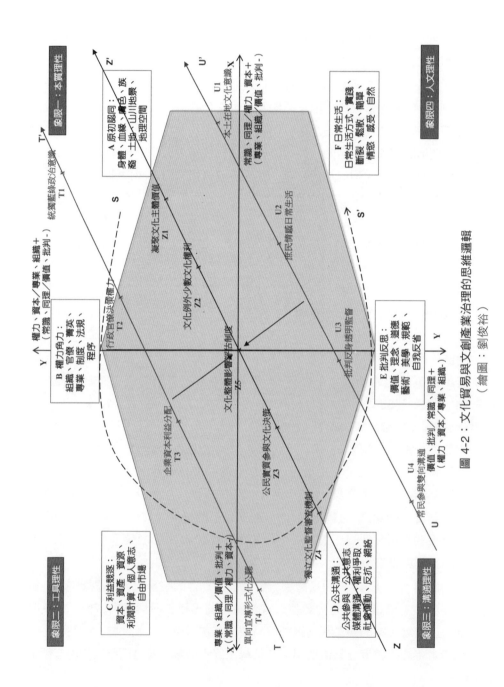

圖 4-2：文化貿易與文創產業治理的思維邏輯

（繪圖：劉俊裕）

一個治理者與能動者都更加謙卑、相互尊重，而允許更多內在反思、自主與自省的新文化價值體系。318 反服貿運動揭示了臺灣民間社會文化自主性與反身性的崛起。執政者應當意識到，臺灣的兩岸和對外政治、經貿政策的制定，終須回歸到人民日常生活的感受，以及政策的「後設文化價值」辯論，進而在臺灣尋求一種文化政策與文化治理的價值典範轉移，與治理心態改變，並落實於文化經濟治理技術的法治化。

||| 國家文化經濟政策論述：邁向創新模式的臺灣文化經濟體 [16]

一、文化部在臺灣文化經濟體中的角色

　　鳥瞰「臺灣文化經濟體」，作者認為如果將文化部比擬為內閣團隊中的文化 NPO ＋社會企業的文化 CEO ＋藝術文化獎補助機制的調節角色，應當會讓社會大眾比較容易理解。近二十年來全球的文化創意經濟當紅，很多人說，文化部就是應當負責文化創意產業、文化經濟發展，因為「藝文產業化既是當局的核心政策，也是臺灣民間普遍認同的價值」。[17] 這樣的邏輯不但簡化，而且是矛盾的。簡單的說，以 2016 年國家總預算為例，國家稅收國防預算支出為 15.7%，經濟產業則佔 13.5%，23.3% 為社會福利，教育預算 12.5%，而文化支出預算僅有 1.5%，其中文化部更只有 0.7%。文化部的 0.7% 預算的主軸難道仍是經貿發展、產業創收嗎？

---

16 本節部分內容改寫自劉俊裕。〈鳥瞰「臺灣文化經濟體」── 文化部：內閣中的文化 NPO ＋社會企業的文化 CEO〉。udn 鳴人堂，2016 年 5 月 30 日。網址：http://opinion.udn.com/opinion/story/5954/1728029。

17 臺灣立報。〈社論：文化與商品〉。臺灣立報，2013 年 6 月 21 日。網址：https://tw.news.yahoo.com/%E7%A4%BE%E8%AB%96-%E6%96%87%E5%8C%96%E8%88%87%E5%95%86%E5%93%81-161004199.html。（檢索日期：2017 年 6 月）

這樣的提問並非意味著文化部和文創產業、文化投資、藝術市場不該思考創收和營利問題，而是一個國家的文化部在內閣部會中，應該回歸部門存在的核心價值跟角色功能。國家文化部核心的執掌跟承載的價值應當是清楚的，即如何將這有限的資源和人力，充分運用在確保臺灣有形和無形文化藝術資產的永續發展、凝聚臺灣的核心文化價值與文化的主體性，以及豐富臺灣文化的生命力與多樣性上；而非再以此去創收、盈利，將藝文場館重心放在衝白償率、經濟產值與追求 KPI。文化部雖然涉及文化創意產業以及文化市場的消費，但其核心價值絕不是文創產業的產值提升和文化市場盈利。

文化部確實可以思考經濟產值，健全文化創意產業的體質，也容許進行文化企業的投資，熱絡藝術文化市場的商業通路、妥善經營文化資產，以及若干程度的文創產業或藝術文化的商業化。然而，**國家投資文化創意產業，從經濟論述到投資獲利配套措施、制度、法規都必須明確，否則對政府、創作者、產業、納稅人都是不公平的。**

任何一個 NPO 都有其核心價值和存在目的，它存在的價值絕不能單純用經濟產值來衡量，更要思考它的社會價值、文化價值、環境生態價值等。文化 NPO 並非不能從事營利、市場貿易，甚至商業投資的行為，而是從這些商業投資行為所賺取的所有獲益，都應當回歸這個非營利組織的核心目的所衍生的營運上。若將文化部當作是政府部門中的文化 NPO，那麼文化部預算所獲得的投資盈利，就不應該回到政府年度總歲入的大水庫中，每年又只分到原來的預算的 0.7%。文化部投資、生產所獲得的盈利，應該持續回到文化部這個政府內閣的文化 NPO 的核心文化價值與目的，滾動更多資本的活水進到發展藝術文化價值的體制迴路上來使用。

至於資本企業參與文化創意產業，藝術市場和文化貿易，文化企業的經營管理等文化經濟體系，社會則抱持著比面對一般產業和企業更高的道德標準（如同對於宗教團體經營的事業標準一樣）。希望這些企業在透過藝術文化產業或銷售的盈利、營利之餘，必須要肩負更多的文化社會企業的責任，讓更高的企業獲利比，回饋到文化藝術創意工作者身上，或者文化創新知識體制積累。資本主義確實可能為藝術文化帶來活水。然而文化部的角色，

則必須在文創產業、藝術市場等臺灣文化經濟體中，扮演著社會企業的文化
CEO 角色。作為文化企業的 CEO 應以企業進取精神積極創新，在組織中納
入企業經營管理的方法與架構，搭建藝文產銷與流通的平台，為藝術文化價
值和文化工作注入資金活水，謀取生計甚至創收。只是，這些作為的主要目
的不在企業營利獲益分配本身，而在希望將這些有限的、附帶得到的文化盈
餘，透過文化企業高懸的社會標準，設計回饋機制政策法規，將資金導引回
文化藝術的內容創新上。

第三章談及文化經濟的創新模式時提及，除了以文化的經濟化（資本
化、市場化、產業化、商品化、專業化、組織化、效率化）觀點分析資本主
義文化經濟邏輯的轉變之外，我們也要追問，當代的文化經濟是否可能產生
經濟的文化化（人文化、本真化、美學化、價值化、彈性化、獨特化、反思
化）——也就是產業形式到內在邏輯的文化價值轉變。全球歷經幾十年文化
創意產業發展，以及化經濟邏輯從對立到互為主體的辯證，究竟有沒有使經
濟產業發生邏輯上的本質性變化，而文化企業與資本主義在核心價值與組織
行為實踐模式，到底有沒有可能產生根本的改變。

在臺灣，前文建會主委陳郁秀也提出，文化產業在追求附加觀光價值，
須不得捨本逐末，莫忘文化根源於土地，薪傳才是最大使命，若以觀光為宗
旨的時候，便淪為「文化消費」，失卻存在的意義。因此「地方文化館」須
釐清觀念，以社區人文為本，傳承文化為宗旨，才有永續生命力，進而促進
社會達到「三品」的理想，即人生追求「品德」、工作追求「品質」、生活追
求「品味」（轉引自陳介英 2010：78）。

黃光男則指出，文化產業「乃在社會價值共感的行為，作為財富、產值
與擁有的先決條件。所以文化產業的有機演繹，必然在珍貴的知識傳達與行
為高上的過程，產業的增長才被重視，也才能激發社會進一步在「創意」的
激素。倘若只專注於「為富不仁」或是「數目增長」，而不在意「共有的謙
和」或「濟弱扶貧」，這樣的產業不僅沒有多大的意義，甚至會受到有形、
無形的反制與忽視。從傳統經驗原則，文化所包含的範疇，精神層面應大於
物質層面，雖然有些物質建設或收集物品也成為日後精神價值的根源，但物

質的「利益」是公益還是私利，則是文化與產業常有互斥的矛盾，或互補的融合的性格。但是以物為文，必然在知識、歷史、文明的見解下完成興建物體的動機，它的出發點大致上是「公益」的構想，而非物化與量化的炫耀行為。」（黃光男 2011：22-23）這些都是當代新文化觀念、技術是否能整合為經濟創新體系，以及以文化試圖介入資本主義市場經濟邏輯，試圖使文創產業產生本質性變化的嘗試。

二、藝術文化補助的爭議與文化創意產業補助與投資的歧見

近來有些文化輿論將臺灣的藝術無用主義、社會功利主義推到了極致，認為不搞藝術會死嗎？「文化政策固然重要，扶植及補助藝術團隊看似理所當然，但當偏鄉有學童繳不起學費，沒營養午餐可吃，身為一個有文化的人，不要說拿三百萬，連拿十塊都問心有愧。」既然藝術家的本質是熱情、初衷，因此在政府想出周全補助政策前，該莫忘當初投入藝術工作的熱情與衷心，納稅人沒有一定要供養文化人、藝術家。[18] 另外，藝術家的生產，也與其他商品生產一樣，都經歷一個「勞動」的過程，為何藝術家的勞動就比其他職業高尚？這樣的說法，正顯示出臺灣的藝術文化工作者所處的創作環境，以及社會對藝術、文化補助、贊助的整體氛圍的不友善。藝術家的勞動沒有比其他職業高尚，而是生產、被消費的條件比較艱困、惡劣，是一種差異性較大、難以計量、計價說明其創作生產困境的勞動。

至於文化究竟是不是商品？如果是，藝術文化為什麼值得補助？為什麼還要納稅人支助，而不是循一般市場規律，自主生產行銷，將本求利？答案也許在世界各國都不容易，因為文化商品是一種「特殊的商品」，有文化、美學、藝術的成分，也有生產的各種成本。但文化不只是，甚至不主要是為了商品化而存在。藝術文化是在公共財和殊價財的「經濟邏輯」下，以及保

---

18 邱祖胤。2013。〈我見我思 —— 不搞藝術會死嗎？〉。中國時報，2013 年 6 月 19 日。
網址：http://www.chinatimes.com/newspapers/20130619000531-260109。（檢索日期：2017 年 6 月）

有社會藝術文化多樣性、文化特殊性的永續發展前提下接受補助。如果創作衍生出獲利的文化商品，或發展出具規模的產業（例如獲利的商業電影、工藝產品、流行音樂），也就應當有合理課稅、獲利回饋的機制。

許多流行音樂公司、商業電影公司不平，同樣在文化部轄下，何以流行文化、影視產業不能像藝術創作一樣獲得政府補貼、獎助，只能用政府贊助、投資的方式來看待，否則就會引起藝術文化界一陣撻伐。2016 年陳妍希的音樂發片補助，2017 年蔡健雅演唱會，文化部補助 830 萬，陳綺貞創作展 800 萬，以及 S.H.E. 周年特展 500 萬等，更引發了文化補助、投資、獎勵角色定位的諸多爭辯。

關於影、視、音流行文化和廣告設計產業與藝術文化團體的補助，基本的差異在於藝術文化創作獎、補助的對象多為非營利組織、藝文團體、藝文基金會、生存困難且難以營利的文化事業、獨立藝文創作者。相關對象的補助、獎助的目的是豐富臺灣社會藝術文化多樣性、文化特殊性，以及藝術文化創作者的永續生存發展，而非寄望其「經濟產值」達到有效的規模經濟發展，而使國家經濟投資獲利。獨立藝術文化創作者或團體多為自然人或非營利組織，藝文基金會和表演團體雖可能有其票房、收益，但收益都在董監事的監督下，回到非營利事業的原始設立目的妥善運用，不能任由股東、投資人獲利分紅（Throsby 2010）。

文化創意產業則是營利事業、公司行號，雖掛上了「文化」事業、創作人、經理人，但作品的獲利、分紅機制則是私部門的商業機制。具規模的文化創意產業的行為者多是財團、企業、營利事業、流行娛樂文化產業，補助通常是錦上添花。政府對於制度上的設計需要的是投資、融資的手段，使得產業具備經濟規模，創造就業機會、產值與獲利。而既然是投資、融資，就應該設計獲利回饋機制，使得原始的投資可以再使用在納稅義務人的文化福利上，或者轉移到相關文化藝術創作與保存的補助政策上。文化部應該努力透過現有法規如「藝術文化獎助條例」、《文創發展法》中，強化相關配套的獲利回饋機制與合理的營利課稅，讓政府在投資文化產業與市場的獲利，可以回饋到政府文化部門預算。

三、文創產業的文化中介組織

2003 年文建會主委陳郁秀在英國當代學院主席多德和香港進念‧二十面體藝術總監榮念增協助下，率團前往丹麥和英國交流。當時帶回幾個重要結論：除了人才培育和產業扶植等實質對策外，最重要的是培育及設立中介組織和智庫。政府對於文化創意產業的智庫始終懸而未決，到如今都只能以招標方式，每年委請不同單位進行研究和資料蒐集（于國華、吳靜吉 2010：86-87）。

關於文化創意產業投資、融資與補助相關的文化中介組織，2010 年《文化創意產業發展法》中已經訂定，「政府應捐助設立『財團法人文化創意產業發展研究院』」，其設置條例至今未通過，然鄭麗君部長已宣布，計畫將之轉制為行政法人「文化內容策進院」。當前，在實質的文創產業策略面，除了建立媒合跨域藝文經濟平台、藝文電商平台，壯大公共廣電集團，人文出版與獨立書店的適當補助之外，也要思索如何透過如文化內容策進院，投入文創人才的培力，並強化文化內容研發，才能使創意源源不絕。不過，在此同時政策如何跳脫文化工具性思維，讓文化多樣的內涵與經濟發展的價值共榮、共存和永續發展，是當前文化經濟所面臨的重要課題。

文化部在 2017 年全國文化會議網站上試圖釐清文化內容策進院機制背後的政策思維，包括：

（一）文化部在文化治理中，角色著重於擘畫文化經濟整體戰略目標、匡列資源，並支持新銳新創，確保文化多樣性，透過深耕文化核心，厚實文化經濟基礎。

（二）至於推動文化經濟發展，因涉及跨領域專業，並需配合市場瞬息萬變，彈性調整策略手段，需要由中介組織，與政府成為協力夥伴，整合與介接政府、民間資金、人才、通路及技術等資源挹注，逐步健全產業生態系。

（三）而關於未來「文化內容策進院」的投資預算以及決定投資、融資文創產業等等，未來將透過「加強投資文化創意產業實施方案」運用國發

基金進行投資，委託專業管理公司協助評估、審議及投資管理視像，並有外部專家、投融資服務辦公室協助諮詢及提供分析意見。但，仍面臨公務人員非產業、金融背景，其專業能力不足之困境。

（四）　另外，未來「文化內容策進院」成立後，文化部規劃委由該院運用國發基金進行直接或共同投資，投資產業範圍包含影視音、遊戲及動漫畫、出版產業等文化內容相關產業，盼透過行政法人之人事、會計及採購等制度鬆綁，並導入企業化經營理念，以聘任專業投資人才、提高投資效益，同時帶動民間共同挹注資金，促進文創產業發展。

政治大學科技管理與智慧財產研究所助理教授張瑜倩指出，就鄭部長談及文策院想法時提及的韓國「文化內容振興院」（The Korea Creative Content Agency, KOCCA）、法國國家電影中心（Centre National de la Cinématographie, CNC），韓國的中介組織結構看起來相對完整，除 KOCCA 主責影視外，文學翻譯、出版、政策研究皆有相應業務司設置的特殊法人。臺灣文策院不能不去思考組織規模與各層產業鏈節中的支援機制。另一個核心的問題是文策院應該是一個補助還是投資單位？ KOCCA 較集中發展戲劇、音樂與遊戲為主軸，投資報酬率相對來得高，加上大企業資源挹注的風氣，和臺灣的背景非常不同。

筆者認為，文策院的機制設計，最終仍必須回歸臺灣的文化經濟政策與文創產業策略立場是否清晰。難以期待單一個中介組織的成立，就此解決臺灣藝文界和大眾長期以來對於政府為何要補助盈利性高的流行音樂、影視產業，以及文創產業的疑慮。文策院目前的規劃投融資的角色大於補助的角色，若文策院的投資預算是由文化部編列的文化支出，而文策院仍偏重在影視音流行產業的支出，則由中介組織「文策院」來決定投資、融資文創產業，大眾依舊將繼續質疑公共文化支出的分配比重。最後，文化部或文策院所投資的文創產業，能否建構出相關配套措施和回饋機制，如《文化特別稅法》（法國抽取高達 10% 至 16% 的電影稅，回歸 CNC 的營運），讓文創投資的獲利可以回到藝文弱勢的創作端，以及其他藝術文化含量高但產值較低的藝文工作者身上。

四、對外文化貿易的價值爭議：
回歸文化整體影響評估與跨部會協調機制

臺灣的兩岸《服貿》、《貨貿》、《跨太平洋自由貿易協定》，文化例外是國家文化經濟論述中不容迴避的課題。作者認為，《臺紐經貿協議》已經說明，針對文化《貨貿》、《服貿協議》「對等開放原則」，甚至更嚴格的文化例外原則，仍被雙邊經貿協議（乃至複邊經貿協議）締約國所採納。臺灣現階段未必要在雙邊、複邊經貿協定中，拘限於 WTO 最惠國待遇原則。或許涉及敏感的臺美和兩岸關係，臺灣的政府部門在文化與自由貿易的議題上，仍未見明確的共同主張，也沒有將國家文化政策、文化利益、文化價值和文化安全的判斷，置於國家經濟發展、經濟利益、經濟價值、經濟安全同等的高度考量。

若將對外文化貿易置於對外文化關係和國際文化策略層次，政府應該深思：若我國基於國家文化安全、文化利益的立場，片面不遵守 WTO 入會承諾，或者臺灣在現階段及未來文化貿易談判策略中，針對特定（影視）產業與美國重啟協商，那麼美方的接受度如何？美方又如何看待、解釋好萊塢電影產業過去二十年來在臺灣造成的實質損害？臺灣可能面對的報復為何？而臺灣可以接受被貿易報復的損失底線為何？產業成本代價為何？是否值得？國家的領導人必須對此有更明確的判斷思考。

相對地，若政府基於整體國家經濟利益、政治利益和臺美關係的現實考量，而決定不對（美國）影視產業啟動防衛措施、片面不履行國民待遇承諾，或者重啟影視產業協商，那麼國內的影視產業是否有管道就其過去已造成的實質損害提出救濟？未來國內法規應如何修改以保障國內影視產業的權利？國家領導人若能將國家文化政策、文化利益、文化價值和文化安全，置於與國家經濟發展、經濟利益、經濟價值、經濟安全同等的高度考量，相信對於決策者的政策、談判策略判斷上，將可能產生明確而實質的差異。文化自由貿易涉及深層的文化與經濟的價值爭議。面對經濟貿易與商業邏輯的強大主導力，英國、澳洲、紐西蘭、法國、加拿大等國家，無不堅持保護內部

文化多樣性，避免一昧地將藝術自由表達、文化認同，以及文化永續生存發展等核心價值，附帶於經濟與商業的產值之下。可惜至今臺灣的文化和經濟部門都沒有對此做出明確而實質的影響評估。

文化價值評估與文化影響評估制度在國際上已經推動了二十餘年，但臺灣至今尚未建立一套完整的文化價值與文化整體影響評估制度。近年隨著公民意識的覺醒，以及許多浮上檯面的問題，例如《海峽兩岸服務貿易協議》所引發的社會輿論、進行中的《貨貿》以及 TPP 協定涉及的文化商品與文化服務貿易、美麗灣事件所帶出的原住民傳統領域和文化生活權利的問題、臺灣電影在美國好萊塢電影強勢主宰下的發展困境，還有藝文補助政策和文化投資的問題等，都提醒我們應該深思如何重新衡量文化在經濟產值以外的核心價值，建立「文化整體影響評估」制度的必要性（張宇欣、張依文、劉俊裕 2015）。

經濟價值、文化價值必須放在整體的框架上來評量，聯合國教科文組織 1986 年便有文化統計指標的內容建議，並因應文化概念的趨勢及全球化下文化價值意識的重要性進行修正。1999 年 UNESCO 下正式設立統計中心（UNESCO Institute for Statistics, UIS），該中心與 UNESCO 的文化部門合作於 2009 年發表了修正的文化統計框架，加入自 1986 年以來湧起的新的文化觀點，包括無形文化資產、文化實踐與文化政策。[19] 該文件中並提到，建立文化統計的相關指標是非常重要的，將列為下一階段的目標。

另外一方面，2005 年聯合國《保護及促進文化多樣性表達公約》第 13 條「會員國應致力於將文化整合於各層面的發展政策，以創造利於永續發展的情境，並且在框架內推動保護與促進文化表現多樣性的觀點。[20]」將文

---

19 UNESCO. 2009. The 2009 UNESCO Frameworkfor Cultural Statistics. Retrieved from http://www.uis.unesco.org/culture/Documents/framework-cultural-statistics-culture-2009-en.pdf（Accessed May 17, 2016）.

20 UNESCO. 2005. Convention on the Protection and Promotion of the Diversity of Cultural Expressions. Retrieved from http://portal.unesco.org/en/ev.php-URL_ID=31038&URL_DO=DO_TOPIC&URL_SECTION=201.html（Accessed May 17, 2016）.

化多樣性與永續發展的概念連結在一起。並且其於 2009 年發表的《文化多樣性執行準則》針對《公約》第 13 條條文建議會員國應「在永續發展的挑戰以及將文化層面納入考量的重要性中，注意公共機構及其合作部門、在地利益關係人與各種社會組成部分。[21]」指出了與文化影響評估目標相應的措施。2014 年出版《文化發展指標》(*Culture for Development Indicators*, CDIS) 則試圖建立文化對社會發展策略不同面向的關聯性指標，更深入衡量文化價值，以及文化對其他領域的擴散效益。[22] 而《2005 年文化多樣性公約 2015 年全球報告》[23] 更進一步將「文化多樣性」與聯合國「2030 年永續發展議程」(2030 Agenda for Sustainable Development) [24] 的目標融合。

除了 UNESCO 之外，文化多樣性國際網絡 INCD 在 2004 年提出了文化影響評估框架。自 2010 年來，英國、加拿大、紐西蘭的國家「文化價值評估指標」，對於文化認同、文化多樣性、文化資產保存近接、社會和諧、社會幸福、文化互動參與（含就業）、文化經濟發展、文化產業獲益等都制訂整體的評量框架。韓國依據 2013 年通過的《文化基本法》，KCTI 業已完成了「文化影響評估制度」的數百頁研究報告，結合「文化權利」理念，在評估的程序上、範疇上、對象上、規模上都有實質進展。歐盟亦開始了「文化整體影響評估」(integrated cultural impact assessment) 的作法（張宇欣、張依文、劉俊裕 2015）。

---

21 UNESCO. 2009. Operational Guidelines. Retrieved from https://en.unesco.org/creativity/sites/creativity/files/convention2005_operational_guidelines_en.pdf#page=37（Accessed May 17, 2016）.

22 UNESCO. 2014. Culture for Development Indicators. Retrieved from https://en.unesco.org/creativity/sites/creativity/files/digital-library/CDIS%20Methodology%20Manual_0.pdf（Accessed May 17, 2016）.

23 UNESCO. 2015. Reshaping Cultural Policies-A Decade Promoting the Diversity of Cultural Expressions for Development. Retrieved from http://unesdoc.unesco.org/images/0024/002428/242866e.pdf（Accessed May 17, 2016）.

24 UN. 2015. Transforming our world: the 2030 Agenda forSustainable Development. Retrieved from http://www.un.org/ga/search/view_doc.asp?symbol=A/RES/70/1&Lang=E（Accessed May 17, 2017）.

2012 年英國 DCMS 和「英國藝術與人文研究委員會」（AHRC）提出了一個耗資巨大，為期三年（2012 年－ 2015 年）的「文化價值計畫」（Cultural Value Project），凸顯英國公部門對於文化價值深入研究的重視，計畫希冀超脫文化價值評估中「二分法」的框架，而強調文化價值評估的測量方法，必須符合不同對象的特性，理解文化對於人和社會的整體影響。2016 年該研究計畫的成果報告《理解藝術與文化價值：AHRC 的文化價值計畫》對於文化價值的研究做了更完整的分析，結論中指出，文化價值的評價不該只是為了公共資源分配的背書，而是為了探究文化、藝術的本真價值。[25]

臺灣除了執行多年的文化統計年報之外，2004 年臺灣由當時行政院文化建設委員會委託財團法人臺灣智庫，進行臺灣文化指標 TWCI（Taiwan Culture Indicators）研究，於第二階段期末報告中指出 TWCI 的大部分指標均可對應到 UNESCO 文化統計資料，並兼具臺灣主體性與文化特殊性。而 TWCI 指標所萃取出的四大核心價值，更試著扣合政策關懷的面向，促進國內文化公共領域的發聲與對話，有助國內的政策辯論回歸到文化的核心辯論（財團法人臺灣智庫 2004）。可惜這份研究的結果並未付諸實踐，也未能接受時間與行政體制的淬鍊，更未能進一步發展出符合時代需求的文化整體影響評估的制度。

值得注意近期發展的是，文化部在 2016 年委外執行預期實質影響的研究報告，內容透過產業衝擊、文化認同、文化主體性、文化多樣性影響以及臺灣現有文化保護機制之闕如之現況爬梳，並明確指出 TPP 可能對臺灣文化的主體性、多樣性造成負面影響，建議文化部因應加入 TPP 可採行之對策。意識到 TPP 協定可能對我國文化產業、文化法規、文化生活或文化根基發展產生的影響（創拓國際法律事務所 2016）。不過報告中評估的方法、指標與內容還停留在初步的發展階段。此外，由文化部委託，臺灣文化政策

---

25 AHRC. 2016. Understanding the Value of Arts & Culture: The AHRC Cultural Value Project. http://www.ahrc.ac.uk/documents/publications/cultural-value-project-final-report/（Accessed May 17, 2017）.

研究學會（2016）執行的「文化部文化影響評估政策先期規劃研究報告」則
掌握了上述重要的國際組織對於文化影響評估的政策機制發展，以及對我國
的短中長期政策建議，該報告可以視為近年臺灣文化部文化影響評估政策的
重要階段性彙整。

　　文化影響評估的中心提問，簡單的說，就是臺灣人民到底選擇用什麼樣
的價值和態度，來面對我們的土地和家鄉。在文化生態體系的平衡，基本文
化人權的保障，以及國家永續發展的脈絡下，我們究竟該用什麼標準，整體
思考國家經濟開發、社會價值和諧、環境生態保護，以及文化多樣發展的永
續性。TPP、《兩岸經貿框架協議》以及《服貿》、《貨貿》議題，不僅涉及
國家文化安全、文化利益、文化認同，更涉及人民參與文化生活的權利，以
及原住民族少數文化權利和文化多樣性議題，其影響遠遠超過文化產業衝擊
影響評估的架構內容。政府的經濟和文化部門都應該對此重新審慎評量，盡
快建立評估制度。

　　文化經濟產值雖然重要，當今臺灣正處在社會發展、經濟貿易對文化影
響日益增劇，臺灣政府應積極納入學者、專家與民間團體的眾人智慧，參考
文化統計資料與文化指標研究成果，將藝術人文學科方法論與思維，重新導
入文化價值的經濟與社會科學評量模式，投入兼具質性與量化的「文化價值
評量」與「文化整體影響評估」制度之規劃，逐步推動實務操作。同時更當
藉由文化資源與預算的合理分配原則，使國家文化政策的方針、規劃與實踐
回歸法制化，方能在社會發展與經濟開發的同時，彰顯並永續維護臺灣本身
獨特之有形與無形文化價值。這一系列專文提醒臺灣社會，應當體認當前國
際文化政策趨勢潮流，超越文化經濟、產值與 GDP 成長的迷思，尋求文化
價值評估的嶄新定位。

　　最後，文化貿易涉及文化與經貿部門的跨部會協商。如同歐盟的經驗所
揭示，文化部與經濟部國貿局的對外談判代表、談判策略，如何建立常設機
制，在談判前即與文化部形成共同立場，建立常設的跨部會協調溝通機制，
都是當前臺灣文化貿易談判的重要課題。期待未來在國際談判桌上，臺灣的
經貿談判代表，能夠為臺灣的文化部門強力地捍衛文化主體性與文化多樣性

的共同立場。文化部在臺灣文化經濟體系中，應當站穩內閣部門中守護文化藝術價值主體的文化 NPO ＋社會企業的文化 CEO ＋健全藝文補助機制的文化價值與經濟價值調節角色，在宏觀的視野下尋求臺灣社會中文化與經濟生態的平衡與互賴共生。從藝術文化生態體系的視野來思考，當前臺灣社會需要一個更寬闊的胸襟和框架來衡量文化的生命與價值（劉俊裕 2015c）。

文化治理的社會論述

||| 文化的社會治理與「文化自理」

||| 公共領域與文化公共領域的結構

||| 文化公共領域的結構

||| 文化公共領域的參與「理性」與「心態」：
文化邏輯與人文價值的逆反

||| 知識分子與文化公共領域：參與技術與機制

||| 底層公共領域與文化反抗

||| 文化治理與文化反抗的行動策略

III 文化的社會治理與「文化自理」

本書第一章提及當代「治理」的重大轉變，係在政府結構之外尋求改革，朝向社會政治共同管理的架構。過去政府再造的途徑是取法企業，當代治理的模式則轉向公民社會，結合政治社會學強調的公民參與公共領域的觀點。相應於社會政治網絡模式，這反映了社會權力「從國家轉移至社會」的趨勢，強調政府與公民社會組織間共享權力的關係（孫本初、鍾京佑 2005：109、119）。網絡治理關切自主、自我管理的組織網絡，如何在有或沒有政府提供公共服務的條件下運作。網絡是自我組織、自主而且自我治理的。政府在社會體系中只是影響事件過程的眾多行為者之一，沒有權力可以加諸於其他行動者的意志。社會機構極高的程度上是自主的、自我管控的，這樣的自主體系擁有高度自我治理的自由，並且抗拒中央的指引。政府則必須解除禁制，退居幕後遠端間接調控，允許社會機構更多自我治理的空間。國家治理能力的一大挑戰就在賦予這些自我組織網絡能力，並尋求網絡間新的合作形式（Osborne2010: 6-7；Rhodes, 1996: 658-659, 666-667）。接合從傅柯（1991）、班奈特（1998、2007）、迪恩（Dean 2010: 17-19）、班恩（Bang 2004）對國家「統理性」的分析與治理過程中個體「自我規訓」、「自我調控」與「自我治理」的批判辯證，我們觀察到文化的社會論述中逐漸從文化的公共政策「治理」朝向如何涵納文化行為者的「自我治理」，甚至賦予社會行為者對治理者遂行「文化反抗」的合理性與正當性的詮釋趨勢轉向。

網絡和社會治理的行為者以個人或團體的身分，依據他們對於治理議題的個別理念彼此互動、溝通。這些溝通和互動經常是在現實的結構中進行，有些互動是高度組織化的、形式化的，例如政府和利益團體及協會之間，帶有公民社會的特質。這些針對公共和治理議題的溝通和意義生產等互動過程，可以被視一個「公共領域」（Kooiman 2003: 11, 38）。在文化政策與文化治理論述上，公共政策的社會治理和網絡治理論述則與西方另一支重要的思想脈絡接合，也是承漢娜·顎蘭、哈伯瑪斯的「公共領域」概念，理想言說情境的理性對話與溝通行動理論，乃至於麥奎根的「文化公共領域」論述

等。另外則是當代文化研究對媒介訊息的文化編碼、解碼過程研究，文化的認同、價值生產與文化主體性詮釋，文化在現代社會中如何使社會管控、社會道德，以及社會行為的治理等議題在公共政策領域中的辯論，乃至 T. H. Marshall、W. Kymlica、Turner、Stevenson、Mercer 等對少數及公民文化權利的主張（Hall 1997；Glinkowski 1998；Thompson 2001；劉俊裕 2011）。

　　第一章提及當代文化治理強調三個層次轉化：一、在治理「理性」（rationality）方面的轉變強調以文化和藝術價值、思維、美感為核心，而非傳統以政治、經濟思維為核心的治理模式，並注重文化與政治經濟間的相容性或互為主體性論述；二、在治理「心態」（mentality）方面的轉變則強調治理者對權力運用的自我節制，政治論述、語彙上的情感共鳴，以及對治理氛圍、情境中持續不斷的自我反思；三、在治理「技術」（technology）、機構與程序方面的改變，則強調多樣、開放、分權、合夥、協力、參與等網絡治理模式，以及不同能動者之間互動、連結的文化治理網絡。然而就這些標準來檢視，當代國家治理的所謂「文化轉向」還只停留在一種治理實踐的表象。對於大部分的實務政策規劃者而言，儘管在施政計畫中經常使用像城市文化治理、藝術文化經濟、文化創意產業、城市文化軟實力等詞彙，但對於究竟如何透過「文化」來治理國家與都市，卻依舊是一個難以具體落實為施政計畫的抽象概念。如果單就文化這個僅佔年度總預算 1-2%（文化創意產業部門生產額佔國家 GDP 3% 左右）的部門來看，這幾乎是一個可以被忽略的政策領域；或者是應當附帶於都市規劃、交通建設、產業經濟發展、外交政策之下，隨意操控的「加值」的「工具」（劉俊裕 2013b）。

　　文化治理甚至是一個當代國家治理者所「不可欲」或「不樂見」的發展。國家政治、經濟決策者至今似乎並仍未真正思考過或意識到，所謂的「文化治理」可能與過往習以為常，以意識型態、政治權力、經濟利益等思維邏輯為中心的統理模式存在本質性的差異，更遑論治理者可能透過藝術文化為核心的意義價值轉變，而主導國家與都市治理的實質典範轉移。對「世俗」的統治者而言，藝術文化人是很難共事、也不樂意與政治、商業人共治的。如同布迪厄的分析，藝術文化場域的運作規則，相對於政治權力場域

與經濟利益的場域，幾乎是一種逆反的價值與思維邏輯。單純從追求經濟利益的思維邏輯，註定是無法理解這個與經濟世界思考完全逆反的藝術世界[1]（Bourdieu 1993: 32-40）。長久以來，已經習慣了以政治權力的分配與經濟利益的計算來統治國家與都市的政治人，若非礙於現實情勢，又怎麼會願意與一群自詡超脫世俗利益，與社會功利價值思維完全逆反，而對政治權力和經濟利益完全漠然的藝術文化人共治，甚至讓他們成為主體呢？

相對而言，藝術文化人原本意欲藉由文化治理、文化政策與創意文化經濟的趨勢，使文化真正成為國家政治、經濟與社會發展的主軸，卻發現藝術文化在現實的政治經濟的連結體制中，依舊只是政權為了維持其穩固統治位置，所衍生出的一種工具論述。藝術文化人既不願意放棄藝術文化的世俗超脫性，卻又欠缺在政治、經濟體制中實務管理分配權力、資源的「專業能力」。在現實的生活上，藝術文化人也經常必須與政治權力、經濟利益相互妥協謀生，並且產生自身的權力、利益觀，也因此在主客觀層次上，都難以「取代」政治人、經濟人，而成為文化治理理想的行為主體，此即所謂文化治理的「不可欲性」（當然所謂文化治理或文化的主體性並非主張一定要由藝術人、文化人來擔任國家的治理，而是追求政治人、經濟人開始回到文化的價值、思維，思考文化價值與政治、經濟價值的相容性與互為主體性來遂行國家的治理）（劉俊裕 2013b）。

然而，我們要追問的是，縱然國家的「文化治理」具有其實然層次的「不可欲性」，但知識人還該不該繼續追求一個國家「文化治理」的應然可能

1　必須指出的是，布迪厄的場域概念係結合了達爾文進化論「物競天擇」、傅柯的權力機構論述，以及馬克思經濟唯物論「資本競逐」的思維，以「象徵資本」的概念現實地詮釋藝術場域中能動者的非物質「利益觀」（Bennett 2007: chap. 9）。這樣的論述的確現實地刻畫出藝術人與政治人、經濟人之間部分的互動關係，但卻同時抹煞了藝術人有意識地超脫世俗權力爭奪，回歸人與人之間真誠互動的「本真性」，以及拒絕以利益分配為日常生活思維基調與堅持；藝術人意欲回歸人與人之間自然、純真而理性溝通的理想性與可欲性。場域、權力和資本的概念對藝術文化人的思維動機與內在秉性完全功利化、權力化的詮釋（甚至扭曲），使之符應於政治、經濟場域的思維邏輯與運作規則，不管是動機論或者結果論的援用其實對藝術文化工作者而言都並不公允（劉俊裕 2013b）。

狀態呢？答案當然是肯定的。這也是為什麼我們必須從文化（由上而下）的「治理」轉而探討文化公共領域（由下而上）的「自理」，思考當代知識分子與「文化公共領域」參與的問題，試圖透過人民的「文化自理」：自我調節、自發性的治理與公共參與，由下而上地逐步強化當代「文化治理」的可欲性，以及體制（系統世界）的反身性和自我省思、節制與批判的可能性。而基於當代文化治理所強調的「理性」、「心態」與「技術」三個層次轉化，同時建構一個更加成熟的「文化公共領域」，與不受資本及威權體制干擾的日常生活世界。本章對於文化治理與文化社會的探討，亦將著重於文化公共領域，社會中知識分子與不同能動者的文化「自理理性」或「參與理性」、「自理心態」或「參與心態」，以及「自理技術」或「參與技術」等相應層次結構轉變的可能性（參見本書第一章圖 1-6：當代文化治理的分析架構）。

||| 公共領域與文化公共領域的結構

所謂的「公共」（public），其古典的意義來源有二：一為希臘文「pubes」，本意為「成熟」，衍生而成「公共」，指的是一個人在身體和心智上的發展成熟，並能夠瞭解自我和他人之間的息息相關或連結；另一個是希臘字「koinon」，英文字的「共同」（common）由其衍生，而「koinon」又是從另一個希臘字「kom-ois」衍生而來，本義是「關心」（詹中原 2006）。Gripsrud 等認為所謂的「公共」涉及四個層面：一、一般人都可以進入且共享、使用的實體空間，如廣場、公園等，以及一般人都可以自由登入、共同使用的資訊與文化資源。二、公共領域有別於私人領域，公領域涉及政體中所有成員的共同利益，因此政府機構有關切這些事務的正當性，而私領域則是人們希望保留個人隱私的生活領域。只是公、私領域的界線經常是民主社會辯論的焦點。三、社會中每個人參與公共事件或公共表達，形成「閱讀公眾」或公民集體。四、關於公民關切的事務，由個別看法集結而成的「公共意見」，而公共意見的形成過程稱為「公共論述」。至於輿論爭辯過程中，涉及贊成或反對意見，理性辯論訴諸的信念和原則也是公共的一環（Gripsrud et al. 2011a: xxxii）。

漢娜・鄂蘭從政治哲學的角度思考公共領域，認為西方最早出現的公共領域是希臘城邦。城邦、國家的出現，是由人們相互集結所成立的政治組織，不同於血緣所產生的聯繫（家庭），公共與私人生活空間有明顯的區別。公共領域是一個所有人共同聚集的場所，每個出場的人在裡面都採取不同的立場，就像兩個物體佔據不同的位置一樣。被他人看到或聽到的意義來自於這個事實：每個人都是從不同的角度來看和聽的，此即公共生活之意義。希臘公民以積極的參與、批判公共事務為責任，以此顯現出自我的獨特性與實在性，因此希臘城邦的公民所形成的公共領域具有強烈的爭勝感與積極性，但同時保有平等互動、針對公共議題進行發言等公共領域有別於一般市井之言的可貴要素。而漢娜・鄂蘭提出個人在公共領域才能自我實現的論述，最基本的條件則在於認識自我、表達自我，並理性、相互尊重地和他人溝通（Arendt 1958: 24-49, 57；李佳璇 2016），這也形就了公共領域秉持理性對話與論述辯證的公共性要素。在漢娜・鄂蘭的思想中，論述是重要的。「公共空間」就是行動者互相交會、互動、溝通的場域，這種交會、互動是情感的交流、知性的相互理解、利益的交換，也可能是相互敵對、懼怕；其中也交錯著共同參與的關係、共享的經驗、共同的努力、衝突的價值與協調。只經由跟「他人」互動、溝通，才有「真實」的可能性，而另一方面，溝通既然是在公共事務的領域內言行經驗的分享，那麼個人的行動便決定了溝通的實踐內涵（Arendt 1958: 69）。

哈伯瑪斯在《公共領域的結構轉型》中以英國、法國與德國的近代發展為例，將 18 世紀西方區分為由國家、警察權力和宮廷貴族所構成的「公共威權領域」；由市民社會（透過商品交易、社會勞動）與婚姻家庭親密的內部空間（包括布爾喬亞階級知識分子）構成的「私人領域」；以及介於「公共威權」與「私人領域」之間的「公共領域」，這包括城鎮的文化商品市場、「文人公共領域」（包括報紙、沙龍、咖啡屋、俱樂部、藝術、文學與學術社群，即英文的 Societies），以及由文人公共領域逐漸延展而出的「政治公共領域」，藉由公共輿論的形成與國家保持聯繫，促使國家瞭解市民

社會的需求[2]（Habermas [1962] 1989: 27-43）。然而隨著 19 世紀國家權力的集中、擴張與介入（從義務教育、徵兵制度、政治參與〔選舉〕體制的改變），社會福利國家的社會立法，伴隨著國家經濟政策的新重商主義（國家貿易保護主義、補償、補貼、勞工失業救助、弱勢的消費者與社會團體保護等財產的重新分配）等再封建化（refeudalization）的轉變，工業資本主義以及企業、公司、私人機構透過合約、發包制度，承接了若干公共威權行政組織的公共任務，結構性地破壞了公共威權領域與社會私領域之間的法律與利益分野（Habermas [1962] 1989: 140-151）。

在這個過程中，過去的文人公共領域（沙龍、咖啡屋和學術社群）理性、批判、自明、自主的文化辯論與公共論壇，逐漸被文化商業、產業等休閒娛樂式的假公共領域所取代，文化生產與消費的迴路、看似自由選擇的文化商品與服務等市場商業利益，以及報紙、電影、電視、收音機等大眾媒體的商業化侵蝕了文人公共領域，文人公共領域失去了對於文化、美學思考獨立於政治與商業生產、消費體制的自主性，人們不再理性地做文化批判、評論、辯論、反思。知識分子階層也與布爾喬亞階層分隔，在 20 世紀面臨著官僚、管理菁英、高度抽象的藝術、人文、哲學現代性專家體系，以及商業新聞、廣告等大眾媒體所吸納（Habermas [1962] 1989: 159-174）。哈伯瑪斯認為國家機器（官僚體系生命）與經濟（資本主義生命）的系統性整合與共構，已經無法從系統內部進行民主轉變，因此必須藉由生活世界中（life world）較為激進的民主社會團結與整合的力量（生產的溝通力量與溝通行動）來制衡金錢與行政的力量，阻止系統的強制與主導力量對於生活世界的侵蝕與殖民（Habermas 1992: 444）。公共領域的政治功能必須透過溝通行

---

2 自文藝復興時期以來，義大利和歐洲都市（從佛羅倫斯、香檳、漢堡、維也納、巴黎到倫敦）的布爾喬亞階級透過自我調節的經濟競爭、市場交易、商業資本主義、重商主義與國家貴族行政體系的互動，得以在 16 到 18 世紀間逐漸發展出布爾喬亞的公共領域，靠著獨立自主的財產權，以及與中產階級理性、自主辯論的公共論壇和文人公共領域機制的結合（報紙、沙龍、咖啡、俱樂部等），市民社會得與公共威權領域中的權威體制相抗衡（Habermas [1962] 1989: 14-20）。

動中「生活世界」的「理性化」來支撐，也就是一組支持國家憲法制度的文化傳統與型態社會化精神、政治文化的精神，以及人民的自由精神。這也就有賴於獨立於國家與經濟領域自願性公民社會組織的制度化，包括教會、文化協會、學院、獨立媒體、運動休閒俱樂部、批判社團學會、人權、性別、生態團體、草根性的公民職業團體、協會請願、政黨、工會與另類機構等等，對弱勢族群意見與公共利益的匯聚，以及透過當代資訊社會與自由、開放的大眾媒介（報紙、廣播、電視），藉由不同可能性，以多樣的形式進行公共溝通和多元的發聲，哈伯瑪斯對於公共輿論的溝通行動與公共意見形成不再如過往悲觀[3]（Habermas 1992: 452-457, 996: 366-368）。

哈伯瑪斯在溝通行動理論中強調所謂有效性概念的理想性，並且界定了其所需符合的條件，包括「有效性聲稱」（validity claims）與「理想的言說情境」（ideal speech situation）[4]。透過這些假定的理想前提，在不斷的溝通、辯論和相互理解的過程中，產生批判的力量，希望最終能構築一個理想的公共領域空間（Habermas 1979；江宜樺 2003；李佳臻 2016）。歸納哈伯

3　然而必須注意的是，有別於系統世界（包括宗教、教育、家庭與科學、道德、藝術等與生活世界緊密互動的專業知識體系），公共領域不能被視為是一個機制或者組織，更不是具有成員分殊職權、角色規定的框架規範。公共領域是一種簡單的互動，生活世界資訊與觀點（支持與反對態度的意見表達）溝通的網絡，一種由溝通行動所構成的社會空間（Habermas 1996: 360）。

4　有效性聲稱須具備溝通的四種有效性（Habermas 1979），方能使對話者在互相認同、信任下達成普遍性共識。第一個是「可理解性聲稱」（comprehensibility claim）：也就是必須能以與談話的對方有辦法理解的方式和語句進行溝通。第二種為「真實性聲稱」（truth claim）：意即對話中發言的內容所陳述，以及涉及的事物皆須為真。第三為「真誠性聲稱」（truthfulness claim）：發言者在對話時除了要能真實的陳述，亦須以真誠的態度進行對談，才能使對話在互相信任的狀態下進行。第四為「適當性聲稱」（rightness claim），對話時須選擇適當的語句，在系統的規範下擁有共識，促使對話有效的進行，與其他行動主體達成理解。至於理想言說情境是指在溝通情境中，言談者與聽者雙方皆須排除一切強迫力量，在不同意見產生衝突時，仍能理性的持續進行反覆性的辯論最終達成共識，不受系統的力量影響而扭曲溝通。哈伯瑪斯假定的理想言說情境有以下先決條件：第一，任何具有言說及行動能力的人都可自由參與對話；第二，所有人都有平等的權利提出討論的問題、質疑他人之論點；第三，必須真誠表達自己的主張，不受外在的權力或意識形態影響；第四，對話的進行旨在提出「較好的論證」。

瑪斯的「公共領域」概念，李丁讚提出了六個構成要素，包括：一、公共論壇：一個供公共辯論的形而上開放空間，是平等的、理性論述的，排除權力或市場的運作邏輯；二、私人：能夠自由追求滿足自己權利的私人，包含核心家庭親密關係如情感、愛、自由的養成；三、會合：由媒體仲介和銜接，或公共空間與社會聚合機制（如民間社團），透過互為主體的溝通行動，將私人匯合成公眾；四、公共意見或輿論：經過論壇理性辯證，社會的自我反省和轉化，匯合統整成有別於俗民和大眾的規範性公共意見；五、公共權威：具有權力的公共權威，包括國家、各級政府、議會、鄉里辦公室，也可能包含民間單位如社區發展協會、工會、學校、公司、部落等；六、合法性：公共意見代表公共理想，關於權力也指向權力，也因此公共領域的運作讓市民社會知道如何規範自己，決定國家等公共權威的合法性基礎（李丁讚2004：3-16）。

　　顧忠華分析「公共性」與現代社會「公共領域」的三個條件指出：第一，現代社會分化過程加速，並由上下階層的分化轉變為平行的功能分化，各個行動領域、價值領域，如政治、經濟、宗教、道德、藝術、科學、法律、醫療、教育，皆紛紛依循自主的發展邏輯，形成自我再製的社會次系統，不再臣服於一套整體性的絕對權威。社會不再承認任何一種片面的價值可以代表全體、支配全體。於是現代指涉「公共性」的單位不像傳統社會般穩定，任何一個群體都無法再壟斷公共性。第二，多元化的條件，現代社會充滿了各式各樣的組織，其中很大部分構成了「公共領域」或「公民社會」的骨幹。從「草根性」、「社區性」、「地方性」、「全國性」到「全球性」的民間非營利／非政府組織，只要它們組織起來似乎便有一定的公共性，也可能爭取到社會資源及認同。公共性不再指涉擁有公權力的政府，也不只由經濟強勢的資本家掌控，「公」「私」之間的辯證也更加複雜。如果我們將「公共領域」概念擴大，不限於輿論的表現，而同時注意結社和參與層次，那麼「公共領域」和「公民社會」的關係實際上是一體兩面。托克維爾在美國觸目所見，即社會自治進入到新的階段，不需要中央集權的強力主導，各種經濟生產、商業交換、社會活動都生氣勃勃地進行著，這種「自治精神」

（spirit of self-governance）和佛格森關切的「公共精神」（public spirit）聲氣相通，都為現代型態的「公共領域」奠下了基礎。公共性的展現自此不再與較狹義的「公權力」等同，而有了自己的生命（顧忠華 2004：150-153）。

傳統中國的家國體系結構是一體的，西方以個人與集體權利、法律契約和公民身分為基礎所建立的「市民社會」或「公民社會」的概念在中國並不明確。在傳統中國，公領域與私領域之間政治上的界線劃分並不清楚。但由於私人財產權和農民普遍的土地所有權，以及唐宋以來文官取士體制允許社會階層較高程度的向上流動，傳統中國在國家與社會之間並沒有像西方這麼強烈而緊張的對抗關係。相對地，國家與社會是建立在一個政府與「民間社會」[5] 協力合作的關係網絡，而民間社會的基礎則在於自主的村落、家族、

---

5 「民間」一詞在臺灣的語意轉折值得反省，在一方面，激進知識分子提供了多少屬於社會意義之下的民間概念，但另一方面，政治力量以及本土派人士所動員的，卻是族群意義之下的民間的力量。「社會意義之下的民間」概念，在 1970 年代的鄉土文學論戰裡較為突出，其設定了本共同體之內的壓迫與反抗關係存在。「族群意義之下的民間」則將壓迫與反抗關係設定在族群內外的界線上，本族群之內是沒有壓迫與反抗可言的。1980 年代後半葉和 1990 年代初期，臺灣一些習稱為「民間學者」的知識分子，在幾份具有公共性格的刊物上展開一系列有關「民間社會」的討論，有助於我們理解「公共領域」相關論述及議題在臺灣的發展。當年「民間社會」論述的由來，要回到當時臺灣廣義民主運動的視野與關心所在。其間出現的立場，按照他們所想像的「社會」構成方式以及政治意義，大致可以分為民間社會論、人民民主論，以及公民社會論三類。首先出現的民間社會論必須以南方朔先生為代表，認為當時臺灣社會的矛盾，主要在於黨國體制與民間社會之間的支配與反抗關係，而不在於泛民間社會內部任何群體之間的齟齬。社會各種力量發揮動能，衝擊國家，求「人民－民主」戰果，則可望促成民間社會相對於國家取得主動地位，達成民主化要求。人民民主論應該以卡維波先生為代表，根本反對任何一種矛盾居主而其他矛盾讓位的說法，從而反對「國家與民間社會二元對立」這種思路，主張眾多社會運動紛雜多樣，都是廣泛的社會鬥爭漫長戰線上的多樣主體。幾乎同時出現的公民社會論，認為公民社會乃是一種「自我組織的社會」──換言之，社會以自我組織作為構成原則的自主，而不是單純相對於國家的自主，社會的組織原則與國家的組織原則之間異趣，才是兩者對立的根本源頭，而不是單純的支配關係。既然談到自我組織，那麼如何規範衝突、處理衝突，顯然取得了較為迫切的份量，於是公民社會論關心如何藉著「程序和規則的建立」、經由「協商達成制度性的妥協」。社會最後需要「動員意志以進入政治過程的能力」。換言之，關於社會如何「控制」國家，如何讓公民積極參與、賦予社會性的民主機制較為真實的政治意義，想法也比較明朗。在公民社會論中我們終於見到了「公共領域」或者「公共空間」的概念出場（錢永祥 2004：112-121）。

地方鄉紳、仕紳，以及宗祠、家祠、寺廟與書院等民間社會組織，架構起民間公共領域的功能運作。在納稅和繇役的義務之外，人民、家族、鄉紳、仕紳所串接起的民間社會，被視為理所當然地自主也有很大程度的自治空間，但也因此沒有形成民間社會追求明確切割公、私領域，要求法律上、契約上的自我治理、自我調控的條件。

金觀濤、劉青峰（2010：79、83-86）在〈試論儒學式的公共空間〉一文中指出，中國傳統的公領域一直涵蓋著國家（政府）。傳統儒學式以家族為本位的公共空間是以忠孝，而後以梁啟超的公德、道德、權利為核心的，缺乏工具理性與形式法規制度。難以穩定監督國家權力與資源。1902 年梁啟超明確提倡一種不同於儒家倫理道德的公德，他說中國人的道德意識偏於私德而公德殆闕。他把儒家的五倫都視為私德，而公德則是個人對群體、社會、國家之關係。它是公共領域之道德。梁啟超強調，人群之所以為群，國家之所以為國，賴此德焉以成立也。公德所代表的現代公民道德，其根據是個人權利此一公理。公德所要求的社會成員即國民。

陳弱水（2004：103-109）從中國傳統社會的童蒙書、家訓、善書切入，提出近代中國社會觀的關鍵特色，是對親友鄰里以外的世界抱持疏離、防禦的態度，這當然妨礙人們對公共事務產生參與感或理解的興趣。近世社會觀的另一個主要價值是慈善救濟，但慈善觀念所投注的對象是具體的人而不是公共事務本身。扼要地說，疏離的社會感必然阻礙公共領域的成長，慈善的價值能帶動濟貧救難的行動，但與公共事務、公共議題的關連還是有限。近世中國社會觀的兩大元素還深埋在當代臺灣的人心。傳統社會觀中還是涵藏著公共領域直接相關的因子，就是仕紳階層的公益意識，公益意識中還有為公共事務建言、公共輿論的觀念，如公呈、公舉、公詞等都屬此類。臺灣的仕紳傳統雖然不強，這種意識應仍存在。但臺灣社會歷經近百年的重大變遷之後，傳統仕紳的微薄經驗已和當前情境有著深刻的斷裂，很難作為發展公共領域的任何直接基礎。當前臺灣發展公共領域的文化資源，來自傳統的主要是士大夫以天下為己任的清議理想，但在此所揭露的公益意識、地方公共輿論觀念，或許可以作為一個鼓舞士氣的歷史先例。

接合緒論中「文化經世」的概念，經世文編的盛行事實上就是傳統中國知識分子透過文化介入公共領域、公共空間的一種形式。有別於西方市民社會或公民社會的概念，透過明清時期各類經世文編的發行，讓位居政治與社會核心的文官、知識分子以及地方鄉紳、仕紳等建構了一個對時政、時勢發聲、對話、溝通的平台，並成為日後中國報紙輿論、公共論壇的重要基礎。Andrea Janku（2004: 1-3, 70）闡述了清末經世文編的大量興起，為隨後中國報紙的發行奠定了堅實的學術和輿論基礎，並且造成了中國知識分子對於國內外時勢、西學、外交、洋務等實用知識的普遍性重視。20 世紀以前，經世文編和經世之學的討論與流通多侷限於官僚體系的知識分子，直到報紙的出現才將經世文編的議論轉化成新型態的公共論壇和公共領域，讓知識分子及公眾開始對政策形成的過程產生更廣泛的辯論，並且公開對宮廷政治提出挑戰。沒有經世文編和經世致用之學這種從傳統官方、半官方和非官方共有的文人論述結構環境的脈絡鋪陳，20 世紀初期中外文報紙對於時事的公共議論也很難在中國快速的產生其文化影響力。文化經世的治理概念在當代臺灣可以視為一種政府透過地方鄉、仕紳或政商名流等有力人士，動用其對社區在地有形、無形的凝聚力、影響力，以柔性的人情、地緣或人脈「關係」，透過綿延、具穿透性的權力特質，遂行藝術文化介入社區營造、城鄉再造，或地方文化館對在地社群文化情感的凝聚。

||| 文化公共領域的結構

援用哈伯瑪斯的公共領域概念，我們嘗試著從狹義和廣義的層次來界定和分析「文化公共領域」。狹義的說，可以將文化公共領域界定為「藝術文化工作者、藝文團體（包括表演藝術 —— 舞蹈、戲劇、音樂；視覺藝術 —— 繪畫、雕塑；文學、電影、時尚設計、文創領域）和其他在藝文界的相關能動者（藝術文化協會、藝術文化學會、藝文基金會、第三部門等），針對藝術文化相關事務和議題（藝文潮流、價值、理念、意象、權力、利益和藝文資源分配的原則與機制），透過理性的公共輿論平台（藝文咖啡、論壇、大

眾媒體、網際網路社群），進行溝通、對話、交流、辯論、協商與妥協，逐漸將私利匯聚而轉化為公益的互為主體過程，並由此產生一個相互連結的藝術文化網絡或公共場域。」

若依據前文對文化治理的論述脈絡，當代文化治理已經由傳統的藝術文化行政與管理，轉換為思索如何透過文化來治理，視文化為理解社會生活運作理路的關鍵層次，遂行政治與經濟及各種社會生活面向之調節與爭議，並且將文化理解為一個政治、經濟行為、策略與措施的價值詮釋、意義賦予與內在邏輯思維的理性論述對話過程。那麼當代文化治理在範疇上已經延展至以藝術文化的價值、理念、象徵、意象為核心，思考都市與國家的文化經濟（文化創意產業、美學經濟、文化品牌行銷）與文化政治（族群、認同、社群歸屬）等面向的權力、資源分配與組織網絡技術的治理。相對地，文化公共領域的議題、範疇也應當廣義地涵蓋臺灣文化社會中不同能動者以及常民的文化經濟（藝術文化市場消費與產業）、文化政治（文化社群認同、歸屬和文化的行動與抵抗）參與，以及日常生活的美感經驗（衣、食、住、行、娛樂層面的藝術美學）和文化生活方式的意義生產（包含人情味、民俗節慶、宗教活動、在地風俗習慣）。而文化公共領域的能動者也將進一步由藝術文化工作者、藝文團體，拓展至個人藝術文化工作室、藝文咖啡等另類藝文空間，創意藝術市集的獨立工作者，乃至民俗、宗教、宗親會等民間團體組織等。文化公共領域的結構分析，則涉及各個文化社會中相關能動者的文化自理或參與理性、心態、技術等層面的轉型與變化，能動者之間的相互連結網絡平台，其橫向連結的緊密程度（跨域、跨界流動、對話、交流頻率，不同協會平台間的界面整合與意見匯聚的互為主體過程），文化威權資本領域、文化公共領域、文化私人領域之間縱向連結的主導力量與文化自主程度，以及文化公共領域參與的內在文化動能或文化邏輯所能引發的共鳴和感同身受的強度。

歸納上述關於文化治理與文化公共領域的論述，得彙整出「圖 5-1：文化治理與文化公共領域」的關係，進一步釐清、分析文化治理與文化公共領域的結構 —— 1. 文化威權資本領域、2. 文化公共領域、3. 文化私人領域的能動者的互動關係，以及貫穿於文化公共領域的文化理性思維邏輯：

1. **文化威權資本領域**：國家政府官僚（a. 國家政府機構體制；a1. 國家藝文機構、a2. 縣市地方藝文機構；c. 務實知識分子技術官僚、c1. 實務／批判知識分子），由於承接政府委託案、研究計畫、諮詢、審查案而處於務實與批判之間／資本市場（b. 本國企業、b1. 文化創意產業利益團體），當代的權力機構與資本企業產生共構體制，再透過系統世界產生主導的力量。

2. **文化公共領域**：c2. 批判知識分子（大學、學會、藝術評論與媒體工作者）、c3. 社區文史工作者、c4. 民俗宗教團體、c5. 藝術文化創作者；a3. 非政府組織、非營利藝文機構團體、a4. 藝術文化工會或協會；b2. 企業與政府設立之藝文基金會、b3. 藝文工作室、藝術市集、藝文咖啡、茶坊、另類空間。

3. **文化私人領域**：d. 個人、家庭、常民日常生活的私領域，以常識理性為基礎的文化邏輯，透過 d1. 文化行動抵抗、d2. 文化公共參與、d3. 文化市場消費，參與文化公共領域。

在此三個領域的能動者間，經由 e1.、e2. 大眾傳播媒體與網際網絡社群的中介，尋求政策規劃、權力分配、資本競逐、利益贊助、藝文消費、合夥協力、文化行動、文化批判之間平衡、辯證，則匯聚出 Σ. 文化理性公共論壇。至於公共文化議題價值思維的辯論的理性模式，究竟是理念、價值辯論的溝通理性，抑或機構體制資源分配務實治理，則取決於文化治理與文化公共領域能動者間互動的結果。

文化公共領域的自主性取決於能動者能否排除國家統治者、官僚體系意識型態控制，政治權力（權貴勢力）、私人黨派或企業、利益團體私利的控制，甚至「選舉主義」與「市場理性」等將私合為公的機制，以及資本企

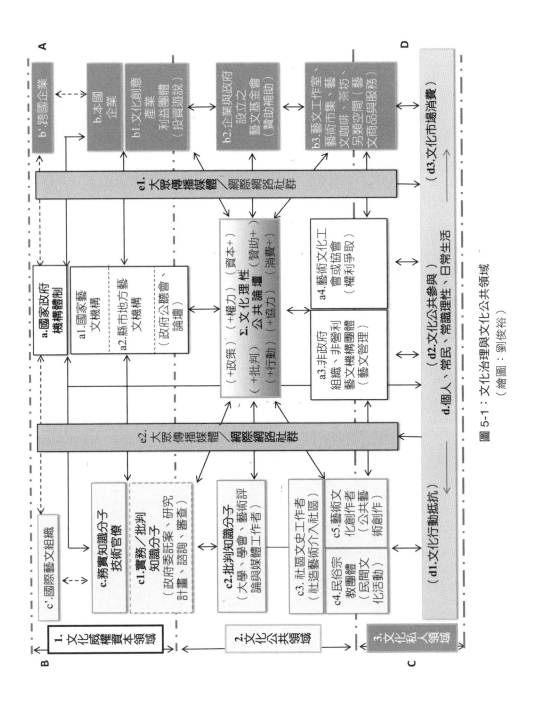

圖 5-1：文化治理與文化公共領域
（繪圖：劉俊裕）

業與文化產業的商業利益壟斷，進而產生自主的公共理性辯論[6]（金觀濤、劉青峰 2010：97）。當然，透過文化治理的治理理性、心態與技術的論述轉變，政府官僚政策措施、私人企業資本家贊助投資，亦可能存在跨出政治、商業「本位主義」、「政治經濟利益」，轉而尋求「公益」的「客觀超然」理性辯論的超越性，以及一種尋求將「權力」、「私利」排除的過程，轉換為「公益」的價值、論述、辯論機制的可能性。也因此，三個領域的能動者間仍存在若干超越既有領域疆界的模糊地帶，特別是 a3. 非政府組織、非營利藝文機構團體、a4. 藝術文化工會或協會、b1. 文化創意產業利益團體、b3. 藝文工作室、藝術市集、藝文咖啡、茶坊、另類空間、c1. 實務／批判知識分子、e1. 大眾媒體，可能透過彼此間的協力、合作與權力、利益的吸納，產生跨域的影響，因此圖中將之置於文化威權資本領域、文化公共領域與文化私人領域的邊界地帶。尤其務實與批判知識分子之間的互動關係，本章後續將做進一步探討。在 d. 常民的日常生活世界中，常識理性和庶民文化的邏輯，經常必須面對政治、企業菁英工具理性，以及藝術美學等專業文化的邏輯（專業系統世界）的主導。當越來越多的常民、個人（以及藝術、文化創作人）都因為政治、經濟的邏輯操作、主導其生活周遭的文化公共領域，而無法藉由 d2. 文化的公共參與以及私人的 d3. 文化市場消費獲得紓解，一旦反動能量的累積跨過了民眾所能忍受的門檻，則將引發潛在的人文價值逆反，以及 d1. 文化行動與反抗。

---

6 金觀濤、劉青峰（2010：97）分析傳統中國的公共領域概念，提出了公共領域分析的三個要件：公、私領域分離的可能性；公、私領域價值、理性、思維邏輯的差異（使私整合為公的可能性）；對私人、私利正當性的肯認。「今日中國人把政黨—國家之外的社會想像成一個關係共同體。而私合成為公的機制，只能依靠市場和選舉主義，與公共理性討論無緣。綜觀今日中國民間社會的眾生相，無論是家族公司，還是民間組織，以及非政府組織，其靈魂和文化只要不是官方意識型態的延長，就只能到私領域之理或其變構中找資源，如依靠親戚、同鄉、同學、熟人，甚至江湖義氣建立關係網。相比之下，公共規範的力量無論在今日中國大陸還是臺灣地區都是軟弱的。」

||| 文化公共領域的參與「理性」與「心態」： 文化邏輯與人文價值的逆反

文化公共領域的公民社會溝通、參與和批判論述，可以說是一種對國家官僚體系文化權力、規訓與控制思維論述的回應與挑戰，其試圖跳脫文化場域資源的爭奪、分配及權力的角力與對抗的思考框架，而回到日常生活世界理性溝通與相互理解的共通基礎。溝通論述強調公共領域與公眾意志的形成、理性而批判的公共辯論、媒介科技的運用、文化治理在公民權利賦予中應需扮演的角色，以及對於政治權或文化權的落實等等。哈伯瑪斯認為，公共領域不能向權力角力、官僚體系的專業分殊與資本擁有者的利益競逐投降。只有透過媒介凝聚公眾意志，產生批判理性思維，方能防衛、延伸溝通理性思維邏輯，促進公眾對於生活世界的相互理解，抗拒國家體系所統理、規訓的威權式公共領域（Habermas 1981, 1989: 51-52；Thompson 2001）。

Gripsrud 等認為政治公共領域的議題通常環繞在私領域的經濟行為，而文學公共領域的論述則經常與私人生活的親密領域相關，也就是家庭和其他人際關係的競技場，在這裡通常是與內心相關的議題，包括對兒童的教養到道德與存在的多重關切。親密領域是社會化的主要場合，也是人格和主體性形成的場合，更是人們與音樂、文學、視覺藝術等藝術形式遭遇和實踐的主要場所。在當代，「文人公共領域」或許更適合稱作為「文化公共領域」（cultural public sphere），在這個公共領域中人們面對藝術、體育、宗教和各種休閒活動的機構、組織和文本，以及相關的公共討論。從政治的觀點來看，文化公共領域的主要功能在於主體不斷建構意義、更新參與民主程序，以及不斷反思這個基本任務的能力。這包括發展感同身受的能力，或異位思考的能力。文化公共領域也是藝術治療和各類政治主題的社會空間。音樂、文學、戲劇、電影和電視有助於公共態度及性情秉性的形成，以及對於移民、同性權利、各種社會正義等特定議題的理解。在媒體滲透的今日世界，公共領域必須被視為涵蓋如實境秀和八卦閒聊等電視節目，以及各類媒體內、外的公共娛樂。換言之，從公共領域的功能性而言，這是一個研究相當不足的多重空間（Gripsrud et al. 2011b: x）。

延續哈伯瑪斯的公共領域論述，麥奎根（J. McGuigan）則指出，當代的文化政策貶抑了「文化理性」（cultural rationale）的基礎，而將政策建立於經濟的工具理性基礎之上，強調魔幻式的都市「再生」措施，以及一種不太可行的社會包容（social inclusion）思維作為對經濟簡約主義的反省。他因此主張，我們必須重新思考文化政策明確的文化理性思維基礎（McGuigan 2007: 93）。當越來越多的常民、個人（以及藝術、文化創作人）都因為文化治理實然狀態下的「不可欲性」，而被推向或冠上了「批判知識分子」的名稱，則似乎意味著文化公共領域的治理思維邏輯因著政治、經濟的邏輯的操作、主導，而將產生潛在的文化反動。文化價值和思維邏輯的不可欲性其實更標榜出當代文化公共領域與文化治理現況的不合理性、不合情性與不正當性，而相對持續累積的能量，一旦跨過了人們所能忍受的門檻，則將引發人文價值的逆反，以及文化行動與反抗。王俐容在分析臺灣文化政策中的經濟論述後指出，走向「文化創意產業」或文化經濟，雖然擴展了文化政策的影響面向，也以更實務的態度面對各種新興創意產業的發展；然而，卻不能忽略考量文化價值的比重可能失衡、文化意義的缺乏與簡化，以及文化生產工具被掌握或操控的問題。文化藝術的重要價值（無論是美學的、文化的或是社會的價值），是否已被侵蝕而不知，文化藝術的價值是否在經濟價值和商業化過程中被混淆與忽略，而文化在每個人生活裡、生命裡的角色是否已然改變（王俐容 2005）。

麥奎根提出的「文化公共領域」試圖在哈伯瑪斯的「公共領域」和「溝通理性」之中（參見第一章圖1-4：文化治理的場域與思維邏輯），注入常民情感、庶民、娛樂、美學和感動等人文的元素，讓悲哀、傷慟、喜悅、歡愉等常民共同情感經驗（McGuigan 2010: 15-16），以及對藝術美感價值的共鳴，透過常民文化論述與人文理性的公共溝通模式，將文化的人文元素重新匯入公共領域與公共空間。隨著當代國家與都市的「文化規劃者」開始思考如何以藝術、文化思維邏輯為核心，以柔性化與彈性化的治理策略和一種更能感動常民心境的「治理心態」遂行文化治理。相對於此，文化公共領域也強調文化社會中不同能動者在文化參與理性（文化邏輯）和文化參與心態

（文化情境）的相應轉變，以及文化公共領域與常民生活世界的緊密互動關係。當代的文化公共領域面對的是人民的政治、經濟、社會與藝文等多面向的活動，都在開放的網絡結構中相互滲透，經由不同政治、經濟、藝文社群不同層次意義、價值、情感的對話、交流過程，整合為一個平等多元的治理連結網絡與相互交織的日常生活世界。

在常民的日常生活世界中，常識理性和庶民文化的邏輯，經常必須面對政治、企業菁英工具理性，以及藝術美學等專業文化的邏輯（專業系統世界）的主導。韋伯將所有人們以情感和傳統為導向的行為，都視為偏離純粹理性的不理性或非理性行為。人的情緒反應如焦慮、憤怒、企圖心、嫉妒、羨慕、愛、熱忱、驕傲、報復、忠誠、熱誠與偏好等等，都是可能阻礙理性追求目標的不理性要素。西方社會「工具理性化」或現代化的過程，犧牲了習俗、情感價值和所有信仰的絕對價值（Weber 1947: 112）。其實，如同派森斯分析，一個人的性格或人格是決定人類的行為取向和理性結構整體不可分割的一部分。雖然這些要素不符合工具理性的要件，但也沒有理由將之視為不理性（Parsons 1947: 13-14）。因此我們將人們的需求、慾望、情感、感受、直覺以及道德、倫理、美學、宗教價值等視為決定一個人如何思考、行為所不可分割的理性整體，而稱之為「人文理性」。A. Schutz則將人們依據其日常生活或平常經驗作為行為基礎稱為一種「常識邏輯」（commonsensical logic），用以表達人們觀點互換的可能性與經驗體系相容性的理想過程。簡單的說，人們預設他們的思考和行為不僅對自己是有意義的，同時也認為他們的經驗對於其他同胞夥伴們的個人經驗而言也被視為是理所當然的（Schutz 1973: 12）。金觀濤與劉青峰從傳統中國社會分析中進一步指出，中國的庶民或常民的階層，將宋明以來逐漸成熟的三個層次的「常識理性」，視為自然或理所當然的理性基礎，這包括一、直觀外推的平常知識與宇宙自然法則；二、人們共同的感受與自然情感，以及三、人們內在道德情感意識與自然世界合而為一的道德世界等（金觀濤、劉青峰 2000：第 3 章）。這些都可以視為常民日常生活中常識理性的文化邏輯。

如同麥奎根的觀察，在晚期現代世界文化公共領域不再像 18 世紀一般，侷限於文人公共領域（literary public sphere）或者嚴肅的古典、現代或者後現代藝術。當代的文化公共領域包括不同管道和迴路中所產生的大眾流行文化和娛樂，以及人們如何在日常生活中，透過美學的傳達與情感的反思，想像並且活出自己美好的生活。文化公共領域指涉的，是一個（公眾與私人）透過情感（美學與感情）溝通模式（affective modes of communication）進行政治發聲與爭辯的領域。文化公共領域引進了人們發自內心的歡愉與痛苦，例如感同身受地去思考電視劇角色所面對的問題，與親朋好友討論、爭辯他們應該或不應該做的事。從日常娛樂與流行媒體所傳播的論述中，人們嘗試著去想像這一生所能期待的美好生活圖像。麥奎根認為情感的溝通有助於人們反思自己生活世界的情境，以及個人的日常生活如何與超乎自己所能掌控的系統世界領域進行協商。這個文化公共領域提供了人們思考、感受與想像、爭辯的工具，或許不盡然是好的、內在良善的，但確實可能對生活世界產生一些意義（McGuigan 2010: 15-16）。換言之，文化公共領域與文化治理一樣，應當尋求的是一種開放的、批判的、互為主體的「文化邏輯」，一種能將政治、經濟的「工具理性」思維，與藝術美感、人文價值、理念、道德、情慾、感受、人倫關懷與簡單生活等「人文理性」思維相互融攝，化育出一個可以相互對話或互為主體的包容心態與邏輯論述。

當代文化公共領域與文化治理核心論述與文化邏輯轉變，或者社會核心文化價值的改變（由工具理性的權力、利益等功利價值向批判溝通理性與藝術人文的情感價值與超越性論述轉移），涉及的是一種韋伯所謂的社會日常生活信念與行為規範的改變（Weber 1964: 296），或者一種社會集體心態，一種時代精神或者人類基本世界觀的轉變（gestalt-switch）（Reinert and Daastøl 1997）。孔恩在研究科學革命的結構時，認為這涉及自然法則、理論、應用與儀器設備等科學研究整體傳統科學模式改變的「典範轉移」（Kuhn 1962: 10, 111）。Ian Inkster 以 18、19 世紀歐洲科學文化的成形為例，主張這必須透過所謂的文化工程（cultural engineering），在歐洲經由社會心理資本（mental capital）與科學社群、學院、特殊科學文化情境的整體營造，

包括期刊、報紙、學會、學院、公共講座與學術辯論，以及國家科學組織與知識生產機構對於科技知識的散播，以及大小專業知識學術社群的集體運動共同形成。[7] 而我認為當代社會文化價值典範的轉移，必須藉由文化治理（政治、經濟）體制與文化公共領域（文化社會第三部門的能動者）的交互運作，對於社會集體心態與文化邏輯產生互為主體的辯論與改革，才可能逐步產生當代價值的轉變。

‖ 知識分子與文化公共領域：參與技術與機制

知識分子對於公共領域和公共事務的參與，經常面對著理想與現實正反兩極的評價。Oliver Bennett 回顧西方世界對於知識分子的印象，歸納出知識分子角色的模糊性。知識分子一方面被視為是一群不務實、不切實際，滿腦學術理論、自視甚高，壓抑情感、自許清高，自認擁有文化和道德的崇高性，但卻和所有人一樣會向現實妥協。另一方面（主要是來自於知識人的自我評價），知識分子被視為是社會的良知，真理的追求者，文化與道德權威的根源，具有寬闊視野，並能夠掌握全局，具有獨立思考批判能力，同時能夠無私地代表大眾參與政治事務的人，簡言之，知識分子就是啟蒙運動的化身（Bennett 2007: 8）。

臺灣當代的知識人、藝術人可不可能批判而務實地參與文化公共領域？而文化公共領域應不應該與國家或政府的文化「公部門」完全切割？這個問題或許比陳述和現象表面顯得更為複雜，難以一刀劃分。中國傳統知識分

7　在 1700-1776 年的法國就有包括 Bordeaux（1712）、Rouen（1716, 1735, etc.）、Dijon（1740）、Lille（1758）和 Mulhouse（1775）的一百多個學院進行科學知識的生產基礎，同時期在英國、德國、義大利等國家中，75% 學院都有獨立的會議論文集和期刊編輯，並且彼此交流、翻譯、摘述，進行科學知識的累積、溝通、傳播與普及化，進而形成一種普及的科學文化與科學體制。1665-1790 年間歐洲就有 1,052 種科學期刊、學報與會議記錄，20% 開始於 1770-1779 年間，而 40% 源自於 1780-1789 年間（Inkster 1991: Chaps 2, 4）。

子來自古代的士大夫階層，士在周朝時屬於貴族階層，隨著封建體制的崩解，春秋後成為四民（士、商、農、工）之首。自隋、唐以後，文官考試體制則成為庶民社會階層向上流動的重要階梯。中國傳統知識人修身、修己的內在超越，以及明清以來文人「經世致用」與儒生「學而優則仕」的思維則強調外在入世、經世的觀念，積極參與公共事務，以及介入國家、天下治理的入世態度與價值取向，而儒家文化價值理念，必須透過制度、官僚組織行政，尋求國家「治法」與「治術」得到具體落實與踐履。御史、諫官不治而議論，不任職而論國事的傳統，經過制度化成為朝政監督批判的體系（御史、諫官），說明了中國傳統知識分子與國家權威體制的緊密共構關係，以及傳統知識分子對於社會文明教化的角色認知（余英時 1980、2007；Liu 2008、2009）。中國傳統的公領域一直涵蓋著國家（政府），傳統儒學式以家族為本位的公共空間則是以忠孝為核心，而清末以後梁啟超則提倡以公德、道德、權利為核心，這些思維邏輯缺乏工具理性與形式法規制度，也因此難以穩定監督國家權力與資源（金觀濤、劉青峰 2010：79、83-86）。余英時指出，中國傳統的士與知識人侷限在社會地位與政治職務之內，即使當代的文官知識分子、公務人員（甚至大學教授）難以超越職事、職份的視野與批判性（2007）。

在臺灣當代的文官考試制度下，除了政務官的任命以及縣市政府首長、民意代表的選舉，政府部門的文官公務員皆來自於民間。透過高普考錄取的公務人員在進入公部門前幾乎都是擁有大學、碩士甚至博士學位的知識人。依據考試院的統計，2011 年臺灣的公務人員共有 343,323 人，2012 年則有 156,161 考生報名（105,487 人完成所有考科）競逐 5,927 公職名額，平均錄取率為 5.62%。其次，所謂學術界的批判知識分子相當高的比例大半生任教於公立大學、研究機構（包括中研院的院士、研究員），領取國家的俸祿、研究津貼與退休給付，同時具有公務員資格。國科會的年度專題研究計畫，亦來自於國家直接補助、贊助。相對於私立大學學生，臺灣的國立大學、碩士和博士班研究生（包括藝術大學所培育的藝術、文化創作者），也都接受國家高額的學費教育補助。再者，學術界年度接受中央部會、地方縣市政府

公部門的委託計畫案，以及產官學合作計畫案更是所在多有。許多學者更樂此不疲，對公部門掌有資源者逢迎諂媚，引以為傲。學者擔任政府部門諮詢工作進行政策建言，或者委託研究計畫與招標計畫審查、評審委員者，為了保有委員資格而立場保留、態度婉轉迂迴者，更是不勝枚舉。J. Kingdon 便指出學者參與政策程序的可能原因，除了目的性地去倡議個人所相信的價值或意識型態之外，有些人則只是單純喜歡這個權力遊戲，享受處於權力核心或接近權力核心的過程和感覺（Kingdon 2003: 123, cited from Ahearne 2007: 217）。

　　長久以來法國的知識分子與政府之間，也存在著相當緊密的互動關係。在吉拉德（Augustin Girard）的主導下，法國文化部與學術界社會科學家之間的協力、合作，已經成為法國文化政策發展中重要的一環。1963 年吉拉德在文化部中設立了一個研究中心，隨後三十年間主導了法國文化政策方向，這也使得「專家」和「公共知識分子」之間的界線顯得模糊而不穩定。1966 年布迪厄發現決定文化參與社會因素的經典研究著作《藝術之愛》便是吉拉德部分贊助的。有趣的是，這本書出版的當時，布迪厄並沒有提及任何他與文化部之間的接觸，而吉拉德則明顯地刻意對上司隱瞞這本書的出版。同樣的，德瑟鐸（Michel de Certeau）能夠在 1980 年代發展出他的經典研究《日常生活的實踐》，其實有賴於他在 1970 年代與吉拉德的研究中心正式、非正式的合作安排。這兩位學者和他們的著作日後都成為文化政策辯論中的重要參考經典。質言之，公共政策程序的參與不一定意味著參與者完全被吸納進入同質化的國家體系之中。現代自由國家中存在著不同能動者所把持的潛在空隙，允許公共知識分子接近並運用官方資源，而卻追求與政府立場相互矛盾的議程與主張（Ahearne 2007: 218-9）。

　　當然，許多公共知識分子也極力尋求在決策體系中，扮演一時或者長期的重要角色。法國在 1962 年間成立過一個文化諮詢委員會，在第四期（1962-1965）、第五期（1966-1970）文化發展計畫中，扮演文化政策發展諮詢的角色。1968 年 5 月之後，新的「文化發展委員會」（Cultural Commission）甚至成為一個以政策審議為導向，並且足堪與文化部相互匹敵的官方論壇機制。

在第六期文化發展計畫中，這個文化委員會在一群知識分子（包括 Joffre
Dumazedier、Jean-Marie Domenach、Michel de Certeau、Pierre Bourdieu、
Edgar Morin）的參與與主導下，採取了一種對國家政策較為批判的立場，
甚至被視為是一種「反對內閣」（counter-ministry）。一開始欣然被官方行政
機構接受成為諮詢顧問機構，試圖長期地將知識分子和文化網絡的主導力量
制度性地凌駕於政策之上。後來文化部部長持續繞過諮詢委員會，因為部
長「內閣」認為委員會沒有民意基礎，並且無法預測，關係緊張，1973 年
文化發展委員會就此解散。政府可能以其他不同形式的介入方式邀請公共知
識分子，主持或參與特定議題委員會，但結果可能採納也可能如垃圾般丟棄
（Ahearne 2007: 220）。

在藝術文化創作方面，臺灣的藝術文化工作者，非政府、非營利表演
藝術團體確實也接受來自國家藝術基金會、縣市政府文化基金會、文化部，
以及縣市政府文化局年度性直接、間接的藝術文化補助，或者民間資本家、
企業的贊助。也就是說，當代臺灣社會所謂學術和藝文界批判知識分子要
與國家、政府部門資源、身分完全無涉，並且任職於中央、地方博物館、美
術館等藝術文化機構之外，同時不曾接受藝文機構策展、展示、政府機構補
助、委託者（或許還應當加上希望進入公部門工作，希望進公立大學任教、
求學，曾經提出公部門研究補助、藝文補助、政府標案申請，而沒有成功
者），而卻仍有學術、藝術、文化、輿論影響力者，應當也屬少數中的少數。

除此之外，批判知識分子進入公部門擔任部會首長在國內外也多有所
聞，國外著名的個案包括英國的經濟學家凱因斯（John M. Keynes）在 1946
年成為英國藝術理事會的首任主席，英國浪漫主義對他的影響相當明顯，凱
因斯在就職演說中透過廣播說：「藝術精神和風潮吹到哪裡，藝術家就走到
哪裡，沒有人能告訴藝術家該往什麼方向走，因為就連他自己也不知道。可
是藝術家經常引領著我們走向清新的草原，教導我們如何喜愛、享受我們一
開始經常會拒絕的事物。藝術家更拓廣我們的感官經驗，淨化我們的直覺。」
（Keynes 1946: 21, cited from Bennett 2007: 17）英國文化研究伯明罕學派的
重要人物 Richard Hoggard 在 1970 年代接掌了英國駐聯合國教科文組織的

代表，1978年離開聯合國教科文組織時他寫了《理念與公僕：從內部觀看聯合國教科文組織》（*Idea and Its Servant: UNESCO from Within*），在序言中他指出：「聯合國教科文組織最大的缺點就是過度自我防衛，不願意傾聽外界的批判，開放和批判的價值是聯合國教科文組織必須學會的課題。否則它會成為一個比拜占庭更為封閉的當代體系。」（Hoggard 1978, n.p., cited from McGuigan 2007: 90）Hoggard 回到倫敦後成為 Goldsmiths 學院的副校長，並且立刻將文化研究引進了課程，在伯明罕文化研究中心 2001/2002 年間關閉後，Goldsmiths 幾乎成為英國文化研究難以挑戰的新領導核心。Hoggard 在 1970 年代後期又擔任了英國藝術理事會的副主席（McGuigan 2007: 90）。臺灣也不乏學術、藝術或文學領域批判的知識分子被延攬從政的案例。姑且不論對於批判知識分子的判斷標準，過去數任的文建會主委（如陳其南、郭為藩、盛治仁），前任的文化部部長龍應台，藝術文化機關如博物館、美術館的館長，到地方縣市的文化局局長（如臺北市文化局劉維公、北美館館長黃海鳴）等，都是學術界、藝文界進入政府體系的個案，而陳其南、郭為藩二位主委在卸任後，也都分別回到國立臺北藝術大學和國立臺灣師範大學任教。

當然，身分、收入、資源獲取上無法與公部門完全切割，並不意味著臺灣的文化公共領域無法自主。批判知識分子的判斷依據應是其言論、行為、態度的表達。如前文所述，現代國家中存在著許多潛在空隙，允許知識分子運用官方資源，而卻追求與政府立場相互矛盾的議程與主張。薩依德在《知識分子論》中，對獨立自主的知識分子做出界定：

> 獨立、自主的知識分子，不依賴，因而不受制於附屬機構的知識分子（這些機構包括付他們薪水的大學、要求忠於黨的路線的政黨，以及智庫），是不是或可不可能存在？……我們聽到或讀到的是獨立的看法，還是代表一個政府、一個有組織的政治理念、一個遊說團體？……20世紀愈來愈多的人士屬於所謂的知識分子或知識階層的團體（經理、教授、新聞從業人員、電腦或政府專家、遊

說者、權威人士、多家報刊同時刊載的專欄作家，以及提供意見受薪的顧問），不由得使人懷疑作為獨立聲音個人知識分子根本不能存在。……大學的擴張，結果今天的知識分子可能成為關在小房間的文學教授，有著安穩的收入，卻沒有興趣與課堂外的世界打交道，這些人文筆深奧難懂、不知節制，主要是為了學術的晉升，而不是促成社會改變（薩依德 2011：122-123、125）。

薩依德（2011：71）進一步闡述說，「知識分子的代表是在行動本身，依賴的是一種意識，一種懷疑、投注、不斷獻身於理性探究和道德判斷的意識，而這使得個人記錄在案並無所遁形。知道如何善用語言，知道何時以語言介入，是知識分子行動的兩個必要特色。」「知識分子無疑屬於弱者，無人代表的同一邊。……知識分子既不是調解者，也不是建立共識的人，而是全身投注於批評意識，不願接受簡單的處方、現成的陳腔濫調，或平和、寬容的肯定權勢者或傳統者的說法或作法。……這並不總是要成為政府政策的批評者，而是把知識分子的職責想成是時時維持著警覺狀態，永遠不讓似是而非的事物或約定俗成的觀念牽著鼻子走。」（薩依德 2011：74）

只是，若批判知識分子的判斷依據應是其言論、行為、態度、思維邏輯的表達，那麼所面對的困境則是，同樣的標準是否適用於公部門的文官、公務人員，甚至政務官、民選代表、政治人物，以及企業的資本家。換言之，這個判斷依據說明了官僚體制中務實知識分子的問題癥結，應當在於其面對科層組織的考核、權力運作、行政倫理、人事升遷、官官相護，以及公務人員可能的揣摩上意。然而，同樣的判斷依據也賦予了政府官僚政策措施、私人企業資本家贊助投資，一種跨出政治、商業「本位主義」、「政治經濟利益」，轉而尋求知識人在不同組織中堅持「公益」的「客觀超然」理性的可能性，以及一種尋求將「權力」、「私利」排除的過程，轉換為「公益」的價值、論述、辯論機制的可能性。

班奈特援用 T. Adorno 所持文化與政府行政組織本來就是系統性糾結而無法分割的論點，探討國家、政府對於文化治理的角色。他強調在文化行政

技術官僚組織與文化研究知識分子批判論述間，尋求一個常態互動的反思性
論述，而不再單純從抵抗、對抗、民粹的角度去探討文化治理。班奈特主張
學術知識分子的批判理性和文化政策官僚（包括在博物館、美術館、政府文
化部門）的務實工具理性，不應當被簡化地二分對立。學界知識分子的理性
不應被賦予過度的崇高性與超然性，而且獨佔了「批判」特質。藝術、文化
官僚的務實理性也可能注入倫理、道德與價值的批判取向，使得文化治理與
文化批判的思維在政府制度、組織的運作中與時並進、相得益彰（Bennett
2001）。

　　班奈特（Bennett 1994）主張，若僅僅只是因為官僚體系摒除道德判
斷，對於若干實性目標採取冷漠的態度，就譴責官僚的工具主義，那麼也就
忽視了文官職務所代表的另一種獨特道德型態與精神。班奈特引用 Hunter
的說法指出，一個好的官僚擁有的倫理特質包括：嚴守行政程序，接受上、
下科層之間的協調，團隊精神，克制個人的道德狂熱，盡忠職守，這些都不
是出自於一個個人的無能與缺憾。相反地，這些特質都是一種正面的道德成
就，有賴於一個完整的個體對於自我的關切、自我的實踐，並且能夠充分掌
控官僚體系所面對的現實困境與實務。這樣來面對批判性思考，也就沒有必
要訴諸文化批評人士所謂的手段 —— 目的式理性與規範式理性之間的區隔，
因為在政府和文化產業中心工作的知識分子，以及在大學中工作的知識分
子，本來就不存在任何認知或者倫理上的鴻溝。

　　班奈特認為我們可以從不同的特殊真理體制（regimes of truth）所產出
的專門技能來理解文化。這些真理體制內在預設了一系列的實務與技術形
式，而透過各種計畫的實踐，這些技術形式與計畫所產生的「規範性行為準
則」相互發生連結。文學批評者的專業知識出自於文學獨特的真理體制；美
術館與博物館策展人的專業知識有其獨特的真理體制；社區藝術工作者的專
業知識有其獨特的真理體制；傳播與新聞工作者的專業知識有其獨特的真
理體制；媒體審查與規範者的專業知識有其獨特的真理體制。這所有的專業
知識與技能都註冊或歸屬於特定的技術機構，並藉由特定形式的知識認證體
制，轉換而成為特定的技術形式（Bennett 2007: 79）。班奈特延伸傅柯統理

性的體制組織論述，主張官僚體系、務實知識分子其實務性、工具理性與道德、批判性的相容的可能性，以及文化行政技術官僚的重要性（Bennett 1999, 2001）。明清以來中國文化經世思維中所體現的，正是官僚體系中知識分子道德、批判理性與務實、工具理性的具體結合，以及文化價值理念貫徹、滲透於政治經濟制度、各個面向國家政策的具體實踐。

相對於班奈特所主張文化技術官僚獨特的批判理性，哈伯瑪斯與麥奎根則質疑實務知識分子在治理體系中秉持道德良知，勇於向權力主張真理的可能性。他們堅持在專殊化的社會中，只有透過批判知識分子、媒介、社會運動與第三部門凝聚公眾意志，方能抗拒國家體系所統理、規訓的威權式公共領域。麥奎根強調批判知識分子的重要性。他認為所謂的務實知識分子（即實際參與文化管理的文化工作者），經常基於對官僚行政不加思索的「處方知識」（recipe knowledge）之需求，而封閉了對於知識批判與反思的可能性。既然傅柯不相信知識分子會勇於向「權力」主張「真理」，麥奎根也質疑身處文化官僚體系的務實知識分子，是否可能在治理體系中秉持其道德良知、凸顯其批判性格（McGuigan 1996: 185, 187）。麥奎根因此主張唯有賦予公民更多的文化權利，透過學術批判知識分子（有別於務實知識分子）與公民社會在科技與媒介平台所產生的公眾對話和溝通，方能確保文化公共領域的自由、開放、反思與批判，持續對官僚權力機構進行審視與監督（McGuigan 2004）。

▐▐▐ 底層公共領域與文化反抗

現代國家機器結合資本企業和財團，透過各式文化政策工具的主導、干預，引發知識分子對於政治、經濟力量逐步滲入其日常生活的憂心和疑慮。人民日常生活的文化空間，正面臨著現代官僚體系和資本商業價值無情的摧殘與擠壓。無論是西方韋伯、哈伯瑪斯式的系統世界對生活世界的控制與侵蝕，葛蘭西式的國家「文化主導權」論述，傅柯式的文化「統理性」論述，或者列斐伏爾、德瑟鐸的現代資本主義對日常生活實踐的商業殖民等，[8] 都

指涉現代政治、經濟威權體制或者菁英文化工程，正一步步凌駕於常民的「世俗價值品味」與常識理性的現實（劉俊裕 2011a）。資產階級公共領域的觀點，長期以來被認為帶有太強烈的布爾喬亞意識形態，是現代時期知識分子的理性溝通場域，許多身分如女性、弱勢族群與勞動階層等的參與都是被排除的，這樣的公共領域事實上建構一個很高的門檻。因此 Fraser（1992）提出底層公共領域（subaltern public sphere）的概念，意旨社會應該要有屬於邊緣、弱小群眾的公共領域，釐清其需求並為其發聲。管中祥（2011：116-117）指出，將藝術與文化生產和社會運動結合，便是將弱勢者的文化與行動結合，而透過弱勢者為主體的文化行動對抗既有的主流價值與再現政治，不只是要表達政治觀點，更是要展現受壓迫者的思想、文化，並與社會對話。[9]他認為「文化行動」的宗旨，

> 在挑戰傳統既有權勢者再現的文化，強調賦予弱勢者表現的權力，並連結文化、藝術與群眾，文化行動並不只限於各樣的另類文化形式的展現，也不是僅把文化行動當作對抗主流價值與資本主義的武器。弱勢者的文化行動是對強勢文化與霸權的正面回應，也是弱勢者的培力過程，透過多樣的文化形式，讓弱勢者自主發聲，與社會對話。

8　德瑟鐸（De Certeau 2002）在《日常生活的實踐》一書中也指出，縱然面對國家權力鋪天蓋地的掌控，民眾透過日常生活的消費、閱讀、行走、居住、烹飪等文化實踐，其實都在對權力結構體系的規訓力量進行各種可能方式的顛覆、逃脫，以及對既定規則的轉化和重新詮釋。人民在日常生活的實踐中會找到自己的方式進行反抗。

9　近來越來越多的團體採取各式各樣的文化行動對抗既有的體制與價值，包括：街頭示威場合的行動劇場、團結社區意識的社區地圖製作與地方史書寫、記錄弱勢處境與主體聲音的紀實攝影和紀錄片、質疑主流父權觀點的女性主義藝術創作、批判資本主義邏輯與財團行徑的再現攻略、游擊式的反種族歧視壁畫塗鴉、早期共產黨與社會主義革命的文化工作（工人藝術與農民創作的文化政治）、另類學校的文化傳遞、另類公共媒體與社區媒體經營，乃至於墨西哥原住民游擊隊的網際網路文化戰術等等（管中祥 2011：116）。

　　文化行動不只強調弱勢者的主體發聲與培力，同時也主張文化生產的權力應該回歸到底層人民的手中，透過種種的文化生產與行動，將庶民藝術結合社會運動，尋求社會對話，對抗既有價值。而這也是「視覺社運」的一種展現，視覺社運的核心是再現權力的爭奪，而權力的來源源自視覺文本的「可見性」。大多數邊緣社群，在主流媒體中往往得不到「再現的話語權」，而視覺社運就是利用視覺的可見性作為抗爭的工具（馬偉傑 2009）。張鐵志（2007）則在《反叛的凝視》一書中，將文化行動主義放在對抗全球化的脈絡下檢視，指出兩層意義。其一，社會運動的目的不僅是在促成社會制度的改變，也是在於意識、價值、理念的改變，因此傳統的社會動員和抗爭方式是不足夠的，社會運動的核心目標必須涉及文化的改造。其二，由於文化生產的本質，就是資本主義體制中的準商品生產體制，所以文化行動主義必須建立「獨立於商業體制或主流制度外的文化表達機制和傳播管道」，並對於既有生產過程進行批判性的檢視。這也指出了文化行動可能遭遇的危險：被商業體制收編（張正 2010：182-183）。

　　侯志仁在《城市造反：全球非典型都市規劃術》一書中則提出，新的世紀以來，各式各樣的「城市造反事件」，在全球形成浪潮。這些城市造反的作法，有人稱為臨時城市主義，也有人稱為游擊式的城市主義。城市空間的營造不應只是被體制、專業與國家機器所操控，它也是市民所能發揮創意或向體制進行抵抗的領域。城市造反行動展現的是市民的主體性與自主性，它提示著人民才是城市的主人。除了平日消極或積極的抵抗之外，戰術性的城市造反行動也有可能累積與爆發，成為有組織的運動與抗爭。[10]「造反」和「反叛」（insurgency）一詞雖然聽起來聳動，但在學術與運動的論述上已成為一個重要的概念，用來描述「反霸權」（counterhegemonic）的各式行

---

10 2011 年從突尼西亞展開的阿拉伯之春運動，就是因為攤販遭不公平的待遇與自焚所引起的，長期積累的民怨一夕間爆發，成為阿拉伯世界的全民運動，並在突尼西亞與埃及等地推翻獨裁的政權。同年，「佔領華爾街行動」亦透過網路與社會媒體的動員，快速的成為全球抵抗資本主義與跨國企業霸權的新典範。「佔領」成為新社會運動的代名詞（侯志仁 2013a：15）。

為。反叛的概念特別適合用來討論邊緣族群對正式系統的抵抗或反制。反叛的形式同時存在於有組織的草根動員以及平日的實踐。它們均以不同的方式來反諷、推翻與顛覆政府的議程（侯志仁 2013a：12-16）。

這些變化都有個共同點，即城市的轉型被所謂都市規劃、現代化與全球城市的願景所合理化。在 20 世紀受到批判、膚淺的「理性規劃」，非但沒有經過反思而有所轉變，反而更進一步成為城市全球化的工具以及投機者的推土機。在新的世紀，全球城市榮銜的追逐成為單一的價值，都市更新依舊是建商的遊戲，都市規劃所應追求的城市機能與公益，被窄化為整齊（乏味）的市容，所有不符合現代化與全球化願景的城市空間與活動，被污名化為進步的阻礙（侯志仁 2013b：17-18）。

黃思敏研究臺北市同志大遊行與文化反抗議題，依據能動者抵抗意識的程度，將文化反抗區分為幾個層次：第一個層次是具體展現高度抵抗性的社會運動。當普通民眾攜手對抗社會菁英、當局和對立者的不斷相互作用中，以共同目標和社會團結作為基礎發動的集體挑戰，即成為社會運動。第二個層次是示威活動，不同之處在於它只是一個一次性或短期性的抗議活動，通常是針對單一事件所發動，包含了不同的主題及訴求，時常在日常生活中出現，而文化在其中扮演的角色則可能作為媒介、工具以及目標。第三個層次包括了審議式民主、社造以及非營利組織的興起。審議式民主強調一般民眾參與公共政策的討論及決策，它提供了一種讓民間團體在公民會議上能夠脫離被動角色與產生衝突的可能，社會運動能夠主動的成為民主審議的操盤者，並藉由這個過程強化地方組織及深化在地的論述。第四個層次則為藝術家或作家們在文化場域內透過藝術作品傳達出對社會的抵抗與不滿的表達，由於表現的程度還未達到抵抗意識的標準，因此黃思敏將它歸在抵抗文化之內。第五個層次是一種在無心的情況下造成的鬆動或轉變國家或都市秩序的作為，並非為了抵抗而刻意為之。如夜市作為一個文化現象，並不是為了抵抗什麼特定的對象，或特定的訴求（黃思敏 2013：31-38），但卻可能造成反抗菁英都市文化規劃的結果。

上述對於不同程度的抵抗論述，呈現出幾種文化與抵抗之間不同方式的詮釋及互動，以及其背後理性邏輯的相對應關係：工具理性透過文化作為工具，當作核心策略，以不同文化層次的利用以達到最終目標，無論是認同的動員、劇碼的運用都可看作衍生出的手段；溝通理性的具體使用上透過文化對社區的介入希望建立出一個由下而上的文化溝通，透過了組織的籌組與長期耕耘，審議式民主、社區營造、非營利組織的公民參與，朝向一個所有人均可平等參與及表達意見的公共領域邁進，在溝通中文化也作為情感流露，包括座談會中透過故事的分享，運動所希望達到的情緒召喚與情緒動員均可歸類在此之下。價值理性有別於傳統道德的宣揚，以文化態度出發，將文化改造作為目標，希望達到的目標是建立一種新文化或是將舊文化改造，以創造出心中理想的價值形式；而人文理性則透過生活中各種事件的不同混合形式所出現，如歡慶或一般日常生活中所出現的抵抗性與戰術，混和理性與感性層次（黃思敏 2013：38；劉俊裕 2011a）。

III 文化治理與文化反抗的行動策略

如「圖 5-2：文化公共領域與文化反抗的能動者互動取徑」所示，分別處理文化公共領域在 A. 國家、都市與地方政府層級（上層）、B. 文化第三部門、藝文團體、文史團體、族裔團體和文化公共輿論（中層）、C. 人民、藝術文化工作者的日常文化生活（底層）等能動者，彼此之間對於文化不同的理解、想像與內涵界定，以及差異的互動模式，可能對各地的文化實踐產生各種不同的分析取徑。首先，上層的能動者可能自發性地（或者被動地因應人民抗爭與訴求），透過文化政策措施與法規（Y），積極主動地為人民進行文化賦權（A1）；而中層藝文團體則可能對文化內涵與權利進行個別的轉譯與詮釋，使政府對民眾的文化賦權得以發揮協力加乘的作用（B1）。至於底層的人民、藝術家、文化工作者則得以藉由文化的參與，承繼國家賦予公民的文化權利（C1）。

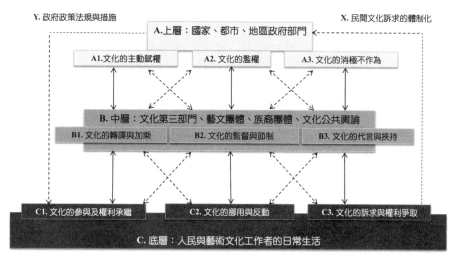

圖 5-2：文化公共領域與文化反抗的能動者互動取徑
（繪圖：修改自劉俊裕 2015）

　　其次，在現實層次，我們不能排除上層的國家機器可能透過法規政策的嫻熟運作而產生政府文化濫權的可能（A2）；對此，中層的文化第三部門與文化輿論則可能發揮其對上層的文化監督的角色，節制政府的文化濫權（B2）。而底層的民眾面對國家的文化濫權，則勢必各自思索其消極的抵制與不配合的方式，對文化賦權進行各自挪用、漠視，甚至進一步進行文化的反動及抗爭（C2）。第三種模式是，國家和地方政府部門可能發生對人民的文化需求虛應故事，消極地不作為（A3）；此時中層的文化團體與公共輿論則扮演文化的代言角色，協助民眾凝聚底層的文化訴求並要求政府予以體制化，但也可能因此出現專業藝文團體挾持民意的可能（B3）。至於底層的藝文工作者和人民，則需要更明確提出其文化訴求與爭取自身的文化權利（C3），由下而上地反抗，爭得自身文化權利訴求的體制化（X）。最後，上層、中層、底層能動者之間的四組虛線箭頭，則進一步複雜化文化公共領域與文化反抗實踐的場域中，可能存著在比上述三種「理想型」論述更加繁複的「交錯行為模式與動機理解取徑」。也就是說文化能動者之間可能由於彼

此資訊的不透明、不對稱，以及彼此之間權力關係的不對等，因而產生種種對彼此行為與動機的「相互猜測、曲解」或者「交互導正、抵消」的關係。也因此，研究者必須更實證而謹慎地釐清政府、文化第三部門以及民眾在臺灣文化權利實踐的過程中，各自真實扮演的角色和位置。

中層的文化第三部門與藝文團體等專業者所扮演的角色也是個必須關切的議題。王志弘明確地指出，專業者由於具有較高的文化資本與文化論述能力，且經常和所協助的弱勢群體之間有著生活世界和詮釋架構上的斷層，因此，在為弱勢者爭取權益的運動中，經常可能出現文化代理的問題。雖然他們熟悉政權或治理的邏輯與程序，也掌握能夠與之爭鬥或協商的資源和工具，以及兩方日趨共通的溝通語彙，因此確實能替居民提出情勢判斷和抉擇策略，並爭取到保障權益的條件。然而，在這個（文化）代理的過程裡，居民很容易成為第二線的沉默者和仰賴者；或者，由於文化主體性的空缺，而使得他們在整個運動中成為被動的一群。更甚者，介入協助的專業者本身，可能有意無意間篩選了居民生活文化的形式，這本身就是個選擇性排斥和吸納的過程。因此，位居文化代理優勢的專業者和組織工作者，是否或如何能真正認識群眾，貼近他們的生活世界，是必須反思的問題。或者，都市社會運動本身也是一個需要治理的場域？就此而論，在都市運動過程中，是否有反身性文化主體的成立，就是一個要點了（王志弘 2010：56）。余欣可（2013：24）從溪洲部落的案例中指出，專業者的角色分工與社會位置是提出另類的空間計畫，不要只是反對，應該更勇敢的提出新版本，對抗保守唯有創新。在運動中居民才應該是主體，專業者不應該竊佔運動成為主要行動者與代言者，因為，萬一運動失敗了，專業者可以拍拍屁股走人順便再次證明政府無能無恥，但是居民卻沒有那麼輕易的離開。居民是主角、是導演，專業者只能夠是武術指導。顏亮一（2013：212）在〈樂生啟示錄：古蹟保存與社會正義〉一文中則指出國家往往以工程專業理性來遮掩政治利益的算計，但是批判的都市規劃專業者可以協助弱勢團體，揭穿工程專業理性的面具，不讓國家有迴避社會正義議題的空間。

　　在文化實踐個案研究中，我們確實觀察到上層的能動者透過文化政策法規嘗試著積極文化賦權與消極不賦權；也看見中層文化團體的轉譯、詮釋力量，專業的文化輿論監督，以及文化代言和彼此爭議的角色。當然也呈現了底層的人民、藝術家、文化工作者的文化參與、承繼公民的文化權利，他們對文化權利的各自挪用、漠視、反動、抗爭，並且（透過中層代言）提出文化訴求、爭取文化權利的體制化等。在地的實際個案圖繪出政府與其他文化能動者間對文化權利的實踐與互動關係，包括政府積極主動落實公民文化權利的具體政策、措施、作為，政府與人民、藝術家、文化工作者、文史團體、族裔團體之間不同的文化協力過程，或者分別唱獨角戲，毫無交集的實際狀況，以及彼此抗爭、反動，相互抵消力量的狀態及過程，這些都形構出當代文化公共領域與文化反抗的能動者之間可能出現的互動分析取徑。

CHAPTER

06

臺灣的文化公共領域與文化反抗

||| 當代臺灣文化公共領域論述與文化治理

||| 臺灣視覺藝術公共領域：以視盟和文化元年基金會籌備處為例

||| 風雲再起：2017 年全國文化會議與文化公共領域

||| 臺灣的文化自理與文化公共領域

||| 當代臺灣文化公共領域論述與文化治理

　　近年來，臺灣的藝文界和常民已乍然掀起了陣陣的文化波瀾。從 2011 年的「夢想家事件」對百年國慶藝文補助的爭議、文化元年基金會針對臺灣文化政策提出九大訴求的連署、學界針對《文化基本法》展開的系列公民論壇、總統候選人首度針對國家文化政策進行公開辯論，到 2012 年 520 文化部成立後接連九場文化國是論壇的召開，乃至於 2013 年文化部滿周年的民間文化國是論壇等。一波波藝術文化政策相關的文化公共論壇，一方面映射了當前臺灣民眾與藝術文化工作者，對於自身文化生活權利意識的抬頭，不願繼續接受政治權力與資本財團的壓迫，以及公民對於自身文化的自省與自主的渴望。一方面則宣示了常民對於臺灣文化政策思維過度狹隘、藝文資源分配不公，以及對於文化行政官僚長久以來自我以行政角色為中心，民間未能有效參與文化政策決策機制的不滿（劉俊裕 2013a）。緊接著一連串事件，臺灣的藝文界更屢屢介入了與常民日常生活息息相關的議題。[1] 這股民間積極參與民間文化論壇和文化公共輿論的浪潮，一直延續至 2016、2017年（2015-2017 年相關文化議題的報導彙整見本書附件三），同時成為公眾啟動和參與 2017 年全國文化會議的重要基礎。

1　如藝文界介入臺東美麗灣原住民傳統領域的抗爭，網址：http://titv.ipcf.org.tw/news-27068（檢索日期：2017 年 7 月 10 日）；藝文界串連反對花蓮太魯閣劇場的興建，網址：http://news.ltn.com.tw/news/politics/paper/544275（檢索日期：2017 年 7 月 10 日）；藝文界大串連搶救花東海岸，網址：http://newtalk.tw/news/view/2011-10-05/18402（檢索日期：2017 年 7 月 10 日）；藝文界串連反旺中媒體壟斷事件，網址：https://www.nownews.com/news/20120731/163014（檢索日期：2017 年 7 月 10 日）；藝文界串連反對核四興建案，網址：http://www.epochtimes.com/b5/14/4/24/n4139686.htm（檢索日期：2017 年 7 月 10 日）；藝文界連署反對國光石化開發案，網址：http://news.ltn.com.tw/news/local/paper/461782（檢索日期：2017 年 7 月 10 日）；藝文界介入苗栗大埔開發案事件，網址：http://www.coolloud.org.tw/node/75062（檢索日期：2017 年 7 月 10 日）；藝文界 818 串連拆政府，網址：http://www.ettoday.net/news/20130815/257564.htm（檢索日期：2017 年 7 月 10 日）；藝文界串連反對《海峽兩岸服務貿易協議》，網址：http://www.epochtimes.com/b5/13/7/30/n3929399.htm（檢索日期：2017 年 7 月 10 日）；藝文界搶救淡水夕照與反對淡江大橋興建，網址：http://newtalk.tw/news/view/2013-08-28/3962（檢索日期：2017 年 7 月 10 日）。

　　相應地，學術界也觀察到了所謂社會運動從「隱性文化」到「顯性文化」轉向，凸顯出「文化」作為臺灣社會運動的策略或目標的歷史過程[2]（王志弘 2012），或者以「新社會運動論」強調一般民眾試圖抗拒國家及市場力量侵入日常生活，將後者殖民化或文化同質化的壓力（王甫昌 2003：449）；抑或者連結文化實踐與社會運動，將文化改造視為社會運動的目標，主張文化認同本身就是新社會運動的一部分，也是最受重視的社會參與方式等等（管中祥 2005）。承續第一章（圖 1-4）對文化治理思維邏輯六大變項的論述，在分析臺灣文化治理與文化反抗時（圖 6-1），同樣必須考量都市的決策者可能從 A. 形象認同；B. 權力制度；C. 利益資源；D. 公共溝通；E. 美感價值，以及 F. 日常生活等層次來構思文化治理，擬定相關的文化策略，並試圖由上而下地（圖 6-1：M）將其治理的理念、價值，透過各種政策措施滲透至常民的日常生活（圖 6-1：P）之中。文化治理者透過規劃，藉由有形及無形藝術文化資本的動員，試圖建構人民的文化認同與歸屬（圖 6-1：Y）。當然，不容忽略的是，相對於文化規劃者的治理行為與策略，文化治理場域中的不同社會能動者與市民，也可能透過這六個層面種種由下而上的反動方式，遂行其對文化治理與文化策略的漠視與反抗（圖 6-1：X）。再者，當代的文化治理形構中存在著上下對抗以外的多元治理結構，這涵蓋

2　王志弘將文化運動區分為核心概念的「隱性」作用和「顯性」作用。顯性作用指的是無論文化如何界定，特意被視為社會運動的策略性工具、運動目標，或視為整個運動置身其中、據以反身性重構自我和社會的場域。隱性作用指的是，文化往往只是一種預設而非明白標舉的目標或策略。譬如，以特殊旗幟口號作為倡議主張的手段，或者，提出的訴求預設了特定價值觀和生活方式。然而，這些文化性元素並未成為社會運動明白揭示的工具和目標，沒有成為論述的核心修辭，也不構成反身性介入的場域。王志弘並進一步將文化的隱性作用聯繫到顯性作用之轉化的課題，也就是文化接軌領域的分析向度，也就是：文化的內涵指涉，以及文化的不同作用或定位，鑲嵌於什麼樣的社會性場景或制度脈絡中，並因而隨著這些社會場景或制度脈絡中的領域運作邏輯而變化？例如，文化可能鑲嵌於商業或經濟領域，無論文化的內涵指涉是特殊族群生活風格、歷史記憶、美學價值或符號，在越來越強調商品差異化以確立分眾市場利基的運作邏輯下，文化的作用往往是成為商品差異化的媒介和手段。又如，在政治或治理的接軌領域中，文化可能是以某種共同傳統、國族意識的潛隱或明顯面貌，發揮凝聚社會秩序的作用；或者，在一個主流政治秩序遭受質疑的時期，文化可能極為鮮明的成為少數族群宣揚生存權利或政治利益的策略和目標（王志弘 2012：43-44）。

了不同的個人、民間藝文組織、文史團體、藝術基金會、媒介輿論與社會能動者，在政府與常民生活之間居中協調、整合與自我調節，並且發展出其獨特的文化自理、文化參與模式和技術機制（Bennett 2007: 84）。

從文化公共領域的層次（圖6-1：O）來思考，文化規劃者可能藉由文化輿論平台的建構，尋得人民對文化公共事務的共同意志（〔＋〕正向治理）；但決策者若僅僅以公共溝通為名，對人民不同的文化意見進行壓制和規訓，也可能引發民眾和團體有意識的抗爭與衝突（〔－〕負向治理）。在日常生活層次，文化規劃者種種奇觀式的文化景觀建置和奇觀化的日常生活風格引導，可能吸引市民的凝視目光，造就獨特的文化風格與生活方式；但過度奇觀式的文化現象建構，影響民眾的日常生活節奏與步調，則可能使市民渴望回歸日常生活簡單、斷裂的生活點滴，甚至顛覆、逃脫規劃者對於常民文化生活的宰制與掌控（劉俊裕 2013b）。

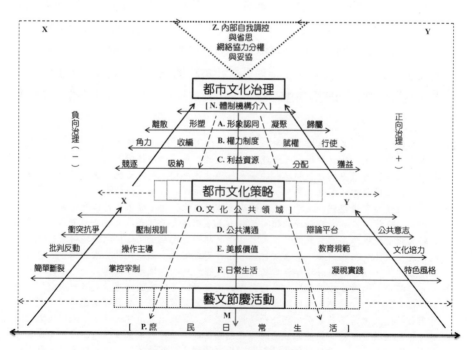

圖 6-1：臺灣文化治理與文化反抗
（繪圖：修改自劉俊裕 2013）

　　質言之，文化治理和文化公共領域作為文化政治的場域，不僅是官方和企業界馳騁的原野，也是許多抗爭發生的所在，同時亦是對抗力量（勞工運動、歷史保存運動和市民運動）介入的戰場與行動的策略。各種市民抗爭和社會運動的文化策略與文化行動，更促使文化治理顯露出作為文化政治場域的根本性質（王志弘 2011：13）。但也必須注意，都市文化治理與策略的實踐，未必會持續處於城市規劃者與被規劃者之間的對抗關係與鬥爭狀態。任何文化治理與文化策略作為與實踐，皆可能蘊含著治理者正向與負向的思維動機，以及相關政策作為所引發的正、反面效應。而其關鍵，則在於文化治理場域內部，是否經由正負向治理的反饋（圖 6-1：X、Y），產生適切的自我調控與省思制度，以及治理網絡能動者之間的協力、分權、妥協與相互監督機制（圖 6-1：Z）（劉俊裕 2013b）。

　　臺灣民間社會的文化力量，係延續自二次戰後到臺灣解除戒嚴以來，一波波的民主化運動與抗爭的發展。李丁讚（2004：2）分析臺灣民間社會與公共領域的發展指出，臺灣在解嚴前各種輿論都受到禁錮，公共領域根本就不存在。但在解嚴後，社會力蓬勃發展，各種民間自主性團體大量興起，可是公共領域卻沒有隨著市民社會的興起而誕生，反而看到各種社會力相互競逐分食國家機器的大餅。臺灣社會幾乎沒有任何機制，進行對這些不同社會力的中介、調節與整合，公共性一直不能產生，也侵蝕了國家運作的合理性基礎。1950 至 1960 年代臺灣在威權體制下，社會完全被國家控制，個人權利如財產權、言論、結社、出版自由權等，完全沒有受到法律保障。1960年代臺灣現代化、都市化、工業開始，但現代國家和市民社會並未因此誕生。國家的目的仍在追求偉大的榮耀或崇高的德行，而不是人民的富足和安樂。在民間社會方面，各類型的民間社團如農會、漁會等也都受到國家滲透，整個民間社會就是一個政治社會。基層社會派系影響地方政治運作，讓地方社會充滿政治性格。臺灣在市民社會發展之前，就已經存在著一個政治社會，這與西方現代性進程是相反的。1970 年代初期，臺灣現代國家的浮現，代表著社會自主力量的興起，不管是校園的學生或是黨外的政治勢力，

社會菁英辦雜誌來集結力量。[3] 1977 年的鄉土文學論戰，討論臺灣的文學要不要有社會和民族的關懷。這些辯論都在當時《中國時報》副刊「人間」大幅報導，也在雜誌、咖啡廳或其他社會聚合空間中進行，引起社會廣泛迴響，構成所謂的文學公共領域，也孕育出社會的批判思維（李丁讚 2004：30-36）。

吳介民（2004：316）認為，鄉土文學論戰是一場非常複雜的文化鬥爭，以哈伯瑪斯對於現代公共領域的概念來分析，這場論戰可以視為臺灣在政治性公共領域出現之前「文化界公共領域」的具現，也預示著「批判式公眾」的形成。[4] 鄉土文學的政治社會意義，早在日治時期的 1930-1931 年就曾經有過生動的論辯。葉石濤在 1965 年發表〈臺灣的鄉土文學〉則重啟了這個話題。1977 年 5 月他在《夏潮》發表的〈臺灣鄉土文學史導論〉中說（葉石濤 1977，轉引自吳介民 2004：318）：

> 儘管我們的鄉土文學不受膚色和語言的束縛，但臺灣的鄉土文學應該有一個前提；那便是臺灣的鄉土文學應該是以「臺灣為中心」寫出來的作品。儘管臺灣作家作品的題材是自由的、毫無限制的……可是它們應具有根深蒂固的「臺灣意識」，否則臺灣鄉土文

3　從《大學雜誌》、1975 年黨外雜誌《臺灣政論》、1977 年《這一代》、1979 年《八十年代》和《美麗島》相繼出刊。此外，1970 年代也是文化啟蒙的年代，臺灣社會徒然增加了很多咖啡廳提供論壇公共空間，1972 年到 1973 年新詩論戰；1973 年雲門舞集首度公演，臺灣有自己的舞團、開發自己的舞碼；1975 年 6 月楊弦在臺北中山堂舉辦現代民歌發表會，啟動了民歌運動的風潮。畫家和藝術家如朱銘、席德進也創造了豐富的本土作品（李丁讚 2004：30-36）。

4　吳介民（2004：316）指出，表面上，論戰的起始是環繞著「鄉土文學」的價值──即以「鄉土」為創作題材、目的與風格的「正當性」。然而，這個爭論的深層意義是：臺灣是一個什麼性質的社會？以及這個社會未來的走向？臺灣、中國以及由兩者衍生出來的個人認同與集體認同，因為「鄉土」這個詞彙，而有不同的想像與質問，也催生了一個社會認同對話的公共空間。它是戰後國民黨政權鞏固之後，第一次較具規模而有意義的公共辯論。內容觸及深刻的歷史與社會問題：即潛在的國族認同論爭、經濟發展的目的和手段（是否應該依賴美國），以及創作者所使用的語言與社會的關係。

　　學豈不成為「流亡文學」？這種「臺灣意識」必須是跟廣大的臺灣
人民的生活息息相關的事物反映出來的意識才行，在臺灣鄉土文學
上所反映出來的，一定是「反帝國、反封建」的。

　　1980 年代至 1990 年代，本土化運動政治與文化的相互激盪，使臺灣反
對運動激進化，轉向民族主義的訴求。本土意識結合群眾運動，展開如火如
荼的臺灣民族主義。族群民族主義對內訴求凝聚團結，強調語言、血統等原
出情感的集體認同，對外則產生了仇恨。在這個時期的臺灣社會，情感認同
取代理性論辯，又回到前現代生命共同體的道德和榮耀之中。1990 年代，
中國民族主義與本土化運動的社會撕裂，卻反而造成臺灣市民社會的撤退
（李丁讚 2004：38-43）。吳介民分析認為，在民主化之後每逢大選之際，族
群對立的語言與行動就會湧現。然而，族群矛盾的浮現與衝突的激化，兼有
「政治邏輯」與「文化邏輯」的雙重性質。只不過族群矛盾的斷層線，在威
權時代被統治者抑制下來，同時也是當時論述參與者刻意淡化的結果（吳介
民 2004：349）。

　　社會運動與藝術文化的結合，是 1980 年代末到 1990 年代初的另一個
特質。這個時期，臺灣小劇場運動盛極一時，無住屋者團結組織的「夜宿
忠孝東路」行動，替劇場和社會搭起了新舞台，學生的「幽靈行動劇場」、
「四二五行動劇場」、「八又二分之一」、「受精卵」都登上了社運舞台。另一
方面，自主工運蓬勃發展，新興起的現實主義穿插著民族／本土／國際／後
國家的想像，並且反映在集體行動的符號象徵上，例如，高雄勞工公園裡舉
著娃娃的人群，以及工人立法行動委員會刻意玩弄語言、性別、符號的秋鬥
遊行。而最近幾年，臺灣城市文化保存行動中，包括都市原住民部落、樂生
療養院、寶藏巖文化保存，也常見藝術家及知識分子與弱勢者共同參與，透
過文化行動展現內在的價值觀點（莊雅仲 2002：265；李宇軒 2009，轉引
自管中祥 2011：121）。1990 年代晚期以降，臺灣不僅出現較多以文化為首
要目標的運動或集體抗爭（尤其是史蹟保存運動），其他類型的運動也發展
了歷史和認同等鮮明的文化論述，作為運動策略和目標，發揮顯性的文化作

用。例如，**寶藏巖**反拆遷運動的文化策略，或反廢公娼運動的另類群體記憶，以及大理街地區發展和建國啤酒廠保存等，都在爭取集體消費和工作權益保障外，延伸出豐富的文化論述（王志弘 2012：40-41）。

2000 年代臺灣首度政黨輪替，相當程度的吸納了原來積蓄在民間社會的反抗力量及反對運動能量。雖然，藍綠政治的衝突以及族群的議題仍為社會衝突對抗的重要主軸，但與此同時，文建會社區總體營造計畫由上而下的介入，使得社會運動的能量深一層擴大到地方社區組織在地的社會力量，進行各種面向有助於營造社區感的工作，而成為文化介入社區，在公共空間中凝聚公民意識的重要過程（連振佑 2013：176）。在臺灣，真正進步的力量並非僅來自於無情的推土機和工程建設開發，更來自於不少的社區、專業與學術團體的社群營造與努力。從溪洲部落到樂生療養院，從臺東美麗灣到苗栗大埔，社區與專業者不僅頑強地抵抗開發的力量，也同時試圖實現不同的城市與社區的願景，建造一個具公義、開放與多元的社會。他們強調的不只是有品質與特質的空間，更重視空間裡的社會關係、多元的價值與市民的主體性等空間的內在文化理路。專業者的責任不是傳統都市規劃中的紙上畫畫，而是與市民站在一起，貼近土地、傾聽民眾的聲音，並扮演積極的角色。如同侯志仁（2013b：19、22）所述，「城市反造」也就是採取與主流規劃不同的角度、具批判性的觀點，從不同案例共同勾勒出一個「非典型」的城市營造模式，讓當代城市可以變得更民主、開放與包容。

不過，連振佑（2013：178）也指出，依循《都市計畫法》、都市設計審議規範、建築商場建築物設計原則所產生的「公共空間」，畢竟只滿足了現代都市人最低層次的公共生活：

> 群聚、共用，但卻鮮少發揮議論、溝通、倡議、聆聽等公共性的角色，而無法成為所謂的公共領域。至於市民眾多半退縮回到自己個體的生活文化，但也有些人集結起來形成各種社群或 NGO，持續培養公共的能量。在各種臨時性的活動、場地租借與虛擬網絡空間中悄悄地企圖實踐更多公共領域與公共空間。潛藏在現代性體制框架以外的公共空間，以此方式不斷地在夾縫中尋找自己的出路。

2010 年代初期，自發性的文化論壇和文化公共輿論的大量出現，則使臺灣新一階段的文化公共領域慢慢成形。2012 年臺灣文化公共領域與治理經歷了一連串的重大挑戰與變革，從夢想家事件到三黨總統候選人首度針對國家文化政策展開公開辯論，並答覆藝文界的十二大提問（從文化經濟、文創園區委外經營、文化預算分配、語言政策、中小型展演空間、藝文人才培育、政治介入文化與文化商業化、文化媒體、文化外交、臺灣書院，到文化開發案與文化權等等議題），以及 2012 年文化部召開的九場文化國是論壇，顯示臺灣的文化公共輿論在過去幾年中產生了熱絡而顯著的變化。

||| 臺灣視覺藝術公共領域：
以視盟和文化元年基金會籌備處為例 [5]

以下作者以臺灣視覺藝術的個案為例，以包括由民間各領域文化人組成之「文化元年基金會籌備處」（以下簡稱文化元年）、社團法人中華民國視覺藝術協會（以下簡稱視盟）為主要研究個案，其組成成員為質性訪談對象，分析當代臺灣的文化公共領域，探討近年來臺灣藝文界參與藝術文化政策與社會常民生活的行動，是在什麼社會背景、價值理念下，憑藉何種參與方式、文化行動、公共議題作為開啟與社會溝通的公共領域。援用第五章，「圖 5-1：文化治理與文化公共領域」的論述架構，作者進一步由五個結構面向析論臺灣視覺藝術公共領域，分述如下：

一、自上、下治理結構的對應層次出發，對於國家、政府（威權與資本系統）由上而下的「文化治理」，臺灣藝術文化工作者、藝文團體等能動者，是否感受到日常生活空間受壓縮，與日常生活方式被宰制與被壓迫；藝文團體與工作者是否產生反抗意識與關係。

5　本節研究內容係劉俊裕主持，科技部專題研究計畫：「文化治理與文化公共領域：臺灣視覺藝術及電影公共領域分析」研究成果之一部，2014 年 8 月 1 － 2015 年 7 月 31 日。計畫編號：MOST 103-2410-H-144-009（未出版）。

二、**自平行關係結構的對應層次出發**，藝術文化工作者之間及團體對彼此角色認知及互動關係如何認知。從文化公共領域的角度來看，其自理或參與「理性」與「心態」為何，彼此之間的連結與互動是否緊密，能否產生共識甚至共同的文化行動。

三、**自內部運作結構的對應層次出發**，針對特定議題或事件，臺灣的藝術文化工作者與視覺藝術團體內部的互動、協商機制為何？面對相互意見不同，是否有制度性的協調、溝通過程，以期達到意見、立場的相互理解與共識；是否產生由私利到公益的匯聚過程以及邏輯的轉變（參與「技術」）；而這中間的過程，從管道、機制、協商、共識到行動，有無歸納性通則。

四、**自資本高低結構的對應層次出發**，藝術文化工作者與團體如何透過社會資本的動員、政治團體的連結，以及媒體等公共論壇的機制的運作，對上層系統威權體制產生制度性改變，以及對底層的常民日常生活產生廣泛性的影響；臺灣文化公共領域的發展是否出現侷限性。

五、**自上、下治理結構、公共參與形式，到常民意識啟蒙等角度來看，臺灣**文化公共領域是否成立，其與公共領域之間的差異何在。若以臺灣文化公共領域的運作方式來檢證，在視覺藝術場域是否產生有別於其他公共領域的特質，而現行的文化公共領域在發展的過程，出現什麼樣的問題和侷限性。

作者採取質性研究深度訪談之方法，訪談對象透過機構、團體及個人兩部分，除了政府部門文化部藝術發展司之外，分別以文化元年和視盟的成員作為個案訪談：「文化元年」成立於 2011 年 11 月，網頁的簡介說明了成立的緣由：「文建會補助 2 億多元的《夢想家》，凸顯了臺灣當前文化治理的嚴重病徵。這是一群藝術文化工作者發起的行動，號召各界文化、藝術工作者，共同來推動一個真正健康的國家文化政策方向；呼籲社會各界共同關注，改變政治主導文化發展的局面，讓臺灣的文化藝術更為自主、多元，充實國民擁有豐沛創造力的文化生命，營造臺灣為更美好的國度。」

　　文化元年並非正式民間團體或組織,沒有固定成員,[6] 而是以游擊的方式長期監督政府文化治理之作為,提出批評與對應的活動。這個群體的參與者,多半來自藝術創作、媒體、文化評論等領域,未維持長遠之可動性,為免落入科層化或一般官僚體制之弊,不設領導人及組織結構,採取平面式的共同討論機制。文化元年成員不定期會面,針對當時議題討論、策動相關公民活動,同時建立與立法委員(尤其教育及文化委員會)之對話關係,提升政策監督的有效性,並大量運用社群網路動員,積極回應時下文化議題。若根據「文化元年」成員的背景,大至可以區分為來自幾個領域。本案的深度訪談對象,擬兼顧每一領域之參與者,尤其部分同時活躍於其他公民運動團體(例如臺灣農村陣線、媒體改造社)者,將成為重點訪談對象。若以文化元年目前較為核心的幾位參與者為例,大致可以將彼此之領域所屬歸納如圖6-2。

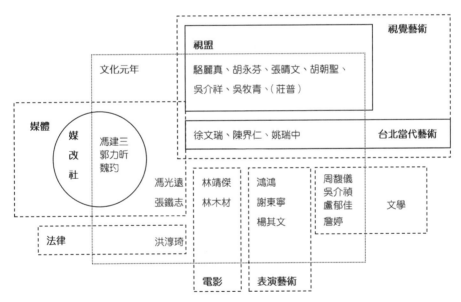

圖 6-2:文化元年基金會籌備處組成
(繪圖:張晴文)

　　至於「視盟」是一個全國性的藝術團體，成立於 1999 年 2 月 6 日，創會之初有 156 位會員，包括視覺藝術創作者、策展人、藝評人、藝術理論工作者、藝術行政工作者與藝術教育工作者，自此定調了協會成員的結構。十四年來協會成長拓展的過程中，陸續有理念與藝術專業範疇相同的同好及團體相繼加入，包括畫廊與藝術經紀公司、畫會團體等，2013 年已有近 800 位個人與團體會員。視盟歷屆理事長皆受聘為臺北市公共藝術審議員，以其專業為藝術家在各個公共藝術案中爭取應有的權益；此外視盟基於監督的立場與專業發言的角度，經常參與公部門各項與視覺藝術領域相關的諮詢會議或研討會。如法案條例研議、藝文補助案的審查與各項藝術文化會議等，視盟已成為國內視覺藝術界的主要發聲者。視盟理監事的成員積極關注文化事務，經常針對臺灣文化法規的訂立、文化政策施行方向的改變，有諸多主動回應。[7]

　　本案選擇此兩個組織作為核心的深度訪談對象，焦點在於探討「文化元年」以及「視盟」的組織運作、成員彼此之間、成員與社會群體之間對話方法與過程，作為一個社會的能動者，如何經由不同政治、經濟、藝文社群不同層次意義、價值、情感的對話、交流過程，整合為一個平等多元的治理

6　文化元年的核心成員包括鴻鴻（劇作家）、謝東寧（導演）、姚瑞中（藝術家）、陳界仁（藝術家）、駱麗真（藝術家）、張鐵志（文化評論人）、馮光遠（文化評論人）、郭力昕（媒體研究學者）、馮建三（媒體研究學者）、魏玓（媒體研究學者）、洪淳琦（律師）、周馥儀（臺灣文學研究學者）、吳介禎（文學工作者）、林木材（導演）、林靖傑（導演）、吳介祥（藝術學者）、胡永芬（策展人）、胡朝聖（策展人）、徐文瑞（策展人）、張晴文（策展人）等，後在不同時期有不同參與者加入。

7　視盟近年重要的行動，包括 2011 年的《臺北市視覺藝術團體輔導規則》草案立法推動計畫、舉辦「朝向核心的文化政策」系列論壇、「藝術園區轉向之後」系列論壇、「如何在法律層面上建立文化政策的監督機制 —— 以臺北市為例」系列焦點座談會，執行「100 年度藝文獎助發展策略研析 —— 臺灣視覺藝術補助資源之探討」計畫案等。2012年，重要行動包括發起視覺藝術團體連署，對於文化國是論壇提出十三項具體訴求、催生視覺藝術類之文化國是論壇、發動「2013 威尼斯雙年展臺灣館爭議事件」相關連署、主辦「文化政策與城市發展城市文化交流會議 —— 2012 臺北年會」。在研究案方面，則包括「臺灣『國家藝術銀行』之建置研究」、「藝集棒企業藝廊規劃與諮詢」、「藝集棒企業藝廊經營模式規劃與示範計畫研究與執行」等。

連結網絡與相互交織的日常生活世界。而這群位居文化領域各個位置的工作者，如何藉由主動的聯集，找到藝術文化的主體性，以及藝術文化價值與政治、經濟產值之間的相容位置。實際訪談對象包括：文化元年成員（視盟成員1）、文化元年成員（視盟成員2）、文化元年成員（媒體評論）、文化元年成員（媒改社）、文化元年成員（媒體、導演）、文化元年成員（臺北當代藝術Y）、文化元年成員（視覺藝術Z）、文化元年成員（藝術行政T），以及2015年時任文化部藝術發展司司長等。關於本研究訪談之對象，受訪時間以及編碼詳列如表6-1：

表6-1：臺灣視覺藝術公共領域與文化反抗訪談對象

訪談對象	編碼	受訪時間
文化元年成員（視盟成員1）	V1	2015 年 11 月 24 日
文化元年成員（視盟成員2）	V2	2015 年 3 月 26 日
文化元年成員（媒體評論）	M1	2015 年 3 月 31 日
文化元年成員（媒改社）	M2	2015 年 2 月 26 日
文化元年成員（媒體、導演）	X1	2015 年 5 月 22 日
文化元年成員（台北當代藝術）	R1	2015 年 6 月 18 日
文化元年成員（視覺藝術）	R2	2015 年 5 月 13 日
文化元年成員（藝術行政）	Y1	2015 年 3 月 04 日
文化部藝術發展司司長	O1	2015 年 6 月 22 日

關於質性訪談問題，我們透過臺灣文化治理與文化公共領域的論述所架構的五個層次結構關係，析論臺灣視覺藝術公共領域：一、藝文團體與上層文化治理結構（系統世界）間之權力對抗、合作與挪用關係；二、藝術文化工作者對彼此公共參與的「理性」與「心態」等角色認知的平行結構關係；三、藝文團體中對意見協調、溝通、共識達成與行動等內部運作機制（參與「技術」）；四、能動者動員其社會資本，並透過文化論壇與文化行動，對上

層系統威權體制及常民日常生活產生的影響；五、藝文工作者與團體是否足以支撐起一個穩定的文化公共領域，其侷限性為何，而臺灣視覺藝術公共領域是否具備有別於其他公共領域的特質。

　　而議題內容上，則聚焦於「夢想家事件藝文補助的爭議」、「反媒體壟斷」、「太陽花運動」等，三個曾在臺灣引發軒然大波，具有極大爭議性的共同議題，作為不同團體、個人案例訪談的共通方向。這些議題牽涉到藝文團體與成員的社會網絡、公共領域與公共論述、社會溝通與社會運動等重要課題。我們分別從藝術資源分配、媒體文化政策擬定、文化社會生活抗爭的角度，由近而遠來探討藝文工作者、藝文團體及常民的日常生活中，在藝文公共領域所關切的不同圈層和面向議題。三大議題訪談也反映各種領域行動者的磨合與互動過程，作為分析藝文界不同領域之能動者，對於上層結構所建構的治理體制，如何展現中層藝文團體的中介和常民自下而上對應的方式，進而發展出參與公共領域的文化行動的實證依據（圖 5-2）。

　　藉由此三個議題的訪談分析「文化元年」、「視盟」的組織運作，成員彼此之間、成員與社會群體之間對話方法與過程。作為一個社會的能動者，如何經由不同政治、經濟、藝文社群不同層次意義、價值、情感的對話、交流過程，整合為一個平等多元的治理連結網絡與相互交織的日常生活世界。而這群位居文化領域各個不同位置的工作者，如何從自身藝術創作連結文化行動參與社會實踐的理想性；又如何藉由主動的聯集，找到藝術文化的主體性，以及藝術文化價值與政治、經濟產值之間的相容位置。藝術菁英分子參與公共領域的過程，作為藝術能動者的角色，其投入公共領域溝通和互動的想法、作法和行動為何。以下就質性訪談內容分析討論：

　　首先，自上、下治理結構的對應層次出發，當問及會不會擔心視盟積極表態文化事務，有可能在藝文補助款方面會被找麻煩？曾任視盟理事長的文化元年成員（視盟成員 V2）很直截地回應說：

> 有啊，至少在我這一屆有發現，我的下一屆就是胡朝聖，那其
> 實胡的個性比較敦厚，我是比較咄咄逼人……所以我在任的時候，

我們每年都做藝術家博覽會，第二年就變少了，以前都最少有 100 到 120，但我第二年變成 80 萬。這對一個大型的博覽會是絕對不夠的，當然今年為什麼變少？政府部門可以有很多說詞，比如總體預算被刪啊⋯⋯它又是補助案，因此根本不知道能有多少。我們當然可以合理懷疑是受影響。

另外，對藝文團體而言，也認為公部門可能因此對藝文團體產生敵意，因為政府部門或許也覺得藝文團體對政府有敵意。文化元年成員（視盟成員 V2）進一步指出：

譬如盛治仁就對我們有些不滿，認為我們都無法坐下來好好談。因為他其實透露著很多訊息讓我們覺得無法溝通，或者是他對視覺藝術有很多不滿，我們覺得他對視覺藝術的理解非常的遙遠。⋯⋯從我那屆開始，胡永芬的時候也有，每年都會去跟文化部門開始溝通，在 9 月預算開始編的時後，希望在那之前先把預算塞進去。但每次跟文建會打交道，送立法院前都不會跟你說，所以送到立法院後根本沒機會，只能被凍結跟刪除，我們也根本拿不到預算書，都是透過立委去要。這樣透露出你政府機關根本不想跟民間合作，你就乖乖等我預算編出來有多少錢可以給你。這也是造成對立的狀況。

同樣的問題提問視盟另一位前任理事長文化元年成員（視盟成員 V1），她則指出：

跟政府的對話是很漫長也很累⋯⋯有人覺得這些話都講了七、八年了，但不覺得文建會或文化部會有把這些建議或方案進行累積，甚至於以前做了很多研究資料，但後來文化部成立後，這些研究都不見了，檔案也不知道存在哪裡，這個我們就會覺得很累。

不過，視盟成員 V1 認為藝文團體與文化公部門互動上的困難，也許是公部門技術性的程序因素，多過於部門刻意的刁難，她說：

> 其實他們不用給我們什麼臉色，他們只要扣尾款我們就會受影響。我們到最後要結案的時候，其實已經是最尾端的執行人士，他們會執行的部門其實就是很枝節的約定跟合約內容，我們倒不覺得他們會有懲罰性的扣款。層層這樣的下來，高層的也不會想到這個，基層的做結案可能也不會想到這個。但過去曾經做臺北市的案子，我們可以發現要補東西是非常常態的，因此這樣可能就造成薪水發不出來。我們過去薪水可能發不出來就跟理監事借，但很多小團體這樣被拖就垮了。

文化元年成員（媒體評論 M1）也就夢想家事件時期，民間團體與文化公部門的互動狀況做了這樣的描述，他說：

> 我們的感覺，從盛治仁到曾志朗，因為我們常常去文建會抗議，我們當時的印象就是他們姿態很高，我們其實沒有好好的對話過。尤其曾志朗，我覺得他就是一個很高的姿態，所以從來也沒有很好的對話過。反而是龍應台上來之後，由於龍應台跟很多元年的朋友都很熟，包括視盟的朋友，所以一開始其實有請大家去聊一下。……但是曾志朗就是姿態很高……

關於夢想家的事件，文化元年成員（媒體、導演 X1）點出了政府文化部門與民間藝文團體時的推託與被動心態，也因此民間只能批判、施壓迫，使部門回應。他直截地說：

> 通常政府都是不找事做。所以通常也沒有多大的互動可言，因為如果要互動的話就表示認同你們這些人的訴求，我們裡面也要提供一些資料，讓這個 2 億 3,000 萬的事情變得更加受到批評。所以其實公部門，文建會到今天的文化部基本上都是屬於比較被動式

的，像你跟他要個東西，通常不會給。你透過立法委員施壓，才會有一點點……公務員就藉著所謂的保密條款概念下面，其實盡量就是拖，這種推託的方式就是一般公務員典型的上下班的工作內容，所以我們大概知道在這種狀況下面……你說它弊案也好、說它沒有效率的、浪費的案子也好，通常就只有依靠自己的方式，去搜尋各個的證據，所以就批判。

至於公部門對於藝文團體的公共串連、連署，發聲與夢想家等社會運動的參與，則抱持正面而尊重的態度。時任文化部藝發司司長（O1）指出：

我自己的看法是他們參與的一般性活動，像你列的這幾個夢想家、太陽花，他們有針對其所屬的政治性去連結，給政府施壓，但我不太覺得對於文化行政部門有壓力，感覺不到。我反倒覺得之前，解嚴後的那段時間，有很多的評論家，批評比較犀利，政府會感到壓力。……基本上做政策的人應該對這一群，他不是基於私利，是為了公益，為了整個生態著想，都應該給予尊重，因為政策目的本來就是要多聽大家的意見，如果沒有人出來發聲靜悄悄的，那是過去的時代。

歸納而言，對於國家、政府（威權與資本系統）由上而下的文化治理，大多數受訪的臺灣視覺藝術文化工作者、團體等，並未感受到明顯的日常生活空間受壓縮，與日常生活方式被宰制與被壓迫。文化公部門在檯面上也表達沒有明顯的被施壓或施壓的跡象。但受訪者確實也表示擔心因為對公共事務的表態和參與，將造成政府部門在補助預算和行政程序上的刁難，因此視覺團體與政府部門間確實存在著一定程度的不信任，或者甚至反抗意識與緊張關係。

第二，自平行關係結構的對應層次出發，探討藝術文化工作者之間及團體對彼此角色認知及互動關係，文化元年成員（視盟成員 V1）認為藝文團體在公共議題上是有所聯繫的，她說：

視盟跟其他視覺藝術的團體，是比較多溝通的。因為大概大家都是同一批人，所以比較好找到關係聯絡，所以很自然會知道誰跟誰可以連結，跟其他類型的藝術團體可能就要進行連結，譬如有些案子會問表盟要不要參與或者藝文推動平台會去問獨立書店、文學界等。

至於文化元年的狀況，文化元年成員（媒體評論 M1）描述當時三黨總統辯論的籌劃、發動的過程指出文化界人脈和代表性的侷限，他指出：

> 過程中我自己有些反思，就是我們有點受限於人脈的限制，就是人脈不夠廣。在文化領域代表性不夠，像視盟在視覺藝術領域很強，我們也找了電影界像王小棣老師，但是表演藝術就相對少，只有鴻鴻、謝東寧等。總體來說我覺得可以再做的更有代表性一點，還不夠完整。……元年其實跟其他的團體沒什麼串聯，元年其實主要是以視盟為核心，我沒有印象跟其他的團體有什麼特別的互動。與其他人比如說導演，都是以比較個人的方式互動。包括總統大選辯論會，我們其實沒有以組織的方式與他人、單位合作，都是以個人的方式，導演啊、傳播學者啊。

負責行政協調與聯繫工作的文化元年成員（藝術行政 Y1）也表示，文化元年的成員跟其他組織的重疊性並不高，多是根據議題的背景而結合：

> 只是說根據某個議題，就算跟他無關，但是他想發聲、想參與活動就會自己去。這跟重疊性可能沒有關係，可能是幾個朋友一起去，就像當年因為夢想家成立文化元年類似，這些人就會重新用一個自己的小團體，但外界就會誤會他們就是文化元年，這比較像是組織中的次組織，他們熟悉的業務是跟原本的組織不同的，團體成立的時間越長，裡面也就會有越多不同的聲音。

　　質言之，從視盟以及文化元年的經驗看來，臺灣視覺藝術領域不同團體之間的彼此互動多停留在議題性的連結，而體系性、結構性、經常性的互動並不算緊密。從文化公共領域的角度來看，個別的視覺藝術工作者其參與「理性」與「心態」經常有所差異，雖可能在特定議題上產生共識甚至共同的文化行動，但組織社會運動的持續度容易遭遇困難，也不容易維繫長期性高密度的運動。

　　第三，自內部運作結構的對應層次出發，談及公共的議題，通常用什麼方式來對話、協調溝通？文化元年成員（視盟成員 V1）說明視盟和文化元年的處理方式，特別是針對公共議題一定透過辯論來進行：

> 　　譬如我對駱駱來講，一定是先講想法，朝聖的部分是不斷的溝通。這樣可能會讓人家覺得，這樣是一個問題可能會讓人家來攻擊視盟。但駱駱認為視盟那麼大的團體應該更公開的讓人家檢視，我們應該站在視覺藝術的團體上來發聲，也不宜跨域跨得太大。會真的很在意這個角色的是我們這些人，但有些會員在事後才會認為是否妥當才來提出疑問，但基本上我們就是透過理監事來進行溝通，主要認為團隊如果沒有私心的話，要溝通就好溝通。在元年上的話，就會看到是議題主導性的，也就是要花更多的時間進行溝通，要說明到大家認同，就會往下走。

　　文化元年成員（藝術行政 Y1）則認為文化元年所謂的內部溝通，其實沒有什麼溝通失敗：

> 　　因為我們沒有設定目標，所以不會有預期效果沒有達成的問題，就頂多是我們沒有著力點，我們就收手，會放棄的議題就像是這樣。但如果是有能力的話，我們就會繼續追，常常就是大家沒力了，所以就放手。

然而，文化元年確實欠缺行政組織和資源，文化元年成員（藝術行政 Y1）認為文化元年運作的問題在於：

> 從 2011 年到現在已經將近三到四年了，這些成員原本很高峰的能動性已經慢慢走下來了，戰鬥力下滑了，應該說這群人合在一起的那個樣子可能過去有一百分，現在只剩下五十了。組織內的成員可以重新調整，或者說成為一個新的團體，給那些你覺得有戰鬥力的人重新開始。

至於文化公部門對於視覺藝術領域的批判聲浪仍持務實而正面的看法，也尊重民間的聲音。前文化部藝術發展司（O1）認為：

> 基本上做政策的人應該對這一群，他不是基於私利，是為了公益，為了整個生態著想，都應該給予尊重，因為政策目的本來就是要多聽大家的意見，如果沒有人出來發聲靜悄悄的，那是過去的時代。

就臺灣的藝術文化工作者與視覺藝術團體內部的互動、協商機制這個層次，或者文化公共領域的參與「技術」層面，針對特定議題或事件，當面臨彼此不同的意見，視盟的組織係透過理監事會議和會員大會協調，藉由內部辯論尋求行動的路線。而文化元年則沒有固定的機制與形式，但也不期待達到意見、立場的完全共識。研究發現，在臺灣，視覺藝術團體和個人的公共參與，確實可能產生由私利到公益的匯聚過程以及公、私邏輯的轉變。

第四，自資本高低結構的對應層次出發，藝術文化工作者與團體是否透過社會資本的動員，對上層系統及底層造成影響？針對視盟跟元年跟政治人物或企業界的互動狀況，文化元年成員（視盟成員 V1）分析藝文界的困境說：

元年幾乎是沒跟企業界互動，但元年的座談如公策曾經找童子賢來談公視的議題，因為還是回到原來的是說，元年是啥？也是很難定義。而且企業也不喜歡這種異議分子。

至於與政界聯繫互動上，文化元年成員（視盟成員 V1）認為，視覺藝術團體與國會及地方議員的長期或議題式聯繫互動，確實有助於藝文公共事務的推動：

> 像有時候會透過藝文推動平台，透過陳學聖來陳述一些需求。還有為了要讓總統候選人講政見時，也有跟鄭麗君溝通，前陣子像陳亭妃評論龍應台的下鄉議題等，我們也判斷預算列錯欄位了，因為國光劇團三十多年來都在對岸有表演等。因此我們也會去進行溝通，有些資料我們自己去要可能要不到，因為有些東西要透過議員或委員去要才有。

針對視盟跟文化元年對於民眾生活可能產生的影響，文化元年成員（視盟成員 V1）指出，文化本來就是少數民眾關切的議題，是一個民生之外的附帶事情，對於文化事件的發生，真正可以理解或連結的還是小眾。她說：

> 所以我們如果發揮什麼影響力的話，我們也希望能做社群平台來進行擴散，但擴散多久及力量是要再思考的，只是說擴散的方式比以前方便許多。對視盟來講，對民眾的影響就是以前在中華路時候，在辦公區或商業區的部分，那個地方是比較少人經過的。但當初視盟在那邊有個展場，也有個駐村的位置跟咖啡店，用這個模式竟然可以把藝術界的人整合在一起。現在的位置也可以發現經過經營後，跟村里長等、大同大學、晴光市場等，希望他們搭配宣傳跟導覽等、文化生活跟古蹟、攝影展等，這樣時間的發展下來對周圍是有一點影響的，以前他們可能認為是商業區、市場的，他們不會特別感覺有文化性可以提。但做了這些事情以後，他們會認為有一點改變，也會歡迎藝術性的活動來。

文化元年成員（媒體評論 M1）對文化元年在文創議題與民眾間的互動觀察則是，藝文界與大眾之間仍存在一定的距離：

> 很多元年的朋友在參與有關文創這樣一個霸權的討論。但就會覺得跟大眾有個距離，好像在自己的圈子自說自話的感覺。所以需要一個好的平台來處理這些問題，因為媒體扮演的角色、公共溝通，因為媒體的角色與公共溝通會影響政府與政策的思維。

歸納而言，藝術文化工作者與團體嘗試著透過社會資本的動員、政治團體的連結，以及媒體等公共論壇機制的運作，對上層系統威權體制產生制度性改變，以及對底層的常民日常生活產生廣泛性的影響。只是藝文活動與民眾的日常生活還存在著一定的距離，在臺灣，視覺藝術領域對於常民生活真正的影響力還是有限。

第五，自上、下治理結構、公共參與形式，到常民意識啟蒙等角度來看，臺灣文化公共領域在幾個特定議題事件的連結確實成立。當問及藝術家參與公共事務有什麼特別之處，或是視覺藝術團體的介入策略與一般社會科學的差異，點出藝文團體介入的差別在於他們會有一些藝術創作的手法，文化元年成員（視盟成員 V2）說：

> 你看袁廣鳴有一個作品叫做《佔領第 561 個小時》，就是只有藝術家做得到，他同時是藝術作品，也是社運很好的工具。我去年 10 月去英國西敏大學做了一個 talk，講太陽花，藝術介入社會運動的幾個方式，就是用作品。比如說二二八事件的時候，黃榮燦的〈恐怖的檢查〉（木刻版畫），用畫作記錄；那有一些政治受難者會用偷偷摸摸的方法把詩詞寫在新聞紙上。那有一些用介入的，我身體就是一種參與，把自己裝成腫瘤人啊等等。

文化元年成員（視盟成員 V2）認為，雖然藝術文化工作者每個人都是個單點，但是聚集起來就是用自己的身體作為一種力量，不同的集體創作形式讓社會運動的形式與基礎更加多元，比如說：

反核旗或各種電腦貼紙。中研院他們都有蒐集這個東西，我覺得它就是結合了設計。那藝術我覺得除了像過去黃榮村那種形式，一直到袁廣鳴用作品，或用身體做參與。所以我覺得藝術家可以參與的方式非常多元。像我演講最後一定做〈島嶼天光〉，像我老公我就做了電音板，也有人做了 orchestra 或 acapella 版，我覺得這是非常棒的集體創作，就奠基在社會運動的基礎上。

不過，對於藝術文化工作者的社會介入，文化元年成員（臺北當代藝術 R1）則提出了一些年輕藝術家參與社會運動時特別謹慎的觀察，他說：

我個人覺得太陽花跟文化治理好像沒什麼關係。雖然說有很多藝術家進去做作品，但對於社運人士來說，他們所理解的藝術就是做看板、做道具、做服裝，他們往往把藝術家當作美工人員來使用。帶頭的一定都是法律系、政治系不然就是社會系，美術系只有在旁邊做道具或攝影的份。……應該說很多年輕藝術家們趕流行，所以如法炮製，覺得這樣好像可以搏版面。在我看來很多都是假議題，或只是為了追求形式而已，想要快速成名的年輕藝術家特別喜歡做這種假議題，要參與社會要先衡量自己的能力，不然會被捲入漩渦當中是無法自拔的。

關於藝術家參與公共事務的特殊性，文化元年成員（臺北當代藝術 R1）進一步闡述說，藝術家應該要有超越組織的藝術實踐方式，而不是被社會運動組織化，他說：

重點是藝術家可以提供一些現實層面做不到的東西，提供一些想像，一些可能的解決方案或是精神方面的認同。我認為找一千個藝術家去遊行是沒有用的，但如果說服一千個藝術家都去做與議題有關的作品，透過他們的傳播管道及影響力，那可能就會有用。藝術家當然可以參與社會運動，但應避免過度涉入，因為參與社會運動就會被組織化，有主席、領導人，還會分工，像是文宣組、美工

組啊，若被分到美工組做政治宣傳海報，意義其實不大。我不反對
參與啦！但是藝術家應該要有超越組織更高的位階，不然就會變成
美工人員。

至於一般認為公共參與應該強調理性或公共政策等，而藝術文化人則多
一點感性的層次。對此，文化元年成員（媒體評論 M1）則以為，

> 我們很確定是以文化議題為主，理性感性的分野其實沒有很
> 大。但是視盟參與反核的時候有很多的藝術表現，文化元年相對是
> 比較傳統的運作和互動方式。因為文化政策相對來說是一個很理性
> 的，政策取向的議題。

文化部前藝發司司長（O1）也認為，臺灣藝文團體的文化訴求與公共
事務介入其實是相當理性的，他指出：

> 專業團體部分，像視盟都還蠻理性的，我覺得因為是公共事
> 務，有些議題之所以會形成，不是個人面向，在公共政策上的溝通
> 是比較理想，像表盟也是，因為是藝術行政工作者、管理者，其實
> 他的看法是跟我們一樣的，語言是相通的，會講 KPI、會講指標等
> 等，一般真正創作的人可能不會這樣，可是幫忙做行政管理的人會
> 講。

文化元年成員（媒體、導演 X1）對於藝文界的公共參與是否比較感
性，比較熱情？他清晰地整理出藝術人公共參與的理性與感性層次：

> 我覺得還好。因為在創作，工作的性質不一樣。很多就是說，
> 做創作的人當然他們表達出的形式能夠受到歡迎的，當然是他們感
> 性的東西，像音樂，像整個的旋律比較能讓人接受，電影也是一
> 樣，小說，都是比較能夠讓人接受，都是屬於比較感性的東西。在
> 整個感性的過程，創作過程背後還是理性的東西，所以大部分願意

投入這種改革過程這些所謂文化工作者，你去跟他們談很東西，他們整個邏輯脈絡都是很清楚的。我曾經跟張懸談過，那個小姑娘很清楚她自己在做什麼，可是背後的脈絡是很清楚的。

文化元年成員（媒體、導演 X1）認為，藝術文化工作者的思考和介入其實相當有脈絡，邏輯方向也十分清楚：

像我們張大春也是常常放炮的，他就覺得放炮也不為然，但他講了很多東西的背後，是有脈絡的，作為一個邏輯性很強的作者，也許真的是意識形態衍生了這種東西，會影響寫作跟創作的方向，一旦今天要來講社會參與，很多東西由於這一批人比一般人要來得更廣、更多，所以當你要叫他們去談一些類似的事情時，光他們從過去閱讀的經歷，到看到的小說、電影，他們總是可以看出很多的例子，再來告訴你當今的時代有點像是某部小說裡的情況，或者某部電影內的東西，後面會有什麼樣東西 follow up 來做修正。

文化元年成員（媒體、導演 X1）呼應文化元年成員（視盟成員 V2）的想法，認為文化人參與公共事務的獨特面向在於創作以及批判，他說：

所以我覺得文化人來參與，其實有個非常獨特的面向，也就是一種創作，這種創作就是看他原本的創作到他後來政治上的批評，是不是能夠感動人家。其實我覺得我剛開始創作就是有一點用。所以包括我在政治上的批判，我把它當作一種創作的話，還是一個東西，還是在循著我以前寫作創作的文法進行，那個文法是很重要的，只是也許以前我寫作的對象也許是一個廣泛的社會，我的取材或者另外一個文本是一個大社會，現在我的文本是不同的一些政治人物做的事情，文本不一樣，但我取這些文本來創作，但我的方式跟文化大概都是差不多的。

文化元年成員（藝術行政 Y1）認為文化人公共事務參與的特殊性在於行動與批判，深入事件與表象的背後找到真相，藝術文化人參與社會運動是想要改變這個社會，這就是藝術人。他點出：

> 假設藝術人，他的政治正確的定義是任何可以改變體制核心的，他覺得藝術不是死板板的在象牙塔或者博物館裡面生產，他的藝術肯定是行動的，可以參與現實的改變，批判力的，要策一個展或者做一個作品，絕對不是要賣錢或者售票而存在，而是要讓看到這些作品或者展的人可以藉由這個心靈提升、內容上的昇華，知道說我看到了一個真相，就是過去被浮華的符號所遮蓋住的，藉由這個作品的構築可以看到社會背後的啟發。所以他是一個影響別人人心的工作，而不是很高等級來看的、來賣的、有品味的，高階層才看得懂的概念。

另一文化元年成員（視覺藝術 R2），同樣提出了當前藝術家以創作回應社會是一個藝術圈與社會普遍的氛圍，她指出：

> 我覺得藝術家回應社會作為他們的一個創作。我覺得社會上面普遍氛圍是一個方面，就是說不僅是藝術圈會做出回應，……在這個公民的集結上有這麼一個大的張力，或是說這麼大的一個號召。然後，這麼多人願意站出來之類的。像這種集結，我們在早先幾年其實是比較難看到的。那當然，這是一個普遍社會氣氛的狀態，普遍社會氣氛的一個呈現。就藝術家創作來講，我們覺得在藝術內部本身，這種回應社會的議題，它用什麼樣的手法被呈現，或者是說他採取一個比較重視參與式的，或者是我們說比較接近所謂波依斯說的「社會雕塑」這種理念，去衍發出來，這種現代的手法，好比像參與式的、互動式的這種創作，它被藝術圈子的認可，變成一個有效的藝術表達，它還是會被認為是一件藝術作品在談論。

這位文化元年成員（視覺藝術 R2）進一步陳述臺灣藝術家文化行動的趨勢和因素，她說：

> 相對來說，這成為藝術家採取行動的方法之一，這在近年臺灣我覺得是很顯著，有越來越明顯的趨勢。這個趨勢的造成，當然有很多不同的因素驅使，這樣子的一種活動方式，或是這樣子的一種表現，這樣子的一種發表，它要被藝術圈認可是一種藝術形式，是經過很長一段時間的衝撞和協調，慢慢它才會被接納和討論的。可能在過去這樣子的行動會被質疑說它到底算不算藝術，或是它跟社會運動有什麼不一樣。

關於藝文界或文化界在臺灣最近這十年公共領域的參與，比較不足或不成熟的地方，文化元年成員（媒體評論 M1）認為問題還是在媒體沒扮演好自己的角色，特別是獨立媒體的式微。他說：

> 從定義來看的話，公共領域很大的成分還是在媒體，我們在媒體上分享資訊進行公共討論。現在傳統媒體已經不可信任，特別是過去五、六年來臺灣新世代與新價值的崛起，但是沒有新媒體。廣義來說網路當然是新媒體，但是以傳統媒體的角度，網路上並沒有很好的電子雜誌做公共媒體的討論。更尷尬的是獨立媒體，比如說苦勞網這兩、三年反而是式微的。我們很少報紙會登很好的評論，或很好的專題報導。當然專業媒體會精於自己的領域，但是沒辦法公共化，或是跨出自己的專業領域。所以媒體沒扮演好自己的角色，公共領域就很虛弱，每天看電視大家都弱智。

同樣的，文化元年成員（媒改社 M2）也認為，公共領域若以電視來講，商業和資本的影響太大了，以至於公共領域變成一個消極的空架子，

公共領域以前沒有這個架子，那現在架子搭起來了，現在佔據在架子上的都是有它商業上的理由和邏輯，商業上的邏輯可以是十到一百，如果有些社會的商業邏輯被節制在三十、五十的話，我們可能已經跑到八十、九十了。以電視的公共領域來講它所能夠充實的地方就太少了，那報紙也並不理想啊，我們只有四家報紙壟斷在全世界也很少見，從這角度是滿壟斷的，現在銷售量高的是《自由》和《蘋果》⋯⋯《蘋果》是鼓勵你消費主義，哪有鼓勵你公民，公民可以轉化為消費的訴求，那好啊，因為公民活動多了對它賣報紙可以啊。雜誌呢，我也想不到⋯⋯所以滿慘的。也許比較樂觀一點就說，網路都可以看啊，網路上有不一樣的東西，也許可以這樣講。不過，這多少是避免流於悲觀而做此陳述。

文化元年成員（視覺藝術 R2）認為，臺灣文化公眾參與面對的困難，是在民眾對文化公共議題的理解還是有限，她指出：

文化公眾參與的困難，我覺得要把公共參與放在針對文化議題這樣的領域來說，就普遍來講，一般民眾對於文化的公共議題，我覺得投入的還是比較有限。當然這個跟我們目前臺灣一般所有的臺灣人對於文化事務參與的程度是很有關的，但事實上一直以來我們並沒有很好的體質，以過去或現在的一個，不論是教育或各方面的形塑，沒有形成所謂很普遍，非常落實的文化公共參與。

質言之，從臺灣文化公共領域的運作方式來檢證其特殊性，尤其是視覺藝術場域，確實具有藝術人若干獨特的特質，這些特殊性展現在藝術文化工作者透過創作的形式介入社會運動，並且以創意的手段深刻的批判省思模式，進行其文化公共參與。至於現行的文化公共領域在發展的問題和侷限性，則在於大眾媒體的主流商業邏輯框架，欠缺獨立媒體以及民眾對文化藝術公共議題的相對陌生。

||| 風雲再起：2017 年全國文化會議與文化公共領域 [8]

本書第四章論及的 2014 年的反服貿運動，可以說是臺灣社會近年來一連串民間文化抗爭運動的能量蓄積與爆發。一個多月的抗爭運動，不但引發了臺灣社會對於「文化」與「政治經濟」價值的爭辯，也刺激了臺灣人民重新省思臺灣核心文化價值與文化的主體意識。延續本章對於臺灣民眾與藝文界對於文化公共事務的積極介入與參與，2016 年總統選舉期間，臺灣文化政策研究學會、《典藏‧今藝術》與洪建全教育文化基金會於 1 月 9 日合辦：「總統，未來事？民間文化政策行動論壇」，並於選後號召二十多個民間團體召開了「民間文化政策行動論壇 2.0：文化，進行式！」在國立臺灣藝術大學的會議場合，邀請文化部部長鄭麗君接受藝文團體與民眾公開提問與回應，公開邀請函說明了行動論壇的理念：[9]

> 我們透過意見的匯聚、激盪，大聲說出對於文化議題在政策領域受到忽視的憂慮。除了批判、提醒「消失的文化政策」的嚴重性，更呼籲民間應當持續發揮政策監督的力量，並扮演文化議題思想、行動的發動者。……對於新政府文化事務的見解與作為，不能僅僅期待體制內自發的轉變，更需要來自民間的自主的串聯、協力

---

8 此節係轉寫自柯惠晴、劉俊裕。2017。〈風雲再起：2017 年全國文化會議現在進行式〉。刊登於《典藏‧今藝術》，297（6 月號）。

9 主辦單位：臺灣文化政策研究學會、國立臺灣藝術大學（聯合主辦）；而共同發起團體包括：台北藝術產經研究室、台灣視覺藝術協會、台灣藝術史研究學會、竹圍工作室、《典藏‧今藝術》、帝圖科技亞洲藝術經濟研究中心、媒體改造學社、新北市民間文化會議、端傳媒、臺北市紀錄片從業人員職業工會、臺藝大臺灣文化政策智庫中心籌備處、臺藝大藝術管理與文化政策研究所。協力夥伴則有：臺灣文化法學會、新北市瑞芳區弓橋社區發展協會、臺北文資環境守護聯盟－好勁稻工作室、臺北市藝術創作者職業工會、藝域：「異域間際：文化空間的再想像」論壇籌備團隊、雞籠霧雨、亞裔身心健康協會、台北文資環境守護聯盟－搶救北北三：北門 × 北三線 × 三井倉庫、藝術地圖 Art Map、Dark Memory Voyage －闇黑行旅、Care4.0 －文化培力與創新照護、臺左維新等。參閱，民間文化政策行動論壇網址：http://cpcf.tacps.tw/。

與意識的交流凝聚，將文化政策議題回歸到民間主體性、自主性與自發性的原則，提出民間認為臺灣當前亟待面對或處理的文化政策議題。……促使總統、行政院院長、文化部部長和政府文化部門，傾聽、參納民間對國家未來文化政策的建議與期許，並對臺灣未來的文化政策做出更清楚的策略規劃與回應。

臺灣文化政策研究學會以「豐富臺灣文化治理生態的永續價值和生命力2.0」為題，在聲明中提出了七大訴求，[10] 希望藉由豐富臺灣文化政策、治理生態與民間文化創造力量的永續價值和生命力，確保人民和社群（包括原住民族）參與文化生活的基本權利。期許未來臺灣除了經濟型、政治型或法律型的內閣及總統，也能出現以文化為主體的內閣和總統，真正實踐「文化立國」的國家願景。而 2011 年夢想家事件以來，到 2016 年總統大選後民間文化團體和學界的共同施力，更是促成本書第三章中析論 2017 年文化部再度召開全國文化會議的重要原因。

繼 2002 年的第三屆全國文化會議，動員了二十五個縣市地方文史工作室會談、七區分區座談會議、分項議題會議，及「第三屆全國文化會議」正式大會。2017 年全國文化會議再度在全臺各地席捲開來。歷經十五年後的臺灣內外文化環境已然不同：審議精神和民間參與成為文化治理的典範，文化中介組織成為治理的核心理念，各地文化資產審議爭議的烽火四起，藝文界對創作自由支持體系的強烈要求，多元族群和多樣文化對於差異包容的體悟，文化科技、電商與共享經濟的長足發展等，使得這場睽違十五年後的全國文化會議出現了臺灣當代必須面對的嶄新課題（參閱附件三：2015 年至2017 年臺灣文化治理的相關新聞表列），以及因應這些問題亟須建立的核心文化價值。

---

10 臺灣文化政策研究學會七大訴求，包括：一、「人民與社群作為文化主體」是政策的核心價值所在。二、加速推動文化法律與制度的建置與變革。三、再次定位與省思文創產業的價值與策略。四、審酌趨勢並且創新思維，通盤檢討臺灣的表演藝術環境。五、藝文創作補助的永續性與創造性規劃。六、提升社區文化資產保存意識，確保臺灣有形及無形文化資產。七、匯聚民間文化力量，擬定明確國際文化交流策略。

在民間文化團體積極的倡議與壓力下，2017 年全國文化會議宣稱了幾個層次的超越性產出，包括公民的開放參與和審議思維、文化部與民間諮詢委員的協力治理、會議實錄的即時影音與文字紀實公開透明、公民網路提案與文化政策白皮書的共擬，以及透過文化會議共識與《文化基本法》同步的法制化過程。全國文化會議舉辦十三場分區（外加三場離島論壇）與青年論壇、三場專題論壇（包含新住民文化論壇、文資保存論壇、文化科技論壇）與全國文化會議正式大會，是否真能達到釐清當前問題、凝聚民間共識、擾動科層官僚體制之效，促成更成熟的臺灣文化公共領域？或僅是多年來文化界的另一次洩壓與收編？這必須從全國文化會議的目的、結構，跨部會、科層的效益，對國家領導人文化意識的影響，以及對民間社會的擾動程度檢視起。

一、建立跨越地方、科層與部會的公共溝通平台：文化公共領域的孕育

全國文化會議大致涵蓋三種會議層次與形式：地方性的分區論壇、專題會議與全國文化會議大會，不同層次與形式的論壇有著不同的目的。地方分區論壇強調一般民眾的參與及發聲，以及公部門跨越科層向民眾做第一線的政策回應、說明，檢視現有政策之成效；專題會議整合產官學與跨部會文官對於議題提出政策建議，探索跨域專業的文化發展策略；全國文化會議大會則是全階段彙整，提出國家文化政策未來方向。整體來說，各界期待全國文化會議可以展現民間參與能量，並藉由公、私協力和互動，為現有文化官僚體系提供施政現況的省思與公共對話空間，以及各層次文化平台之間的整合平台，孕育逐漸成熟的文化公共領域。

藉由公部門由上而下促成的文化公共事務討論，引發公民由下而上的文化論壇，全國文化會議一方面期待可以廣蒐意見、深度討論，進而規劃政策，撰寫文化政策白皮書，作為未來文化施政的依據；一方面亦希望重新賦權於地方，引發更多人對於文化事務的關心，帶動後續的參與，孕育出文化部部長鄭麗君所謂的「文化公民」。但從地方學的經驗可知，短時間的論壇形式在經費上負擔較小，但對於擾動地方和民間的成效也有限。真正要擾動

基層並且有延續性的影響力，還是必須回到各級政府、在地社群與專業文化平台常態性運作的合作中。

二、常態性地方論壇與決議參採機制的建立：翻轉文化治理權力結構

理想情境是：全國文化會議舉辦前，地方即存在積極的文化團體，經營著常態性的「在地文化會議」，持續整理著地方所遇到的困難與建議，並與全國文化會議串連。全國文化會議在設定議題時，就可以參酌地方的意見，找尋適合的在地夥伴引言與業務司、地方文化局進行對話，準確地為未來的文化政策定錨，即「先地方、再中央」才可能達到全國文化會議的目的。若希望翻轉由上而下的治理模式，國家必須建立民間參與文化公共領域的常設性管道，讓所有人、社群都能自主地進入文化治理的機制，並將由下而上的溝通管道體制化、常態化，使民間意見能夠進入核心的治理層次。[11] 民間文化論壇、地方分區論壇，專題性論壇與全國文化會議，在文化治理的體制上應是互為支援的角色。同時，相關的補助辦法或說明會也應該規範會議結論的參採機制，並納入各級文化機關的參與及追蹤與考核制度。

三、跨域與跨藝專業平台：建置公民社會的治理網絡

除了地方文化論壇對於地方性觀點的彙整成為全國性的議題之外，各類專業性藝文平台的建構（如文化資產保存平台、表演藝術與視覺藝術推動平台、藝術市場與電子商務平台、文化科技的共享平台、審議式文化預算討論平台、藝術美學教育推動平台、文化權利推動平台等），如何藉由跨藝與跨域平台之間不同專業領域常態性的持續激盪和對話，並且配合平台建議形成決策的機制，提出跨域專業的文化發展策略，甚至形成文化中介組織成為

---

11 在全國文化會議即將召開的同時，文化部也於 2016 年年底公布「文化部補助民間團體辦理文化論壇作業要點」，鼓勵民間以審議式民主的方法辦理常態性的文化論壇，討論全國性文化政策。此正呼應了文化會報中倡議辦理常態性的文化公共論壇，以強化文化公共參與體系、持續累積民眾參與。

地方與國家藝文發展的推手，都是全國文化會議能否成為跨越部會、科層與民間公共溝通平台的關鍵。在網絡治理的時代，公民社會和團體組成了自我組織的網絡，而政府部門必須與公民社會組織共享治理權力（Rhodes 1996：658-659；蔡允棟 2006：171-172；呂育誠 2007；孫本初、鍾京佑 2006），無疑已經成為臺灣政府部門無法逃避而的重要文化課題。

四、文化治理的新話術？還是國家治理的價值典範轉移？

全國文化會議或許是國家文化治理的另一種話術，或是政權統治術透過網絡治理、賦權的宣稱，達成新型式的管控和規訓等另一階段性進化（Bang 2004）。但為了追尋臺灣核心文化價值，民間社會沒有悲觀的權利。計畫執行團隊作為中介文化團體，只有透過全國文化會議的階段性務實介入，以及幾個超越性宣稱，企圖達到凝聚民間共同價值、擾動科層官僚體制之效；也藉由地方文化論壇與專業平台之間的整合建構，試圖使文化真正進入民間社會以及國家領導人視野，逐漸達成國家治理典範的實質轉移（Hall 1996）。此亦即本書第一章所指涉，當代臺灣文化治理體制是否可能透過現代國家治理技術的反思，以及對於政府治理的權力節制（Dean 2010），達成國家治理的價值典範轉移理念目標。

就行政院院長賴清德第一次主持行政院文化會報的回應中，雖然看到行政院院長對於各部會施政應具有國家文化高度的期許，[12] 但從蔡英文總統的就職演說和 2017 年 520 周年演說中觀察，文化仍進不了最高領導人的視野。從全國文化會議地方十幾個場次的分區論壇也明顯地看得出，縣市政府首長仍未將文化視為都市發展與規劃的核心，文化局也發揮不了主導都市文

---

12 行政院院長指出他在立法院施政報告時，揭示建設國家五大施政目標，其中第一項就是「文化臺灣」。期勉各部會首長推動政策時，應具備文化高度的思維，讓文化真正在社會深化，才能厚植文化國力、建立臺灣的主體性。行政院。〈賴揆期勉首長推動政策具文化高度思維嚴加控管相關計畫執行〉。行政院網站，2017 年 10 月 12 日。網址：http://www.ey.gov.tw/News_Content2.aspx?n=F8BAEBE9491FC830&s=7D5BCD4EAE1897FD。（檢索日期：2017 年 10 月 15 日）

化治理的角色。地方文化保存和文資審議程序變革、地方常態性的市民文化會議或論壇、市民文化參與的常設機制與民意參採的制度、地方文化預算的提升、藝文自由創作的支持體系、地方文化法人的獨立自主、地方的文化自治條例的立法、中央與地方文化權限的釐定，以及文化事務的契約化等，無疑是各地方民眾與文化團體共同關切的方向，但幾乎沒有引起縣市政府首長的正視與回應。六都市長中除了桃園沒有分區場次外，五都直轄市市長也都缺席沒有人到場。這些都敘明了民間文化輿論仍難成為國家與都市治理的核心。

▌▌▌ 臺灣的文化自理與文化公共領域

如同吳介祥在〈仍待反思的全國文化會議〉一文中指出，上一次的全國文化會議是在十五年前，而文化部成立之後的「文化國是論壇」（2012 年）的在臺上菁英和臺下傘兵之間隔出了莫大的鴻溝，而導致「文化元年」在文化部成立四百天後啟動了「文化部危機解密」沸沸揚揚三天的論壇。至於2017 年的全國文化會議則擾動了公部門、民間文化團體，以及學界的舒適圈（吳介祥 2017）：

> 《文化基本法》、全國文化會議和文化政策白皮書的進行，捲入的研究者和各界專家近二百人，分別擔任諮詢委員、主持人、引言人及分組召集人等，過程中有高度投入的學者專家，也有持質疑姿態者。接案團隊廣邀各研究範疇和專業者，製造跨領域和跨世代的論壇形式，理想上在於製造出三方論壇，在官、民拉鋸關係之外拉出深入中立的角度，然而不同程度涉入文化事務的學者，也展露出很不同的姿態。學術界若是對於自己熟悉的學理過於自信、認為過去的案例可以無限適用於未來、或以援引國外的成功案例來「激勵人心」，很容易疏離現實；而若不與官方「授命」的角色保持距離，也徒失中立和批判的利器。

　　隨著時代環境的轉型，不同於以往政經主流操控在特有的結構體系上，臺灣庶民的力量和聲音逐漸在公共領域展現，甚少在藝術創作外發聲和參與的藝術創作者、文化分子，乃至近來被臺北市市長柯文哲戲謔稱為「文化恐怖分子」[13]（洪致文 2016）的地方文資與文史團體，在近年來也以實際力量和文化行動，透過這些多元化行動表徵、運動化社會實踐，展現以庶民身分參與臺灣文化公共領域的策略實踐，反映出文化行動連結公共領域已蔚為一波波難以抵擋的趨勢。不難察覺，一股自下而上的文化自理或文化參與力量，儼然形成了當前臺灣社會重要議題訴求的核心影響力來源。

　　這股潮流除凸顯出常民對抗國家力量的意識萌發，反映出藝術界從下對上的角度，以連結文化實踐與社會運動的參與模式，也被視為知識分子主動參與公共事務，對國家官僚體系文化權力、規訓與控制思維論述的回應與挑戰。儘管臺灣民間社會早期不乏思想早萌的文化評論者，藉著各種不同管道的傳播媒體發聲、論述評析，為臺灣公共領域建構了一個初始的文化基礎，展現了公民社會溝通、參與和批判論述的可能模式與方法，但國家戒嚴時期的中斷無以為繼。2010 年代臺灣公民文化意識的抬頭，藝文界精英開始參與藝術圈之外的常民生活和社會議題，積極投入社會運動，宣示了常民對於未能有效參與文化政策決策機制的不滿，以及臺灣「文化公共領域」與文化

---

[13]「文化恐怖分子」一說來自於 2015 年 11 月 11 日，臺北市市長柯文哲至松山家商，向居民報告目前廣慈開發案進度，現場多數居民反對保留福德平宅，柯市長則回應自己也是傾向全拆，但怕「文化恐怖分子」。柯市長的發言引發各界爭議，事後亦對此提出道歉。參閱〈柯 P 報告福德平宅拆遷進度「文化恐怖分子」發言惹爭議〉。關鍵評論，網址：https://www.thenewslens.com/article/30806。（檢索日期：2017 年 7 月 10 日）；〈指文資團體是「文化恐怖分子」柯文哲坦承失言道歉〉。網址：http://www.setn.com/News.aspx?NewsID=106568（檢索日期：2017 年 7 月 10 日）。事後文化恐怖分子一說在民間團體、學界和文化部門多次被提出討論，包括 2017 年全國文化會議的分區論壇與青年文化論壇中，文化部部長鄭麗君也數次提出臺灣「要翻轉！要創新！要改變！文化治理視野帶入政府文化恐怖分子必須多一點，臺灣才會更可愛」，試圖為文資團體的核心關懷與長期努力平反。公民新聞，網址：http://www.peopo.org/news/339271。（檢索日期：2017 年 7 月 10 日）；〈談文資保存問題鄭麗君：文化恐怖分子必須多一點〉。聯合新聞網，2017 年 6 月 17 日。網址：https://udn.com/news/story/7266/2530826。（檢索日期：2017 年 7 月 10 日）。

行動的崛起（劉俊裕 2013a），新一階段臺灣文化公共領域是否儼然形成，漸受矚目。

　　從上述臺灣文化公共領域的歷史發展、論述架構與質性訪談的實證分析中不難發現，臺灣的文化治理與文化公共領域確實面臨著時代性的關鍵轉折。當代臺灣文化治理雖不能排除治理者（公部門）與資本擁有者（企業、文創產業）內在治理理性、心態的自我節制或制度改革，以及文化邏輯對於政治、經濟邏輯內在超越的可能性，但卻也不能僅期待政府公部門片面的善意，更需要臺灣強而有力的文化公共領域由下而上的支撐與相應改變，並維持文化公共領域的獨立、自主與自我調節、省思的力量。

　　當代臺灣文化治理的治理理性、治理心態與治理技術等概念論述的轉變，到文化公共領域不同能動者的自理或參與理性、心態與技術的相應轉變，其實目標就在藉著這些潛在的結構性變化，逐步地扭轉當代臺灣的功利與權力導向的工具性價值與社會風氣。而知識分子在文化治理體制與文化公共領域中，無論是官僚體系中務實的政策規劃、執行、諮詢、研究、審查，或者文化公共領域中的對於公共權力的批判、監督、權力的對抗、真理的主張與社會良心的砥礪等，著實扮演著系統世界與人民生活世界之間重要的媒合與橋接角色。

　　其次，從文化公共論壇與事件中發現，無論是由上而下主導的文化治理式公共論壇（如《文化基本法》的草擬、諮詢、公聽會過程，2012 年三黨總統候選人在夢想家事件後受到文化元年基金會和輿論強大的壓力，而參與有史以來臺灣首次總統候選人文化政策辯論，以及 2012 年 520 文化部成立之後舉辦的文化國是會議）；或者由下而上發起的文化運動式公共論壇中（如夢想家事件引發的公共輿論，以及美麗灣原住民傳統領域的社會文化運動），臺灣的學術界批判知識分子、學會與藝術創作者、藝術職業協會、工會之間的互動還不甚密切，彼此關切的議題也不盡相同。以藝文界關切的「夢想家事件」為例，在文化元年基金會籌備處所發起的連署名單中，連署者多為表演（戲劇、戲曲）藝術、美術、視聽媒體藝術、影像、電影、社區營造、文學，以及少數的文史工作者和學者（研究生）為主。社會學、族群

研究、都市規劃、政治學、公共行政、管理等領域的學者與文化評論工作者則相當少。

國家文化官僚體系的主導力量，確實相當程度地掌控了臺灣藝術文化輿論生產的方向與步調，這也說明臺灣文化公共領域能動者之間的橫向與縱向互動、聯繫與整合力量仍然相當薄弱，雖然在事件的當頭足以引發議題以及大眾的關切，文化公共領域的專業學會、協會、藝文團體等能動者，對文化政策治理的專業性、理性辯論，卻往往難以尋得藝術文化機構間跨域（如表演藝術與視覺藝術協會與工作者之間的橫向連結、整合）的共識，而欠缺組織化和長期的人力及資源挹注，民間文化公共事務第三部門也不斷面對文化公共性與文化價值組織化、體制化和永續發展的現實困境，因此也難以撼動文化官僚體制的決策步調。臺東反美麗灣運動以及原住民傳統領域的議題，雖然透過網路社群和臉書專頁，凸顯出一種當代臺灣民間力量匯聚於文化公共領域的新的可能性。只是原住民議題在臺灣社會屬於小眾，能引起全國關注就是靠臉書社團與部落格。[14] 而在地方政府威權力量的強勢主導下，文化公共領域的理性辯論雖有相當民意的匯聚，卻難以撼動威權體系的官僚體

---

14 刺桐部落是阿美族的傳統部落，當地原住民早年多沒有土地登記，所以臺東縣政府就土地公有為由，稱阿美族人佔用國有地。這讓原本離鄉的刺桐部落青年林淑玲因此返鄉守護家園，對抗地方政府與財團。在杉原海水浴場旁邊的刺桐部落有兩戶人家的土地被畫進開發區，讓反美麗灣運動多了原住民「還我傳統領域」的議題。與其他社會運動的臉書經營不同，反美麗灣並沒有一個統一窗口，與這場運動相關的網路集結就有「杉原刺桐」個人臉書與部落格、「東海岸事件簿」臉書粉絲專頁、「保護東海岸，救救臺灣天堂」臉書粉絲專頁、「捍衛東海岸，為權益而戰」臉書粉絲專頁、「杉原灣守護海洋搭麓岸 O Fudafudak No Talu'an」臉書粉絲專頁、「杉原公共海水浴場」粉絲專頁等等。最早出現的是「杉原刺桐」個人臉書與「刺桐部落格」。部落格的管理人黃苑蓉因為臺灣環境資訊協會主辦的珊瑚礁總體檢，到了刺桐部落，在 2009 年創立了刺桐部落格，杉原刺桐的個人臉書則是在 2010 年上線，黃苑蓉提到：「部落格有點像是資料庫，臉書則是用來動員或散播消息。」因此，部落格只要是周邊開發案的新聞報導都會收錄存檔，但一、兩個禮拜才會更新一次；而杉原刺桐的臉書則會即時發布訊息，並與網友互動，這些是與反美麗灣運動最直接相關的兩個網路團體。新新聞。〈沒有統一窗口臉書社團齊發聲〉，新新聞，2012 年 10 月 3 日。網址：https://www.new7.com.tw/NewsView. aspx?i=TXT20121003150633S3U。

制。其實當前臺灣文化公共領域，應屬處於民間私領域與文化公共領域之間的民間團體（民俗宗教組織如廟宇、廟會節慶活動）最具內在文化動能，以及分布的寬廣性，如何結合這股民間文化力量似乎是臺灣文化公共領域可以思考的課題。

2017 年的全國文化會議從十二場地方分區論壇到文資、文化科技與新住民文化議題等主題論壇，確實滾動了更多的民間文化團體、藝術工作者與學界的能量。然而，在臺灣文化界的同溫層仍然非常狹小，一般大眾則對文化議題也相對冷感。用文化來治理、讓文化成為一種社會運動的理想，目前在其他部會和社會的擾動都有限。不敢爭議、擱置爭議，文化永遠都是小議題。新文藝復興運動 —— 人文藝術生活的再生還沒有發生，企業界、科技界、建築界也沒有真正被擾動。文化要成為一種風潮，以文化帶動社會參與的社會文化運動，需要一個更有力的大眾爭辯與說服過程，以及大膽而基進的文化主張，例如挑戰一些企業界、科技界的獲益邏輯，建立文化財富的重新分配制度與回饋機制，或者推動文化資產的影響評估制度，擾動社會對文化價值與經濟開發的辯證等等。

文官體系與第三部門理想中的文化協力治理模式，依然存在著諸多有待磨合的理念價值、心態轉折以及程序技術等面向差異，[15] 在全國文化會議的分區地方文化論壇中，若干部門首長雖然試圖踐履文化民主與公民文化參與的政治承諾，但「專業」和「溫度」仍是文官體制與民眾之間最大的距離。面對民間團體的多方提問，文官體制的回應常常充滿了程序、制度、資源分配等政策原則的技術理性，許多地方文化局更是虛應、冷回應或不回應，凸顯

---

15 如同吳介祥（2017）所述政府部門的勞務委託案，一旦得標，研究單位瞬間從智庫變成廠商，學者瞬間從公機關的諮詢對象變成被監督對象。本來，出自對知識敬重，我們對於資深與新進研究者不應有階級差異，人文體系更仰賴新舊之間的使命感承傳與創新。不料卻因為標案的任務分配像服務業般的階層，公機關竟也取用不斷使用這種階級差異，對有頭銜的學者屈躬投投，對資淺的研究人力卻彷彿對待包商的下游，頤指氣使盡出。令人匪夷所思的是對於公機關，全臺動員的全國文化會議和《文化基本法》，核心的任務不是在創造更進階、更實質的平等嗎？為什麼原來應該是一個有智慧的三方合作的任務設計，在短淺的視野裡變成階級關係？

了專業官僚在自己框框內依法行政、冷漠而不作為的距離，也欠缺與民間感同身受與情感的溫度。如同蔡允棟（2006：199）所主張，當代文化治理的問題已經不是傳統中央政府控制或任何一種制度模式擁有絕對的優勢地位，而是如何針對不同的政策議題與環境，結合國際、中央與地方政府、市場機制以及社會公民團體，尋求最適切的共同治理模式，共赴事功。當然，相對的臺灣知識分子的價值理想，也必須跳脫習慣的舒適圈，面對公部門現實權力、機構、程序、人力與資源困境，乃至於大眾主流價值的質疑和挑戰。

不過，儘管官僚權力體系與資本主義經濟體系存在著對於文化生活世界的僵化與商業化主導力量，但仍不應排除任何文化治理與文化策略作為，皆可能蘊含著治理者正向與負向的思維動機（治理理性、心態），以及相關政策作為所引發的正、反面效應。文化治理理性與心態轉變論述，賦予了政府官僚政策措施、私人企業資本家贊助投資，一種跨出政治、商業「本位主義」、「政治經濟利益」，轉而尋求知識人在不同組織中堅持「公益」的「客觀超然」理性的可能性，以及一種尋求將「權力」、「私利」排除的過程，轉換為「公益」的價值、論述、辯論機制的可能性。而治理理性與心態轉變的關鍵，則在於文化治理場域內部，是否經由正、負向治理的反饋，產生適切的自我節制、調控與省思制度，以及治理網絡能動者之間的協力、分權、妥協與相互監督機制。

相似於麥奎根（McGuigan 2010）提出的「文化公共領域」概念，李丁讚認為，要化解臺灣族群國族主義的對立，必須回到愛、自由和教養等社會親密關係的建立，以及尊重、寬容、溝通等公民德行。族群和解要從情感結構鬆綁開始，正視彼此的生命歷史，彼此相互傾聽、凝視，建立公共溝通的基礎。人只有被愛了之後才能愛人，只有在私被呼應了，才能由私轉化成公。這些個人或族群的悲情與經驗，都應該透過口述歷史、紀錄片、電影、戲劇、小說、史詩、電視劇、音樂、舞蹈、繪畫等不同媒材敘事廣泛傳閱。透過相互閱讀讓彼此在傾聽、凝視中，相互對焦，建立彼此親密關係，也是族群和解的出路或契機（李丁讚 2004：52-54、58-59）。臺灣社會長期政治的撕裂，非常欠缺公民與公部門之間，以及公民與公民之間的信任基礎。如

何將文化的人文元素重新匯入臺灣的公共領域與公共空間，在社區、社群與公共事務的辯論中重新注入常民情感、庶民、娛樂、美學和感動等人文的元素，讓悲哀、傷慟、喜悅、歡愉等常民共同情感經驗，以及對藝術美感價值的共鳴，藉由常民的文化論述，發展出臺灣獨特的人文理性的公共溝通模式，則是當前臺灣文化社會所面臨的重要課題。[16]

最後，必須注意文化公共領域的理性辯論與公共論壇的輿論形成仍存在著其結構上的侷限性，在當代民主國家的機制中，文化藝術的公共議題在文化公共領域不同能動者的理性辯論之後，仍須透過國家法制化的程序，以及具有公權力的文化機構部門制定的政策措施，方能落實文化權力與文化資源分配等文化治理的具體實踐。在經濟邏輯與權力邏輯掛帥的當代國家治理境寓中，只有透過臺灣「文化治理」（由上而下）的多樣、分權、合夥、協力等開放性論述，以及民間社會、藝文界、學術界、輿論界與第三部門等不同能動者之間獨立自主的緊密互動連結，透過文化公共領域「文化自理」（由下而上）的永續監督共構，方能讓臺灣文化治理體制產生內在批判性與反身性，以及臺灣文化公共領域的結構性轉型。在文化治理與文化公共領域結構性轉變過程中，促成當代社會文化的價值典範轉移，以及當代臺灣時代精神意義的轉變。

---

16 近年來青年學者對於臺灣文化公共領域的研究析論，也呼應了這個人文理性與公共領域結合的趨勢，包括：嚴佳音（2015）對於當代臺北市藝文咖啡館的觀察與分析，主張經營者試圖將藝術生活化的態度與價值觀帶入消費空間，一方面扮演創作者的藝術實踐舞台，一方面創造日常生活中獨特的大眾藝文參與經驗，並以情感作為溝通方式的文化公共領域，進而使日常生活的理性化得以實踐；林宛婷（2015）以臺灣獨立書店作為文化公共領域實踐的場域，說明傳統書院的「自由講學」與「人格典範」精神如何在當代獨立書店經營中轉換；李佳臻（2016）在寶藏巖議題反思臺北市文化政策與文化公共領域，主張臺北市文化能動者確實曾匯集民間的力量產生新的政治意志；吳品寬（2017）以國家人權博物館的公共性為題，強調博物館應確保人權立場並全力發展自我潛質，以兼具理性／感性的人權倡議及文化推廣行動，重新標誌臺灣人權學習的高度；而施岑宜（2016）則以水金九地區的文化公共領域建構為例，推導出親密關係的必要元素為愛，並以愛作為連結人心的力量，讓人學會寬容、信任與獲得勇氣；而愛的元素中所具備的照顧、責任、尊重與瞭解，能讓理想的言談情境具足可理解性、真實性、真誠性與適切性而達成溝通理性，以此回應現代性的困境。

結論

文化治理「再東方化」
的可能性與侷限性

‖‖ 當代東亞文化治理的再東方化現象

‖‖ 本書核心提問與回應

‖‖ 文化治理網絡與生態體系作為整合性分析架構

‖‖ 文化治理「再東方化」的可能性與侷限性

‖‖ 崛起中的臺灣及東亞文化政策論述與實踐

III 當代東亞文化治理的再東方化現象

回歸文化政策與文化治理的再東方化主軸，全球各地的文化部門也在這個文化治理理念板塊急遽變動的年代中，迅速的移植轉接，試圖在文化潮流中尋求一個「全球－在地文化引述」（re-cite/re-site）（張小虹 2007）。儘管近年來日本、韓國、中國、東協等國家在國際文化事務參與與創意文化經濟方面的發展迅速，文化軟實力的崛起（日本在有形無形文化資產的保存、韓國的文化創意休閒產業〔韓流〕、中國在世界文化遺產的申請、世博、奧運的承辦、孔子學院的版圖延展、文化觀光與國際藝文交流影響力），乃至柔性權力與文化外交層面，儒家文明傳統的對外關係在當代中國對第三世界國家的外交策略的重新詮釋（一個負責任的大國）等等，開始對自身文化自信心進行反省與重建，並且試圖在文化價值（如和而不同、道德終極關懷等）的跨文化對話層次提出若干文化理念與主張，然而對於文化治理的整體論述，卻仍欠缺體系化而足以與西方治理框架平等對話的在地論述。

吳彥明（2011：200）提的沒錯，文化治理應該是文化與治理性之間的再概念化與歷史化，無論就語源學或是實踐上，必然涉及到歷史的面向。這「本身就是一組有待釐清的問題意識。理論化的工程絕非僅僅是舉著『向文化轉』之大纛而對於各個理論兼容並蓄，而是必須立基在歷史或社會脈絡之中，將不同的理論素材相互接合。」唯有透過在地化的歷史脈絡分析，才能凸顯文化治理中文化之所以被治理，以及治理得以文化化的特殊性。臺灣藝術文化治理的論述當然也不能一昧轉植西方理論，必須尋求在臺灣／中華文化社會的在地連結。所謂文化治理在地論述的內涵為何？具有什麼有別於西方文化論述（權力、利益、經濟資源、文化多樣、民主）的特質？西方長久以來的文化政策批判論述，是否可能在臺灣／中華文化歷史經驗中尋得不同的參考點，而獲得部分修改與解答？若臺灣／中華文化可能發展出當代文化治理的在地論述，那麼它與傳統中華帝國、儒家意識型態文化主導權論述在本質上與形式上又應當有何等區別與變革？

　　過去幾個世紀以來，東亞國家面對西方政治、經濟、社會、文化價值及制度的強力挑戰，不論是非自願性地受到西方國家的影響，或自願性地接受西方現代性價值（資本主義市場經濟、民族國家體制、官僚組織效率、科學導向工具理性、全球商業文化），其相近的被殖民經驗，以及經濟成長與社會結構快速變遷，都使得東亞國家文化政策與治理體制感受到強大的壓力。亞洲國家的文化傳統在社會快速變遷中受到侵蝕，文化的認同與歸屬產生了危機。這樣的危機感引發了東亞各國近年來的尋根運動，以及對傳統文化價值的重新整合詮釋。我們觀察到自 1990 年代以來，亞洲國家政府透過各種努力和嘗試，試圖導入文化創新與創意，重塑民族文化精神，並且重新建構國家文化形象。在韓國有所謂「新精神運動」（New Spirit Movement）、「建構新韓國」計畫（New Korea Construction）以及近年的「韓流」（Korean Wave）。在臺灣則出現了「新臺灣人」意識建構。日本也為所謂「新人類」現象及「醜陋日本人」形象而憂心，而在其文部省中建立一個「國際日本文化研究中心」（International Research Center of Japanese Studies），近年則推動「酷日本」文化計畫。新加坡出現了「儒家倫理運動」（Confucian Ethics Movement），泰國設立了「民族認同辦公室」（Office of National Identity），而印尼也出現了所謂的「傳統文化與價值部門」（Department of Traditional Culture and Value）（文建會 1998、2004）。

▌▌ 本書核心提問與回應

　　回溯本書開場的幾個核心提問，包括：一、如何從當前世界史、全球史和文化全球化論述的重構與論辯中，重新尋找當代臺灣地處東方獨特的主體文化視野；二、如何從文化研究不同理性思維模式的交互辯證中，勾勒出臺灣文化政策內化的「經世之學」傳統與西方批判現代性的視角；三、如何從場域、網絡、生態體系以及公共領域等框架概念，理解、介入當前臺灣文化治理的現實處境與文化政策實務操作；四、如何從文化與政治（科層體制）、文化與經濟（產業市場）、文化與社會（第三部門與媒介）的互為主體

性與繁複連結體制，探究「再東方化」論述對當代文化政策與文化治理實務發展的可能性與侷限性。貫穿各章的思考脈絡，則是從文化治理的理性、心態、技術層次上，臺灣如何重新納入東方傳統中以人文為核心的治理思維，而跨越西方現代工具理性與實用主義的強勢文化邏輯，進而重返東方人文社會軸線，改變當前失衡的文化與政治、經濟、社會治理價值的比重。

回應上述提問，本書緒論從方法論的層次進場，以再東方化：文化經世作為文化政策與治理的取徑與方法出發，從世界近代史的視角重返中國經世致用傳統思想，揭開東方與西方文化治理內在文化價值邏輯的對話辯證，作為反思當代文化政策與治理的起點。必須強調，「文化經世」作為一種問題意識與方法不應被誤解為本質理性的民族主義論述、中國中心論或者中國的史觀，這與本書的核心思維是相悖的。再東方化作為取徑與方法是一種尋求跳脫西方優劣勝敗、國富兵強、工具效益牢籠等現代文化邏輯的嘗試，而試圖以一個前現代國家文化治理的歷史個案，作為重新檢視當代臺灣和東亞文化治理模式的新參照點。

在文化與政治治理的層次，本書第一章延伸經世之學的再東方化概念，接合西方傅柯式的文化統理性與治理理性、心態、技術的路徑，麥奎根的國家、市場與公民溝通論述，進一步推展到當代公共文化治理場域與網絡。目的在以此構建一個文化與政治、經濟、社會互為主體的價值辯證，以及實踐的相互連結體制，並訴求一種文化治理的內在價值典範轉移，以此作為分析當代文化治理與文化邏輯的衡量框架。透過臺灣《文化基本法》草案的研擬，2017 年全國文化會議暨文化政策白皮書撰擬計畫，以及跨部會整合協調機制的質性訪談研究，本書第二章檢證當前臺灣翻轉文化治理的嘗試，以及文化政策體制中對文化組織的再造過程，由此析論政府、學界、業界、第三部門、藝文團體和公民在文化政策的溝通、協力與共同治理等實踐，乃至於翻轉治理過程中，嘗試將人民文化權利法制化所面對的現況和困境。2017 年全國文化會議幾個超越性宣稱，包括公民的開放參與和審議思維、文化部與民間的協力治理、會議實錄的影音記錄公開透明、公民網路提案與文化政策白皮書的共擬。透過文化會議各界共識的匯聚與《文化基本法》同步的法制

化過程，確實顯示出文化治理翻轉的可能性。不過相對地，全國文化會議籌劃過程中公、私協力的磨合與拉扯，也同時呈現科層官僚體系對民間關切議題回應的相對冷漠僵化與遲緩。這不免令民眾產生全國文化會議僅是國家治理者對民間反動力量的吸納與收編，試圖建構一個國家文化治理新話術的疑慮。

　　從文化與經濟治理的層次切入，第三章重回東方文化經世之學的道德「經濟」，以及西方傳統政治經濟學的道德情感論。作者將當代文化經濟論述重新問題化，並藉此導入文化經濟的文化價值與經濟價值辯證、相互滲透和再縫合，試圖讓社會的財富分配公平正義，以及自由市場／社群主義文化政策背後的價值邏輯辯證重回當代文化經濟問題核心。當代文化經濟模式的階段性轉變過程，以人文為創新知識體系關鍵的文化經濟主體論述，正在嘗試扭轉當代文化經濟中企業資本主義的經濟邏輯。而文化經濟的生態體系與永續發展，也許是一個更能兼容各種能動者價值、行為，讓生態體系中的不同能動者找到共生、共榮、共存、相互依賴、相互合作的位置，以及彼此相互滋養、價值循環的方向。臺灣應該以一個更寬闊的文化經濟價值衡量框架，超克當前以文化行政、政府科層體制、市場規則與經濟價值為主流的工具性邏輯。因此，作者在第四章中主張，應該將臺灣的藝術文化的獎補助機制、文化創意產業、藝術市場與文化消費，以及對外文化貿易，視為一個文化價值與經濟價值相互調節、互賴共生的「臺灣文化經濟體」。以《服貿協議》、臺灣加入 TPP 和締結對外經貿協定為例，作者從治理的理性、心態與技術面分析臺灣當前對外文化貿易現況，並訴求文化經濟治理應回歸文化整體影響評估與跨部會協調機制。文化部應當站穩內閣部門中守護文化藝術價值主體的文化 NPO ＋社會企業的文化 CEO ＋健全藝文補助機制的文化價值與經濟價值調節角色，在宏觀的視野下尋求臺灣社會中文化與經濟生態的平衡與互賴共生。

　　至於文化與社會治理的層面，本書第五章以文化「自理」或者文化參與概念接合哈伯瑪斯和麥奎根的文化公共領域結構，以及儒式傳統公共領域的文化情感、社會共鳴等感性元素。作者從知識分子的文化參與和底層公共領

域與文化反抗的視角，歸納出文化公共領域中治理者、中介組織與文化反抗的能動者之間可能存在的不同互動模式取徑。第六章則整理文史團體、社造20年來，地方社區和第三部門的文化參與和文化反抗，並探討 2010 年以來臺灣文化治理、文化公共領域與文化反抗的現實狀態，以及臺灣民間社會與市民社會發展歷程。作者以 2011 年夢想家事件以來，文化元年基金會和視盟在臺灣視覺藝術公共領域參與為例，分析藝文界個人工作者、團體代表、藝術文化第三部門等能動者，在不同構面的互動形式與特質。研究發現，臺灣的文化治理與文化公共領域確實面臨著時代性的關鍵轉折。臺灣的知識分子無論是官僚體系中務實的政策規劃、執行、諮詢、研究、審查，或者文化公共領域中的對於公共權力的批判、監督、權力的對抗等，都扮演著重要的媒合與橋接角色。「文化權利」從來不是當代國家單純地為人民賦權，而多是經過民眾的運動抗爭，流血、流汗爭取得來的反動人權。當前臺灣人民參與文化政策的權利，不能單純依賴政府自省、主動立法的善意，而必須透過文化的公共論壇、第三部門的文化行動，以及常民自主性參與文化政策規劃爭取而逐步落實。若文化是一種常民日常生活的實踐，則《文化基本法》由下而上的推動和法制化過程，仍是當前臺灣人民爭取文化基本權利的未竟之志（劉俊裕 2015b）。臺灣文化公共領域的侷限性則在於能動者之間整合力量仍然相當薄弱，而國家文化官僚體系的主導力量，仍相當程度地掌控了臺灣藝術文化輿論生產的方向與步調。未來只有透過臺灣「文化治理」（由上而下）的多樣、分權、合夥、協力等開放性論述與制度變革，以及民間社會、藝文界、學術界、輿論界與第三部門等不同能動者之間獨立自主的緊密互動連結，形成「文化自理」（由下而上）的永續監督共構，方能讓臺灣文化治理體制產生內在批判性與反身性，造就臺灣文化公共領域的結構性轉型。

▍▍▍ 文化治理網絡與生態體系作為整合性分析架構

彙整前六章文化治理場域和網絡與文化策略的概念，以及臺灣文化政策治理實務運作的層次，我們可以彙整出**臺灣文化治理網絡與生態體系**的分析

架構（圖 7-1）。當代社會對文化概念的理解確實非常寬廣，文化部門必須匯聚文化核心價值，凸顯文化特色與在地認同，針對文化政策的基本方針、範疇做整體的規劃思考，同時策略性地動員文化資本、經濟資本與社會資本。因此，文化治理規劃者必須以制度化方式強化文化政策的延續性，尋求更完善的文化權力協調機制，以及地方文化資源的統整（劉俊裕 2011）。

如圖 7-1 臺灣文化治理網絡與生態體系所示，文化部門必須與中央政府其他部會、藝文機構、議會、諮詢機構及地方縣市政府等文化政策網絡的能動者（如圖 7-1：A1 能動者）；企業贊助機構、創意文化產業、藝術基金會等文化資本網絡的能動者（A2）；藝術文化團體、地方文史團體、學者智庫、社會運動團體、藝術家工會、獨立藝術文化工作者等文化社群網絡能動者（A3）；以及個人、家庭、媒體等常民文化關係網絡的能動者（A4）協力互動，將藝術文化治理整合為一個多層次、多中心的互動連結網絡生態體系，以及具有多面向（政治、經濟、社會、藝文等）的人、價值、資金與資訊的對話與流動網絡。而文化治理網絡生態體系中不同能動者對彼此的關係性、位置性的理解、認知與互動模式，以及互動網絡中的權力支配與被支配關係、競爭、依賴與合作關係，亦是不容忽視的環節。

在文化治理的網絡與生態體系整合分析框架中，藝術文化與政治、經濟、社會體制間存在著微妙而複雜的互動關係。從文化政治（圖 7-1：B1）的策略與行動範疇分析，不同能動者的文化策略行動包括文化治理的價值理念、藍圖規劃、文化權力的調節與權利的賦予、文化原則與方針的訂定、藝術文化資源的補助、藝術文化資源調查的分配、公司夥伴的協力共治，乃至於文化反抗的吸納等，發揮主導、調節與賦權等作用（圖 7-1：C1 文化治理的作用）。對外則進行藝術文化外交的論述，以及國際文化組織的參與（圖 7-1：X1 跨國連結）。文化經濟層面（B2）的文化策略行動，則注重能動者對藝術文化產業的贊助與投資、藝文市場的競爭、藝術文化商品貿易和藝術文化市場的行銷，藉由藝文獲利與回饋，從藝文建設和開發、藝文勞動就業，以及藝文薪資條件等方面介入，進而生成藝術文化象徵符碼與資本主義的文化邏輯（C2）。在國際層次則透過跨國企業與世界貿易組織的跨國連結

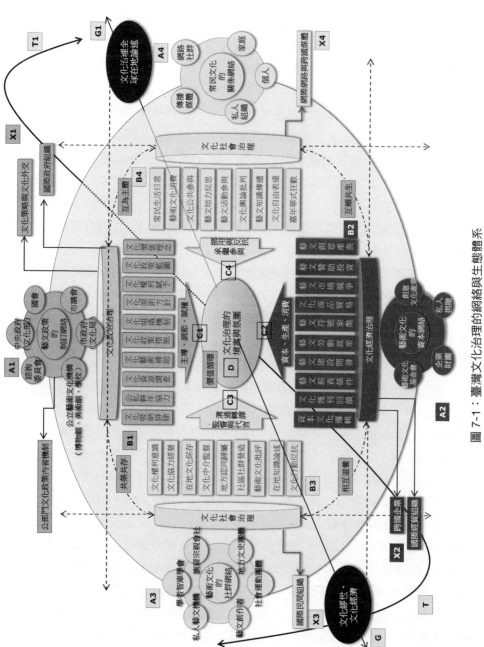

圖 7-1：臺灣文化治理的網絡與生態體系
（繪圖：修改自 Liu 2015）

影響全球藝術文化經濟（X2）。而從文化社會層面（B3）分析，藝文社群網絡能動者的文化策略行動強調藝術文化權利意識的覺醒，透過在地價值詮釋與文化保存、社區與社群營造，產生在地文化知識的論述，並強化地方認同歸屬、歷史記憶情感表述，達成文化的協力、監督與反抗介入文化公共事務的作用（C3）。至於常民關係網絡能動者的文化策略行動（B4）則涵蓋了常民的生活日常各種形式，透過藝術文化消費、藝文活動參與、文化活動鑑賞促成藝文人才的培力，也藉由文化的公共參與、文化輿論和網路平台等藝術文化自由表達，以及嘉年華式狂歡與顛覆等形式，承繼人民的文化權利，達成文化參與和文化挪用及反抗的作用（C4）。而文化社會層次的跨國連結形式，則是透過國際民間社會組織、跨國媒體以及網際網絡等（X3、X4）。這個不同能動者彼此連結的競爭場域與合作網絡，也形成互賴共生、相互滋養的生態體系（Holden 2015；Liu 2016）。換言之，文化常常滲入決策者的思考，將其納入特定價值思維體系，進而影響決策者的行為決定。而治理的決策者則處於一定的藝術文化價值氛圍，使得在政策的制訂過程中，經常必須進行文化價值與理念的辯論，而非單純的政治權力與經濟利益的計算，也因此構成了一種互為主體的文化治理境寓與氛圍（圖7-1：D 文化治理的境寓與氛圍）。在這種價值體系中，一個國家的政策制定往往奠基於決策者的文化邏輯，而非單純的政治經濟邏輯（Liu 2009）。當我們賦予這個治理的網絡與生態體系一個時間軸（GG1），那麼就可能呈現或掌握這個網絡生態體系長期的文化邏輯的軸線（TT1）。

▌▌▌ 文化治理「再東方化」的可能性與侷限性

對於文化意義、精神與價值體系的強調，或者文化的深層結構與文化意識（孫隆基 1992：6-7），確實形就了東亞國家的重要文化襲產與文化政策的內在特質。我們意識到「自我治理」或「自我調控」確實可能意味著公眾為了服膺政府倡議的規範或行為準則，因而產生的內在自我行為審查，或者自我行動的強制管理（Bennett 1995: 23）。但無可否認的，儒家的人文

理性傾向確實展現了一種東亞治理者自我約束、自我規制或自我反思的特質，這在西方的現代文化論述中是較少被凸顯的。這也是本書第二章中所主張，文化治理的再東方化可以被視為一種儒式的天下觀、日本神道觀下的自我砥礪、自我修養，或者「由內而外」（inside-out）的文化治理模式（Liu 2013；石之瑜、謝明珊 2008），而傳統的經世治理延伸到中國科舉制度與臺灣當代的文官考試制度與文化行政體制，不難看出這個儒式價值理念與精神期許的傳承延續。

不過，近來臺灣的文化反抗運動如夢想家事件、太陽花學運與反服貿運動，都說明了文化治理作為一種邏輯與理想形式上，以及治理現實上的鴻溝及落差。強調治理者內在自省的文化官僚體系顯然無法完全避免治理者對於文化資源的不合理分配，以及決策過程中治理者對於個人關係或權力的不當行使或濫用。過度強調人文理性文化邏輯，代價上經常是量化數字的欠缺精準，以及國家治理技術上的欠缺效率及效力。而一昧依賴政府治理者的德性與善意也難以避免對於公民文化自由表達的各式監控與壓抑。這些都明確點出了傳統東方文化經世治理的侷限性。

至於填補這個東方文化治理落差的方式或許是所謂的反身性（reflexivity），這個反身性實踐似乎可以在臺灣近來文化反抗運動和文化行動主義的訴求中找到，也就是建構一個更成熟而自主的文化公共領域，透過由下而上的監督、審查與批判機制使國家的文化政策不斷地被檢視。反身性實踐的過程（包括治理者和民間行為者的反身性）可以視為儒式文化邏輯對於當代文化治理的一種重新詮釋，也可以說是對西方治理現代性的一種東方修補。文化治理在臺灣可以被視為是一種治理者的自我約束、調節、反思，同時也是被治理者的自我意識提升。借用德瑟鐸（De Certeau 2002）的「文化挪用」概念，今日臺灣人民挑戰治理者的方式並非一昧地非顛覆或反抗儒式的倫理道德秩序，而是重新的挪用或者詮釋這個道德秩序，將這個治理者所一再灌輸的道德價值視為理所當然，而將之視為民眾日常生活中的常識理性與生活秩序，並且反過來以此來要求所有的政策制訂者也必須要以此自我約束，服膺於這個自我設置的文化治理的境寓氛圍中，形成一種由外而內（outside-in）的文化治理（Liu 2014）。

　　文化治理的再東方化是一個整合式文化思維與實踐的論述，它試圖轉藉文化「經世」與文化「經濟」等中國國家治理的傳統思維與實踐，與當代西方「文化治理」、「文化經濟」等概念進行論述、價值理念層次的橋接與對話，並尋求歷史實務治理經驗上的文化重新詮釋。當代文化治理必須涵蓋一種能夠融合治理場域中能動者客觀位置關係網絡與內在信念邏輯建構的社會分析條件，一種允許文化與政治、經濟組織權力，與資源分配制度相互連結、滲透、分享、對話的公共政策多元網絡機制，以及一種注入文化研究融攝人文情感、不斷自我批判、反思的動態開放性與互為主體特質的機制（劉俊裕 2013a）。本書將文化治理與傳統文化經世概念的橋接，便在於借重中國文化思維中對人文理性為核心的文化邏輯，以倫理道德為核心關懷，並且重視人文理念、人性與情義等儒家知識分子內在修養（道德、批判理性），以及技術官僚、務實知識分子工具理性彼此相容的可能性，跳脫思想箝制與禮教主義。結合經世、經濟道德關懷，反思一個新的在地文化治理論述，事實上也就是一種權力、利益、經濟資源與倫理、道德、人文關懷之間的重新辯證對話。文化治理的再東方化意味著治理核心重回道德價值的應然，以及人文價值作為歷史文化經驗可欲性的再度逆反（金觀濤、劉青峰 2010），簡言之，也就在東亞透過文化重新尋求一個當代治理典範轉移的可能性。

　　整體而言，作者認為臺灣文化治理與再東方化的侷限性，其實也就是對於多數華人政權的反省：包括文化行政官僚體制因循舊制，自律、自我規範的不足，創新力道與思維的薄弱，對權力、利益的趨近和鞏固，對人民自主的缺乏尊重，科學、技術、組織管理效率和問題實務解決能力的不足。在上層的文化治理方面，國家的文化主導權力與資本的共構仍相對強勢，但卻欠缺明確的文化治理藍圖、法規的體制化，以及文化治理網絡的協力經驗。在中層文化公共領域，第三部門的資源與專業仍嫌不足，文化公共輿論的對話上，情感面的訴求則高過於專業技術面，而民間網絡間的彼此聯繫、協力不夠，以致對於權力與資本體系的監督與反抗的力道不足。至於底層的文化反抗，一般人民文化意識仍嫌薄弱、未能與中層專業公共領域結構性接合，致使文化自我規訓與自我治理服膺體制和商業的邏輯，欠缺反身性。當代臺灣

社會及政府文化行政部門對於文化治理不乏高遠的理想與價值理性，也有深刻的入世參與、反思、自省和自制的心態，但仍欠缺具備法律、機制乃至縝密細緻行政規劃等效能、效率的治理實務，以及整合、貫穿（東、西方）治理理性、治理心態與治理技術的「組織機構治理文化」。除了文化治理或自理的崇高價值和理性，傅柯與班奈特觀點，主張知識分子參與文化領域必須立足於「細節的政治學」，方能有力地說明政府該如何透過計畫，在特定場域中組織和規範行為形成各種專業和務實技術形式擬定各類計畫，成為規範專業「行為的準則」（Bennett 1998: 84）。未來臺灣需要在文化政策價值與西方現代性治理技術（實務法規機制）之間，持續接合，讓東、西方的人文與工具理性運作中，找到更適切的平衡點。

藉用 B. G. Peters 後設治理（meta-governance），或者所謂「治理的治理」（governance of governance）的概念或許是一個以文化價值理念宏觀調控治理機制的可能性。後設治理就是讓公部門的組織和程序擁有相當程度的自主性，但同時又在符合治理的要件下予以必要的管控，並且對政治決策者加以課責。在當代政策網絡治理條件下進行決策有相當的難度，這涉及建立民主制度中社會行為者的參與機制，同時將不同利益、民意的代議與公共意志轉化為行動。Peters 主張透過後設治理的策略（meta-governance strategies），有別於過往公共管理依賴透過行政程序與細節的嚴格管控，確保決策的合法性以及政治領導權的方向，後設治理強調政策的協調，以及策略性管理（strategic management），設定政策程序的核心價值與目標，但不明定達成目標的手段和方式。也就是讓部門達成政策方向與目標的過程中，還能保有組織及網絡的若干自主性。這涉及對公部門相關預算、人事、採購管理的法規鬆綁或解除禁制，以及勞務契約委外的網絡治理模式；運用柔性法律機制，例如歐洲聯盟的開放性協調機制（Open Method of Coordination, OMC）和歐洲社會對話（European Social Dialogue）機制，透過對國家科層體制控制的柔性化鬆綁，但卻保有組織的效率表現。這樣的後設治理以及柔性治理，試圖在組織與社會中建立核心價值（包括共同的社會價值、共同的行政價值）與公共政策的公共性（publicness）與信任關係，來引導決策、公共政策與公共計畫執行的方向，藉此有效地達成公共目標（Peters 2010）。

▌▌▌崛起中的臺灣及東亞文化政策論述與實踐

　　當前，在文化政策理論與實務的跨國研究上，我們確實觀察到東亞實踐與論述的逐漸崛起。2012 年亞太文化教育與研究網絡（Asia Pacific Network for Cultural Education and Research, ANCER）在新加坡 Lasalle 藝術學院的籌組下正式發起，並再次宣示 1990 年代以來新加坡政府設立亞洲創意及革新匯流中心的企圖心。隨後連續三年 ANCER 在新加坡和柬埔寨的會議中，除了邀請菲律賓、香港、澳洲、印尼、臺灣、泰國、柬埔寨、韓國等國家的文化政策及管理的大學教育、研究者與會外，同時與歐洲文化政策與管理研究網絡（European Network on Cultural Management and Policy, ENCATC）及美國藝術行政教育者學會（The Association of Arts Administration Educators, AAAE）共同協力合作，探尋亞洲藝術文化管理發展的新策略。ANCER 網絡背後不乏 1997 年由東南亞國協（ASEAN）及歐洲聯盟（EU）成員國財源贊助所組成的亞歐基金會（Asia-Europe Foundation, ASEF）的大力支持，藉由國際組織平台一方面持續強化亞歐文化的交流與對話，一方面也希冀尋求亞洲在文化政策與管理研究領域的殊異性，並強調跨國文化政策與管理研究網絡連結的重要性。2016 年的 ANCER 在柬埔寨會議的主題訂為「生命力與生存力：亞洲的藝術生態體系」。

　　2016 年第九屆國際文化政策研究會議（International Conference on Cultural Policy Research, ICCPR），首次從歐美地區國家轉移至位處東亞的韓國首爾舉辦。會中數場焦點主題研究場次都將主軸置於反思亞洲文化政策的公共性與自主性、亞洲文化政策研究及教育的反省與另類選項、亞歐的藝術勞動條件差異與爭議，以及對於亞洲國家文化創意產業和文化經濟的挑戰與未來展望等。在圓桌會議中，包括韓國、日本、臺灣、新加坡、印度等亞洲國家代表也積極探討在亞洲成立文化政策教育和研究網絡的可能性。無獨有偶，由國際藝術與文化管理學會（The International Association of Arts and Cultural Management, AIMAC）發起的第十四屆藝術與文化管理國際會議，2017 年 6 月則首次由地處亞洲的北京大學召開。儘管與會學者對於亞洲的文化政策研究內涵和取徑，是否已經或者可能發展出有別於歐美論述與實務的獨特性

仍多有質疑，但種種嘗試都明確顯示出國際文化政策與治理研究在 21 世紀正逐漸向東方和亞洲的場域轉向，找尋歐美以外的新文化參照點。[1]

在臺灣，國立臺灣藝術大學 2006 年成立第一個藝術管理與文化政策博碩士研究所，並以此為基底連續十年舉辦「文化的軌跡：文化治理」年度性文化政策國際學術研討會。[2] 在文化法制和政策研究方面，2011 年 2 月 28 日臺灣文化法學會的創立，致力於臺灣文化法的體系化，建構《文化基本法》、實現文化法體系的價值。2015 年臺灣文化政策研究學會成立，並積極與亞太 ANCER、歐洲 ENCATC、美國 AAAE、2016 韓國 ICCPR、韓國文化觀光研究院（Korean Insitute of Culture and Tourism, KCTI）的合作接軌，學會聲明強調將扮演匯聚民間文化理念與專業研究能量的角色，讓臺灣文化政策的網絡得以跨足兩岸，匯聚東亞，連結美歐，接軌全球，彰顯臺灣時代精神的轉變。[3]

2017 年臺灣文化政策研究學會更應歐洲 ENCATC 邀請，在歐洲文化政策與管理網絡大會中[4] 籌劃了「文化協力治理的全球視野：公眾如何啟動及

1　參考亞太文化教育與研究網絡 ANCER 網頁。網址：http://www.lasalle.edu.sg/research/lasalle-labs-centres-networks/ancer/。（檢索日期，2016 年 7 月 20 日）

2　「文化的軌跡國際學術研討會」自 2006 年起開辦以來，以促進國內外學術交流、拓展臺灣與全球對話為目標，期許成為重要的跨國學術平台。近五年來以「2012 文化的軌跡：文化治理的想像與實證」、「2013 文化的軌跡：文化治理的能動與反動」、「2014 文化的軌跡：文化治理，Who Benefits？」、「2015 文化的軌跡：文化治理 What's Next?」、「2016 文化的軌跡：文化治理的全球流動與實踐」、「2017 文化的軌跡：文化治理與生活日常」為題，並以國際學術研討會形式延續至今。會議提供臺灣藝文公共領域多層次、多中心、多面向之文化政策與文化治理機制之學術交流平台，並給予政府、學術、第三部門等不同面向從業人員在藝文營運和治理決策的意見參照基礎，不斷豐富文化政策領域的知識與內涵。

3　臺灣文化政策研究學會。〈迷路的文化政策，崛起的民間智庫：臺灣文化政策研究學會成立聲明〉。臺灣文化政策研究學會網站，2015 年 5 月 16 日。網址：http://tacps.tw/?page_id=89。（檢索日期，2016 年 7 月 20 日）

4　2017 年 9 月 27 日至 30 日在布魯塞爾舉辦的 ENCATC Congress on Cultural Management and Policy 主題為：「Click, Connect And Collaborate! New Directions In Sustaining Cultural Networks」。網址：http://blogs.encatc.org/encatccongress2017/。（檢索日期，2017 年 10 月 20 日）

參與臺灣 2017 年全國文化會議」主題研討，以及「全球文化管理與政策研究者的生涯路」的青年研究者論壇，以跨學門、跨文化、跨區域、跨世代的全球論壇形式，由臺灣跨世代的成員與世界各國與會者開放對話，將臺灣近年來的協力治理與公民文化參與經驗帶向國際舞台。ENCATC、AAAE 與 TACPS 臺灣文化政策研究學會更在布魯塞爾的「全球對話論壇」中，共同發表《藝術、文化管理與政策教育宣言》(*The Brussels Manifestoon Arts Management, Cultural Managementand Policy Education*)。UNESCO、歐洲、美洲、非洲、印度、臺灣與中國的代表都強調藝術、文化與創意的重要性，以及文化管理與文化政策國際網絡的必要性。在全球化的世界，各界應該在尋求藝術文化主體性的過程中相互協力、對等學習。面對差異，各界應該嘗試跨越語言、文化、心態與資源侷限的障礙，透過專業化、機構化、跨學科、跨域、跨界的企業進取技能，在尊重差異的反思程序中尋求跨洲網絡機構之間的相互理解，並從教育、研究與實踐的三方持續辯證中，尋求一種調和跨洲文化差異的嶄新組合。

　2017 年 10 月也在國立臺灣藝術大學與英國在臺協會、英國藝術暨人文研究理事會 (Arts & Humanities Research Council, AHRC)「文化價值」計畫的主持人共同規劃「文化價值與文化影響評估」論壇及工作坊。[5] 不難看出，臺灣文化政策與藝術管理學界希冀藉此促進國內外學術交流、拓展臺灣與亞太、全球學術對話、建立跨國學術平台的企圖心；透過研究經驗和案例累積的交互參照與指涉，得讓臺灣的文化公共領域保持開放性與批判性，進一步提出具有臺灣特色的文化治理模式。

5　英國文化協會、台北藝術產經研究室與社團法人臺灣文化政策研究學會首度聯手合辦「文化價值評量論壇」，邀請英國藝術暨人文研究委員會（AHRC）文化價值計畫主持人 Professor Geoffrey Crossick 來臺演講，分享「文化價值評量計畫」的論點及研究發現。「英國藝術與人文研究委員會」（AHRC）自 2012 年到 2016 年 3 月，完成了為期三年斥資約 5,000 萬臺幣，七十個子計畫的「文化價值評量計畫」（Cultural Value Project），試圖在人文學科的質性方法與社會科學量化的方法，重新找到文化價值公共論述的平衡點。臺灣文化政策研究學會網站。網址：http://tacps.tw/?page_id=2567。（檢索日期，2016 年 7 月 20 日）

　　西方的文化治理模式不能被簡單地移植到臺灣或者東亞的文化政策實踐，再東方化取徑意味的，就是在當代的文化政策實踐與論述過程中，不斷重新省思、重新詮釋與重新挪用儒式與東亞的文化價值（包括人情味、仁愛、德治、和諧、道德操守、忠誠與美感情操等），同時橋接西方文化治理的現代性。也因此，當代文化治理不再只是強調藝術文化公共事務的治理技術、行政與法規，而是要透過文化來治理，將文化置於治理的核心位置。文化治理的再東方化也就是官僚文化行政計算與效率邏輯的現代性，與當代文化意義價值的重新接合及詮釋。在此之間，東方與西方重新找到在文化治理論述與實踐中，彼此互補與相互修正的可能性。不過，這條文化政策的「再東方化」反思路線，或者文化治理的在地化論述目前還只是個起步，未來的實踐之路仍相當長遠。然而，在全球化的時代，面對歐美文化政策與治理論述持續主導國際論述場域，臺灣－東亞的知識分子與文化實務工作者無可逃避，必須為在地文化政策與文化治理的知識生產與論述實踐肩負起自身對等的責任。

||| 外文部分

||| 中文部分

||| 外文部分

Adorno, Theodor and Horkheimer, Max. 1993 [1944]. *The Culture Industry: Enlightenment as Mass Deception*. Dialectic of Enlightenment. New York: Continuum.

Ahearn, Jeremy. 2007. "Public Intellectuals and Cultural Policy in France." In Jeremy Ahearne and Oliver Bennett (eds.), *Intellectuals and Cultural Policy* (pp. 207-225). Oxon and New York, Routledge.

Ahearne, Jeremy. 2003. "Cultural Policy in the Old Europe: France and Germany." *International Journal of Cultural Policy*, 9(2): 127-131.

Alain, Peyrefitte. 1989. *The Collision of Two Civilisations: The British Expedition to China in 1792-94*. London: Harvill.

Allen, John. 2002. "Symbolic Economies: The 'Culturalization' of Economic Knowledge." In Paul du Gay and Michael Pryke (eds.), *Cultural Economy: Cultural Analysis and Commercial Life* (pp. 39-58). London, Thousand Oaks and New Delhi: Sage.

Althusser, Louis. 1971. *Lenin and Philosophy and Other Essays*. London: New Left Books.

Andrea, Janku. 2004. "Preparing the Ground for Revolutionary Discourse: From the Statecraft Anthologies to the Periodical Press in Nineteenth-Century China." *T'oung Pao*, 90(1): 65-121.

Arendt, Hannah. 1958. *The Human Condition*. Chicago: University of Chicago Press.

Bang, H. P. 2004. "Culture Governance: Governing Self-Reflexive Modernity." *Public Administration*, 82: 157-190.

Bennett, Oliver. 2007. "Intellectuals, Romantics and Cultural Policy." In Jeremy Ahearne and Oliver Bennett (eds.), *Intellectuals and Cultural Policy* (pp. 3-20). Oxon and New York, Routledge.

Bennett, Tony. 1998. *Culture: A Reformer's Science*. London, Thousand Oaks, Calif., Sage.

Bennett, Tony. 1999. "Putting Policy into Cultural Studies." In Simon During (ed.), *The Cultural Studies Reader*. London, Routledge.

Bennett, Tony. 2001. "Intellectuals, Culture, Policy: The Practical and the Critical." In Toby Miller (ed.), *A Companion to Cultural Studies* (pp. 357-374). London, Blackwell Publishers Ltd.

Bennett, Tony. 2007. *Critical Trajectories: Culture, Society and Intellectuals*. Oxford: Blackwell.

Benjamin A. Elman, 2000. *A Cultural History of Civil Examinations in Late Imperial China*. Taipei, SMC Publishing.

Bhabha, Homi K. 1993. "The Postcolonial and the Postmodern: The Question of Agency." In Simon During (ed.), *The Cultural Studies Reader*. London and New York.

Bordrillard, J. 1998 [1970]. *The Consumer Society: Myth and Structure* (Translated Edition by C. Turner). London, Sage and Theory, Culture & Society.

Bogason, Peter and Zøner, Mette. 2007. "Methods for Network Governance Research: An Introduction." In Peter Bogason and Mette Zøner (eds.), *Methods in Democratic Network Governance* (pp. 1-20). Hampshire and New York: Palgrave MacMillan.

Bourdieu, P. 1984 [1979]. *Distinction: A Social Critique of the Judgment of Taste* (Translated Edition by R. Nice). London, Routledge.

Bourdieu, P. 1986. "The Forms of Capital." In J. E. Richardson (ed.), *Handbook of Theory of Research for the Sociology of Education* (pp. 241-258) (Translated Edition by Richard Nice). Greenword Press.

Bourdieu, P. 1989. "Social Space and Symbolic Power." *Sociological Theory*, 7(1): 14-25.

Bourdieu, P. 1990. *The Logic of Practice* (Translated Edition by Richard Nice). Cambridge, Polity Press.

Bourdieu, P. 1993a. "The Field of Cultural Production, or: The Economic World Reversed." In Randal Johnson (ed.), *The Field of Cultural Production: Essays on Art and Literature* (pp. 29-41). Cambridge, Polity Press.

Bourdieu, P. 1993b. "The Production of Belief: Contribution to an Economy of Symbolic Goods." In Randal Johnson (ed.), *The Field of Cultural Production: Essays on Art and Literature* (pp. 74-111). Cambridge, Polity Press.

Bourdieu, P. 1994. "Rethinking the State: Genesis and Structure of the Bureaucratic Field." *Sociology Theory*, 12(1): 1-18.

Bourdieu, P. 1996 [1992]. *The Rules of Art: Genesis and Structure of the Literary Field* (Translated Edition by S. Emmanuel). Cambridge, Polity.

Braudel, Fernand. 1975. *The Mediterranean and the Mediterranean World in the Age of Philip II, Vol. I and II* (Translated Edition by Siân Reynolds). London: Fontana.

Braudel, Fernand. 1979. *Civilisation and Capitalism 15th-18th Century, Vol. I, The Structure of Everyday Life* (Translated Edition by Siân Reynolds). London: Fontana Press.

Braudel, Fernand. 1984. *Civilisation and Capitalism 15th-18th Century, Vol. III, The Perspective of the World* (Translated Edition by Siân Reynolds). London: Collins.

Braudel, Fernand. 1994 [1987]. *A History of Civilisations* (Translated Edition by R. Mayne). London, Allen Lane and The Penguin Press.

Burns, E. M., R. E. Lerner and S. Meacham. 1980. *Western Civilisations*. New York, W. W. Norton & Company, Inc.

Burns, Rob and Wilfied van der Will. 2007. "Intellectuals as Cultural Agenda-Setters in the Federal Republic?" In Jeremy Ahearne and Oliver Bennett (eds.), *Intellectuals and Cultural Policy* (pp. 177-208). Oxon and New York, Routledge.

Castells, Manuel. 1996. *The Rise of the Network Society: The Information Age: Economy, Society and Culture Vol. I.* Cambridge: MA and Oxford, UK, Blackwell.

Chang, Hao. 1974. "On the Ching-shih Ideal in Neo-Confucianism." *Ch'ing-shih Wen-t'I*, 3(1): 36-61.

Chaudhuri, K. N. 1990. *Asia before Europe. Economy and Civilisation of the Indian Ocean from the Rise of Islam to 1750*. Cambridge: Cambridge University Press.

Coldicott, Dean. 2005/2006. "The Emergence of a Cultural Diversity Norm in the World Trade Organisation.International." *Journal of the Diversity*, 5(3): 1-6.

Cunningham, Stuart. Banks, John. and Potts, Jason. 2008. "*Cultural Economy: The Shape of the Field.*" In Helmut Anheier and Yudhishthir Raj Isar (eds.), *The Cultural Economy (The Cultures and Globalization Series 2)* (pp. 15-26). London, Thousand Oaks, New Delhi, and Singapore: Sage.

Cunningham, Stuart. 2012 [2002]. "From Cultural to Creative Industries: Theory, Industry, and Policy Implication." In Moeran, Brian and Alačovska, Ana (eds.), *Creative Industries: Critical Readings (Volume 1: Concepts)* (pp. 206-218). *Concepts*. London and New York: Berg.

De Certeau, Michel. 2002. "General Introduction to the Practice of Everyday Life." In Ben Highmore (ed.), *The Everyday Life Reader*. London and New York, Routledge.

Dean, M. 2003. "Culture Governance and Individualization." In H. P. Bang (ed.), *Culture Governance as Political and Social Communication*. Manchester: Manchester University Press.

Dean, Mitchell. 2010. *Governmentality: Power and Rule in Modern Society* (2nd Edn.). Los Angeles, London, New Delhi, Singapore, Washington DC.

Deng, Gang. 1999. *Maritime Sector, Institutions, and Sea Power of Premodern China*. Westport, Connecticut and London: Greenwood Press.

Du Gay, Paul and Pryke, Michael. 2002. *Cultural Economy: Cultural Analysis and Commercial Life*. London, Thousand Oaks and New Delhi: Sage.

Du Gay, Paul and Pryke, Michael. 2002. "Cultxural Economy: An Introduction." In Paul du Gay and Michael Pryke (eds.), *Cultural Economy: Cultural Analysis and Commercial Life* (pp. 1-19). London, Thousand Oaks and New Delhi: Sage.

Easton, David. 1965. *A Framework for Political Analysis*. Englewood Cliffs, N.J.: Prentice-Hall, Inc.

Elman, Benjamin A. 2010. *A Cultural History of Civil Examinations in Late Imperial China*. Berkeley: University of California Press.

Elvin, Mark. 1973. *The Pattern of the Chinese Past*. London, Eyre Methuen.

Fernand Braudel. 1984. *Civilization and Capitalism, 15th-18th Century, Vol. III* (Translated Edition by Siân Reynolds). London: Collins.

Feigenbaum, Harvey B. 2002. "Globaloney: Economic versus Cultural Convergence under Conditions of Globalization." *The Journal of Arts Management, Law, and Society*, 31(4): 255-264.

Florida, Richard. 2002. *The Rise of the Creative Class: And How It's Transforming Work, Leisure, Community, and Everyday Life*. New York: Basic Books.

Foucault, Michel. 1991. "Governmentality." In G. Burchill, C. Gordon and P. Miller (eds.), *The Foucault Effect: Studies in Governmentality* (pp. 87-104). Chicago: University of Chicago Press.

Frey, Bruno S. 2008. "What Values Should Count in the Arts? The Tension between Economic Effects and Cultural Value." In Michael Hutter and David Throsby (eds.), *Beyond Price: Value in Culture, Economics and the Arts* (pp. 261-269). Cambridge, New York, Melbourne, Madrid, Cape Town, Singapore, São Paulo, Delhi: Cambridge University Press.

Friedman, Milton. 2008. [1962]. "Capitalism and Freedom." In Naazneen H. Barma and Steven K. Vogel (eds.), *The Political Economy Reader: Markets as Institutions* (pp. 107-116). New York and London: Routledge.

Fukuyama, F. 1992. *The End of History and the Last Man*. London: Penguin Books.

Garnham, Nicholas. 2012 [1987]. "Concepts of Culture: Public Policy and the Cultural Industries." In Moeran, Brian and Alačovska, Ana. (eds.), *Creative Industries: Critical Readings (Volume 1: Concepts)* (pp. 161-176). London and New York: Berg.

Geertz, Clifford. 1973. *The Interpretation of Cultures*. USA: Basic Books.

Giddens, Anthony. 1990. *The Consequences of Modernity*. California: Stanford University Press.

Glinkowski, Paul. 2012. "Artists and Policy-Making: The English Case." *International Journal of Cultural Policy*, 18(2): 168-184.

Goldsmith, Stephen and Eggers, William D. 2004. *Governing by Network: The New Shape of the Public Sector*. Washington, D.C.: Brookings Institution Press.

Gramsci, Antonio. 1971. *Selection from the Prison Notebooks* (Edited and Translated by Quentin Hoare and Geoffrey Nowell Smith). New York.

Gramsci, Antonio. 1990. "Culture and Ideological Hegemony." In Jeffrey C. Alexander and Steven Seidman (eds.), *Culture and Society: Contemporary Debates* (pp. 47-54). Cambridge: Cambridge University Press.

Gray, Clive. 2010. "Analysing Cultural Policy: Incorrigibly Plural or Ontologically Incompatible?" *International Journal of Cultural Policy*, 16(2): 215-230.

Gripsrud, Jostein. Hallvard Moe, Anders Molander and Graham Murdock. 2011a. "General Introduction." In Gripsrud, Jostein. Hallvard Moe, Anders Molander and Graham Murdock (eds.), *The Public Sphere. Vol. I: Discovering the Public Sphere*. London, Thousand Oaks, New Delhi and Singapore: Sage.

Gripsrud, Jostein. Hallvard Moe, Anders Molander and Graham Murdock. 2011b. "Introduction: The Cultural Public Sphere." In Gripsrud, Jostein. Hallvard Moe, Anders Molander and Graham Murdock (eds.), *The Public Sphere. Vol. III: The Cultural Public Sphere*. London, Thousand Oaks, New Delhi and Singapore: Sage.

Habermas, Jürgen. 1981. "Modernity-An Incomplete Project." *New German Critique*, 22(Winter): 3-15.

Habermas, Jürgen. 1989 [1962]. *The Structural Transformation of the Public Sphere: An Inquiry into a Category of Bourgeois Society* (Translated Edition by Thomas Burger). Cambridge, Mass.: MIT Press.

Habermas, Jürgen. 1996 [1992]. "Civil Society and the Political Public Sphere." In J. Habermas (ed.), *Between Facts and Norms: Contributions to a Discourse Theory of Law and Democracy* (pp. 329-387). Cambridge: Polity Press.

Hall, Stuart. 1992. "The West and the Rest, Discourse and Power." In Stuart Hall and Bram Gieben (eds.), *Formations of Modernity*. Cambridge: The Open University.

Hall, Stuart. 1996. "Cultural Studies and its Theoretical Legacies." In Stuart Hall, David Morley and Kuan Hsing Chen (eds.), *Critical Dialogues in Cultural Studies*. London and New York, Routledge.

Hall, Stuart. 1997. "The Centrality of Culture: Notes on the Cultural Revolutions of Our Time." In K. Thompson (ed.), *Media and Cultural Regulation* (pp. 207-238). London, Sage.

Harvey, David. 2001. *Spaces of Capital: Towards a Critical Geography*. New York: Routledge.

Healy, Kieran. 2002. "What's New for Culture in the New Economy?" *The Journal of Arts Management, Law, and Society*, 32(2): 86-103.

Heilbrun, James and Gray, Charles M. 2001. *The Economics of Art and Culture* (2nd Edn.). Cambridge, New York, Melbourne, Madrid, Cape Town, Singapore, São Paulo: Cambridge University Press.

Hesmondhalgh, David and Pratt, Andy C. 2005. "Cultural Industries and Cultural Policy." *International Journal of Cultural Policy*, 11(1): 1-13.

Hesmondhalgh, David. 2007. *The Cultural Industries* (2nd Edn.). Los Angeles, London, New Delhi and Singapore: Sage.

Heurling, Bo. 1979. *Culture and Working Life*. Vllingby: The Swedish National Council for Cultural Affairs.

Hirsch, Paul M. 2012 [2000]. "Cultural Industries Revisited." In Moeran, Brian and Alačovska, Ana. (eds.), *Creative Industries: Critical Readings (Volume 1: Concepts)* (pp. 70-79). London and New York: Berg.

Hoggart, R. 1978. *An Idea and Its Servants: UNESCO from Within*. London: Chatto & Windus.

Holden, John. 2015. *The Ecology of Culture*. Report commissioned by the Arts and Humanities Research Council's Cultural Value Project. London: AHRC.

Hughes, Owen. 2010. "Does Governance Exist?" In S. P. Osborne (ed.), *The New Public Governance? Emerging Perspectives on the Theory and Practice of Public Governance* (pp. 87-104). Oxon and New York: Routledge.

Hutter, Michael and Throsby, David. 2008. *Beyond Price: Value in Culture, Economics and the Arts*. Cambridge, New York, Melbourne, Madrid, Cape Town, Singapore, São Paulo, Delhi: Cambridge University Press.

Hutter, Michael and Throsby, David. 2008. "Value and Valuation in Art and Culture." In Michael Hutter and David Throsby (eds.), *Beyond Price: Value in Culture, Economics and the Arts* (pp. 1-19). Cambridge, New York, Melbourne, Madrid, Cape Town, Singapore, São Paulo, Delhi: Cambridge University Press.

Inkster, Ian. 1991. *Science and Technology in History: An Approach to Industrial Development*. Hampshire and London, Macmillan.

Inkster, Ian. 1998. "Accidents and Barriers: Technology between Europe, China and Japan for 500 Years." *Asia Journal of International Studies*, 1(1): 1-37.

Inkster, Ian. 2000. "Cultural Resources, Social Control and Technology Transfer: Industrial Transition Prior to 1914." In Ian Inkster and Fumihiko Satofuka (eds.), *Culture and Technology in Modern Japan* (pp. 45-64). London and New York, I. B. Tauris.

Janku, Andrea. 2004. "Preparing the Ground for Revolutionary Discourse: From the Statecraft Anthologies to the Periodical Press in Nineteenth-Century China." *T'oung Pao*, 90(1): 65-121.

Jeffcutt, Paul, Pick, John and Protherough, Robert. 2012 [2000]. "Culture and Industry: Exploring the Debate." In Moeran, Brian and Alačovska, Ana (eds.), *Creative Industries: Critical Readings (Volume 1: Concepts)* (pp. 80-92). London and New York: Berg.

Kangas, Anita, Duxbury, Nancy and De Beukelaer, Christiaan. 2017. "Introduction: Cultural Policies for Sustainable Development." *International Journal of Cultural Policy*, 23(2): 129-132.

Karl, Marx. 1977. *Capital.* New York: Vintage Books.

Keesing, R. 1976. *Cultural Anthropology: A Contemporary Perspective.* New York and London, Holt, Rinehart and Winston.

Kingdon, J. W. 2003. *Agendas, Alternatives, and Public Policies* (2nd Edn.). New York, Longman.

Klijn, Erik-Hans. 2010. "Trust in Governance Networks: Looking for Conditions for Innovative Solutions and Outcomes." In S. P. Osborne (ed.), *The New Public Governance? Emerging Perspectives on the Theory and Practice of Public Governance* (pp. 303-321). Oxon and New York: Routledge.

Kooiman, J. 2002. "Governance. A Social-Political Perspective." In Grote J. R., Gbikpi B. (eds.), *Participatory Governance* (pp. 71-96). VS Verlag für Sozialwissenschaften, Wiesbaden.

Kooiman, Jan. 2003. *Governing as Governance.* London, Thousand Oaks and New Delhi: Sage.

Kooiman, Jan. 2010. "Governance and Governability." In S. P. Osborne (ed.), *The New Public Governance? Emerging Perspectives on the Theory and Practice of Public Governance* (pp. 72-86). Oxon and New York: Routledge.

Kroeber, A. L. and Kluckhohn, C. 1963. *Culture: A Critical Review of Concepts and Definitions.* New York, Vintage Books.

Kuhn, Thomas S. 1962. *The Structure of Scientific Revolution* (3rd Edn.). Chicago and London, The University of Chicago Press.

Kymlicka, Will. 1995. *Multicultural Citizenship.* New York, Oxford University Press.

Landes, David. 1998. *The Wealth and Poverty of Nations.* London: Abacus.

Landry, Charles. 2000. *The Creative City: A Toolkit for Urban Innovators*. London: Stylus Pub Llc.

Lash, Scott. and Urry, John. 1994. *Economies of Signs and Space*. London: Sage.

Lears, T. J. Jackson. 1985. "The Concept of Cultural Hegemony: Problems and Possibilities." *American Historical Review*, 93(3): 567-593.

Lingle, Christopher. 2002. "Publich Choice and Public Funding of the Arts." In Ruth Twose and Abdul Khakee (eds.), *Cultural Economics* (pp. 21-30). Berlin, Heidelberg, New York, London, Paris, Tokyo, Hong Kong, Barcelona, Budapest: Springer-Verlag.

Lefebvre, Henri. 1988. "Towards a Leftist Cultural Politics: Remarks Occasioned by the Centenary of Marx's Death." In C. Nelson and L. Grossberg (eds.), *Marxism and the Interpretation of Culture* (pp. 75-88) (Translated Edition by D. Reifman). Urbana: University of Illinois Press.

Lefebvre, Henri. 1997 [1947]. *Critique of Everyday Life* (Translated Edition by John Moore). London: Verso.

Liu, Chun Yu. 2003. *Comparative Studies of European and Chinese Cultural Identity: A Conceptual and Historical Approach*. Ph D Thesis of Faculty of Humanity, The Nottingham Trent University, United Kingdom.

Liu, Jerry C. Y. 2008. "Does Culture Matter? The Logics and Counter-logics of Culture in State Finance, Taxation and Tributary Trade Policies during the Ming Times c. 1300-1600." *The Icfai Journal of History and Culture*, 2(1): 24-60.

Liu, Jerry C. Y. 2009. "Cultural Logics for the Regime of Useful Knowledge during the Ming and Early Qing China." *History of Technology*, 29: 29-56.

Liu, Jerry C. Y. 2010. "The Logics of Soft Power: Culturing Chinese Statecraft in Modern World History (1826-1902)." RCIA International Symposium on Culture and Political Economy: New Perspectives. Wenzao Ursuline College of Languages, Kaohsiung, Taiwan. Sep. 17-19, 2010.

Liu, Jerry C. Y. 2012. "ReOrienting Cultural Policy: Contending Values and Powers in the Field of Taiwanese Cultural Governance." 2012 International Symposium on Cultural Trajectories: The Imagination and Manifestation of Cultural Governance. Taipei, National Taiwan University of Arts. November 8-9.

Liu, Jerry C. Y. 2014. "ReOrienting Cultural Policy: Cultural Statecraft and Cultural Governance in Taiwan and China." In Lorraine Lim and Hye Kyung Lee (eds.), *Cultural Policies in East Asia: Dynamics between the State, Arts and Creative Industries*. London, Palgrave-Macmillan.

Liu, Jerry C. Y. 2015. "ReOrient : A Paradigm Shift of Teaching in Arts Management and Cultural Policy in Taiwan." In Olaf Kuhlke, Annick Schramme, Rene Kooyman (eds.), *Creating Cultural Capital: Cultural Entrepreneurship in Theory, Pedagogy and Practice* (pp. 32-44). Delft, The Netherlands, Eburon Academic Publishers.

Liu, Jerry C. Y. 2016. "The Ecology of Culture and Values: Implications for Cultural Policy and Governance." *ENCATC Scholars* 6, Sep. 5, 2016. http://blogs.encatc.org/encatcscholar/.

Mann, Michael. 1993. *The Sources of Social Power: Volume 2, The Rise of Classes and Nation-States, 1760-1914.* Cambridge, Cambridge University Press.

Manning, Patrick. 2003. *Navigating World History.* New York: Palgrave McMillan.

Marshall, T. H. 1950. *Citizenship and Social Class: And Other Essays.* Cambridge: University Press.

Marx, K. 1977 [1859]. "Preface." *A Contribution to the Critique of Political Economy.* Moscow, Progress Publishers.

Mazlish, Bruce. 1998. "Comparing Global History to World History." *Journal of Interdisciplinary History,* 28(3): 385-395.

Mazlish, Bruce. 2004 [1993]. "An Introduction to Global History." In Bruce Mazlish and Ralph Buultjens (eds.), *Conceptualizing Global History.* Newton Center, New Global History Press.

McGuigan, Jim. 1996. *Culture and the Public Sphere.* London and New York, Routledge.

McGuigan, Jim. 2002. *Rethinking Cultural Policy.* Milton Keynes: Open University Press.

McGuigan, Jim. 2008. "Richard Hoggart: Public Intellectual." In Jeremy Ahearne and Oliver Bennett (eds.), *Intellectuals and Cultural Policy* (pp. 85-94). Oxon and New York, Routledge.

McGuigan, Jim. 2010. *Cultural Analysis.* Los Angeles, London, New Delhi, Singapore and Washington DC, Sage.

McLuhan, M. 1994 [1964]. *Understanding Media.* Cambridge and London: MIT Press.

McNeill, William H. 1963. *The Rise of the West. A History of the Human Community.* New York, Toronto and London: Mentor Books.

Menzies, G. 2002. *1421: The Year China Discovered the World.* London: Bantam. Chicago.

Mercer, Colin. 2002. *Towards Cultural Citizenship: Tools for Cultural Policy and Development.* Stockholm, The Bank of Sweden Tercentenary Foundation.

Miège, Bernard. 2012 [1987]. "The Logics at Work in the New Cultural Industries." In Moeran, Brian and Alačovska, Ana (eds.), *Creative Industries: Critical Readings (Volume 1: Concepts)* (pp. 31-44). London and New York: Berg.

Miller, Toby and Yudice, George. 2002. *Cultural Policy*. Thousand Oaks: SAGE Publications Inc.

Moeran, Brian and Alačovska, Ana. 2012. *Creative Industries: Critical Readings (Volume 2: Economy)* . London and New York: Berg.

Morris, Ian. 2010. *Why the West Rules-For Now*. New York: Farrar, Straus and Giroux.

Mulcahy, Kevin V. 2006. "Cultural Policy: Definitions and Theoretical Approaches." *The Journal of Arts Management, Law, and Society*, 35(4): 319-330.

Nestheim, Geir. 1994. "Instrumental Cultural Policy in Scandinavian Countries: A Critical Historical Perspective." *The European Journal of Cultural Policy*, 1(1): 57-71.

Nye, Joseph S. 2004. *Soft Power: The Means to Success in World Politics*. New York: Public Affairs.

O'Brien, Dave. 2014. *Cultural Policy: Management, Value and Modernity in the Creative Industries*. London and New York: Routledge.

Osborne, Peter. 2006. "Whoever Speaks of Culture Speaks of Administration as Well: Disputing Pragmatism in Cultural Studies." *Cultural Studies*, 20(1): 33-47.

Osborne, S. P. 2010. "Introduction." In S. P. Osborne (ed.), *The New Public Governance? Emerging Perspectives on the Theory and Practice of Public Governance* (pp. 1-16). Oxon and New York: Routledge.

Owen-Vandersluis, Sarah. 2003. *Ethics and Cultural Policy in a Global Economy*. New York: Palgrave MacMillan.

Parsons, Talcott. 1947. "Introduction." In Max Weber, *The Theory of Social and Economic Organisation* (pp. 13-14) (Translated Edition by A. M. Henderson and Talcott Parsons). London, Edinburgh and Glasgow, William Hodge and Company Limited.

Parsons, Talcott. 1951. *The Social System*. Glencoe, Ill.: Free Press.

Peacock, Alan. 1992. "Economics, Cultural Values and Cultural Policies." In Ruth Twose and Abdul Khakee (eds.), *Cultural Economics* (pp. 9-20). Berlin, Heidelberg, New York, London, Paris, Tokyo, Hong Kong, Barcelona, Budapest: Springer-Verlag.

Pierre, Jon and Peters, B. Guy. 2002 [2000]. *Governance, Politics and the State*. Basingstoke : Macmillan.

Peters, B. G. 2010. "Meta-governance and Public Management." In S. P. Osborne (ed.), *The New Public Governance? Emerging Perspectives on the Theory and Practice of Public Governance* (pp. 36-51). Oxon and New York: Routledge.

Peyrefitte, Alain. 1993. *The Collision of Two Civilizations: Immobile Empire* (Translated Edition by Jon Rothschild). The Harvill Press.

Pomeranz, Kenneth. 2000. *The Great Divergence: Europe, China, and the Making of the Modern World Economy.* New Jersey and Oxford: Princeton University Press.

Pomeranz, Kenneth and Topic, Steven. 2006. *The World that Trade Created: Society, Culture and the World Economy.* New York, ME Sharpe.

Power, Dominic. 2009. "Culture, Creativity and Experience in Nordic and Scandinavian Cultural Policy." *International Journal of Cultural Policy,* 15(5): 445-460.

Pratt, C. Andy. 2004. "The Cultural Economy: A Call for Spatialized 'Production of Culture' Perspectives." *International Journal of Cultural Policy,* 7(1): 117-128.

Ralassa, Carol. 2010. "An 'Economic' Approach Toward the Trade and Culture Debate: The US Position." In J. P. Singh (ed.), *International Cultural Policies and Power.* New York : Palgrave Macmillan.

Reinert, Erik S. and Arno Mong Daastøl. 1997. "Exploring the Genesis of Economic Innovations: The Religious Gestalt-switch and the Duty to Invent as Preconditions for Economic Growth." *The European Journal of Law and Economics,* 4(3/4): 233-283.

Rhodes, R. A. W. 1996. "The New Governance: Governing without Government." *Political Studies,* 44(4): 652-667.

Rhodes, R. A. W. 1997. *Understanding Governance: Policy Networks, Governance, Reflexivity and Accountability.* Buckingham, Open University Press.

Rhodes, R. A. W. 1999. *Control and Power in Central-Local Government Relations* (2nd Edn.). London, Ashgate Publishing Ltd..

Rhodes, R. A. W. 2000. "Governance and Public Administration." In Jon Pierre (ed.), *Debating Governance: Authority, Steering and Democracy* (pp. 54-90). New York: Oxford.

Roberts, J. M. 1985. *The Triumph of the West.* London, Guild Publishing.

Robertson, Roland. 1992. *Globalization: Social Theory and Global Culture.* London, Thousand Oaks and New Delhi: Sage.

Sandelin, Bo, Trautwein, Hans-Michael and Wundrak, Richard. 2008. *A Short History of Economic Thought* (2nd Edn.). London and New York: Routledge.

Russell, Greg. 2005. "Machiavelli's Science of Statecraft: The Diplomacy and Politics of Disorder." *Diplomacy and Statecraft*, 16: 227-250.

Schutz, Alfred. 1973. *The Problem of Social Reality*. Collected Papers Edited by Maurice Natason, The Hague, Martinus Nijhoff.

Scott, Allen J. 1999. "The Cultural Economy: Geography and the Creative Field." *Media, Culture and Society*, 21(6): 807-817.

Scott, Allen J. 2000. *The Cultural Economy of Cities: Essays on the Geography of Image-Producing Industies*. London, Thousand Oaks and New Delhi: Sage.

Seldon, Arthur. 2008 [1980]. "The Virtues of Capitalism." In Naazneen H. Barma and Steven K. Vogel (eds.), *The Political Economy Reader: Markets as Institutions* (pp. 333-339). New York and London: Routledge.

Singh, J. P. 2007. "Culture or Commerce? A Comparative Assessment of International Interactions and Developing Countries at UNESCO, WTO, and Beyond." *International Studies Perspectives*, 8: 36-53.

Singh, J. P. 2008. "Agents of Policy Learning and Change: U.S. and EU Perspectives on Cultural Trade Policy." *The Journal of Arts Management, Law, and Society*, 38(2): 141-157.

Singh, J. P. 2010. *International Cultural Policies and Power*. Basingstoke, UK, Palgrave Macmillan.

Smith, Adam. 1776. *Wealth of Nations: An Inquiry into the Nature and Causes of the Wealth of Nations*. Available at: https://en.wikisource.org/wiki/The_Wealth_of_Nations (Accessed April 10, 2017).

Spengler, Oswald. 1971 [1932]. *The Decline of the West* (Translated One Volume Edition by Charles Francis Atkinson). London: George Allen and Unwin Ltd..

Stevenson, Nick. 2003. *Cultural Citizenship: Cosmopolitan Questions*. Maidenhead, Open University Press.

Thompson, Kenneth. 2001. "Cultural Studies, Critical Theory and Cultural Governance." *International Sociology*, 16(4): 593-605.

Throsby, David. 2001. *Economics and Culture*. Cambridge: Cambridge University Press.

Throsby, David. 2010. *The Economics of Cultural Policy*. Cambridge: Cambridge University Press.

Throsby, David. 2017. "Culturally Sustainable Development: Theoretical Concept or Practical Policy Instrument?" *International Journal of Cultural Policy*, 23(2): 133-147.

Tomlinson, John. 1991. *Cultural Imperialism: A Critical Introduction.* London: Pinter.

Tomlinson, John. 1999. *Globalisation and Culture.* Cambridge: Polity Press.

Tong, Q. S. 1995. "Power, Ideology and Economy: Cultural Policy in China." *International Journal of Cultural Policy,* 1(1): 109-120.

Towse, Ruth. 2010. *A Textbook of Cultural Economics.* Cambridge, New York, Melbourne, Madrid, Cape Town, Singapore, São Paulo, Delhi, Dubai, Tokyo: Cambridge University Press.

Toynbee, Arnold J. 1972. *A Study of History* (One Volume Edition). London: Thames and Hudson.

Turner, Terence. 1995. "Anthropology and Multiculturalism: What is Anthropology that Multiculturalists should be Mindful of it?" In David Theo Goldberg (ed.), *Multiculturalism: A Critical Reader.* Massachusetts: Basil Blackwell.

Tylor, E. B. 1958. *Primitive Culture: Researches into the Development of Mythology, Philosophy, Religion, Art and Custom.* Gloucester, MA, Smith.

UNESCO. 2005. Convention on the Protection and Promotion of the Diversity of Cultural Expressions. Available at: http://www.unesco.org/culture/en/diversity/convention (Accessed Nov. 10, 2011).

United Nation. 1966. "International Covenant on Economic, Social and Cultural Rights." G. A. res. 2200A (XXI), 21 U.N.GAOR Supp. (No. 16) at 49, U.N. Doc. A/6316, 993 U.N.T.S. 3. Available at: http://treaties.un.org/Pages/CTCTreaties. aspx?id=4&subid=A&lang=en (Accessed Sep. 10, 2012).

United Nations. 2009. Committee on Economic, Social and Cultural Rights, Economic and Social Council. "General Comment No. 21." E/C.12/GC/21, 21 December.

Valentine, J. 2002. "Governance and Cultural Authority." *Cultural Values,* 6(1-2): 47-62.

Vandersluis, Sarah Owen. 2003. *Ethics and Cultural Policy in a Global Economy.* New York: Palgrave MacMillan.

Voon, Tania, 2006. "UNESCO and the WTO: A Clash of Cultures?" *International and Comparative Law Quarterly,* 55(3): 635.

Wallerstein, Immanuel. 1993. "World System versus World-Systems." In Andre Gunder Frank and Barry K. Gills (eds.), *The World System: Five Hundred Years or Five Thousand?* (pp. 292-296). London: Routledge.

Weber, Max. 1947. *The Theory of Social and Economic Organisation* (Translated Edition by A. M. Henderson and Talcott Parsons). London, Edinburgh and Glasgow, William Hodge and Company Limited.

Weber, Max. 1964. "The Social Psychology of the World Religion." In H. H. Gerth and C. W. Mills (eds.), *From Max Weber, Essays in Sociology*. New York, Oxford University Press.

Weber, Max. 1992 [1930]. *The Protestant Ethic and the Spirit of Capitalism* (Translated 2nd Edn., by T. Parsons). Surrey: Routledge.

Williams, Raymond. 1982 [1958]. *Culture and Society 1780-1950*. London, The Hogarth Press.

Williams, Raymond. 1985 [1976]. *Keywords: A Vocabulary of Culture and Society*. Oxford University Press.

Williams, Raymond. 2002. "Culture is Ordinary." In Ben Highmore (ed.), *The Everyday Life Reader*. London and New York, Routledge.

Wolf, Eric R. 1997 [1982]. *Europe and the People Without History*. California: University of California Press.

Wong, R. Bin. 1997. *China Transformed. Historical Change and the Limits of European Experience*. Ithaca and London: Cornell University Press.

Zemans, Joyce. 1999. "A Comparative Overview." In Joyce Zemans and Archie Kleingartner (eds.), *Comparing Cultural Policy: A Study of Japan & The United States* (pp. 19-60). London, Walnut Creek and New Delhi, Altamira Press.

||| 中文部分

───《清實錄》（1985-1987 版）。北京：中國書店發行。

Bourdieu, Pierre 著、孫智綺譯。2003。《以火攻火：催生一個歐洲社會運動》（Contre-Feux 2）。臺北：麥田。

Matthias Krön 著、李小清譯。1993。〈資助而不干預的奧地利文化政策〉。《表演藝術》，6。

Smith, Adam 著、謝宗林譯。2006 [1759]。《道德情感論》。臺北：五南。

丁偉志。1998。〈近代中國中西文化交流的歷史特點〉。《文化研究》，北京，十一月刊，頁 32-36。

于國華、吳靜吉。2012。〈臺灣文化創意產業的現況與前瞻〉。《二十一世紀雙月刊》，133: 82-88。

文化部。2014。《2013 文化創意產業發展年報》。臺北：文化部。

文化部。2015。《2014 文化創意產業發展年報》。臺北：文化部。

文建會。1998。《文化白皮書》。臺北：行政院文化建設委員會。

文建會。2000。《文化白皮書》。臺北：文化事務委員會。

文建會。2004。《文化白皮書》。臺北：行政院文化建設委員會。

王志弘、高郁婷。2014。〈零售商業的文化化策略與張力：以夜市為核心的探討〉。發表於「2014 文化的軌跡：文化治理，Who Benefits ？」學術研討會。新北市：臺灣藝術大學藝術管理與文化政策研究所，12 月 6 日。

王志弘。2003。〈臺北市文化治理的性質與轉變，1967-2002〉。《臺灣社會研究季刊》，52: 121-186。

王志弘。2010。〈文化如何治理？一個分析架構的概念性探討〉。《世新人文社會學報》，11: 1-38。

王志弘。2011a。〈文化治理是不是關鍵詞？〉。《臺灣社會研究》，82: 205-212。

王志弘。2011b。〈導言：文化治理、地域發展與空間政治〉。收錄於王志弘編，《文化治理與空間政治》，頁 10-28。臺北：群學。

王志弘。2012。〈都市社會運動的顯性文化轉向？ 1990 年代迄今的臺北經驗〉。《國立臺灣大學建築與城鄉研究學報》，16: 39-64。

王志弘。2015。〈通往城市權的文化路：都市脈絡下文化權利多重性的限制與可能〉。收錄於劉俊裕、張宇欣、廖凰玎主編，《臺灣文化權利地圖》，頁 61-87。高雄市：巨流。

王甫昌。2003。〈社會運動〉。收錄於王振寰、瞿海源主編,《社會學與臺灣社會(第二版)》,頁 421-452。臺北:巨流。

王俐容。2005。〈文化政策中的經濟論述:從菁英文化到文化經濟?〉。《文化研究》,1: 169-195。

王嘉驥。2012。〈啟蒙與行騙 —— 也談文創消費邏輯的迷思〉。《典藏今藝術》,7 月號。引自:Http://mag.udn.com/mag/newsstand/storypage.jsp?f_MAIN_ID=97& f_SUB_ID=237&f_ART_ID=400695(查詢日期:2012 年 7 月 10 日)。

王曾才。2008。《國際史概論》。臺北:三民書局。

丘為君、張運宗。1996。〈戰後臺灣學界對經世問題的探討與反省〉。《新史學》,7(2): 195。

古宜靈、廖淑容。2004。〈文化產業政策發展的趨勢與問題〉。《都市與計劃》,31(2): 91-111。

古宜靈。2005。〈文化政策與文化產業的反省〉。《立德學報》,3(1): 109-122。

史美強、王光旭。2008。〈臺灣府際財政治理的競合關係:一個網絡分析實證研究〉。《公共行政學報》,28: 39-83。

布迪厄、華康德著、李猛、李康譯。2009。《布赫迪厄社會學面面觀》。臺北:麥田。

甘韓。1902。《皇朝經世文新編續集》。中研院漢籍電子文獻資料庫。網址:http://hanji.sinica.edu.tw/。

石之瑜、謝明珊。2008。〈西方不在西邊:西方主義的自我認識方法〉。《東亞研究》,39(2): 1-31。

托瑪·皮凱提(Thomas Piketty)、詹文碩、陳以禮譯。2014。《二十一世紀資本論》。臺北:衛城。

朱威烈。2002。《國際文化戰略》。上海:上海外國語教育出版社。

朱鎮明、曾冠球。2012。「行政院組織改造後機關委員會統合功能之研究」。行政院研究發展考核委員會委託研究報告(編號:RDEC-RES-100-019)。

朱鎮明。2011。〈政策協調機制及其評估制度〉。《研考雙月刊》,35(3): 23-39。

朱鎮明。2012。〈各部會綜合規劃單位之功能分析:政策管理的觀點〉。《政策研究學報》,12: 1-34。

江宜樺。2003。〈公共領域中理性溝通的可能性〉。收錄於許紀霖主編,《公共性與公共知識份子》,頁 171-191。江蘇:江蘇人民出版社。

竹內好著、胡冬竹譯。2007 [1960]。〈作為方法的亞洲〉。《臺灣社會研究季刊》,66: 231-251。

艾愷。1986。《文化守成主義》。臺北:時報文化。

何良棟。1902。《皇朝經世文四編》。中研院漢籍電子文獻資料庫。中央研究院漢籍電子文獻。網址：http://hanji.sinica.edu.tw/。

余欣可。2013b。〈Safinawlan，讓我們共居！都市部落的抗爭與新生〉。收錄於侯志仁主編，《反造城市：臺灣非典型都市規劃術》，頁 24-41。臺北：左岸。

余英時。1980。《中國之士階層史論 —— 古代篇》。臺北：聯經。

余英時。1987。《中國近世宗教倫理與商人精神》。臺北：聯經。

余英時。1992。《從價值體系看中國文化的現代意義》。臺北：時報文化。

吳介民。2004。〈鄉土文學論戰中的社會想像 —— 文化界公共領域之集體認同的行塑與衝突〉。收錄於李丁讚等著，《公共領域在臺灣：困境與契機》，頁 299-355。臺北：桂冠。

吳介祥。2017。〈仍待反思的全國文化會議〉。《典藏今藝術》，299: 100-103。

吳品寬。2017。〈文化治理與文化賦權 —— 國家人權博物館的成形與公共性研究〉。新北市：國立臺灣藝術大學藝術管理與文化政策研究所碩士論文。

吳彥明。2011。〈治理「文化治理」：傅柯、班奈特與王志弘〉。《臺灣社會研究季刊》，82: 171-204。

呂育誠。2006。〈網絡治理與治理網絡：政府變革的新課題〉。《臺灣民主季刊》，3(3): 207-212。

呂育誠。2007。《地方政府治理概念與落實途徑之研究》。臺北：元照。

宋育仁。〈泰西各國采風記〉。收錄於錢鍾書主編，《郭嵩燾等使西記六種》（1998 版）。香港：三聯書局。

李丁讚。2004。〈導論：市民社會與公共領域在臺灣的發展〉。收錄於李丁讚等著，〈公共領域在臺灣：困境與契機〉，頁 1-62。臺北：桂冠。

李宇軒。2009。〈城市抵抗行動 —— 藝術空間的實作經驗：高雄豆皮文藝咖啡館的空間政治分析〉。發表於「2009 高雄學工作坊 —— 『多元文化下的文化地景與空間治理』」。臺灣：高雄。

李佳臻。2016。〈反思臺北市文化政策與文化公共領域 —— 寶藏巖議題的突破與困境（1980 年 – 2016 年）〉。新北市：國立臺灣藝術大學藝術管理與文化政策研究所碩士論文。

李林。2012。〈從經史八股到政藝策論：清末癸卯、甲辰科會試論析〉。《中國文化研究所學報》，55: 175-200。

杜奉賢。1997。《中國歷史發展理論：比較馬克思與韋伯的中國論》。臺北：正中書局。

杜維明。1996。《現代精神與儒家傳統》。臺北：聯經。

求是齋主。1902。《皇朝經世文五集》。中研院漢籍電子文獻資料庫。中央研究院漢籍電子文獻。網址：http://hanji.sinica.edu.tw/。

汪暉。2010。《亞洲視野：中國歷史的敘述》。臺北：牛津大學。

沈豔。2000。〈晚清經世文編的文化特色與文化本質〉。《清史研究》，1: 69-74。

沈豔。2004。〈近代「經世文編」賡續潮流述論〉。《史學月刊》，3: 108-115。

沈豔。2005。〈試論近代續「經世文編」文化熱潮的成因〉。《湖北大學學報》，32(4): 489-492。

尚智巫。2003。《明末清初的格物究理之學 1582-1687》。成都：四川教育出版社。

林立樹。2007。〈資本主義文化的理路〉。《輔仁歷史學報》，20: 1-38。

林宛婷。2015。〈臺灣獨立書店作為文化公共領域實踐場域：傳統書院精神的當代轉型〉。新北市：國立臺灣藝術大學藝術管理與文化政策研究所碩士論文。

林信華。2009。《文化政策新論》。臺北：揚智。

林思玲、邱龍禹、榮芳杰。2013。〈文化資產經濟評估概念與應用〉。《文化創意產業研究學報》，3(1): 33-44。

邵之棠。1901。《皇朝經世文統編》。中研院漢籍電子文獻資料庫。中央研究院漢籍電子文獻。網址：http://hanji.sinica.edu.tw/。

金耀基。1991。《中國現代化與知識份子》。臺北市：時報文化。

金耀基。1992。《從傳統到現代》。臺北市：時代文化。

金觀濤、劉青峰。1994。《開放中的變遷》。臺北：風雲時代出版公司。

金觀濤、劉青峰。2000。《中國現代思想的起源 ── 超穩定結構與中國政治文化的演變》。香港：香港中文大學。

金觀濤、劉青峰。2003。〈從「經世」到「經濟」 ── 社會組織原則變化的思想史研究〉。《臺大歷史學報》，32: 139-189。

金觀濤、劉青峰。2010。《觀念史研究》。北京：法律出版社。

侯志仁。2013a。《城市造反：全球非典型都市規劃術》。臺北：左岸。

侯志仁。2013b。《反造城市：臺灣非典型都市規劃術》。臺北：左岸。

施岑宜。2016。〈地方文化治理的實踐研究 ── 以水金九地區的文化公共領域建構為例〉。新北市，國立臺灣藝術大學藝術管理與文化政策研究所博士論文。

洪致文。2016。《像我們這樣的文化恐怖份子：文化資產與城市記憶守護筆記》。臺北市：前衛。

胡惠林。2005。《文化產業發展與國家文化安全》。廣州：廣東人民出版社。

胡適。1980。〈充分世界化與全盤西化〉。收錄於胡適等著，《胡適與中西文化》。臺北：牧童社。

唐德剛。1998。《晚清七十年（壹）：中國社會文化轉型綜論》。臺北：遠流。

孫本初、鍾京佑。2005。〈治理理論之初探：政府、市場與社會治理架構〉。《公共行政學報》，16: 107-135。

孫本初、鍾京佑。2006。〈從地方政府到地方治理：網絡治理之分析〉。《中國地方自治》，59(4): 33-54。

孫旬編。1584。《皇明疏鈔》。收錄於《續修四庫全書》（1995 版）。上海：上海古籍出版社。

孫隆基。1992。《中國文化的深層結構》。香港：集賢社。

孫歌。1999。〈亞洲意味著什麼？〉。《臺灣社會研究季刊》，33: 1-64。

孫廣德。1982。《晚清傳統與西化的爭論》。臺北：臺灣商務印書館。

徐揮彥。2009。〈聯合國教科文組織「保障及促進文化表現多樣性公約」對文化權及傳播權之影響：以 2007 年歐體視聽媒體服務指令為中心〉。《新聞學研究》，98: 93-137。

徐揮彥。2010a。〈論經濟、社會及文化權利國際公約中文化權之規範內涵：我國實踐問題之初探〉。《中華國際法與超國際法評論》，6: 453-509。

徐揮彥。2010b。〈論美加自由貿易協定文化排除條款：以加拿大之實踐為例兼論其對我國之啟示〉。《臺灣國際法季刊》，7: 231-273。

財團法人臺灣經濟研究院。2011。《藝文政策間接補助機制規劃之研究》。臺北市：行政院研究發展考核委員會編印，2011 年 4 月。委託研究報告 RDEC-RES-099-005。

馬克‧班克斯著、王志弘、徐苔玲、沈台訊譯。2015。《文化工作的政治》。臺北：群學。

馬偉傑。2009。〈視覺社運：艾曉明、卜衛對談〉。《傳播與社會學刊》，10: 197-212。

馬國賢、李天綱譯。2004。《清廷十三年：馬國賢在華回憶錄》。上海：上海古籍出版社。

高曉芳。2007。《晚清洋務學堂的外語教育研究》。北京：商務印書館。

康志杰。1999。〈明清之際在華耶穌會士抵制荷蘭的原因〉。《歷史月刊》，七月刊，頁103-110。

張小虹。2007。《假全球化》。臺北：聯合文學。

張正。2010。〈文化實踐／從邊緣殺入主流：《四方報》的發展策略與文化行動〉。《文化研究月報》，108: 181-193。

張玉國。2005。《國家利益與文化政策》。廣州：廣東人民出版社。

張宇欣、張依文、劉俊裕。2015。〈超越文化經濟與產值的迷思，邁向文化價值評估的新定位〉。劉俊裕主持。「2015 年國際藝文趨勢觀察與情蒐計畫」。臺北：財團法人國家文化藝術基金會：2015 年 7 月－2015 年 12 月。

張其祿、廖達琪。2010。「強化中央行政機關橫向協調機制之研究」。行政院研究發展考核委員會委託研究報告（編號：RDEC-RES-098-003）。

張研。2000。《十八世紀的中國社會》。臺北：昭明。

張硯涵。2014。〈文化創意產業溯源 —— 研究取徑與概貌〉。《南藝學報》，9: 77-108。

張瀚編。1551。《皇明疏議輯略》。收錄於《續修四庫全書》（1995 版）。上海：上海古籍出版社。

張鐵志。2007。《反叛的凝視》。臺北：印刻。

梁漱溟。1982。《中國文化要義》。臺北：里仁書局。

清高宗編。1828。《御選明臣奏議》。收錄於《文淵閣四庫全書》（1983-1986 版）。臺北：臺灣商務。

盛康。1897。《皇朝經世文續編》。中研院漢籍電子文獻資料庫。中央研究院漢籍電子文獻。網址：http://hanji.sinica.edu.tw/。

許育典。2006a。〈文化國與文化公民權〉。《東吳法律學報》，18: 1-42。

許育典。2006b。《文化憲法與文化國》。臺北市：元照。

連振佑。2013。〈撐開公共領域／空間的縫隙：社群營造，營造社區〉。收錄於侯志仁主編，《反造城市：臺灣非典型都市規劃術》，頁 174-193。臺北：左岸。

郭廷以。1994。《近代中國史綱》。臺北：曉園出版社。

郭為藩。1991。〈現階段文化政策的輪廓〉。《社教雙月刊》，44: 12-20。

郭為藩。2006。《全球視野的文化政策（第一版）》。臺北：心理出版社。

郭嵩燾。〈使西紀程〉。收錄於錢鍾書主編，《郭嵩燾等使西記六種》（1998 版）。香港：三聯書局。

郭嵩燾。〈倫敦巴黎日記〉。收錄於錢鍾書主編，《郭嵩燾等使西記六種》（1998 版）。香港：三聯書局。

陳子龍等編。1628-1644。《皇明經世文編》（1968 版）。臺北：臺聯國風。

陳仁錫編。1630。《皇明世法錄》（1965 版）。臺北：學生書局。

陳介英。2010。〈臺灣文化創意產業政策的文化基礎探討〉。《勤益人文社會學刊》，1: 69-85。

陳光興。2000。〈文化研究在臺灣意味著什麼〉。收錄於陳光興主編，《文化研究在臺灣》，頁 7-26。臺北：巨流。

陳光興。2006。《去帝國：亞洲作為方法》。臺北：行人。

陳其南。1996。〈地方文化與區域發展〉。《地方文化與區域發展研討會論文集》。臺北：行政院文建會。

陳忠倚。1898。《皇朝經世文三編》。中研院漢籍電子文獻資料庫。中央研究院漢籍電子文獻。網址：http://hanji.sinica.edu.tw/。

陳弱水。2004。〈傳統心靈中的社會觀 —— 以童蒙書、家訓、善書為觀察對象〉。收錄於李丁讚等著，《公共領域在臺灣：困境與契機》，頁 63-110。臺北：桂冠。

陳郁秀。2003。〈地方文化館的政策與實踐〉。收錄於文建會編，《2002 年文建會文化論壇系列實錄》。臺北：文建會。

陳海雄、戴純眉。2007。〈行政院跨部會政策協調機制之建置〉。《研考雙月刊》，31(6)：95-106。

陳高華、陳尚勝。1997。《中國海外交通史》。臺北：文津出版社。

陳淑芳。2006。〈文化憲法〉。收錄於蘇永欽主編，《部門憲法》。臺北市：元照。

陳嘉言、楊靜賢。1988。《中國近代史》。臺北：大中國圖書。

麥仲華。1898。《皇朝經世文新編》。中研院漢籍電子文獻資料庫。中央研究院漢籍電子文獻。網址：http://hanji.sinica.edu.tw/。

傅鳳翔編。1522-1566。《皇明詔令》（1984 版）。臺北：文海。

傑佛瑞‧薩克斯著、廖月娟譯。2013。《文明的代價：重新喚醒美國人的德行與繁榮》。臺北：天下文化。

揭陽。2006。《國族主義到文化公民：臺灣文化政策初探 2004-2005》。臺北市：行政院文建會。

琴川編。《皇清奏議》（1967 版）。臺北：文海。

賀長齡。1826。《皇朝經世文編》。中研院漢籍電子文獻資料庫。中央研究院漢籍電子文獻。網址：http://hanji.sinica.edu.tw/。

黃仁宇。1989。《赫遜河畔談中國歷史》。臺北：時報文化。

黃光男。2011。《詠物成金：文化創意產業析論》。臺北：典藏。

黃克武。1986。〈經世文編與中國近代經世思想研究〉。《近代中國史研究通訊》，2：83-96。

黃克武。1987。〈理學與經世 —— 清初「切問齋文鈔」學術立場之分析〉。《中央研究院近代史研究所集刊》，16：37-65。

黃思敏。2013。〈文化治理與文化抵抗 —— 以臺北同志公民運動與同志大遊行做為分析場域〉。新北市：國立臺灣藝術大學藝術管理與文化政策研究所碩士論文。

黃訓。1522-1566。《皇明名臣經濟錄》（1984 版）。臺北：學海。

楊志誠。2014。〈文化創意產業的政策思維：文化資本的體制建構〉。《逢甲人文社會學報》，28：1-23。

溝口雄三、孫軍悅譯。2011。《作為方法的中國》。北京：三聯書店。

葉石濤。1977。〈臺灣鄉土文學史導論〉。《夏潮》，14。

葉朗。2005。〈二十一世紀中國文化產業〉。收錄於花建等編，《北京文化產業關鍵報告》。臺北：帝國文化。

葛士濬。1888。《皇朝經世文續編》。中研院漢籍電子文獻資料庫。中央研究院漢籍電子文獻。網址：http://hanji.sinica.edu.tw/。

董倫等編。《明實錄》。臺北：中央研究院歷史語言研究所。

詹中原。2006。〈公共政策問題建構過程中公共性之剖析〉。財團法人國家政策研究基金會「國政研究報告」。網址：http://old.npf.org.tw/PUBLICATION/CL/095/CL-R-095-027.htm（查詢日期：2013 年 12 月 20 日）。

賈三近等編。1586。《皇明兩朝疏鈔》。收錄於《續修四庫全書》（1995 版）。上海：上海古籍出版社。

廖世璋。2002。〈國家治理下的文化政策：一個歷史回顧〉。《建築與規劃學報》，3(2): 160-184。

管中祥。2005。〈文化實踐與社會運動〉。世新大學多元文化學程教材，2012 年 3 月 20 日。引自 http://cc.shu.edu.tw/~e62/HRIM/sub03/9603/17.pdf。

管中祥。2011。〈弱勢發聲、告別污名：臺灣另類「媒體」與文化行動〉。《傳播研究與實踐》，1(1): 105-135。

趙中亞。2005。〈從九種《皇朝經世文編》看晚清自然科學認知的變遷〉。《安徽史學》，6: 14-18。

趙永茂。2008。〈地方與區域治理發展的趨勢與挑戰〉。《研考雙月刊》，32(5): 3-15。

趙慎畛等編。《道咸同光四朝奏議》（1960 版）。臺北：臺灣商務印書館。

劉志琴、吳廷嘉。1994。《中國文化史概論》。臺北：文津出版社。

劉育良、劉俊裕。2017。〈中介組織翻轉文化治理。文化部，您真的準備好了嗎？〉。《典藏今藝術》，295。

劉俊裕。1997。〈歐洲聯盟文化行動對歐洲整合之意義〉。臺北：淡江大學歐洲研究所碩士論文。

劉俊裕。1998。〈論歐洲文化的整合與衝突：從文化優越歐洲到多元文化歐洲〉。《國際論壇》，1: 120-143。

劉俊裕。2007。〈文化全球化：一種在地化的整合式思維與實踐〉。《國際文化研究》，3(1): 1-30。

劉俊裕。2009。〈重繪「光明之城」：前殖民城市生活倫理與後殖民全球史之交匯與重構〉。《淡江史學》，20: 121-138。

劉俊裕。2011a。〈歐洲文化治理的脈絡與網絡：一種治理的文化轉向與批判〉。
《Intergrams》，11(2): 25-50。

劉俊裕。2011b。〈「文化經世」、「文化經濟」與「文化治理」：一種在地文化論述的可
能性？〉。發表於「藝術管理與文化政策論壇」。新北市：國立臺灣藝術大
學，4 月 1 日。

劉俊裕。2013a。〈文化「治理」與文化「自理」：臺灣當代知識分子與文化公共領域的
結構轉型？〉。發表於「公共性危機：2013 文化研究會議」。臺北，國立臺灣
師範大學，1 月 5-6 日。

劉俊裕。2013b。〈全球在地文化：都市文化治理與文化策略的形構〉。收錄於劉俊裕
主編，《全球都市文化治理與文化策略：藝文節慶、賽事活動與都市文化形
象》。新北市，巨流。

劉俊裕。2013c。〈「文化基本法」：一份學界參與文化立法的紀實與反思〉。《國家與社
會》，13: 67-112。

劉俊裕。2015a。〈「同中求異」與「異中求同」：宏觀歷史視角下中國與歐洲文化政策
的後設文化邏輯〉。《中國文化產業評論》，21: 93-117。

劉俊裕。2015b。〈文化基本法：追尋臺灣人民參與文化生活的基本權利〉。收錄於劉俊
裕、張宇欣、廖凰玎主編，《臺灣文化權利地圖》。高雄市：巨流。

劉俊裕。2015c。〈「文化生態」的視野：臺灣需要一個更寬闊的胸襟，來衡量文化的生
命與價值〉。劉俊裕主持。「2015 年國際藝文趨勢觀察與情蒐計畫」。臺北：財
團法人國家文化藝術基金會：2015 年 7 月 -2015 年 12 月。

劉俊裕。2016a。「文化部文化影響評估政策先期規劃研究」。文化部委託研究計畫：
2016 年 1 月 1－ 2016 年 12 月 31 日。劉俊裕副教授主持。

劉俊裕。2016b。「臺灣文化價值先期調查研究」。李明俐主持。「2016 年國際藝文趨勢
觀察與情蒐計畫」。財團法人國家文化藝術基金會：2016 年 3 月－ 2016 年 12
月。

劉師培。1993。〈儒家出於司徒之說〉。《國粹學報》，33，光緒三十三年八月，轉引自
王爾敏。〈經世思想之義界問題〉。《近代史研究所集刊》，13: 28-29。

劉惠媛。2007。《博物館美學經濟》。臺北：原點。

劉廣京。1986。〈皇朝經世文編關於「經世之學」的理論〉。《中央研究院近代史研究所
集刊》，15: 33-99。

劉鴻錫。〈英軺私記〉。收錄於錢鍾書主編，《郭嵩燾等使西記六種》（1998 版）。香港：
三聯書局。

潘一禾。2005。《文化與國際關係》。杭州：浙江大學出版社。

蔡允棟。2006。〈民主行政與網絡治理：「新治理」的理論探討及類型分析〉。《臺灣政治學刊》，10(1): 163-209。

鄭美華。2008。〈推動文化創意產業政策與政府治理模式的轉型 —— 政府與文化關係的再思考〉。《公共行政學報》，27: 111-159。

錢永祥。2004。〈公共領域在臺灣 —— 一頁論述史的解讀與借鑑〉。收錄於李丁讚等著，《公共領域在臺灣：困境與契機》，頁 111-146。臺北：桂冠。

錢穆。1993。《中國文化史導論》。臺北：臺灣商務印書館。

錢穆。1995。《國史大綱》。臺北：國立編譯館。

薛化元。1991。《晚清「中體西用」思想論 1861-1900》。臺北：稻香出版社。

薛福成。〈出使日記續刻〉。收錄於錢鍾書主編，《郭嵩燾等使西記六種》（1998 版）。香港：三聯書局。

薛福成。〈出使英法義比四國日記〉。收錄於錢鍾書主編。《郭嵩燾等使西記六種》（1998 版）。香港：三聯書局。

薩依德、單德興譯。2011。《知識分子論》。臺北市，麥田出版。

藍麗春、邱重銘、王俊傑。2009。〈文化政策下的臺灣文化產業嬗變〉。《嘉南學報》，35: 437-451。

顏亮一。2013。〈樂生啟示錄：古蹟保存與社會正義〉。收錄於侯志仁主編，《反造城市：臺灣非典型都市規劃術》，頁 212-229。臺北：左岸。

魏千峯。2002。〈人權基本法之成功要素〉。《律師雜誌》，272: 23 -35。

魏萼。2000。《中國國富論：經濟中國的第三隻手》。臺北：時報。

嚴佳音。2015。〈當代台北市藝文咖啡館的觀察與分析：一個文化公共領域的成形〉。新北市：國立臺灣藝術大學藝術管理與文化政策研究所碩士論文。

饒玉成。1882。《皇朝經世文續編》。中研院漢籍電子文獻資料庫。中央研究院漢籍電子文獻。網址：http://hanji.sinica.edu.tw/。

顧忠華。2004。〈公共領域的社會基礎〉。收錄於李丁讚等著，《公共領域在臺灣：困境與契機》，頁 147-175。臺北：桂冠。

APPENDIX

附件

||| 附件一：文化部「文化基本法草案」（1060426 公聽會後修正版）

||| 附件二：文化部「文化基本法草案」（1060831 修正版）

||| 附件三：2015-2017 年臺灣文化治理相關新聞表列

附件一：文化部「文化基本法草案」
（1060426 公聽會後修正版）

文化基本法草案總說明

1060321 修正版

　　臺灣是由多元的文化所構成的國家，除了各原住民族的文化及由中國移入以漢人為主的各族群文化之外，荷蘭、西班牙以及日本等東西方國家的文化，均曾構成臺灣歷史與文化的一部分，而近年來以東南亞為主的新住民各國文化，又為臺灣文化注入了新的基因。此種文化的多元性，成為臺灣文化的特色，亦為舉世所罕見。

　　為了保有這豐富的多元文化特色、保障人民的文化權利、促進文化表現的多樣性、發展文化的主體性，我國最早提出制定「文化基本法」的概念，源自於八十六年六月的第二次全國文化會議，接著同年十月立法委員朱惠良更進一步提出制定「文化基本法」的倡議；隔年，行政院文化建設委員會文化白皮書揭櫫多位專家學者、民意代表皆有意制定文化基本法的構思，而後立法委員翁金珠與邱志偉亦分別於九十八年六月及一百零二年十月提出「文化基本法」草案，立法委員陳學聖亦於一百零五年十一月提出「文化基本法」草案。

　　文化部針對文化基本法擬議，係前行政院文化建設委員會於一百年八月十八日及九月五日召開「文化基本法」草案諮詢會議，並於九月三十日提報行政院審議，同年十一月十日經行政院第三二七二次院會決議通過函送立法院審議，惟未及於立法院第七屆第八會期內完成立法程序，基於屆期不續審原則，須重新送審。

　　文化部成立後，為求「文化基本法」草案內容更為周妥，自一百零二年三月起，即廣泛邀請藝文界人士、相關學者專家及相關部會代表，進行密集諮詢與研議，並於一百零二年十二月分別於北、中、南、東部等地區舉辦《文化基本法》草案公聽會，並於一百零三年十月八日送請行政院審議，鑑於「文化基本法」草案部分條文尚有爭議，行政院於一百零四年五月二十七日核示，請文化部廣納各方意見，凝聚共識，以求務實周妥。

　　因應社會各界及立法院對制定「文化基本法」的期盼，文化部一百零五年十一月再次啟動「文化基本法」研擬程序，並以下列原則進行「文化基本法」草案研議：

一、落實憲法文化規定：憲法有關文化之規定包括第七、十一、十五、十六、一百十一、一百六十三、一百六十五、一百六十六及一百六十九條、憲法增修條文第十條第十、十一及十二項，應該在「文化基本法」中加以落實。

二、接軌國際公約宣言進行國內法化：舉凡聯合國一九四八年「世界人權宣言」第二十七條、一九六六年「公民及政治權利國際盟約」第十九條、第二十七條、一九六六年《經濟社會文化權利國際盟約》第十五條以及聯合國教育科學文化組織二〇〇一年之「世界文化多樣性宣言」與二〇〇五年「保護和促進文化表現形式多樣性公約」等有關文化之國際宣言與條約，應該藉由「文化基本法」來與國際文化人權接軌。

三、參考先進國家相關立法：若干先進國家有關文化之相關法律，例如：美國一九六五年「國家藝術與人文基金會法」、日本二〇〇二年「文化藝術振興基本法」、韓國二〇一三年「文化基本法」等，均有值得「文化基本法」參考借鏡之處。

四、涵納現有文化基本法草案之內容：迄今為止，各種「文化基本法」之草案版本，例如：立法委員翁金珠九十八年版；原行政院一百年版；立法委員邱志偉等人一百零二年版；文化部一百零二年公聽會版；立法委員陳學聖一百零五年版，多有可以參酌採納之處，應加以涵納。

五、廣納文化藝術各界專家學者及實務工作者之意見：為使「文化基本法」之研擬可以有由下而上的公民參與，文化部於一百零五年十一月十日，委託國立臺北教育大學、社團法人臺灣文化法學會、社團法人臺灣文化政策研究學會負責草案研擬之策略規劃與執行，自一百零五年十二月至一百零六年二月召開八場專家學者諮詢會議，廣徵各領域專家及學者意見，並將配合全國文化會議之分區論壇辦理十餘場說明會與公聽會，容納全民的參與。

六、揭示國家文化政策方向：依據文化部施政報告及施政計畫，揭示國家文化基本方針與政策方向。

　　經過綜合各方意見並參考國際文化相關人權公約、各國「文化基本法」之規定、各版本「文化基本法」草案之內容後，爰擬具「文化基本法」草案，全文共計二十九條，其內容重點如下：

一、本法之立法目的。（草案第一條）

二、文化之基本價值與原則。（草案第二條）

三、各種人民之文化權利與相應之國家義務。（草案第三條至第九條）

四、文化之保存、傳播與發揚之文化基本方針。（草案第十條）

五、文化空間與景觀管理之文化基本方針。（草案第十一條）

六、文化與藝術教育之文化基本方針。（草案第十二條）

七、文化經濟振興之文化基本方針。（草案第十三條）

八、文化永續發展之文化基本方針。（草案第十四條）

九、文化影響評估之文化基本方針。（草案第十五條）

十、臂距原則及文化獎助之文化基本方針。（草案第十六條）

十一、文化行政與中介組織。（草案第十七條）

十二、中央與地方文化權限之劃分。（草案第十八條）

十三、各級政府之文化任務。（草案第十九條）

十四、中央政府之文化治理。（草案第二十條）

十五、地方政府之文化治理。（草案第二十一條）

十六、文化人才與人事制度。（草案第二十二條）

十七、文化預算之保障。（草案第二十三條）

十八、文化基金之設置。（草案第二十四條）

十九、文化採購例外。（草案第二十五條）

二十、文化調查統計。（草案第二十六條）

二十一、文化權利之救濟。（草案第二十七條）

二十二、與其他基本法及文化法令之關係。（草案第二十八條）

二十三、本法之施行日。（草案第二十九條）

文化基本法草案

條文	說明
第一條（立法目的） 　　為落實憲法文化規定、建立多元文化國家、保障人民文化權利、明定國家文化義務、促進文化多元發展、健全文化多樣發展環境、推動文化自主治理、培育文化人才、提升公民文化參與，並確立國家文化發展基本價值、原則與施政方針，以豐富人民文化生活與提升美學涵養，特制定本法。	一、規定本法之立法目的。 二、本法使用「國家」之概念包含中央及地方政府；「人民」包含本國國民及外國人；「公民」包含得行使選舉罷免創制複決權及參加公民投票之國民；「文化」應「視為某個社會或某個社會全體特有的精神與物質、智力與情感方面的不同特點之總和；除了文學和藝術外，文化還包括生活方式、共處的方式、價值觀體系、傳統和信仰。」（2001 年「世界文化多樣性宣言」（UNIVERSAL DECLARATION ON CULTURAL DIVERSITY）序言第 5 段），因此本法中，「文化」一般指包含文學、藝術等精緻文化及常民文化。但視條文需要有時會與藝術並列使用。 參考：憲法第 11、15、163、165、166 及 169 條、憲法增修條文第 10 條第 10、11 及 12 項、日本文化藝術振興基本法 2002 第 1 條；立法委員翁金珠 2009 版第 1 條；原行政院版 2011 第 1 條；立法委員邱志偉等人 2013 版第 1 條；文化部公聽會版 2013 第 1 條；韓國文化基本法 2013 第 1 條；立法委員陳學聖版 2016 第 1 條。 2001 年「世界文化多樣性宣言」序言第 5 段。
第二條（文化基本價值與原則） 　　人民為文化及文化權利之主體。 　　文化之主體性應予確立、個人與集體之文化權利應予以保障、文化表現之多樣性應予促進、多元文化之發展應予尊重、文化資產之保存應予重視，國家應在此基礎上締結與遵循文化相關之國際條約、協定及訂定與落實文化法令與政策。	一、文化及文化權利為人民所形成與享有，而非國家。爰於第一項規定人民為文化及文化權利之主體。此人民泛指個人或集體。 二、不同的國家、社會或族群均應有足以彰顯其主體性之文化，並藉此而有多樣性之文化表現，而各個文化間亦有其差異性，構成多元文化並存之狀態，國家應

369

多元文化為建立文化國家之基礎，國家應在政策與法制上落實文化多元性，並在施政上優先考量原住民族及其他少數與弱勢族群文化上之轉型正義與特別需求，以延續與發展其文化。	確立文化之主體性、維持文化表現之多樣性，尊重多元文化之發展並保障個人與集體之文化權利，爰於第二項規定國家應確立文化主體性、發展多元文化之文化基本價值與原則，並使國家於國際及國內之條約、協定及文化法令與政策加以遵循與落實。 三、文化國家之多元文化應在政策與法制上加以落實，展現文化之多元性，基於原住民族及其他少數與弱勢族群的文化，過去受到主流文化或國家權力的壓迫或侵害，陷入文化傳承之危機，必須透過轉型正義及彌補傷害所必要之特殊需求之滿足，始能延續與發展，爰於第三項規定國家在施政上應落實文化之多元性保障弱勢文化之延續與發展。 參考：教育基本法第 2 條、美國 1965 年國家藝術與人文基金會法第 2 條第 1 項、日本文化藝術振興基本法 2002 第 2 條；立法委員翁金珠 2009 版第 4 條；立法委員陳學聖版 2016 第 2 條。「世界文化多樣性宣言」與 2005 年《保護和促進文化表現形式多樣性公約》（CONVENTION ON THE PROTECTION AND PROMOTION OF THE DIVERSITY OF CULTURAL EXPRESSIONS）。
第三條 （文化權利與國家義務一：文化平等權） 　　人民享有之文化權利，不得因族群、年齡、地域、黨派、性別、性傾向、宗教信仰、身心障礙、社會經濟地位及其他條件，而予以歧視或不合理之差別待遇。 　　國家對於原住民族、新住民、兒童、老人、婦女、身心障礙者、經濟弱勢者及其他少數與弱勢族群之文化權利，應尊重其自主性並考量其特殊性，給予特別之保障。	一、為避免人民文化權利之享有受到歧視或不合理之差別待遇，爰於第一項規定人民文化權利之平等享有。 二、為保障各類弱勢群體之文化權利之享有，各有其特殊性並應尊重其自主性給與符合其意願與需要之特別保障，爰於第二項規定國家對弱勢族群文化權利，給予特別保障之義務。 三、第三項規定國家對文化資源匱乏之偏遠地區及語言文化與宗教上少數族群之文化發展應採取積極性優惠待遇措施之原則。

文化資源匱乏之偏遠地區，國家應採取積極性措施，予以協助並促進其文化發展；對於語言、文化與宗教上之少數族群，國家應承認、尊重、保護與發展其文化，並協助其維持文化差異、文化特性與成員身分。	參考：憲法第 7 條、憲法第 163 條及 169 條、憲法增修條文第 10 條第 11 及 12 項、日本文化藝術振興基本法 2002 第 2 條、第 34 條；立法委員翁金珠 2009 版第 4 條；原行政院版 2011 第 2 條；立法委員邱志偉等人 2013 版第 2 條；文化部公聽會版 2013 第 2 條；韓國文化基本法 2013 第 4 條；立法委員陳學聖版 2016 第 2 條、第 4 條。 「世界人權宣言」第 27 條（參加文化藝術生活之自由及科學、文藝創作之保障） 一、人人有權自由參加社會之文化生活，欣賞藝術，並共同分享科學進步及其利益。（Everyone has the right freely to participate in the cultural life of the community, to enjoy the arts and to share in scientific advancement and its benefits.） 二、人人對其本人之任何科學、文學或美術作品所獲得之精神與物質利益，有享受保護之權。（Everyone has the right to the protection of the moral and material interests resulting from any scientific, literary or artistic production of which he is the author.） 「公民及政治權利國際盟約」第 19 條（意見自由） 一、人人有保持意見不受干預之權利。（Everyone shall have the right to hold opinions without interference.） 二、人人有發表自由之權利；此種權利包括以語言、文字或出版物、藝術或自己選擇之其他方式，不分國界，尋求、接受及傳播各種消息及思想之自由。（Everyone shall have the right to freedom of expression; this right shall include freedom to seek, receive and impart information and ideas of all kinds, regardless of frontiers, either orally, in writing or in print, in the form of art, or through any other media of his choice.）

	「經濟社會文化權利國際盟約」第 15 條（參加文化生活、享受科學成果、科學與文藝創作權益保護之權利及研究與創作自由）
	一、本盟約締約國確認人人有權（The States Parties to the present Covenant recognize the right of everyone:）：
	（一）參加文化生活；（To take part in cultural life;）
	（二）享受科學進步及應用之惠；（To enjoy the benefits of scientific progress and its applications;）
	（三）對其本人之任何科學、文學或藝術作品所獲得之精神與物質利益，享受保護之惠。（To benefit from the protection of the moral and material interests resulting from any scientific, literary or artistic production of which he is the author.）
	二、本盟約締約國為求充分實現此種權利而採取之步驟，應包括保存、發揚及傳播科學與文化所必要之辦法。（The steps to be taken by the States Parties to the present Covenant to achieve the full realization of this right shall include those necessary for the conservation, the development and the diffusion of science and culture.）
	三、本盟約締約國承允尊重科學研究及創作活動所不可缺少之自由。（The States Parties to the present Covenant undertake to respect the freedom indispensable for scientific research and creative activity.）
	四、本盟約締約國確認鼓勵及發展科學文化方面國際接觸與合作之利。（The States Parties to the present Covenant recognize the benefits to be derived from the encouragement and development of international contacts and co-operation in the scientific and cultural fields.）

	第 21 號一般性意見－人人有權參加文化生活 (「經濟、社會、文化權利公約」第 15 條第 1 款 (甲) 項)
	2007 年「文化權利－佛萊堡宣言」(Cultural Rights, Fribourg Declaration)
	相關法律：公民與政治權利國際公約與經濟社會文化權利國際公約施行法 (以下簡稱兩公約施行法)、兒童權利公約施行法、消除一切對婦女歧視公約施行法、身心障礙者權利公約施行法、原住民族基本法、客家基本法。
第四條 (文化權利與國家義務二：語言權利) 　　人民有使用語言進行表達、溝通與創作之自由。 　　原住民族及其他少數族群之語言權利，應予特別之保障，以確保其文化之延續與發展。 　　語言之使用與發展，另以法律定之。	一、第一項規定人民之使用語言之自由。 二、為確保原住民族及其他少數族群文化之延續與發展，必須先保障其語言之使用與發展。爰於第二項規定原住民族及其他少數群族語言權利之特別保障。 三、第三項規定語言使用與發展另以法律定之，以聯結正在研議中的國家語言發展法之立法。
	參考：憲法第 11 條、憲法增修條文第 10 條第 11 項、日本文化藝術振興基本法 2002 第 18 條；韓國文化基本法 2013 第 9 條。
	「公民及政治權利國際盟約」第 27 條 (少數族群之文化、宗教及語言權利)
	凡有種族、宗教或語言少數團體之國家，屬於此類少數團體之人，與團體中其他分子共同享受其固有文化、信奉躬行其固有宗教或使用其固有語言之權利，不得剝奪之。 (In those States in which ethnic, religious or linguistic minorities exist, persons belonging to such minorities shall not be denied the right, in community with the other members of their group, to enjoy their own culture, to profess and practise their own religion, or to use their own language.)
	相關法律：兩公約施行法、原住民族基本法、客家基本法、國家語言發展法 (草案)

第五條（文化權利與國家義務三：創作活動之自由） 　　人民有從事創作活動、進行文化表現之自由。 　　國家為促進文化之多樣性、自主性及創新性，應保障各種文化表現形式與內容，積極提供文化資源、空間、傳播與國際交流管道。	一、參考「經濟社會文化權利國際盟約」第十五條第三項，保障人民之創作自由以及《保護和促進文化表現形式多樣性公約》第二條保障人民進行文化表現之自由，爰於第一項規定人民從事創作活動（creative activity），進行文化表現（cultural expressions）之自由，此一為憲法第十一條所保障表現自由之一環。 二、促進文化表現形式之多樣性、自主性及創新性，為「保護和促進文化表現形式多樣性公約」所強調的國家義務，爰於第二項規定國家保障各種文化表現形式與內容，積極提供文化資源、空間、傳播與國際交流管道之義務。 參照：憲法第 11 條、日本文化藝術振興基本法 2002 第 2 條、第 34 條；立法委員翁金珠 2009 版第 4 條；原行政院版 2011 第 2 條；立法委員邱志偉等人 2013 版第 2 條；文化部公聽會版 2013 第 2 條；韓國文化基本法 2013 第 4 條；立法委員陳學聖版 2016 第 2 條、第 4 條。 「世界人權宣言」第 27 條、「公民及政治權利國際盟約」第 19 條、「經濟社會文化權利國際盟約」第 15 條、「保護和促進文化表現形式多樣性公約」。 相關法律：兩公約施行法。
第六條（文化權利與國家義務四：參加文化生活之權利） 　　人民享受、參加與貢獻於文化生活及文化藝術活動之自由，應予以保障。 　　國家應致力於文化保存、保護與促進文化多元性，尊重各族群的主體性與文化表現形式、鼓勵不同文化間的對話與交流，並制定多元文化政策，以強化地方、中央與國際社會間對文化表現形式多樣性的協力保障與相互合作，確保所有人民與族群在文化多元性的環境中共同參與而能共生、共榮。	一、參考「世界人權宣言」第二十七條及「經濟社會文化權利國際盟約」第十五條保障人民參與文化生活之自由，爰於第一項規定人民享受、參加與貢獻於文化生活及文化藝術活動自由之保障。 二、參加文化生活之自由，應在具有文化多元性之環境中始能充分實現，爰於第二項規定國家保護與促進文化多元性，尊重各族群的主體性與文化表現形式、鼓勵不同文化間的對話與交流之義務。

	參考：「世界人權宣言」第 27 條、「經濟社會文化權利國際盟約」第 15 條、「保護和促進文化表現形式多樣性公約」與《世界文化多樣性宣言》第 5 條、第 21 號一般性意見人人有權參加文化生活（「經濟、社會、文化權利公約」第 15 條第 1 款（甲）項）。 相關法律：兩公約施行法。
第七條（文化權利與國家義務五：精神與財產上權利與利益之保障） 　　人民創作活動成果所獲得精神與財產上之權利與利益，應予以保障。 　　國家應獎助創作活動、保護創作者關於創作成果精神及財產上之權利、促進文化創意產業之發展，調和創作人權益、產業發展與社會公共利益，以促進國家文化發展。 　　國家應參酌國際動向、科技進步及社會發展，制定、研修相關法律，隨時對相關產業人員普及宣導。	一、參考「世界人權宣言」第二十七條、「經濟社會文化權利國際盟約」第十五條對創作成果之精神與物質利益之保障，爰於第一項規定創作活動成果所獲得精神與財產上之權利與利益之保障。 二、對於創作成果之保障有賴於良好之獎助與保護機制以調和各方利益，爰於第二項規定國家應獎助文學藝術創作、致力文化保存、促進文化創意產業發展與調和各方利益之義務。 三、法隨時轉則治，爰於第三項規定國家隨時參酌各項發展，制定研修相關法律，保護創作者關於文學、科學或藝術創作之精神及財產上權益之義務。 參考：美國 1965 年國家藝術和人文基金會法第 2 條第 10 項、日本文化藝術振興基本法 2002 第 2 條、第 3 條、第 20 條及第 22 條；立法委員翁金珠 2009 版第 10 條、第 22 條；立法委員陳學聖版 2016 第 5 條、蕭雄淋律師建議條文。 「世界人權宣言」第 27 條、「經濟社會文化權利國際盟約」第 15 條、第 17 號一般性意見（2005 年）人人有權享受對其本人的任何科學、文學和藝術作品所產生的精神和物質利益的保護（經濟社會文化權利國際公約第 15 條第 1 款（丙）項）。 相關法律：兩公約施行法、著作權法。

第八條（文化權利與國家義務六：文化藝術工作者之保障與獎勵） 　　文化與藝術工作者之生存權與工作權，應予以保障。 　　國家應保障文化與藝術工作者之基本生活及勞動權益，並對從事文化藝術創作或保存工作，有重要貢獻之藝術家與保存者，應給予尊崇、獎勵與必要之協助、支持或照顧。 　　文化與藝術工作者之保障與獎勵，另以法律定之。	一、依據憲法第十五條對人民生存權與工作權之保障，及第一百六十五條保障藝術工作者之生活，國家亦應同時保障文化工作者之生活，爰於第一項規定對文化與藝術工作者生存權與工作權之保障。 二、對文化與藝術工作者之生存權與工作權之重點在於保障其基本生活與勞動條件，爰於第二項規定國家保障文化藝術工作者之生活及勞動條件，並特別對有重要貢獻之藝術家與保存者，給予尊崇、獎勵與必要之協助、支持或照顧之義務。 三、第三項規定文化藝術工作者之保障與獎勵，另以法律定之。 參考：憲法第 15 條、第 165 條、日本文化藝術振興基本法 2002 第 25 條、第 26 條、第 33 條、立法委員翁金珠 2009 版第 22 條。 相關法律：文化藝術獎助條例、勞動基準法。
第九條 （文化權利與國家義務七：文化行政參與權） 　　人民參與文化政策與法規訂定之權利，應予以保障。 　　國家應確保文化政策形成之公平、公正與透明，建立公民參與文化事務與政策形成之常設機制。	一、基於民主原則及為保障人民之文化權利，人民應有參與文化政策與法規之參與權，爰於第一項規定文化行政參與權。 二、人民之參與應建立常態性之機制始能有效參與，爰於第二項規定公民參與文化事務與文化政策形成之常設機制。有別於前項人民之參與為一般性之參與，常態性之參與機制乃是法制化、有拘束力的參與，其參與者則應為成年有法律上行為能力之公民。 參考：日本文化藝術振興基本法 2002 第 34 條。「保護和促進文化表現形式多樣性公約」第 11 條、「文化權利－佛萊堡宣言」第 8 條、第 21 號一般性意見人人有權參加文化生活（「經濟、社會、文化權利公約」第 15 條第 1 款（甲）項）第 15 點及第 55 點。

第十條（文化基本方針一：文化之保存、傳播與發揚）	一、文化之保存，包含但不限於各類文化資產之保存，其保存、傳播與發揚為國家首要之義務，爰於第一項規定國家對於文化之保存、傳播與發揚之優先考量義務。
國家對文化之保存、傳播與發揚，應在政策決定、資源分配與法規訂定時，作為優先之考量。	二、文化科技之發展與運用，有助於文化之保存、典藏、展示、教育與傳播等工作，並應張顯發揚各族群文化之主體性與多元性，爰於第二項規定國家應善用科技於文化資產及歷史記憶。
國家應善用文化科技之發展，保存、典藏、展示、教育與傳播各類文化資產及呈顯於檔案、文獻、影像、聲音與空間之歷史記憶，並彰顯各族群文化之主體性與多元性。	三、私有文化資產為國家文化資產之一部分，然其保存涉及專業與財產權之限制，國家必要時應給予適當補助、補償或移轉為公有，爰於第三項規定國家對私有文化資產之協助義務。
國家對於私有文化資產應定期普查，並應就其保存、修復與防災，提供專業協助與技術支援，必要時得依法規補助、補償、優先承購或徵收之。	四、文化保存為各級政府之義務，地方政府未履行義務時，應有監督處理之機制，爰於第四項規定中央政府對地方政府之監督義務。
中央政府應對地方政府文化保存義務之履行，有監督之義務，地方政府怠於履行義務時，中央政府應依法律介入或代行之。	五、第五項規定各類文化之保存，另以法律定之。
各類文化之保存，另以法律定之。	參考：憲法第 166 條、日本文化藝術振興基本法 2002 第 13 條、第 18 條；立法委員翁金珠 2009 版第 11 條；韓國文化基本法 2013 第 9 條。
	「經濟社會文化權利國際盟約」第 15 條第 2 項。
	相關法律：文化資產保存法、水下文化資產保存法、檔案法、地方制度法。
第十一條（文化基本方針二：文化空間與景觀）	一、文化創作、展演映及保存均需要適當之空間或場域，除政府應善用公共空間提供之外，亦可透過其他措施協助人民取得，爰於第一項規定文化創作、展演及保存空間之提供或協助人民取得。
國家應善用公共空間提供或協助人民獲得合適之文化創作、展演、映演及保存之空間。	

國家應維護與管理文化之景觀，重大公共建築或營建工程之景觀設計與開發施工，應力求與其周遭自然環境、地域歷史及文化等維持和諧避免造成衝擊。	二、為確保重大公共建築或營建工程之施作，文化相關之景觀能不遭受破壞，能與周遭自然環境、地域歷史及文化等維持和諧避免造成衝擊，爰於第二項規定文化之景觀應維護與管理之義務。 參考：日本文化藝術振興基本法 2002 第 28 條；立法委員翁金珠 2009 版第 12 條；韓國文化基本法 2013 第 9 條。 相關法律：文化資產保存法、檔案法、建築法。
第十二條 （文化基本方針三：文化與藝術教育） 　　國家為提升人民文化與藝術涵養，奠定國家文化與藝術發展基礎，應健全文化與藝術之教育體系及研究、傳習之培訓機構，並利用科技、通訊傳播媒體及公共頻道，以落實文化與藝術人才培育，並推動文化體驗教育及美學與美感教育。 　　國家應自行或委託學校、法人、團體或機構，辦理文化與藝術行政及專業人員之培育與訓練。 　　文化與藝術教育之實施，另以法律定之。	一、人民文化與藝術涵養之提升，有賴於文化與藝術之教育體系之健全及研究、傳習之培訓機構之建置，也有賴於利用科技與媒體，爰於第一項規定文化與藝術之教育體系及研究、傳習機構之健全。 二、文化與藝術行政及專業人員除透過教育體系培養之外，也必須有完善之培訓機制，來持續提升其專業知識與能力，爰於第二項規定文化行政與專業人員之培育與訓練。 三、第三項規定文化與藝術教育之實施，另以法律定之。 參考：日本文化藝術振興基本法 2002 第 17 條、第 24 條；立法委員翁金珠 2009 版第 15 條；原行政院版 2011 第 13 條；立法委員邱志偉等人 2013 版第 12 條；文化部公聽會版 2013 第 15 條；韓國文化基本法 2013 第 10 條；立法委員陳學聖版 2016 第 16 條。 相關法律：藝術教育法。
第十三條 （文化基本方針四：文化經濟之振興） 　　國家應以文化作為經濟發展之基礎，以經濟發展繁榮文化生活、促進文化傳播及推動文化發展。	一、為確立國家處理文化與經濟關係之基本方針，爰於第一項揭示文化與經濟之關係。 二、文化經濟之振興必須依賴文化與創意產業之發展及文化市場交易之穩定與

中央政府為發展文化與創意產業、維護市場穩定發展，以躋身文化經濟國家，應健全藝術與文物等創意經濟之環境，並訂定振興文化與創意產業及健全藝文市場環境之政策與法制。

文化與創意產業及藝市場之發展，另以法律定之。

活絡，因此為發展文化與創意產業、維護市場穩定發展，中央政府應訂定振興文化與創意產業及健全藝市場環境之政策與法制，爰於第二項規定文化產業振興與健全市場環境政策之訂定。

三、第三項規定文化與創意產業與藝市場之發展，另以法律定之。

參考：立法委員翁金珠 2009 版第 20 條。
相關法律：文化創意產業發展法。

第十四條
（文化基本方針五：文化永續發展）

國家為確保文化永續發展，保護文化主體性、促進文化自主性及多樣性，在制（訂）定政策或法規、締結國際條約或協定時，應考量本國文化活動、產品與服務所承載之文化意義、價值及內涵，並於合理之情形下，採取適當之優惠、獎勵、補助、輔導、補償、稅捐減免或其他必要之措施。

為確保文化永續發展，保護文化主體性、促進文化自主性及多樣性，有必要在制（訂）定政策或法規、締結國際條約或協定時，採取適當之優惠、獎勵、補助、輔導、補償、稅捐減免或其他必要之措施，以確保文化之永續發展。（此在締結國際條約或協定時，通常是基於文化例外之主張）爰於本條規定確保文化永續發展之措施。

參考：行政院 2011 版第 5 條；立法委員邱志偉等人 2013 版第 5 條；文化部 2013 公聽會版第 4 條；陳學聖 2016 版第 6 條。

第十五條
（文化基本方針六：文化影響評估）

國家基於保障文化權利、文化永續發展之整體利益，在締結國際條約與協定、制定政策與法規時，應評估對文化之正、負面影響。

國家及人民從事國土規劃、都市計畫、都市更新、生態景觀及經濟、交通、營建工程等建設與科技運用時，應辦理文化影響評估，獎勵對文化有利之作為，並避免對文化有嚴重不良之衝擊。

文化影響之評估，另以法律定之。

一、基於保障文化權利、文化永續發展之整體利益，必須透過文化影響評估來了解締結國際條約與協定、制定政策與法規時對文化之衝擊與影響，爰於第一項規定國家在締結國際條約協定、制定政策及法規時，應評估對文化之影響。

二、由於國土規劃、都市計畫、都市更新、生態景觀及經濟、交通、營建工程等建設與科技運用對於文化之影響較為重大，不僅國家之作為，即便是人民所實施，亦應進行文化影響評估，並應獎勵對文化有利之作為，並避免對文化有嚴重不良之衝擊。爰於第二項規定國家及人民，應辦理文化影響評估之情形。

三、第三項規定文化影響評估，另以法律定之。

	參考：文化部 2013 公聽會版第 15 條；韓國文化基本法第 5 條第 4 款；陳學聖 2016 版第 7 條。 相關法律：環境影響評估法。
第十六條 （文化基本方針七：臂距原則及文化獎助） 　　國家以文化預算對人民、團體或法人進行獎勵、補助、委託或其他援助措施時，應優先考量透過適當文化藝術相關法人、機構或團體為之，並遵守寬容與中立原則，尊重文化藝術工作者之專業自主，不得干預創作內容。 　　國家為鼓勵文學與藝術創作、文化資產保存、文化藝術展演、公眾捐助或公益信託，並促進民間文化消費，應制定相關獎勵、補助、租稅優惠及擴大文化經費來源之政策與具體措施，以扶持文化發展。 　　文化藝術之獎勵與補助，另以法律定之。	一、基於國家寬容與中立原則並避免國家干預創作內容，並尊重文化之自主性與專業性，爰於第一項規定臂距原則，就文化預算所為獎勵、補助、委託或其他援助措施應優先考量透過中介組織辦理。 二、為扶持文化發展必須採取多樣性之積極政策與具體措施方能有所作為，爰於第二項規定國家應制定扶持文化發展之政策與具體措施。 三、第三項規定文化藝術之獎助，另以法律定之。 參考： 相關法律：文化藝術獎助條例、國家文化藝術基金會設置條例、博物館法、圖書館法。
第十七條 （文化治理一：文化行政與中介組織） 　　國家應健全文化行政機關之組織，配置充足之人事與經費，普及均衡各類文化活動之機構、設施、展演映場所之設置，並結合各級各類學校、法人、網絡、社群、非政府組織及文化藝術團體，共同推展文化事務。 　　國家文化事務之辦理，應優先考量自主治理與專業自律之原則，依法委由各級政府文化機關以外之各級各類學校、機構、法人、非營利組織及文化藝術團體辦理，並應排除不當之行政與政治干預。	一、為健全文化治理，在組織、人事與經費上應有適當配置，相關之機構、設施、展演映場所之設置應該儘量普及且均衡設置，並應結合各類中介組織共同推展，爰於第一項規定文化行政之組織與文化事務之推動方式。 二、為尊重文化之自主性與專業性，及國家寬容與中立原則，爰於第二項規定文化事務之自主治理與專業自律之原則及委由中介組織辦理並應排除不當之行政與政治干預。 參考：日本文化藝術振興基本法 2002 第25、26、27 條、第 32 條；立法委員翁金珠 2009 版第 12 條。 相關法律：圖書館法、博物館法、行政法人法、國家表演藝術中心設置條例、文化藝術獎助條例。

第十八條 （文化治理二：中央與地方文化權限之劃分） 　　文化事務之權限，除憲法或法律規定屬於中央者外，其餘屬於地方，有爭議時由立法院解決。 　　地方負有與中央協力，本於其主體性自主訂定反映其地域特色之文化相關政策與法令，並予以實施之責任。	一、由於憲法中對於文化事務之權限劃分並未有特別規定，為確立中央與地方間文化權限劃分之基本原則，爰於第一項規定中央與地方文化權限之劃分及剩餘權之處理。 二、為確立中央與地方之協力關係，爰於第二項規定地方政府之協力義務及辦理文化事務之責任。 參考：憲法第 111 條、教育基本法第 9 條、日本文化藝術振興基本法 2002 第 4 條、第 35 條。 相關法律：地方制度法、文化部組織法。
第十九條 （文化治理三：各級政府之文化任務） 　　各級政府應推動下列文化事務： 一、保障人民與各族群文化及語言權利。 二、獎助文化藝術與舉辦藝文活動。 三、發展與扶植文化與創意產業。 四、培育文化與藝術人才。 五、保存文化資產與設置公共藝術。 六、均衡城鄉文化資源，充實文化設施內涵。 七、增進文化福利、推動美感、美學與藝術教育。 八、增加文化休閒活動及消費人口。 九、協助文化藝術傳播及行銷。 十、推展國際文化交流及合作。 十一、建立文化事務公共參與及合作機制。 十二、其他與文化發展有關事項。	考量文化事務的主要部份，不分中央與地方均應各自本於職權辦理，難以嚴格做權限劃分，爰於本條規定各級政府共同之文化任務。 參考：行政院 2011 版第 4 條；文化部 2013 公聽會版第 3 條；韓國文化基本法 2013 第 9 條；陳學聖 2016 版第 3 條。
第二十條 （文化治理四：中央政府之文化治理） 　　全國性文化事務，應由文化部統籌規劃，中央政府各機關應共同推動。	一、有關中央政府之文化治理主要在於處理全國性文化事務，其中雖以文化部為統籌機關，然各部會均應配合共同推動，始能有成。爰於第一項規定全國性文化事務之統籌規劃與協同推動。

文化部應每四年報請行政院邀集相關文化領域學者專家、社會各界及中央、地方政府機關首長，召開全國文化會議，廣納各界意見，並研議全國文化發展事務。 　　文化部應考量國家文化發展方向，社會需求及區域發展，並依全國文化會議之意見，每四年擬訂國家文化發展計畫，作為推動國家文化政策之依據。 　　行政院應設文化發展會報，由行政院長召集，邀集學者專家、中央部會及地方政府首長組成，每六個月開會一次，依前項會議之建議，協調整合中央、地方政府及跨部會文化相關事務；其應由中央與地方政府協力辦理事項，得締結行政契約，合力推動。 　　行政院各部會預算屬於文化支出用途者，各部會應就資源分配及推動策略擬訂方案，由文化部整合納入文化發展會報討論決議後對外公告，行政院各部會應配合辦理，並列入追蹤考核。	二、為廣納各界意見，應定期召開全國文化會議，研議全國文化發展事務。爰於第二項規定全國文化會議之召開。 三、為確立推動國家文化政策之依據，應依全國文化會議之意見，擬訂國家文化發展計畫，爰於第三項規定文化發展計畫之定期擬訂。 四、為協調與整合行政院各部會及中央與地方政府辦理文化事務，爰於第四項規定文化發展會報之設置，以及中央與地方政府得締結行政契約，合力推動。 五、為確保文化支出之分配與運用之合理妥適，爰於第五項規定各部會文化支出之整合處理機制與追蹤考核。 參考：翁金珠 2009 版第 8 條；行政院 2011 版第 3 條、第 6 條、第 7 條、第 8 條；立法委員邱志偉等人 2013 版第 3 條、第 5 條、第 6 條、第 7 條、第 8 條；文化部 2013 公聽會版第 6 條、第 7 條、第 8 條、第 9 條；韓國文化基本法 2013 第 8 條；陳學聖 2016 版第 4 條、第 8 條、第 10 條、第 11 條。
第二十一條 （文化治理五：地方政府之文化治理） 　　地方政府應就文化事務，每年擬訂地方文化發展計畫，提供人民監督與建言。 　　地方政府應每年邀集地方人士與文化工作者，共同召開地方文化藝術發展會議，檢討文化政策與計畫，反映地方需求。 　　地方政府應持續推動社區總體營造，開拓社區公共空間，結合地方文化人士及團體，致力於各該地方在地知識之發展。	一、為明定地方政府文化治理之責任，提供人民監督與建言，爰於第一項規定地方文化振興計畫之擬定。 二、為建立地方住民參與機制，爰於第二項規定地方文化藝術振興會議之召開。 三、基於社區總體營造、社區公共空間之開拓，以及在地知識之發展，為地方政府重要之文化事務，爰於第三項規定社區總體營造等事項地方政府之推動責任。 參考：立法委員陳學聖 2016 版第 9 條。
第二十二條 （文化治理六：文化人才與人事制度） 　　國家為落實多元文化政策，應積極延攬多元文化人才參與文化工作。	一、文化人才之延攬與文化行政與專業人員之進用，在現行人事制度下，仍有相當之困難與障礙，必須建立適合於文化治理之人事制度，爰於第一項規定文化人才之延攬與保障。

中央政府為推動文化治理、培育文化行政管理人才、傳承文化藝術經驗，應建立文化藝術行政與專業人員之進用制度。 　　文化藝術人員之進用，另以法律定之。	二、第二項規定文化行政與專業人員進用制度之建立。 三、第三項規定文化人員之進用，另以法律定之。 參考：日本文化藝術振興基本法 2002 第 16 條；立法委員翁金珠 2009 版第 14 條；原行政院版 2011 第 12 條；立法委員 2013 版第 13 條；文化部公聽會版 2013 第 13 條、第 14 條；韓國文化基本法 2013 第 10 條；立法委員陳學聖版 2016 第 15 條。 相關法律：公務人員任用法、教育人員任用條例。
第二十三條 （文化治理七：文化預算之保障） 　　（甲案） 　　各級政府文化經費預算合計，應不低於該年度預算籌編時之前三年度決算歲入淨額平均值之百分之二，並確保文化經費專款專用。 　　前項所定決算歲入淨額，指各級政府決算及特別決算中，不含舉債及移用以前年度歲計賸餘，扣除重複列計部分。 　　文化經費之保障，另以法律定之。 　　（乙案） 　　中央政府文化預算編列不得低於年度總預算歲出總額百分之二，地方政府文化預算編列不得低於年度總預算歲出總額百分之一，並應確保文化經費專款專用。 　　（丙案） 　　中央政府文化預算編列不得低於年度總預算歲出總額百分之三，並應確保文化經費專款專用。	甲案： 一、為確保文化經費之充裕，第一項規定各級政府文化經費預算之保障與專款專用。 二、第二項規定決算歲入淨額之計算。 三、由於各級政府決算歲入淨額平均值之計算、編列方式及程序必須另行規定，爰於第三項規定文化經費之保障，另以法律定之。 乙案、丙案： 為保障文化預算之充裕，爰規定文化預算佔政府總預算之比率。 參考：憲法第 164 條、教育基本法第 5 條、教育經費編列與管理法、翁金珠 2009 版第 5 條；文化部 2013 公聽會版第 11 條；韓國文化基本法第 13 條第 1 款；陳學聖 2016 版第 13 條。 相關法律：預算法、教育經費編列與管理法。

第二十四條 （文化治理八：文化基金之設置） 　　各級政府應設置文化發展基金，辦理文化資產維護、文化與藝術扶植、傳統文化傳承、文化與創意產業發展、文化與藝術人才充實、文化設施營運及文化交流等相關事項。 　　前項基金之設置、管理、運用及監督等事項，另以法律定之。	一、為健全文化經費之擴展、管理與運用之彈性，爰於第一項規定文化基金之設置。 二、為確保基金之運用與監督，爰於第二項規定文化基金之設置、管理、運用及監督等事項，另以法律定之。 參考：日本文化藝術振興基本法 2002 第 16 條；立法委員翁金珠 2009 版第 6 條；原行政院版 2011 第 11 條；立法委員邱志偉等人 2013 版第 11 條；文化部公聽會版 2013 第 12 條、第 14 條；韓國文化基本法 2013 第 13 條；立法委員陳學聖版 2016 第 14 條。
第二十五條（文化治理九：文化採購例外） 　　（甲案） 　　文化藝術相關之政府採購，除我國締結之條約或協定另有規定者外，得依採購標的之性質，由文化部另行訂定公開採購及評選之組織與程序，不受政府採購法規定之限制。 　　前項公開採購及評選之組織、程序、監督及其他相關事項之辦法，由文化部定之。 　　（乙案） 　　辦理文化藝術活動之法人或團體，接受政府補助辦理採購，不適用政府採購法之規定，但應受補助機關之監督；其監督管理辦法，由文化部定之。 　　（丙案） 　　不另訂文化採購例外規定。	一、有鑑於現行政府採購制度於文化事務之運用，仍有若干窒礙之處，爰於第一項規定文化藝術相關之特別政府採購組織與程序。 二、第二項規定文化藝術採購評選辦法之授權依據。 參考：科學技術基本法第 6 條。 相關法律：政府採購法、古蹟歷史建築及聚落修復或再利用採購辦法。 （乙案） 本條規定接受政府補助辦理文化藝術活動之法人或團體，其採購，不適用政府採購法之規定。但應受補助機關之監督。監督管理辦法，由文化部定之。
第二十六條（文化治理十：文化調查統計） 　　各級政府應定期針對人民文化權利現況及其他文化事項進行研究、調查、統計，建立文化資料庫，提供文化政策制定、學術研究發展之參考，並依法律保存、公開及提供文化資訊。	文化治理應建立在以證據及研究為基礎之政策與法規，這必須仰賴精確之統計資料與資訊，爰於本條規定文化資訊之研究、調查、統計、分析、保存、公開與提供。 參考：日本文化藝術振興基本法 2002 第 17 條；立法委員翁金珠 2009 版第 7 條；原行

	政院版 2011 第 9 條；立法委員邱志偉等人 2013 版第 9 條；文化部公聽會版 2013 第 10 條；韓國文化基本法 2013 第 11 條；立法委員陳學聖版 2016 第 12 條。 相關法律：統計法。
第二十七條（文化權利之救濟） 　　人民個人或集體之文化權利所受侵害，得依法律尋求救濟並得請求補償或賠償。	基於有權利必有救濟之憲法原則，並考量文化權利作為一種集體性權利之特殊性，爰於本條規定個人或集體之文化權利受侵害時之依法律救濟。 參考：憲法第 16 條。
第二十八條 （與其他基本法及文化法令之關係） 　　文化事務，除其他基本法有特別規定者外，適用本法之規定。 　　本法施行後，各級政府應依本法之規定，制（訂）定、修正或廢止相關法令。	一、我國現有六部基本法，其中不乏對於文化事務亦有規定者，為各該基本法均屬於特定事務及族群相關之基本法，就文化事項之規定可視為相對於文化基本法之特別規定，為釐清各基本法間之適用關係，爰於第一項規定本法與其他基本法之關係。 二、第二項規定本法施行後其他相關法令之配合制（訂）定、修正或廢止。 參考：教育基本法第 16 條、通訊傳播基本法第 16 條、原住民族基本法第 34 條、文化部公聽會版 2013 第 16 條；韓國文化基本法 2013 第 6 條；立法委員陳學聖版 2016 第 18 條。
第二十九條（施行日） 本法自公布日施行。	規定本法施行日期。

附件二：文化部「文化基本法草案」
（1060831 修正版）

2017 年全國文化會議

文化基本法論壇補充資料

文化部

中華民國 106 年 9 月 2 日

文化基本法草案

1060831 修正版

條文	說明
第一條（立法目的） 　　為落實多元文化，保障人民文化權利，促進文化多樣發展，擴大文化參與，並確立國家文化發展基本原則及施政方針，特制定本法。 　　文化事務，除其他基本法有特別規定者外，適用本法之規定。	一、規定本法之立法目的。 二、本法使用「國家」之概念作為主詞時，係相對於「人民」之概念，其範圍包含中央、地方政府及各類公法人；在涉及權限劃分時，則使用憲法上之「中央」與「地方」之用語，以指涉國家（公法人）與地方自治團體（公法人）間之權限劃分；在涉及各級政府各自之權限事項時，則使用「中央政府」、「地方政府」或「各級政府」；「人民」包含本國國民及居住於本國外國人；「公民」包含得行使選舉罷免創制複決權及參加公民投票之國民；「文化」應「視為某個社會或某個社會全體特有的精神與物質、智力與情感方面的不同特點之總和；除了文學和藝術外，文化還包括生活方式、共處的方式、價值觀體系、傳統和信仰。」（「世界文化多樣性宣言」（二〇〇一）（UNIVERSAL DECLARATION ON CULTURAL DIVERSITY）序言第五段），因此本法中，「文化」一般指包含文學、藝術等精緻文化及常民文化。但視條文需要有時會與藝術並列使用。 三、我國現有六部基本法，其中不乏對於文化事務亦有規定者，惟各該基本法均屬於特定事務及族群相關之基本法，就文化事項之規定可視為相對於文化基本法之特別規定，為釐清各基本法間之適用關係，爰於第二項規定本法與其他基本法之關係。

第二條（文化基本價值與原則：多元文化及多樣性發展） 　　國家應肯認多元文化，保障所有族群、世代與社群的自我認同，建立平等、自由參與之多元文化環境。 　　國家應保障及維護文化多樣性發展，提供多元化公共服務，鼓勵不同文化間之對話、交流、開放及國際合作。	一、第一項規定國家應認同多元文化之發展，並保障個人與集體之文化權利，發展多元文化之文化基本價值與原則。 二、第二項規定國家基於我國之多元文化核心價值，應保障及維護文化多樣性發展，並鼓勵不同文化間之對話、交流、開放及國際合作。 三、多元文化（multicultures）在此指涉為靜態的文化分類，多用於政策上，例如多元文化政策可能包括原住民族文化政策、客家文化政策、性別文化政策等。文化多樣性（cultural diversity）指涉為不同族群、性別、性傾向、宗教或階級等背景交錯下產生的文化創作形式與樣貌，往往是跨越分類與雜揉的文化藝術成品，難以分類，屬於動態的結果。因此，多元文化不等同於文化多樣性，但文化多樣性需要建立於多元文化的環境下才能出現。
第三條（創作表意參與自由） 　　人民為文化及文化權利之主體，享有創作、表意、參與之自由及自主性。	一、文化及文化權利為人民所形成與享有，而非國家。爰規定人民為文化及文化權利之主體。此人民泛指個人或集體。 二、我國憲法對於創作活動、進行文化表現與傳播之自由，未有明文之規定，為確認這些自由之保障，參考「世界人權宣言」第二十七條、「經濟社會文化權利國際公約」第十五條，保障人民參與文化生活之自由、創作自由，及「保護和促進文化表現形式多樣性公約」第二條保障人民進行文化表現之自由，爰規定人民享有創作自、表意、參與文化生活之自由及自主性。
第四條（權利平等原則） 　　人民享有之文化權利，不因族群、語言、性別、性傾向、年齡、宗教信仰、身心狀況、社會經濟地位及其他條件，而予以歧視或不合理之差別待遇。	我國憲法對於文化權利之平等享有，並未有明文之規定，為確認文化權利一律平等，避免人民文化權利之享有受到歧視或不合理之差別待遇，爰規定人民文化權利之平等享有。

第五條（文化近用權） 　　人民享有參與、欣賞與共享文化之近用權利。 　　國家應建立友善平權文化環境，落實人民參與文化生活權利。	一、本條規定人民近用文化之權利，包括參與、欣賞與共享文化生活。 二、第二項規定為實現人民文化近用權，參與文化生活之機會，國家應建立友善平權文化環境。
第六條（語言權） 　　人民享有選擇語言進行表達、溝通、傳播及創作之權利。 　　各族群之母語及手語等非口語形式之語言，均受國家之保護。	一、我國憲法對於語言權利未有明文之規定，為確認語言權利之保障，第一項規定人民享有選擇語言進行表達、溝通、傳播與創作之自由權利，國家應尊重之。 二、第二項規範各族群之母語及手語等非口語形式之語言，均受國家之保護。語言依「身心障礙者權利公約」之定義，包括口語、手語及其他非口語形式的語言。
第七條（創作者智慧財產權） 　　人民享有創作活動成果所獲得精神及財產上之權利與利益，國家應予以保障。 　　國家應保護創作者之權利，調和創作人權益、產業發展與社會公共利益，以促進文化發展。	一、我國憲法對於人民創作活動成果所獲得精神及財產上之權利保障，未有明文之規定，為確認這些保障，參考「世界人權宣言」第二十七條、「經濟社會文化權利國際公約」第十五條對創作成果之精神與物質利益之保障，爰規定創作活動成果所獲得精神與財產上之權利保障。 二、對於創作成果之保障有賴於良好之保護機制以調和各方利益，爰為第二項規定。
第八條（文化行政參與權） 　　人民享有參與文化政策及法規訂定之權利。 　　國家應確保文化政策形成之公開透明，並建立人民參與之常設機制；涉及各族群文化與語言政策之訂定，應有各該族群之代表參與。	一、我國憲法對於人民參與文化政策及法規訂定之權利，未有明文之規定，為確認這些權利之保障，並基於民主原則及為保障人民之文化權利，人民應有參與文化政策與法規之參與權，爰於第一項規定文化行政參與權。 二、人民之參與應建立常態性之機制始能有效參與，爰於第二項規定公民參與文化事務與文化政策形成之常設機制。另考量涉及各族群文化與語言政策之訂定，應有利害關係族群之代表參與，爰

	規定涉及各族群文化與語言政策之訂定，應有各該族群之代表參與。
第九條（文化基本方針一：文化之保存、維護與發揚） 　　國家於政策決定、資源分配及法規訂定時，應優先考量文化之保存、維護及宣揚，並訂定文化保存政策；文化之保存，應有公民參與機制。 　　國家對文化資產之保存，其屬公有者，應由所有人或管理機關（構）編列預算辦理。 　　中央政府應對地方政府文化保存義務之履行，有監督之義務；地方政府違反法律規定或怠於履行義務時，中央政府應依法律介入或代行之。 　　文化之保存，以法律定之。	一、文化之保存，包含但不限於各類有形或無形文化資產之保存，其保存與宣揚為國家首要之義務，爰於第一項規定國家對於文化之保存與宣揚之優先考量義務。另考量文化之保存，涉及文化認同與價值選擇，並非單純的專業與技術問題，爰規定應有公民參與之機制。 二、第二項規定公有文化資產之所有人或管理單位應編列預算辦理文化保存工作。 三、文化保存為各級政府之義務，地方政府違法或未履行義務時，應有監督處理之機制，爰於第三項規定中央政府對地方政府之監督義務。 四、第四項規定文化之保存，以法律定之。
第十條（文化基本方針二：博物館之發展） 　　為尊重、保存、維護國家文化多樣性，國家應健全博物館事業之發展，提升博物館之專業性及公共性。各級政府應透由多元形式或科技媒體等增進人民之文化近用，以落實文化保存及知識傳承。 　　國家應建立博物館典藏制度，針對博物館之典藏管理、修復及踐行公共化等事項訂定相關法令及政策。 　　博物館之發展與輔導，以法律定之。	博物館呈顯國家文化之豐富多樣性，且為研究、典藏、展示、教育及公共服務之重要文化機構，更肩負提供所有族（社）群教育學習、溝通互動各類專業知識之責任。為保障大眾參與文化之基本權利，並使各級政府共同推動博物館事業整體發展，以提升博物館專業性、多元性及公共性，爰為本條規定。
第十一條 （文化基本方針三：圖書館之發展） 　　國家應促進圖書館之設立，並鼓勵圖書館釋出具有文化價值之典藏資源，透過館際合作、推廣及促進開放利用，以豐富文化內容。	為推動圖書館具有文化價值典藏資源之利用，國家應建立機制，透過多元館際之合作，推廣及促進開放近用，豐富文化內容，以實現圖書館之公共性。

第十二條 （文化基本方針四：文化空間之提供） 　　國家應致力於各類文化活動之機構、設施、展演、映演場所之設置，並善用公共空間，提供或協助人民獲得合適之文化創作、展演、映演及保存之空間。	文化創作、展演、映演及保存均需要適當之空間或場域，除政府應善用公共空間提供之外，亦可透過其他措施協助人民取得，爰規定國家應確保各類文化活動之機構、設施、展演、映演場所之設置，提升營運內涵，並善用公共空間，提供或協助人民取得文化創作、展演及保存空間。
第十三條 （文化基本方針五：社區總體營造） 　　國家應鼓勵民眾積極參與社區公共事務，開拓社區公共空間，整合資源，支持在地知識傳承及推廣，以促進在地文化發展。	為促進在地文化發展，國家應透過社區總體營造，鼓勵民眾積極參與社區公共事務，開拓社區公共空間，並支持在地知識之傳承與發展。
第十四條（文化基本方針六：文化教育） 　　國家應於各教育階段提供文化教育及藝文體驗之機會。 　　國家應鼓勵藝術專業機構之設立，並推動各級學校開設藝術課程。 　　國家應自行或委託學校、機構、法人、團體，辦理文化與藝術專業及行政人員之培育與訓練。 　　文化教育之實施，以法律定之。	一、第一項規定國家應於各教育階段提供文化教育，並提供藝文體驗之機會。 二、文化藝術教育之扎根，有賴文化與藝術教育之建立，爰於第二項規定國家應積極鼓勵藝術專業機構之設置，推動各級學校設立藝術學程。 三、文化與藝術行政及專業人員除透過教育體系培養之外，也必須有完善之培訓機制，來持續提升其專業知識與能力，爰於第三項規定文化與藝術專業及行政人員之培育與訓練。 四、第四項規定文化教育之實施，以法律定之。
第十五條 （文化基本方針七：文化經濟之振興） 　　國家應致力以文化厚實經濟發展之基礎，並促進文化經濟之振興。 　　國家為發展文化與創意產業，應訂定相關獎勵、補助、投資、租稅優惠及其他振興政策與法規。 　　文化與創意產業之發展，以法律定之。	一、為確立國家處理文化與經濟關係之基本方針，爰於第一項揭示文化與經濟之關係。 二、文化經濟之振興必須依賴文化與創意產業（包含但不限於文化創意產業）之發展及文化市場交易之穩定與活絡，因此為發展文化與創意產業、維護市場穩定發展，國家應訂定相關獎勵、補助、投資、租稅優惠及其他振興政策與法規。 三、第三項規定文化與創意產業之發展，以法律定之。

第十六條（文化基本方針八：文化傳播） 　　國家因應資通訊傳播技術發展，應訂定文化傳播政策，鼓勵我國原生文化之數位內容。 　　為提供多元文化之傳播內容，維護多元意見表達，保障國民知之權利，國家應建構公共媒體體系，提供公共媒體服務。 　　為保障公共媒體之自主性，國家應編列預算提供穩定財源；並自頻譜釋照收入，回饋一定比率金額，挹注公共媒體發展，健全傳播環境。 　　公共媒體之發展，以法律定之。	一、為發展臺灣原生文化數位內容，爰規定國家須順應時代之資通訊傳播科技發展，訂定合宜之文化傳播政策。 二、公共媒體是一個國家之文明指標，國家應建構完整之公共媒體服務體系，除了彌補商業媒體之社會功能不足外，面對多元社會之發展，更需肩負提升公民社會素養、推動文化平權之積極功能，完成建立公共領域、社會參與及文化認同之重要使命，以因應社會對於具備文化傳遞、知識播送與產業趨動的公共媒體之需求，爰訂定第二項。 三、公共媒體之發展攸關全民利益與社會責任，臺灣在商業媒體林立之下，公共媒體應確保其公共性及自主性，創造公益價值之經營模式，並應有充足且穩定之財源，始能有效落實並維護其公共性及自主性，除政府編列預算外，並藉由頻譜釋照收入，回饋一定比率金額，挹注公共媒體發展之經費，以健全傳播環境。爰訂定第三項。
第十七條（文化基本方針九：文化科技） 　　國家應訂定文化科技發展政策，促進文化與科技之合作與創新發展，並積極培育相關人才、充實基礎建設及健全發展環境。	文化與科技結合背後之核心價值，包括對人文之追求及想像，及對生活改善與前進之期待，爰規定國家應訂定文化科技發展政策，據以實現文化科技永續發展之創新生態系；並培育文化與傳播之跨域人才、強化基礎建設、健全創新環境之發展。
第十八條 （文化基本方針十：文化交流及文化例外） 　　國家應致力參與文化相關之國際組織，並促進文化國際交流活動。 　　國家為維護文化自主性及多樣性，應考量本國文化活動、產品與服務所承載之文化意義、價值及內涵，訂定文化經貿指導策略，作為國際文化交流、經貿合作之指導方針，並於合理之情形下，採取適當之優惠、獎勵、補助、輔導、補償、稅捐減免或其他必要之措施。	一、為推動文化交流，爰於第一項規定國家應致力參與文化相關之國際組織，並促進文化國際交流活動。 二、第二項係為保護我國之文化自主性及多樣性，國家應考量本國文化活動、產品與服務所承載之文化意義、價值及內涵，訂定國際文化交流及經貿合作整體指導策略，作為國際文化交流、經貿合作之指導方針，並於合理之情形下採取適當之必要措施。

第十九條（文化基本方針十一：文化藝術工作者保障及文化獎助） 　　文化與藝術工作者之生存權及工作權，應予以保障。 　　國家應保障文化與藝術工作者之勞動權益；對從事文化藝術創作或保存工作，有重要貢獻者，應給予尊崇、獎勵及必要之協助與支持。 　　文化與藝術工作者之保障及獎勵，以法律定之。	一、憲法第十五條規定人民生存權與工作權之保障及第一百六十五條規定國家應保障藝術工作者之生活，並依國民經濟之進展，隨時提高其待遇，又依大法官解釋第 485 號國家應提供各種給付，以保障人民得維持合乎人性尊嚴之基本生活需求，故基於人權，國家應保障文化藝術工作者能擁有符合人性尊嚴之生活，爰於第一項規定規定文化藝術工作者生存權及工作權之保障。 二、文化藝術工作之性質多元且廣，政府應健全創作工作之條件與環境，並保障文化藝術工作者之勞動權益。 三、第三項規定國家對有重要貢獻之藝術家與保存者，應給予尊崇、獎勵及必要之協助、支持。
第二十條（文化治理一：文化行政與中介組織及臂距原則） 　　國家應健全文化行政機關之組織，配置充足之人事及經費，並結合學校、法人、網絡、社群、非政府組織及文化藝術團體，共同推展文化事務。 　　國家以文化預算對人民、團體或法人進行獎勵、補助、委託或其他援助措施時，應優先考量透過文化藝術領域中適當之法人、機構或團體為之，並應落實臂距原則，秉持中立、寬容立場，排除不當之行政與政治干預，尊重文化表現之自主。	一、為健全文化治理，在組織、人事與經費上應有適當配置，相關之機構、設施、展演、映演場所之設置應該儘量普及且均衡設置，並應結合各類中介組織共同推展，爰於第一項規定文化行政之組織與文化事務之推動方式。 二、基於國家寬容與中立原則，避免國家干預創作內容，並尊重文化之自主性與專業性，落實多元文化與文化平權之精神，爰規定臂距原則，就文化預算所為獎勵、補助、委託或其他援助措施應優先考量透過中介組織辦理，並給予各族群平等機會，重視文化差異之特別需求，尊重文化與藝術工作者之專業自主。
第二十一條（文化治理二：中央與地方政府之文化治理與協力） 　　全國性文化事務，由文化部統籌規劃，中央政府各機關應共同推動。中央與地方政府應協力文化治理，其應協力辦理事項得締結行政契約，合力推動。	一、有關中央政府之文化治理主要在於處理全國性文化事務，其中雖以文化部為統籌機關，然各部會均應配合共同推動，始能有成。另為協調與整合中央與地方政府辦理文化事務之協力，規定中央與地方政府得締結行政契約，合力推動。

文化部應每四年召開全國文化會議，廣納各界意見，並研議全國文化發展事務。 　　地方政府應建立人民參與文化政策之常設性機制，並應每四年邀集地方公民團體及文化工作者，共同召開地方文化發展會議，訂定地方文化發展計畫。 　　行政院應召開文化會報，由行政院院長召集，邀集學者專家、中央部會及地方政府首長組成，針對國家文化發展方向、社會需求及區域發展，定期訂定國家文化發展計畫。 　　行政院各部會預算屬於文化支出用途者，各部會應就資源分配及推動策略擬訂方案，納入文化會報協調整合追蹤。	二、為廣納各界意見，應每四年召開全國文化會議，研議全國文化發展事務。爰於第二項規定全國文化會議之召開。 三、第三項明定地方政府文化治理之責任，得就文化事務，訂定地方文化自治法規，建立人民參與文化政策的常設性機制，每四年邀集地方公民團體及文化工作者，共同召開地方文化發展會議，訂定地方文化發展計畫，接受人民監督。 四、為協調與整合行政院各部會及中央與地方政府辦理文化事務，爰於第四項規定行政院應召開文化發展會報，並應定期訂定國家文化發展計畫。 五、為提升文化支出預算之資源分配效率，第五項規定行政院各部會預算屬於文化支出用途者，各部會應就資源分配及推動策略擬訂方案，並納入文化會報協調整合追蹤。
第二十二條 （文化治理三：文化人才與人事制度） 　　國家為落實多元文化政策，應積極延攬國內、外多元文化人才參與文化工作。 　　為推動文化治理、傳承文化與藝術經驗，中央政府應建立文化與藝術專業人員之進用制度。 　　文化與藝術專業人員之進用，以法律定之。	一、多元文化人才之延攬與文化專業人員之進用，在現行人事制度下，仍有相當之困難與障礙，必須建立適合於文化治理之人事制度，爰於第一項規定文化人才之延攬。 二、第二項規定文化與藝術專業人員進用制度之建立，所稱文化與藝術專業人員係指政府各文化機關（構）組織法規中，定有職稱並列為聘任職務之研究及專業人員。 三、第三項規定文化與藝術專業人員之進用，以法律定之。
第二十三條 （文化治理四：文化預算及文化基金） 【第一項】 （甲案） 　　各級政府應寬列文化經費，保障專款專用，並合理分配及運用文化資源。	（甲案） 一、為保障文化預算之充裕，爰於第一項規定各級政府應寬列文化經費。本條參考憲法第一百六十四條、憲法增修條文第十條、教育基本法第五條、教育經費編列與管理法第三條、科技基本法第三條、原住民族教育法第九條。

前項文化經費之編列與保障之方式，以法律定之。	二、規範前項文化經費之編列與保障方式另以法律定之，提升文化經費運用績效。
（乙案）	（乙案）
各級政府應持續充實、保障文化發展所需經費之穩定成長，使合計之文化預算逐年成長至該年度預算籌編時之前三年度決算歲入淨額平均值之百分之二，並確保文化經費專款專用。	一、為確保文化經費之充裕，第一項規定各級政府文化經費預算之保障與專款專用。
前項所定決算歲入淨額，指各級政府決算及特別決算中，不含舉債及移用以前年度歲計賸餘，扣除重複列計部分。	二、第二項規定決算歲入淨額之計算。
文化經費之保障，另以法律定之。	三、由於各級政府決算歲入淨額平均值之計算、編列方式及程序必須另行規定，爰於第三項規定文化經費之保障，另以法律定之。
（丙案）	（丙案）
中央政府應持續充實、保障文化發展所需經費之穩定成長，使文化預算逐年成長至年度總預算歲出總額百分之三，並應確保文化經費專款專用。	為保障文化預算之充裕，爰規定應逐年充實文文化預算至政府總預算之比率。
【第二項】	【第二項】
政府應設置文化發展基金，辦理文化發展相關事項。	一、為健全文化經費之擴展、管理與運用之彈性，爰規定文化發展基金之設置。
前項基金之設置、管理、運用及監督等事項，以法律定之。	二、規範文化發展基金之設置、管理、運用與監督另以法律訂之。
第二十四條（文化治理五：文化影響評估）	一、基於保障文化權利、文化永續發展之整體利益，必須透過文化影響評估來了解政策與法規制定時對文化之衝擊與影響，爰於第一項規定國家在制定政策及法規時，應評估對本國文化之影響。
國家為保障文化權利與文化永續發展，在締結國際條約與協定及制（訂）定重大政策與法規時，應評估對本國文化之影響。	
國家及人民從事國土規劃、都市計畫、都市更新、重大公共工程及科技運用有影響文化之虞時，應辦理文化影響評估，採取對文化有利之作為，並避免對文化造成重大或難以回復之衝擊或損害。	二、由於重大開發行為（如國土計畫、重大公共工程）與科技運用對於文化之影響較為重大，不僅國家之作為，即便是人民所實施，亦應進行文化影響評估，並避免對文化有嚴重不良之衝擊。爰於第二項規定國家及人民，應辦理文化影響評估之情形。
文化影響之評估，以法律定之。	三、第三項規定文化影響評估，以法律定之。

第二十五條（文化治理六：文化採購例外）

（甲案）

國家為維護文化藝術價值及保障文化藝術工作者、文化藝術事業參與文化藝術活動之權益，文化部得就接受政府預算所辦理之文化藝術採購，訂定相關規範，作為文化藝術採購之指導原則，但不得違反我國締結條約及協定。

在前項規定下，政府得依採購需求之性質，以公平合理原則，優先邀請或委託具有相關專業之文化藝術工作者、文化藝術事業參與。

法人或團體接受政府補助辦理文化藝術採購，不適用政府採購法之規定。但應受補助機關之監督；其監督管理辦法，由文化部定之。

（乙案）

機關邀請或委託文化藝術專業人士、機構、團體表演、參與文藝活動或提供文化服務之文化藝術採購，其採購方式、種類、程序、範圍、相關資格及其他應遵行事項之辦法，由文化部定之，不受政府採購法限制。但不得違反我國締結之條約及協定。

法人或團體接受政府補助辦理文化藝術採購，不適用政府採購法之規定。但應受補助機關之監督；其監督管理辦法，由文化部定之。

（丙案）

法人或團體接受政府補助辦理文化藝術採購，不適用政府採購法之規定。但應受補助機關之監督；其監督管理辦法，由文化部定之。

（甲案）

一、鑑於現行政府採購制度於文化藝術價值及文化藝術工作者權益，尚難以一般採購標準予以充分之尊重及權益之保障，爰於第一項規定文化部得另訂招標文件所需載明事項、接受政府採購再分包辦理藝文採購、藝文活動衡量基準參考原則、採購契約範本等相關規範，作為政府機關辦理文化藝術採購之指導原則（接受政府採購再分包辦理藝文採購亦屬之），但不得違反我國締結條約及協定。

二、於公平合理原則下，第二項規定得優先邀請文化藝術工作者或事業參與，以免價格競爭而犧牲文化的創作與獨特性格。

三、第三項規定接受政府補助辦理文化藝術活動之法人或團體，其採購不適用政府採購法之規定，給予其辦理採購之彈性；所謂文化藝術活動係指文化藝術獎助條例第二條所規定之事項。惟以政府經費挹注，仍有必要另訂辦法監督管理，爰明定由文化部訂定監督管理辦法之授權依據。

（乙案）

一、鑑於現行政府採購制度於文化事務之運用，基於文化藝術創意性質，尚難以一般採購標準評之，爰於第一項規定文化部得訂定文化藝術相關採購之規定。

二、第二項規定接受政府補助辦理文化藝術活動之法人或團體，其採購不適用政府採購法之規定，給予其辦理採購之彈性，惟以政府經費挹注，仍有必要另訂辦法監督管理，爰明定由文化部訂定監督管理辦法之授權依據。

	（丙案） 不另訂文化採購例外規定，僅就接受政府補助辦理文化藝術活動之法人或團體，其採購，不適用政府採購法之規定。但應受補助機關之監督。監督管理辦法，由文化部定之。
第二十六條（文化治理七：文化調查統計） 　　各級政府應針對人民文化權利現況及其他文化事項，進行研究、調查、統計，並建立文化資料庫，提供文化政策制定與學術研究發展之參考，並依法律保存、公開及提供文化資訊。 　　各級政府為辦理文化研究、調查與統計所需之必要資料，得請求有關機關（構）提供，各該機關（構）不得拒絕；所取得之資料，其保存、利用等事項，應依相關法規為之。	一、文化治理應建立在以證據及研究為基礎之政策與法規，這必須仰賴精確之統計資料與資訊，爰於本條規定文化資訊之研究、調查、統計、分析、保存、公開與提供。 二、為確保文化調查統計資料之完整與正確，參考全民健康保險法第七十九條，於第二項規定各有關機關（構）有提供之義務，各級政府對取得之資料並應依法規保存、利用。
第二十七條（文化權利之救濟） 　　人民個人或集體之文化權利所受侵害，得依法律尋求救濟並得請求補償或賠償。	基於有權利必有救濟之憲法原則，並考量文化權利作為一種集體性權利之特殊性，爰於本條規定個人或集體之文化權利受侵害時之依法律救濟。
第二十八條 （與其他基本法及文化法令之關係） 　　本法施行後，各級政府應依本法之規定，制（訂）定、修正或廢止相關法令。	一、規定本法施行後其他相關法令之配合制（訂）定、修正或廢止。 二、本條參考教育基本法第十六條、通訊傳播基本法第十六條、原住民族基本法第三十四條；韓國文化基本法（二〇一三）第六條。
第二十九條（施行日） 　　本法自公布日施行。	規定本法施行日期。

附件三：2015-2017 年臺灣文化治理相關新聞表列

	新聞標題	作者	媒體	日期	短網址
臺灣文化政治與文化治理					
文化政策與全國文化會議	公視風波落幕文化部致歉和解	李欣恬	中時	2017/06/14	https://goo.gl/PpgwA3
	全國文化機關主管會報下午熱議文資保存臺北市文化局長鍾永豐缺席	凌美雪	自由	2017/09/27	https://goo.gl/3PHqZD
	賴清德組閣故宮院長與文化部長皆留任文化治理受期待	蔡文居	自由	2017/09/06	https://goo.gl/MWEcmt
	全國文化會議開跑　鄭麗君：5月提文化基本法草案	洪德諭	蘋果	2017/03/08	https://goo.gl/kzUjyw
	全國文化會議開跑結論納文化基本法	楊媛婷	自由時報	2017/03/08	https://goo.gl/iE88su
	籲請鄭麗君部長速召開「全國文化會議」	陳宜群	蘋果	2017/03/05	https://goo.gl/v3oVF7
	落實公民文化權文化部全國文化會議ing	臺灣英文新聞	蘋果	2017/03/08	https://goo.gl/nwz9jt
	「文化是眾人的事」全國文化會議分區論壇今舉行邀民眾集思廣益	臺灣英文新聞	蘋果	2017/03/25	https://goo.gl/vXiAB5
	文化視野如何滲透？文化基本法與2017全國文化會議	劉育良	全球藝評	2017/06/08	https://goo.gl/UyJhw1
	首場文化會議屏東登場　挨諷「文化大拜拜」	陳宏銘	蘋果	2017/03/25	https://goo.gl/qHjuxP
	談臺灣文化發展文化部長提由下而上治理	洪德諭	蘋果	2017/01/03	https://goo.gl/V9jLiY
	公民意見納文化政策白皮書翻轉施政思維	中央社	聯合	2017/09/02	https://goo.gl/3CTGrz
	文創院改名、轉型文化部改推文化內容策進院	陳宛茜	聯合新聞	2016/11/17	https://goo.gl/8BefZX

	新聞標題	作者	媒體	日期	短網址
	臺灣文化政治與文化治理				
文化政策與全國文化會議	文化部擬增設「文策院」pk 韓國「振興院」	陳宛茜	自由時報	2017/03/09	https://goo.gl/g88Aef
	賴清德立院報告「文化臺灣」列國家建設首位鄭麗君：很感動	王藝菘	自由	2017/09/26	https://goo.gl/52n86q
	賴清德組閣故宮院長與文化部長皆留任文化治理受期待	蔡文居	自由	2017/09/06	https://goo.gl/MWEcmt
	李玉芬接史前館長文化部允經費挹注	莊哲權	中時	2017/04/27	https://goo.gl/RBEJ79
	文化部：只建大型場館做法將改變	楊明怡	自由	2017/09/04	https://goo.gl/GjqXrq
	原民歌手舒米恩獲選公視董事	唐鎮宇 陳薈涵	蘋果	2016/08/27	https://goo.gl/yyH7fc
	陳郁秀出任公視董座	毛敬智	蘋果	2016/09/27	https://goo.gl/cC3D2q
	文化部編 3 億「捐贈」國藝會	趙靜瑜	中時	2017/06/03	https://goo.gl/ohpH3C
	國藝會修組織章程文化部年列預算補助	楊媛婷	自由	2017/03/22	https://goo.gl/cR8Bux
	文化部公布前瞻基礎建設鄭麗君：越基礎越前瞻	陳宛茜	聯合報	2017/07/11	https://goo.gl/NEGc1h
	文資審議爭議不斷鄭麗君：一年內開全國文化資產會議	吳佩旻	聯合	2017/09/03	https://goo.gl/jT3XbR
	防「政治黑手」伸入古蹟文資審議設利益迴避機制	陳宛茜	聯合新聞網	2017/06/22	https://goo.gl/Zbw6sp
	像政令宣導！文資論壇急改開放討論	喻文玟	聯合	2017/07/23	https://goo.gl/ 5iPoce
	人權館組織法本周送政院審查	洪德諭	蘋果	2017/07/16	https://goo.gl/bC2Fhw

	新聞標題	作者	媒體	日期	短網址
臺灣文化政治與文化治理					
跨部會協調與資源整合	NCC 攜文化部關切 OTT 盼健全通訊環境	中央社	聯合	2017/06/28	https://goo.gl/do31pY
	鄭麗君推文化治理促跨部會協同合作	中央社	聯合	2017/09/27	https://goo.gl/ 8szGwu
	青少年將有文化卡、文化帳戶	吳佩旻	聯合	2017/09/04	https://goo.gl/gQA8GL
	鄭麗君、陳良基攜手耕耘文化科技田	楊明怡	自由	2017/07/25	https://goo.gl/ 16MCMC
	（影音）文化與教育跨部會合作推 12 年國教「藝拍即合」	凌美雪	自由	2017/09/27	https://goo.gl/pUQUko
	文化部、故宮、文化總會攜手民間籌辦鄭問紀念展	凌美雪	自由	2017/06/21	https://goo.gl/pCj8Gf
文化法規與行政體制	藝術家林良材控經紀人侵占文化部將擬法律協助機制	簡榮豐	自由	2017/09/25	https://goo.gl/ 595emg
	童子賢嘆臺灣文創最缺「制度」 立志當先行者	中央社	蘋果	2017/07/05	https://goo.gl/FFouqi
	街頭藝人證照制文化部：下半年討論	中央社	聯合	2017/07/14	https://goo.gl/DQuAbG
	文化升級是空話？鄭麗君：將修文資法	譚有勝	聯合	2017/09/03	https://goo.gl/G8K5SG
	地方文資爭議頻傳鄭麗君想修法	凌美雪	自由	2017/06/19	https://goo.gl/zPRUyt
	升格文資署鄭麗君：文資不再靠搶救	陳宛茜	聯合	2017/09/28	https://goo.gl/ 34apBQ
	文資法修法後北市人力不足柯文哲同意增 18 人	吳思萍	聯合	2017/09/22	https://goo.gl/TN68zi
	博物館起火怎麼辦？演練水霧滅火不傷古蹟	李奕昕	聯合	2017/09/18	https://goo.gl/rfPxHH
	鄭麗君嘆：臺灣文化保存靠公民被當文化恐怖份子	喻文玟	聯合	2017/07/22	https://goo.gl/BiPwR7
	土地產權爭議申請古蹟卡關	張安蕎	自由	2017/09/28	https://goo.gl/xnh6qn
	文化部組織調整文資司局將整併成署	中央社	聯合	2017/09/27	https://goo.gl/k3vapx
	同樣是人，為什麼障礙者的文化權利沒有保障？	管中祥	蘋果	2017/06/06	https://goo.gl/ReHHy6
	搶救血汗藝文立委催生藝文採購法	何定照	聯合	2017/04/20	https://goo.gl/QcNNyv
	民間捐文物給博物館可抵稅？林全：先建立具公信力鑑價機制	羅添斌	自由	2017/08/28	https://goo.gl/AL9npB

	新聞標題	作者	媒體	日期	短網址
	臺灣文化政治與文化治理				
文化法規與行政體制	地方自治第一遭　高雄「三館一法人」惹爭議	汪宜儒	報導者	2016/07/01	https://goo.gl/i978Tg
	風起雲湧的行政法人　是救世主還是不歸路？	汪宜儒	報導者	2016/07/02	https://goo.gl/rADgoc
	高美館蛻變下月轉型為行政法人	黃佳琳	自由時報	2017/06/21	https://goo.gl/1gkKCh
	文化部長鄭麗君留任洗刷「最政治的文化部長」封號將成檢驗重點	趙靜瑜	中時	2017/09/07	https://goo.gl/pHGCEL
	臺灣文化經濟與文化治理				
臺灣文化經濟治理與生態體系	全國文化會議藝文工作者低薪成話題	楊明怡	自由	2017/09/03	https://goo.gl/SqeQZE
	挺影視產業四路並進金管會攜手文化部	朱漢崙	中時	2017/03/28	https://goo.gl/rMHfMs
	鄭麗君仿韓打造「台流」推台語片走入國際	賀靜賢 吳琬婷 許世穎	自由	2017/09/25	https://goo.gl/6y9qQc
	【影片】蔡總統：支持國發基金投資影視	林修卉	蘋果	2017/02/07	https://goo.gl/V64Nn4
	挺影視產業四路並進金管會攜手文化部	朱漢崙	中時	2017/03/28	https://goo.gl/1opvqL
	政院文化會報攬魏德聖拼影視	陳郁仁	蘋果	2016/09/08	https://goo.gl/sbgs8T
	施振榮卸任期許企業福利金轉助藝文	楊媛婷	自由	2017/01/02	https://goo.gl/VtBYxd
	文化部長鄭麗君：建立文化經濟生態鏈	楊媛婷	自由	2017/05/02	https://goo.gl/pZPWHi
文化創意產業發展狀況	「搶錢」故宮文創課開價 2 萬	張文馨	蘋果	2016/07/04	https://goo.gl/WCFwWg
	文創獎補助業師制度陪伴圓夢	中央社	聯合	2017/05/19	https://goo.gl/bYUPjT
	留住人才林佳龍：打造動漫產業中心	黃鐘山	自由	2017/08/28	https://goo.gl/w1eBfr
	雜誌走到了盡頭？「小編想燃燒雜誌魂，老編卻不指望創雜誌」	劉揚銘	鳴人堂	2016/01/24	https://goo.gl/31dbR8
	文化部三招救出版業	邱莉玲	中時	2017/01/04	https://goo.gl/RQkcMF
	文化部設平台文學影劇跨界合作	林琬淪	聯合	2017/05/02	https://goo.gl/TM2kpF

	新聞標題	作者	媒體	日期	短網址
	臺灣文化經濟與文化治理				
國家預算與文化資源配置	文化部明年預算歷年最高	邱莉玲	中時	2016/08/19	https://goo.gl/w94JX7
	文化預算增加文資多 13 億最多	中央社	聯合	2016/09/12	https://goo.gl/At773e
	出席文化論壇鄭文燦：文化預算永遠不夠	李京昇	聯合	2017/09/03	https://goo.gl/TWhNy2
	文化部 222.7 億前瞻預算全數通過	邱莉玲	中時	2017/07/12	https://goo.gl/rvHgVr
	文創產業文化部祭 64.7 億	呂雪彗	中時	2017/03/22	https://goo.gl/Pck1q9
	公有自然地景管理保存未來補助有譜	中央社	聯合	2017/04/06	https://goo.gl/ 3dwqtn
	文化部修法增政府補助國藝會設 3 層監督	中央社	聯合	2017/05/31	https://goo.gl/ 6Rymgh
	自編 1.3 億修復古蹟台南地院獲國家文資保存獎	洪敬法	聯合	2017/09/16	https://goo.gl/a3Zp7K
藝文補助相關爭議	【更新】流行音樂跨界補助年發 3 千萬誰能決定？文化部改口：研議公開	Jesse	關鍵評論網	2016/07/28	https://goo.gl/pLCtJN
	申請補助 800 萬卻展覽安全帽陳綺貞展惹爭議	顏宏駿	自由時報	2016/07/29	https://goo.gl/DRe4L8
	文化部補助成焦點　陳建仁承諾文化與政治分離	林靖堂	蘋果	2015/12/26	https://goo.gl/JeX9VF
	審查的政治 —— 談文化部「臺灣品牌團隊計畫」	吳思鋒	鳴人堂	2016/02/16	https://goo.gl/ZG6oam
	《帶我去月球》文化部國產電影長片輔導金爭議	鄭秉泓	鳴人堂	2017/06/24	https://goo.gl/bKb5uU
	藝文補助報帳老出包？打開「核銷懶人包」解難題	無	自由	2017/09/27	https://goo.gl/shRj9p
	官方補助等太久多數獨立書店寧可放棄	黃美珠	自由	2017/09/17	https://goo.gl/sMRzu9
文化硬體設施發展	臺灣電影文化園區 BOT 案財政部同意補助	何玉華	自由	2017/06/01	https://goo.gl/ms45jv
	新莊副都心「臺灣電影文化園區」全面啟動	無	聯合	2017/06/01	https://goo.gl/ij6FbF
	國家電影中心決標打造臺灣電影新窗口	無	自由	2017/09/07	https://goo.gl/XTpfWV

	新聞標題	作者	媒體	日期	短網址
臺灣文化經濟與文化治理					
文化硬體設施發展	台中歌劇院竣工捐贈文化部	黃任膺	蘋果	2016/08/26	https://goo.gl/ 25y5Jk
	台中國家歌劇院今移交文化部	劉朱松	中時	2016/08/25	https://goo.gl/qYhh9b
	北部流行音樂中心主廳館上樑最慢 107 年底營運	張世杰	聯合	2017/04/19	https://goo.gl/ 5Y1Ra4
	總統：南美館是重要投資對臺灣有責任	無	聯合	2017/06/09	https://goo.gl/ 2QKyva
	〈南部〉延宕 4 年衛武營藝術中心定 10 月完工	王榮祥	自由	2017/06/24	https://goo.gl/ 9D2EKd
	政院通過人權館組織法草案將推動不義遺址活化	李欣芳	自由	2017/07/20	https://goo.gl/LEnJp8
	空總創新基地變身魅客空間	江俞庭	蘋果	2016/02/21	https://goo.gl/vG1UXL
藝術銀行	臺灣首座藝術銀行落腳台中	王妙琴	中時電子報	2014/06/06	https://goo.gl/yKAyn2
	藝術銀行作品公開徵件	楊明怡	自由時報	2015/01/20	https://goo.gl/hSSXF8
	文化部藝術銀行跨「借」交流，用藝術療癒心靈	廣告企劃製作	天下雜誌	2016/09/05	https://goo.gl/bJ8cfE
文化交流與貿易	愛奇藝來台設公司投審會駁回申請	侯良儒	蘋果	2016/11/29	https://goo.gl/mNm48A
	封殺 55 名臺灣藝人？中國文化部否認	廖慧娟	中時	2016/12/30	https://goo.gl/d1RBtV
	日捐電車鄭麗君：台日文資交流發車	中央社	聯合	2017/08/01	https://goo.gl/ 2284aQ
臺灣文化社會與文化治理					
臺灣文化多樣性	文化部成立蒙藏文化中心	邱莉玲	中時	2017/09/15	https://goo.gl/i6Ev1T
	【環境資訊】全國文化會議屏東起跑文史團體：請用在地語言來對話	環境資訊中心	蘋果	2017/03/29	https://goo.gl/ytJvpi
	台語公共電視台文化部有譜	趙靜瑜	中時	2017/06/18	https://goo.gl/A2L2WW
	海倫清桃與外籍配偶、移工 — 被消音的臺灣影視圈	鄭秉泓	鳴人堂	2017/01/09	https://goo.gl/kxDiaF

	新聞標題	作者	媒體	日期	短網址
	臺灣文化社會與文化治理				
臺灣文化多樣性	舊桃園警分局變身新住民文創聚落	蔡依珍	中時電子報	2017/02/11	https://goo.gl/vt28eF
	「新住民文化論壇」桃園登場！暢談「新南向」創多元未來	林宜靜	中時	2017/06/19	https://goo.gl/PVuecM
	民族議會要求各黨團表態是否力挺原住民自主	鍾孟軒	新頭殼	2017/06/21	https://goo.gl/tjKbZn
	搶救臺灣「被消失」的風景文化界聲援原民抗爭	陳宜加方濬哲	中時電子報	2017/06/15	https://goo.gl/ 4YTNqE
	【上報人物】巴奈：沒有人聲援，我們還是對的	陳怡杰	上報	2017/06/25	https://goo.gl/ 741SVV
	府方澄清政府要「滅香」是謠傳，宮廟號召史上最大「眾神上凱道」捍衛信仰	Yang	關鍵評論	2017/07/20	https://goo.gl/ 3Pbx4e
文資保存與古蹟活化	眷村文化保存區國防部：已選定 13 處	羅添斌	自由	2017/07/20	https://goo.gl/gEfYZ3
	30 處眷村如何活化？公民論壇建議設立專責機構	黃旭磊	自由	2017/09/23	https://goo.gl/Qgq5Dy
	中興新村中間生活圈藝文界盼文化部管理	陳鳳麗	自由	2017/08/28	https://goo.gl/G3AyHp
	〈南部〉社造風氣夯今年 50 社區提案	蘇福男	自由時報	2017/03/03	https://goo.gl/xDjNqc
	設書屋辦遊學台東百年廟栽培社區學童	黃明堂	自由時報	2017/07/19	https://goo.gl/W2hJWX
	推動社區營造鄭麗君鼓勵青年接受挑戰	中央社	中時電子報	2016/09/19	https://goo.gl/mogLFE
	社區總體營造升級版文化部力推「再造歷史現場計畫」	趙靜瑜	中時電子報	2017/04/13	https://goo.gl/ 6XS1id
	恆春古城再造另提計畫串連	潘欣中	聯合	2017/05/18	https://goo.gl/rS6C99
	台鐵臺北機廠全區保留列國定古蹟	楊明怡游蓓茹	自由時報	2015/03/16	https://goo.gl/FCKjwN

	新聞標題	作者	媒體	日期	短網址
	臺灣文化社會與文化治理				
文資保存與古蹟活化	臺北機廠通過「國定古蹟」全區保留推翻郝市府都更案	Yang	關鍵評論網	2015/03/16	https://goo.gl/nDiHXN
	鐵道部園區重現迷人建築風采	楊明怡	自由	2017/07/04	https://goo.gl/ 27BE9N
	來看首代自強號臺北機廠開放導覽	雷光涵	聯合	2017/07/15	https://goo.gl/nzJ8iP
	前瞻基礎建設文化部作文化保存	趙靜瑜	中時	2017/07/11	https://goo.gl/FXkg6b
	〈南部〉800 舊料待重生文資建材銀行開張	劉婉君	自由時報	2017/07/17	https://goo.gl/NiuCp8
	全台首家南市文資建材銀行開張	吳政修	聯合	2017/07/16	https://goo.gl/HNrUz3
	留不住文化資產？老屋、古蹟總難逃「自燃」下場	臺北城市散步	讀書人	2017/07/13	https://goo.gl/CdJ6FC
	獨家》蛤！北門 20 年石碑被當廢棄物重刻成「建成圓環」	張凱翔 郭安家 黃建豪	自由	2017/07/20	https://goo.gl/KVRpGA
	左營中山堂重生轉型傳藝中心	謝梅芬	聯合	2017/04/21	https://goo.gl/qfdTqH
	AIT 現址將變身臺北音樂與圖書中心	莊琇閔	聯合	2017/05/19	https://goo.gl/kxeQQu
	只談古蹟太老套！文資開山作「維護計畫」觀點歷久彌新	何定照	聯合	2017/10/01	https://goo.gl/ignVe7
	俞大維故居樹木遭挖臺北市將法辦	中央社	聯合	2017/09/22	https://goo.gl/jh37HZ
	南菜園日式宿舍台銀決定自己修	魏莨伊	聯合	2017/08/19	https://goo.gl/DukfTx
	天水堂二房殘破竹縣府：未列古蹟無權修	陳妍霖	聯合	2017/07/29	https://goo.gl/zGtDdf
	國際競圖缺了在地文化	林清淵	聯合新聞網	2017/07/19	https://goo.gl/M7wdSY
	鄭麗君訪北港「文化建設不只館舍修建」	蔡維斌	聯合	2017/04/17	https://goo.gl/s5SLpn
	文化部推國家文化記憶庫提高產業特色	中央社	聯合	2017/09/27	https://goo.gl/ 4H8HA3
	基隆中元祭文資委員驚疑：北管消失了	吳淑君	聯合	2017/09/06	https://goo.gl/WgYaBv

	新聞標題	作者	媒體	日期	短網址
	臺灣文化社會與文化治理				
文資保存與古蹟活化	走向過去我們追討誰的青春？初探文化部「再造歷史現場計畫」	黃舒楣	鳴人堂	2016/07/26	https://goo.gl/ 4KZDms
	〈臺北都會〉新北 3 案逾 6 億再造歷史現場將啟動	李雅雯	自由	2017/07/17	https://goo.gl/yVygsu
	電影數位修復《上山》喚醒臺灣記憶	方玟璇	聯合	2017/09/28	https://goo.gl/moAzzN
文化資產保存爭議	稱文萌樓被送上斷頭台！日日春協會籲北市府收歸國有	楊國文	自由時報	2017/05/02	https://goo.gl/BVUPSA
	日日春要文萌樓最高院駁回定讞	溫于德	自由時報	2017/05/06	https://goo.gl/YQoYLi
	文萌樓若不修北市府考慮強制徵收	魏莨伊	聯合	2017/09/07	https://goo.gl/H3CH4X
	文萌樓旁都更案需保存街廓立面	中央社	聯合	2017/08/16	https://goo.gl/yiW2AP
	六房媽祖過爐列入文化資產審定會信眾再度抗議插股	胡瑋芳	聯合	2017/06/22	https://goo.gl/auKsJy
	台東八仙洞回收最後一洞潮音洞占用將拆	中央社	聯合	2017/08/30	https://goo.gl/Cnonae
	立委要求菊元百貨重啟文資會文化局：內外條件差太多	張博亭	蘋果即時	2017/03/26	https://goo.gl/d63vL9
中央與地方文資保存爭議	北市為古蹟槓中央？柯 P：古蹟保存要錢很麻煩	吳思萍	聯合	2017/09/15	https://goo.gl/XL8Wru
	遭北市指沒錢沒人護文資文化部反駁	中央社	聯合	2017/09/13	https://goo.gl/ 9LwiHy
	文資法爭議／委員：北市調預算文化部完善細節	吳思萍	聯合	2017/09/16	https://goo.gl/G7iakn
	文資法爭議北市文化局 8 問打臉文化部	魏莨伊	聯合	2017/09/14	https://goo.gl/c42sdM
	提報文資案暴增北市府喊吃不消	吳思萍	聯合	2017/09/16	https://goo.gl/KPkTvZ
	北市文化局喊話文化部：勿站高處講話	中央社	聯合	2017/09/16	https://goo.gl/H7QuhL
	鄭麗君 Po 臉書盼正視文資保存與治理	中央社	聯合	2017/09/16	https://goo.gl/NBbuw6

	新聞標題	作者	媒體	日期	短網址
臺灣文化社會與文化治理					
文化資產標租問題	國產署賤租古蹟文化部不吭聲學者：疑有鬼	鍾麗華	自由時報	2015/01/25	https://goo.gl/gEp57E
	財政部擬標租古蹟學者：中國會笑我們	黃揚明	蘋果即時	2015/02/02	https://goo.gl/R5KN6d
	松菸文創園區租金兩年漲 3 倍 ... 反逼走「文創產業」	Yang	關鍵評論網	2015/03/09	https://goo.gl/xwJkWZ
	松菸、華山高租金嚇跑文創業	游蓓茹	自由時報	2015/04/14	https://goo.gl/LLu45y
文化認同及轉型正義	文化部推轉型中正紀念堂又要改名？	許文貞	中時	2017/02/25	https://goo.gl/tw4G7H
	國父紀念館逃過轉型正義原來這原因	何定照	聯合	2017/05/16	https://goo.gl/dpr1pT
	白色恐怖不義遺址開展重見塵封記憶	中央社	聯合	2017/07/14	https://goo.gl/C1NLqr
	鄭麗君談文化政策建立共同歷史記憶	中央社	聯合	2017/07/15	https://goo.gl/TKmFcW
	政院擬成立人權博物館正視白色恐怖歷史	中央社	聯合	2017/07/20	https://goo.gl/oKxE1A
	【擔憂片】本土 VS. 外來國產漫畫何去何從？	貢曉立	蘋果	2017/05/31	https://goo.gl/G91i3e
文化公共領域與文化反抗	服貿協議最快明審查台藝文界籲重啟談判	陳柏州	大紀元	2017/07/31	https://goo.gl/MXmHbv
	換個角度看風景探討原民文化空間影響	Mulas/lulum	原住民族電視台	2017/01/23	https://goo.gl/UFaSFa
	除了「棕櫚渡假村」還有 11 項東海岸大型開發案排隊等候	吳象元	關鍵評論	2016/07/04	https://goo.gl/jTyUUs
	從淡江大橋設計者猝逝再談淡橋之必要性	施云	蘋果即時	2016/04/11	https://goo.gl/kFpPL2

資料彙整：繆子琳、李珮綺。

ReOrient:
An East Asian Approach on Cultural Policy and Cultural Governance

Jerry C Y Liu

Abstract

This is a book about discourses and practices of cultural policy and cultural governance in Taiwan and East Asia. By taking ReOrient as a method, we mean to "reflect", "reinterpret", "restructure", and "realign" the concept of "Orient", and to look for possibilities of a localized discourse of cultural policy and governance in East Asia. Arguing for a ReOrient of cultural policy is not to be anti-West or even necessarily contra-West, as to a great extent, the West is already inside most of us.

The book investigates into structural and institutional changes of cultural polity, cultural economy and cultural public sphere in Taiwan and East Asia. By placing culture at the center, we argue there is a three-fold (methodologically, mentally, and pragmatically) need of ReOrient in cultural governance. To make sense of contemporary "cultural governance" in Taiwan and the East Asia, what's needed is a "cultural turn" or even "paradigm shift" of governance. Via analyses of contending value and discourses in the East and West, the book explores how "Oriental" it could possibly be, and tests the potentials and limits of such Oriental cultural logics in contemporary Taiwanese and East Asian cultural policies.

Contents

Introduction *ReOrient*: **Cultural Statecraft as a Method of Cultural Policy and Governance**

||| From the "West", "China" to "Asia" as a Method

||| *ReOrient* as a Reflexive Route and Discursive Approach

||| "Cultural Statecraft" as a Method: The Possibility for a Localized Discourse of Cultural Policy

||| Cultural Statecraft and Cultural Governance: Back to the Cultural Debate in Modern World History

||| Implications of Cultural Statecraft for Contemporary Cultural Governance in Taiwan

Chapter 1 **The Configuration and Logics of Contemporary Cultural Governance**

||| Meanings and Analytics of Culture

||| The Interactivity among Polity, Economy and Society

||| The Political, Economic and Social Governance of Modern State

||| Culture and Governance: Cultural Studies, Cultural Policy and Cultural Governance

||| *ReOrieint* Contemporary Cultural Policy Studies

Chapter 2 **Cultural Governance and Political Regime in Taiwan**

||| Culture Basic Law and Its Origin

||| Culture Basic Law and Its Objectives

||| Culture Basic Law and Convergence of Core Cultural Values

||| Culture Basic Law and Protection of Cultural Rights

||| Culture Basic Law and Key Principles of Cultural Policy

||| Culture Basic Law and Inter-ministerial Cultural Governance

||| 2017 National Cultural Congress: Flipping Cultural Governance?

Chapter 3   **Cultural Governance and Discourses of Cultural Economy**

||| Problematizing Contemporary Discourses of Cultural Economy

||| Conformity and Disruption of Culture and Economy: Moral Economy in the East and West and the Tradition of Political Economy

||| Economics as a Culture: Suturing the Knowledge System of Cultural Economy

||| Integrating the Logics of Cultural and Economic Values: Contention? Saturating? or Intersubjectivity?

||| Dialectics of Cultural and Economic Values: Capitalism and Creative Cultural Industries as an International Format of Culture

||| Transiting Modes of Cultural Economy: A Paradigm Shift?

||| The Sustainability of Cultural Economy Ecosystem: Towards a Wider Framework for the Measurement of Values

Chapter 4   **Cultural Economy in Taiwan: Art-Cultural Subsidy, Creative and Cultural Industries and International Cultural Trade**

||| What's the Integrated Discourse of State Cultural Economy? Taiwanese Cultural Economy

||| Art-Cultural Subsidy in Taiwan: Welfare Model

||| Discourse of Cultural and Creative Industries in Taiwan: Competition and Growth Model

||| Disputes of International Cultural Trade and Cultural Exception: ECFA and TPP

||| Policy Discourse of State Cultural Economy: Towards an Innovative Model of Taiwan Cultural Economy

Chapter 5   **Cultural Governance and Its Social Discourses**

||| Social Governance and Self-governance of Culture

||| The Structure of Cultural Public Sphere

||| Participatory Rationality and Mentality of Cultural Public Sphere: The Revers of Cultural Logics and Humanistic Values

||| Intellectuals and Cultural Public Sphere: Participatory Technology and Mechanism

||| Subaltern Public Sphere and Cultural Resistance

||| Cultural Governance and Action Strategy for Cultural Resistance

Chapter 6   **Cultural Public Sphere and Cultural Resistances in Taiwan**

||| Discourse of Contemporary Cultural Public Sphere and Cultural Governance in Taiwan

||| Visual Art Public Sphere in Taiwan: The Case of AVAT and Cultural Renewal Foundation

||| Cultural Resurgence: 2017 National Cultural Congress and Cultural Public Sphere

||| Self-governance of Culture and Cultural Public Sphere in Taiwan

Conclusion   ***ReOrient* Cultural Governance: Potentials and Limits**

||| *ReOrient* Phenomena of Cultural Governance in Contemporary East Asia

||| Responses to Core Issues in this Book

||| Network and Eco-System of Cultural Governance as an Integrated Analyses Framework

||| Potentials and Limits for *ReOrient* Cultural Governance

||| The Rise of East Asian Discourse and Practice in Cultural Policy

Reference

Appendix